Arno Klönne Hartmut Reese

Kurze Geschichte der deutschen Gewerkschaftsbewegung

BASISBÜCHER

№ 10

Büchergilde Gutenberg

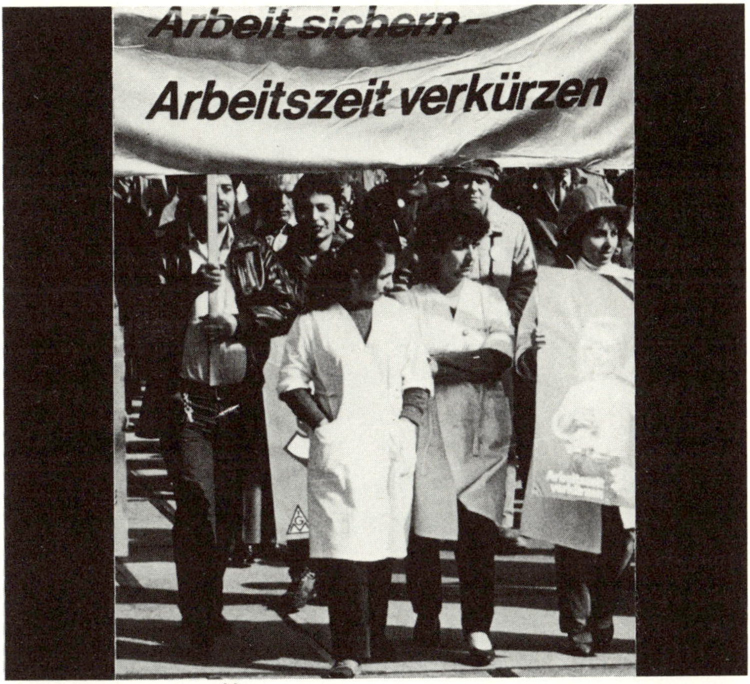

ARNO KLÖNNE HARTMUT REESE

KURZE GESCHICHTE DER DEUTSCHEN GEWERKSCHAFTS-BEWEGUNG

Büchergilde Gutenberg, Frankfurt am Main, Olten, Wien 1986
Der vorliegende Text ist die erheblich verbesserte Neuausgabe des 1984 beim BSA-Verlag unter dem Titel »Die deutsche Gewerkschaftsbewegung. Von den Anfängen bis zur Gegenwart« erschienenen Buches

Satz Dörlemann-Satz, Lemförde
Druck und Bindung R. Oldenbourg Graphische Betriebe GmbH, Kirchheim
Reihengestaltung Hennes Maier, Frankfurt am Main
Printed in Germany 1986 ISBN 3 7632 3161 7

Inhalt

Vorwort

An der Geschichte der Gewerkschaften, der Arbeiterbewegung allgemein und der Lebensbedingungen der Arbeiterschaft haben Historiker in der Bundesrepublik in den letzten Jahren ein erfreulich zunehmendes Interesse entwickelt. Das von uns hier vorgelegte Buch will und kann die Lektüre solcher Studien nicht ersetzen; es ist nicht als Beitrag zur Weiterentwicklung des wissenschaftlichen Forschungsstandes gedacht. Unsere Absicht ist es vielmehr, interessierte Leser, Gewerkschafter, Arbeitnehmer, Studenten, in die Geschichte der deutschen Gewerkschaftsbewegung und in deren Probleme einzuführen. Wir schreiben dabei nicht »von außen her« über die Gewerkschaften, sondern identifizieren uns mit der historisch-gesellschaftlichen Perspektive gewerkschaftlicher Bewegung, was freilich nicht heißt, daß Entwicklung und Gegenwart der Gewerkschaften von uns unkritisch betrachtet würden.
Unser Buch versucht, die unterschiedlichen Ansätze und Richtungen gewerkschaftlicher Politik zur Geltung kommen zu lassen. Fragwürdigkeiten und Niederlagen der Gewerkschaftsbewegung werden nicht verschwiegen. Historische Wege der Gewerkschaften und die darin enthaltenen Entscheidungen werden von uns nicht als »zwangsläufig« verstanden; wir möchten zum Nachdenken über geschichtliche Optionen und mögliche Alternativen anregen.
Unsere Darstellung der Geschichte der deutschen, ab 1945: der westdeutschen Gewerkschaften erscheint in einer Zeit, die einen eigentümlichen Widerspruch offenbart: Einerseits neigen viele Sozialwissenschaftler (auch solche, die sich als linksorientiert verstehen) dazu, von der Arbeiterbewegung und damit auch von den Gewerkschaften »Abschied zu nehmen«, die gewerkschaftliche Organisation oder Politik als rückständiges Moment eines dahinsinkenden Industriesystems zu interpretieren. Andererseits zielt die unternehmerische Strategie in der Bundesrepublik weitaus massiver als in den vergangenen Jahrzehnten darauf ab, die gewerkschaftliche Vertretungsmacht zu schwächen, gewerkschaftliche Einflüsse womöglich zurückzudrängen, Arbeitsverhältnisse zu individualisieren.
Sozialwissenschaftliche Analyse sollte, so meinen wir, diese soziale Realität zur Kenntnis nehmen. Wenn gewerkschaftliche Bewegung (oder Arbeiterbewegung allgemein) sich anders entwickelt, als Wissenschaftler es sich erhofften, so ist dies nicht das »Ende der Arbeiterbewegung«.

Der Strukturwandel der Arbeitsgesellschaft verändert die Handlungsbedingungen der Gewerkschaften, und die offensichtlich gewordenen zerstörerischen Wirkungen des Industriesystems bringen für die gewerkschaftliche Politik neue Anforderungen, auch Anfechtungen mit sich. Aber die gesellschaftliche Entwicklung bietet keineswegs Gründe für die Annahme, die Gewerkschaften seien überflüssig geworden. Die Gesetze der Kapitalverwertung beherrschen nach wie vor die Ökonomie der Bundesrepublik, prägen auch die technologischen Entscheidungen. Kapitalistische Interessen treten, nachdem der »kurze Traum der immerwährenden Prosperität« vorüber ist, wieder härter hervor.

Die Interessen der lebendigen Arbeitskraft und die sozialen Ansprüche derjenigen, die im Kapitalismus auf Lohnarbeit angewiesen sind, der Beschäftigten wie der Arbeitslosen, würden ohnmächtig bleiben, wenn sie auf Organisation und kollektive Vertretung verzichten würden. Ohne Gewerkschaften geht hier nichts. Freilich stellt sich die Frage wieder schärfer, die sich seit Beginn der Gewerkschaftsbewegung mit deren Aktion verbindet: Wie kann das solidarische Handeln der Lohnarbeiter über das Lohnsystem selbst hinausweisen?

Arno Klönne
Hartmut Reese

Kapitel 1
Industrialisierung, bürgerliche Revolution und erste Arbeitervereine

Die Entwicklung der Gewerkschaften in Deutschland muß zum einen im Zusammenhang der allgemeinen wirtschaftlichen Entwicklung der industriell-kapitalistischen Gesellschaft, zum anderen aber unter den besonderen deutschen politischen Bedingungen, so vor allem dem »Primat der Politik«, dem Vorrang der Entwicklung politischer Organisationen der Arbeiterschaft, gesehen werden. Dieser, von der englischen, aber auch französischen Entwicklung sich abhebende Prozeß der Herausbildung einer deutschen Gewerkschaftsbewegung verleiht ihr eine besondere Stellung in der internationalen Arbeiterbewegung.

Die deutsche Gewerkschaftsbewegung ist Bestandteil der seit den fünfziger Jahren des vorigen Jahrhunderts sich entwickelnden bürgerlich-kapitalistischen Gesellschaftsordnung und der in ihr aufkommenden Arbeiterbewegung. Diese steht von Anbeginn vor zwei gegensätzlichen Handlungsperspektiven: innerhalb der in gewaltigen Sprüngen sich entfaltenden kapitalistischen Produktionsverhältnisse einen »gleichberechtigten« Platz zu suchen, oder diese Verhältnisse »umzustürzen«, um eine andere, den Interessen der Arbeiter entsprechende Ordnung der Gesellschaft zu errichten. In diesen Widerspruch ist die jeweilige Herausbildung von politischen Arbeiterparteien und gewerkschaftlichen Organisationen sowie deren Verhältnis untereinander eingebunden.

Vor dem ersten und einzigen Versuch des deutschen Bürgertums, wirtschaftliche und politische Freiheit und Einheit in einer revolutionären Bewegung, wie sie 1848/49 inspiriert durch die französische Entwicklung um sich griff, durchzusetzen, existierten in Deutschland noch über 40 souveräne Einzelstaaten mit eigenem Münz- und Zollsystem, mit politischer Zensur, Vereinigungsverboten und ohne eine wirkliche Beteiligung der bürgerlichen Schichten an der politischen Entscheidung. In diesem Klima konnten weder Wissenschaft noch Technik, vor allem aber nicht die Wirtschaft des aufstrebenden Bürgertums gedeihen. Seit 1800 und noch unter dem Eindruck der napoleonischen Eingriffe in die Rechte der Feudalen, aber auch auf Drängen großbürgerlicher Kreise in der Restaurationsperiode war es zu verschiedenen Zugeständnissen und Reformen gekommen, die der Entwicklung der kapitalistischen Produktionsweise förderlich waren. Vor allem aber befreiten sie die für die Entfaltung dieser Produktion notwendigen Arbeitskräfte aus ihrer feudalen Abhängigkeit. Das »Oktober-Edikt« des preußischen Königs von 1807 und die Stein-Hardenbergschen Reformen hoben geburtsrechtliche Standesbindungen des Grundeigentums auf, beseitigten aber keinesfalls die Vorrechte des Adels. Im Gegenteil.

Sie führten seit den dreißiger Jahren sowohl zu einer wirtschaftlichen Festigung des Großgrundbesitzes als auch zur enormen Vermehrung einer landlosen Unterschicht. Die Bauern verloren im Zuge der sogenannten »Entschädigungen« bei der Durchsetzung der Landumverteilung vermutlich eine Million Hektar ihres Landes und mußten ohne Kredit, auf Wucher angewiesen, oft am Rande der Existenz dahinleben.

Die Möglichkeit, sich in die Klasse der Gutsbesitzer einzukaufen, führte dazu, daß z.B. in Ostpreußen um die Jahrhundertmitte das Verhältnis von adligem zu bürgerlichem Großgrundbesitz schon 7 zu 5 betrug, ohne daß das Bürgertum davon politischen Nutzen gehabt hätte. In der weiteren Folge der Reformen vollzog sich ein Wandel in der Arbeitsverfassung mit gleichzeitigem Landausbau – das bebaute Land wuchs in Preußen von 1815 bis 1849 von 7,3 auf 12,5 Mio. Hektar –, was eine enorme Bevölkerungszunahme mit sich brachte. Dies betraf vor allem die Unterschichten, die damit für den industriellen Arbeitsprozeß »bereitstanden«. Vollbauern, Halbbauern und landlose Unterschicht hatten sich um 1800 in etwa die Waage gehalten; nun verdoppelte sich die Zahl der Halbbauern, während sich das Landproletariat fast verdreifachte. Das machte um die Mitte der vierziger Jahre ein Drittel der preußischen Bevölkerung aus, was dann durch die Agrarkrise und Hungersnot von 1846/47 zu einer Verschärfung der politischen Situation führte und in die revolutionäre Lage des Jahres 48 einmündete. Allerdings waren diese landlosen Massen, anders als in England, noch keineswegs durch die sich nur langsam entwickelnde Industrie aufgesogen. Die feudalen und bürokratischen deutschen Kleinstaatenregimes waren nicht dazu angetan, den sich hier anbahnenden ökonomischen und sozialen Wandel politisch zu verarbeiten. Sie verhinderten oftmals noch, trotz einiger Zugeständnisse an Handwerkerschaft und Bürgertum, die offene Entfaltung von Handel und Industrie. Während vor allem in Süddeutschland einige politische Konzessionen an das auf Mitbestimmung drängende Bürgertum gemacht wurden, erweiterte Preußen die Möglichkeiten des Bürgertums eher auf ökonomischem Gebiet. Diese einseitigen Zugeständnisse an die wirtschaftlichen Interessen der bürgerlichen Schichten sollten noch erhebliche Folgen haben: das Bürgertum gab sich nach dem Scheitern der politischen Revolution von 1848 mit ökonomischen Fortschritten weitgehend zufrieden; **die aufstrebende Arbeiterklasse mußte sich so fast zwangsläufig der vom deutschen Bürgertum »vernachlässigten« Freiheitsrechte annehmen und konnte diese stellvertretend angenommenen Forderungen letztlich erst 1918 einlösen**. Welche Folgen diese Interessenverschiebung hatte, werden wir im weiteren sehen können.

Die preußischen Initiativen eröffneten erstmals durch die Gründung des Deutschen Zollvereins im Jahre 1834 einen großen Binnenmarkt, der eine wesentliche Voraussetzung für die Industrialisierung war. Dennoch befand sich die aufstrebende deutsche Industrie vorerst noch in einem Stadium handwerklicher und manufaktureller Produktion.

Ein Industrieproletariat existierte erst in Anfängen und nur in den wenigen Zentren, in denen sich auch in Deutschland schon früh eine Industrie herausgebildet hatte. Die Mehrzahl der Bevölkerung lebte knapp und immer am Rande von Hunger und Armut, vor allem wenn Agrarkrisen die Lebensmittel verteuerten. Betroffen waren davon in erster Linie die landlos gewordenen Bauern, arbeitslose Handwerker, aber auch die Heimarbeiter, die den Großteil vorindustrieller Produktion betrieben und z.B. um 1840 in der Textilindustrie fast 70% der Arbeitskräfte ausmachten.

Während die beginnende große Eisenindustrie die Arbeiter in ihre Zentren sog und die Maschinisierung vorantrieb, neue Verkehrswege und damit Märkte erschloß, dominierten in anderen Industrien, die hinter dem englischen und französischen oder belgischen Aufschwung zurückgeblieben waren, die mittleren Unternehmen, die, um konkurrenzfähig zu bleiben, ihre Arbeiter besonders rücksichtslos ausbeuteten. So standen der Aufschwung der Industrie – beispielhaft am raschen Ausbau der Eisenbahnnetze hier im internationalen Vergleich gezeigt – und die Verarmung der Bevölkerung zunächst in engem Zusammenhang.

Aus der Befreiung des einzelnen vom Joch der feudalen Ständegesellschaft war der Zwang entstanden, sich unter die Verwertungsbedürfnisse des Kapitals und der neuen Maschinen zu begeben. Das führte zu einer weiteren Verelendung der Arbeiter, zu einer Ausdehnung des Arbeitstages, oft bis zu 14 oder 16 Stunden, und einer minimalen Entlohnung, die, weil sie vorne und hinten nicht reichte, Kinder- und Frauenarbeit in großem Maßstab nach sich zog. Die durch Gesetze noch nicht eingeschränkte Willkür der Unternehmer, der die Arbeiterschaft noch keine kollektiven Formen von Interessenvertretung entgegenstellte, führte seit

Die Ausweitung des Eisenbahnnetzes in Deutschland 1835–1870 in km

	Deutschland	davon Preußen	England	Frankreich	USA
1835	6	0	...	...	1.280
1840	500	230	2.300	500	4.430
1845	2.160	1.380	...	950	7.400
1850	5.870	3.900	10.650	2.500	13.000
1855	...	...	...	5.630	18.700
1860	11.150	5.600	...	9.550	32.700
1865	14.700	...	...	...	...
1870	19.000	8.670	25.000	17.900	...

Aus: H. Mottek: Wirtschaftsgeschichte Deutschlands, Berlin (DDR), Bd. 2, 1972, S. 135–138, 167–169.

Beginn der 40er Jahre immer öfter zu Revolten, die von Hunger und nackter Not bestimmt waren, weniger von dem Bedürfnis, sich gegen den Unternehmer als den ökonomischen Gegner zu stellen. Diese Revolten führten oft genug, wie im schlesischen Weberaufstand von 1844, zum Sturm auf die Maschinen, in denen man die Ursachen der Not sah. Der Aufstand wurde blutig unterdrückt und doch war er auch Anlaß für Teile des Bürgertums, in politischen Veränderungen ein Mittel zur Behebung dieser Not und ihrer beunruhigenden politischen Folgen zu sehen. Vor allem in einem Punkt trafen sich die Interessen von Bürgertum und Arbeiterschaft, nämlich in der Forderung nach Koalitionsfreiheit. Diese erwies sich als eine der wichtigsten rechtlichen Voraussetzungen zur Entfaltung der Industrie, aber auch zur Verteidigung der Arbeiter, zur Vertretung ihrer sozialen Interessen. Der bis dahin geltende »rechtlose« Zustand benachteiligte besonders die Arbeiter. Die preußische Gewerbeordnung verbot Zusammenschlüsse und »Verabredungen«. Nur in wenigen Teilen Deutschlands, etwa den Freien Reichsstädten Frankfurt und Hamburg, oder in besonders traditionsreichen Handwerken wie bei den Zimmerleuten und den Druckern gab es Solidareinrichtungen wie Unterstützungskassen und Wanderherbergen. Gegen die Beschränkung aller Rechte bildeten sich an verschiedenen Orten auch Geheimbünde wie das **»Junge Deutschland«** oder der **»Bund der Gerechten«**. Hier wurden politische Zielvorstellungen formuliert, die erst Jahre später ein Gewicht auch in der Arbeiterbewegung bekommen sollten (s. Dokument 1).

Dokument 1
Maschinen oder keine?

(. . .) Der Arbeiter fordert mit Recht eine Verbesserung seiner Lage, aber er kennt sehr häufig nur die nächste Ursache des Druckes, unter dem er leidet, nicht ihren Zusammenhang mit den allgemeinen Verhältnissen; er verdammt die Maschinen, weil sie ihm seine Arbeit rauben, er sucht sie zu zerstören, und verschlimmert dadurch seine Lage nur, statt sie zu verbessern. Die ärgsten Feinde der Maschinen finden wir dort, wo die neuere Industrie am spätesten angefangen hat, die Handarbeit zu verdrängen, z.B. unter den Spinnern und Webern . . .
Wollte man aber die Maschinen aus den Gegenden fernhalten, in denen Weberei und Spinnerei bisher zu Hause war, so würden sie anderswo errichtet werden, und hier auch der geringe Verdienst schwinden, der bisher noch geblieben ist. Wie die Spinner die Spinnmaschinen, verwünschen die Schiffer die Dampf- und besonders die Schleppschiffe, die Fuhrleute die Eisenbahnen, und Andre Anderes, so daß wir, wollte man allen diesen einzelnen Wünschen genügen, die neuen Erfindungen ganz beseitigen, und getrost in den Zustand alter Barbarei zurückkehren müßten. Ausgebeutet von den übrigen Völkern, welche auch ferner von den Erfindungen Gebrauch machen werden, würden wir bald statt der Wohlhabenheit einzelner und der Armuth vieler eine allgemeine Verarmung bei uns einkehren und alle Mittel zu einer Bessergestaltung unserer Verhältnisse vernichtet sehen. Es ist wahr, bisher haben die Maschinen tausende von Menschen in Elend und Armuth gestürzt, und nur Einzelne bereichert; aber das ist nicht Schuld der Maschinen, das ist Schuld unserer ganzen gesellschaftlichen Verhältnisse, deren Umgestaltung deshalb nothwendig, aber nicht mit einem Male möglich ist. Die Maschinen haben nur den Menschen einen großen Theil der Arbeit, die sie früher mit ihren eigenen Händen besorgen mußten, abgenommen, und zu gleicher Zeit die Möglichkeit gewährt, in kürzerer Zeit mehr Produkte hervorzubringen, als es früher möglich war. Ist es denn eine nothwendige Bedingung, daß, weil der Arbeit für die ganze Menschheit weniger geworden, ein großer Theil der Menschen brodlos werden müßte? Wären die müßig gewordenen Hände anders beschäftigt worden, so hätte genug hervorgebracht werden können, um jeden gegen Mangel zu schützen, und es hätten Einzelne nicht so mit Arbeit überhäuft

zu werden brauchen, wie es bis jetzt geschehen. Land gibt es auch jetzt noch überall genug, um eine für Alle hinreichende Menge Lebensmittel hervorzubringen; und je mehr Hände die Maschinen für die Industrie überflüssig machen, desto mehr können auf den Ackerbau verwendet werden. Zerstört also nicht die Maschinen, sie sind nicht eure Feinde, ihre Zerstörung kann eure Lage nur verschlechtern! Sache der Regierung aber ist es, dafür zu sorgen, daß die Arbeitskräfte nicht mehr, wie bisher im Interesse Einzelner ausgebeutet, sondern zweckmäßig für das allgemeine Wohl verwendet werden, zu sorgen, daß ein Jeder Arbeit und entsprechenden Lohn finde. Die Möglichkeit dazu ist gegeben, sobald die Regierung eine wahre Volksregierung geworden ist, eine solche kann Reformen ausführen, welche wir von der früheren despotischen vergebens verlangt hätten ...

Vor allen Dingen aber ist es nothwendig, daß die Arbeiter sich selbst über ihre Interessen verständigen, und ihre Stellung in der allgemeinen Entwicklung erkennen. Die Bildung von Arbeiterklubs, wie sie bereits in Berlin, Köln, Hamm und anderen Orten stattgefunden hat, ist hierzu das geeignetste Mittel, und es ist notwendig, daß sich daran Alle betheiligen, denen es ernst ist mit dem Wohl des Volkes. Die gestürzte Regierung hat uns eine Erbschaft hinterlassen, an der wir noch lange schwer zu tragen haben werden; ihre Herrschaft stützte sich auf Knechtung und Verdummung des Volkes, das Volk muß jetzt erst lernen, von der Freiheit Gebrauch zu machen, die es sich erkämpft hat. Es hat in der kurzen Zeit Riesenschritte gemacht in seiner politischen Bildung, aber es hat noch einen weiten Weg zu durchlaufen, der ihm durch den beständigen Kampf mit materieller Noth noch erschwert wird ...

(Quelle: Das Westphälische Dampfboot, No. 7, 1848, 29. April)

Die Jahre zwischen dem Weberaufstand und den revolutionären Erhebungen des März 1848 waren erfüllt von Revolten in allen deutschen Ländern. Zu Beginn des Jahres 1848 entwickelte sich eine Welle von Volksversammlungen und anderen politischen Aktivitäten; es wurden Petitionen eingereicht, und eine Vielzahl demokratischer Blätter wuchs sozusagen aus dem Boden. Die Forderungen lauteten immer wieder: Presse- und Meinungsfreiheit, parlamentarische Vertretung des Volkes, Versammlungs-, Vereins- und Koalitionsfreiheit. Auch jetzt kam es noch zu Zerstörungen von

Maschinen. In Solingen z.B. zerstörten Arbeiter der Kleinindustrie fünf Eisengießereien aus Protest gegen die Massenproduktion und die Entlohnung nach dem Trucksystem, in dem Arbeit mit Waren entlohnt wird. Dies geschah zu einer Zeit, als Metternich in Wien gestürzt war und der preußische König nach mehrtägigen Unruhen Pressefreiheit und eine Verfassung sowie andere Bürgerrechte zu geben versprach.

Obwohl es zeitweise so schien, als ob die Interessen von Bürgertum und Arbeiterschaft übereinstimmen könnten, brachen immer wieder Gegensätze hervor. Das erste Interesse der Arbeiter galt ihren Lebensumständen und deren Sicherung. Selbst fortschrittliche bürgerliche Politiker konnten die »zerstörerischen« Initiativen der Arbeiter nicht begreifen und wollten auf eine staatliche Regelung, konstitutionelle Zugeständnisse und öffentliche Arbeitsbeschaffung hinaus. Der entscheidende Punkt der Auseinandersetzung war: Hatten die Arbeiter ein Recht auf eigenständige soziale Bewegung und Organisation?

Die Arbeiter begannen erst langsam, ihre Forderungen selbstständig zu stellen, während das Bürgertum sich politisch schon wieder auf dem Rückzug vor den noch einmal erstarkenden Kräften der Reaktion befand. Nach ersten Zugeständnissen war um die Mitte des Jahres 1849 die Machtfrage erneut zugunsten der Feudalen geklärt. Dennoch hatten die revolutionären Bewegungen nicht allein die politische Sphäre aufgewühlt; Arbeiter verlangten mehr Lohn und forderten eine Kürzung der täglichen Arbeitszeiten. Sie griffen auch zu Streiks, um ihren Forderungen Nachdruck zu verleihen. Obwohl die ökonomische Situation zu dieser Zeit keineswegs besser geworden war, wurden manche Wünsche unter dem Eindruck der revolutionären Ereignisse erfüllt. Die Forderungen waren in den meisten Fällen bescheiden. Man verlangte kaum eine Entlohnung, die über 5 Taler die Woche hinausging und die Arbeitszeit, die zuvor 12, 14 und mehr Stunden betragen hatte, sollte auf etwa 10 Stunden gesenkt werden. Als im April 1848 die Unternehmer in Berlin 4 Taler Mindestlohn bei zehnstündiger Normalarbeitszeit zugestanden, galt dies als große Errungenschaft und wurde mit einem großen Fest gefeiert.

So verliefen die sozialen Bewegungen unter Arbeitern und Handwerkern in dieser Phase durchweg noch sporadisch, lokal gebunden und fast gar nicht organisiert. Die Landbevölkerung wurde von all dem kaum berührt. Dennoch bedeutete die Koalitionsfreiheit, die diese Revolution gebracht hatte, eine Chance für solche Organisationen.

In Berlin hatten **Stefan Born** und andere die Parole »Organisation der

Arbeit« der französischen Frühsozialisten um **Louis Blanc** aufgenommen und wollten zentral von Berlin aus eine »Organisation der Arbeiter« vorantreiben. Sie hatten im April 1848 in Berlin ein »Zentralkomitee für die deutschen Arbeiter« begründet und ein Programm aufgestellt, das die politischen und ökonomischen Vorstellungen des politisch aktiv gewordenen Teils der Arbeiterschaft artikulierte. Gefordert wurden u. a. die Bestimmung eines Mindestlohns und eine Arbeitszeitregelung durch Kommissionen von Arbeitern und Meistern, die »Verbindung« der Arbeiter zur Aufrechterhaltung des einmal errungenen Lohns, die Aufhebung der indirekten Steuern, die Übernahme unentgeltlichen Unterrichts durch den Staat, Regelungen für die Lehrlinge und die Aufhebung aller Ausnahmegesetze für das Reisen der Arbeiter, Herabsetzung des passiven Wahlalters, Beschäftigung der Arbeitslosen in »Staatsanstalten« und Errichtung von »Musterwerkstätten« für die Heranbildung »tüchtiger Arbeiter«. In dieser Zeit entstanden an vielen Orten ähnliche Vereine und »Assoziationen« von Arbeitern, die sowohl parteipolitische als auch gewerkschaftliche und oft auch genossenschaftliche Aufgaben in Angriff nahmen. Der von Stefan Born betriebene Zusammenschluß unter dem Namen **»Arbeiterverbrüderung«** bildete auch erste fachlich ausgerichtete Vereine heraus, so z. B. die der Zigarrenmacher und Tabakarbeiter, eine Vorform gewerkschaftlicher Organisation.

Diese Vereine hielten in Berlin und Leipzig selbständige Konferenzen ab, gründeten Produktionsgenossenschaften und gaben eine eigene Zeitung, die »Concordia«, heraus.

Im September des Jahres 1848 kam es auf Einladung der Berliner »Arbeiterverbrüderung« zu einem ersten übergreifenden Arbeiterkongreß, auf dem 35 örtliche Arbeitervereine vertreten waren. Das zum Abschluß dieses Treffens verabschiedete Manifest (s. Dokument 2) enthält nicht so sehr ein politisches Programm als eine Aufforderung an die Arbeiter, sich zu Organisationen zusammenzuschließen, da dies das einzig richtige und wirksame Mittel zur Verbesserung der Lage der Arbeiter sei.

Wie schwierig die Vertretung der eigenen, hier ökonomischen Interessen der Arbeiter selbst inmitten der revolutionären Bewegung war, mag der Fall eines Streiks der Berliner Buchdruckergehilfen vom April und Mai 1848 zeigen, der im Januar des folgenden Jahres vor dem Berliner Kriminalgericht verhandelt wurde. Das Gericht sah es als erwiesen an, daß die Buchdruckergehilfen sich der »strafbaren Arbeitseinstellung« schuldig gemacht hätten und verurteilte fünf von ihnen zu 14 Tagen Gefängnis. Das

Dokument 2
Aufruf des Zentralkomitees für die deutschen Arbeiter an sämtliche Arbeiter und Arbeitervereine Deutschlands vom 18. 9. 1848

(Quelle: Correspondenzblatt aller deutschen Arbeiter, Leipzig, vom 3. 10. 1848)

Arbeiter! Die französische Februar-Revolution hatte ihren unterscheidenden Charakter vor allen vorhergegangenen darin, daß sie vom vierten Stande, dem der Arbeiter, ausging, daß sie die Fahne der Brüderlichkeit und Gleichberechtigung aller Menschen auf die Güter des Lebens vorantrug; sie war eine Revolution des Proletariats. [. . .] Auch in Deutschland ist aus dem Kampfe politischer Umgestaltungen die Bewegung der arbeitenden Klasse, als historisch berechtigt, mit jedem Tage mehr hervorgetreten, und wer möchte verkennen, daß diese Bewegung täglich an Geltung gewinnt! Denn auch in Deutschland ist die Macht des Kapitals zu einer solchen Höhe gelangt, daß es der schaffenden Hand nicht mehr gelingen kann, ihre Conkurrenz zu ertragen, daß vielmehr der Arbeiter in allen Gewerbszweigen schon der gebeugte Diener, der Sklave des Kapitals geworden.

Brüder! So kann es nicht länger mehr bleiben! Ein Staat, in dem es dem Arbeiter unmöglich geworden, bei allem Fleiße menschlich zu existiren, muß notwendig einer neuen Umgestaltung entgegengehen, wenn seinen mächtigsten Gliedern, den Arbeitern, erst das Bewußtsein ihrer Stellung klar geworden, wenn sie ihres Schaffens fruchtlose Qual eingesehen, wenn sie zur letzten traurigen Erkenntniß gekommen, daß sie das Leben einsetzen müssen, um das Leben zu gewinnen. Diese Erkenntniß unserer Zustände, diese Einsicht in unsere Verhältnisse, nur zu offen tritt sie jetzt hervor unter den Arbeitern, und wir wollen uns Glück dazu wünschen.

Diese Erkenntniß hat auch den allgemeinen deutschen Arbeitercongreß in Berlin hervorgerufen, er sollte rathen und bestimmen, was in dieser großen Zeit zur Hebung und Verbesserung unserer Zustände gethan werden müsse.

Wir Arbeiter müssen uns selbst helfen, das ist das Prinzip, von dem der Congreß zu Berlin ausging. Auf den Grundsatz der nothwendigen Selbsthilfe baute er seine Beschlüsse, die der Öffentlichkeit zur Beurtheilung jetzt vorliegen. (. . .)

Der allgemeine deutsche Arbeitercongreß zu Berlin nahm keine Gegensätze von

Meistern und Gesellen an, wie sie das mittelalterliche Zunftwesen uns aufbewahrt hat, für ihn gab es nur die modernen gesellschaftlichen Gegensätze von Kapitalisten und Arbeitern. Die Arbeiter zur Höhe des Lebens, die Arbeit zu ihrer hohen Berechtigung im Staate zu führen, das war seine Aufgabe, das ist die Aufgabe von Allen, die schaffen, von Allen, die arbeiten. Darum müssen Deutschlands Arbeiter zusammenwirken, müssen sie Eins sein, und daß sie es werden, dazu die Organisation der Arbeiter, wie der Berliner allgemeine deutsche Arbeitercongreß sie beschlossen. (. . .)
Und wie wir durch die Organisation zu einer moralischen, so müssen wir durch die Association, welche in den Beschlüssen des Berliner allgemeinen deutschen Arbeitercongresses im 2. Theil behandelt wird, zu einer reellen Macht gelangen, d.h. wir müssen vereint dahin streben, das Kapital in seiner jetzigen, alle Freiheit erdrückenden Gewalt aufzuheben; wir müssen dahin trachten, das Geld zu seinem natürlichen Zwecke eines Tauschmittels zurückzuführen, um seine jetzige unnatürliche Macht, die es nur erlangt hat, indem es durch Anhäufung in einer Hand zur Waare und zum Instrument der Unterdrückung wurde, zu vernichten. Eure zweite Aufgabe, ihr Arbeiter Deutschlands, wäre demnach, daß ihr nach Vollendung der Organisation zur Association nach Anleitung der Berliner Beschlüsse schrittet, um in vereinter Kraft Euer großes Ziel zu erreichen. (. . .)
Arbeiter Deutschlands, wir rufen es Euch nochmals zu: Seid einig, dann seid Ihr stark, scheut keine Hindernisse. Ihr werdet sie alle überwinden, aber nur durch vereinte Kraft!

Leipzig, den 18. September 1848
Das Centralcomité für die deutschen Arbeiter
(gez.) Schwenniger, (gez.) Kick, (gez.) Born

Gericht hatte sich dabei auf den § 182 der alten preußischen Gewerbeordnung berufen, der vorsah, daß

> *Gehilfen, Gesellen oder Fabrikarbeiter, welche entweder die Gewerbetreibenden selbst oder die Obrigkeit zu gewissen Handlungen oder Zugeständnissen dadurch zu bestimmen suchen, daß sie Einstellung der Arbeit oder die Verhinderung derselben bei einzelnen oder mehreren Gewerbetreibenden verabreden oder zu einer solchen Verabredung andere auffordern wollen, mit Gefängnis bis zu einem Jahre bestraft werden.*

Die Arbeitseinstellung, um die es hier ging, war, insoweit formulierte die Gewerbeordnung die Ziele der Arbeiter richtig, erfolgt, um die Arbeitgeber zu »Zugeständnissen« in der Lohnfrage und anderen Arbeitsbedingungen zu bewegen. Die Verteidigung berief sich nun auf den § 4 des Gesetzes vom 6. April 1848, in dem es hieß:

Ebenso sind alle Preußen berechtigt, zu solchen Zwecken, welche den Strafgesetzen nicht zuwiderlaufen, sich ohne vorgängige polizeiliche Erlaubnis zu vereinigen.

Dieser Paragraph war eine Errungenschaft der Revolution, und dieser Prozeß war der erste, mit dem diese Errungenschaften in der Praxis wieder rückgängig gemacht werden sollten. Und so hieß es in einer zeitgenössischen Schrift:

Haben wir freies Vereinigungsrecht oder nicht? Sind unsere, durch unser Blut wieder erworbenen Rechte wirklich gegen Eingriffe der äußeren Gewalt sicher? Stehen die christlich-germanischen Regierungen schon auf einer solchen Stufe der Sittlichkeit, daß sie das wahre Recht um seiner selbst, um der moralischen Menschenwürde willen achten? Oder geht Gewalt, d.h. die höchste Potenz der Unsittlichkeit, noch immer vor Recht? Oder stehen vermoderte Satzungen einer sterbenden, in ihren letzten Zügen liegenden und rasenden Vergangenheit, höher als die Heiligkeit der Menschenrechte und der fürstlichen Gelübde und Gesetze vom vorigen Lenze? Meinen die Regierungen es wirklich gut mit den Arbeitern, d.h. mit der bedeutend überwiegenden Mehrzahl der Menschen, oder sollen wir die Lasttiere der Aristokratie und Bourgeoisie bleiben?

Ohne den Zusammenschluß in eigenen Organisationen bestand ganz gewiß diese Gefahr. Übrigens waren es gerade die Buchdrucker, die innerhalb der Phase der Revolution die größten gewerkschaftlichen Erfolge erringen konnten. Sie waren z.T. zwar auch an Stefan Borns »Arbeiterverbrüderung« beteiligt, aber ihre gewerkschaftlichen Forderungen versuchten sie von solchen Ansätzen unabhängig durchzusetzen. Da die neu errungene Pressefreiheit ihr Gewerbe besonders begünstigte, kam es, wie oben schon erwähnt, bald zu durch kleinere Streiks unterstützten Lohnbewegungen. Am 11. Juni 1848 trat in Mainz die erste »National-Buchdrucker-Versammlung« zusammen und gründete einen Verband, der mit eigenen Forderungen an die Paulskirchen-Versammlung herantrat. Die wichtigste der politischen Forderungen war die nach einem deutschen »Arbeiter-Ministerium«, zudem wollten die Buchdrucker das Koalitionsrecht sowie Freizügigkeit, das Recht auf Arbeit und Kontrolle des Maschinenwesens. Ihre ökonomischen Vorstellungen gingen vor allem dahin, einen »Reichstarif« zur Regelung der Löhne, der Arbeitszeit und des Lehrlingswesens zu

erreichen. Die weitere Entwicklung dieses Zusammenschlusses ist exemplarisch für das Schicksal der Arbeitervereinigungen in der scheiternden bürgerlichen Revolution. Nachdem schon im August und September 1848 ein großer Streik am Widerstand von Unternehmern und politischer Reaktion gescheitert war, die eigene Organisation zerbrach und man einen neuen Anlauf im »Gutenbergbund« machte, der von 1849 bis 1852 bestand, konnten sich die Reste der Buchdrucker-Organisationen nur noch kläglich behaupten und wurden schließlich am 13. Juli 1854, wie alle Arbeiterorganisationen, durch Bundesbeschluß aufgelöst.
Die spätestens 1850 mit aller Härte einsetzende Zeit der Reaktion traf gerade die Arbeiterschaft besonders massiv. Obwohl sich noch 1848/49 ein wirtschaftlicher Aufschwung angekündigt hatte, dem zu Beginn der fünfziger Jahre eine Hochkonjunktur folgte, die es sicherlich dem Bürgertum auch leichter gemacht hat, sich mit der politischen Reaktion abzufinden, wurden die in der Revolutionszeit errungenen Lohnerhöhungen und Arbeitszeitverkürzungen wieder abgebaut, die Arbeitervereine aufgelöst, ihre Zeitungen verboten und auch alle gewerkschaftlichen Bestrebungen unterdrückt.
Das deutsche Bürgertum entwickelte nun eine spezifische Art, sich mit den alten Feudalmächten zu arrangieren; es war eine Arbeitsteilung im Hinblick auf die politische und ökonomische Macht. Das Ergebnis war eine forcierte Industrialisierung nicht nur unter Duldung des Obrigkeitstaates, sondern auch mit dessen Mitteln. So kam es nach 1850 zu einer großen Industrialisierungswelle: die Eisenbahnen wurden noch schneller ausgebaut, Aktiengesellschaften breiteten sich aus und bildeten die Voraussetzungen zur Kapitalkonzentration und damit zum Großbetrieb. Erst jetzt wurden Massen neuer Arbeiter auch aus den ländlichen Regionen in die Industrie gezogen, die handwerkliche Produktion ging weiter zurück.
Für die Arbeiterschaft sah die Situation wieder wie im Vormärz aus, so daß sie zwei Wege ging: Die Überreste der in der Revolution entstandenen Organisationen verwandelten sich zum großen Teil in »gesellige Vereine«, in Unterstützungskassen oder Fachvereine. Sie bildeten damit aber auch einen organisatorischen Ansatz für den erneuten Aufschwung der Arbeiterbewegung in den sechziger Jahren. Andere bildeten sogenannte »geheime Verbindungen«, in der Tradition der alten Gesellenbewegungen mit handwerklichem Boden, so etwa Maurer, Zimmerer, Stellmacher. Auch sie stellten ein Element der in den sechziger Jahren wieder offen auftretenden sozialen Bewegung der Arbeiter dar.

Kurz bevor ein damals in Lemgo erscheinendes Blatt der Demokratenclubs und Arbeitervereine, »Der Volksfreund«, verboten wurde, formulierte man hier die Konsequenz aus dem Scheitern des Versuchs, über die Klassen hinweg politische und ökonomische Freiheiten als Bedingung gesellschaftlichen Fortschritts zu erreichen. In einem »Aufruf an die Arbeiter« schrieb das Blatt:

Durch eure Arbeit erwerbt ihr dem Bourgeois den Besitz, und erhaltet durch euren Schweiß und eure Arbeit den Staat in dem der Bourgeois alle Rechte hat und ihr vollkommen rechtlos seid. Euch hat man z.B. das allgemeine Wahlrecht genommen; weil ihr kein Vermögen besitzt, könnt ihr keine Stimme im Staate haben, das kommt nur den Herren vom Gelde zu. Ja ihr Arbeiter, ihr seid die nützlichsten Glieder der Gesellschaft, die unentbehrlichsten, und dennoch seid ihr Sclaven – Sclaven des toten, sich spreizenden Capitals. Sclaven des Capitals, das euch die Gesetze vorschreibt. Diesem Feinde gegenüber gibt es nur eine Waffe für euch, das ist die Vereinigung; nur durch die Vereinigung, die Association, könnt ihr euch dieser Tyrannei des Capitals entziehen.

Kapitel 2
Anfänge gewerkschaftlicher Organisation

Der Sieg der Reaktion in Deutschland nach 1849 hatte nicht nur die politischen Organisationen der Arbeiter, sondern auch ihre Ansätze zu einer ökonomischen Interessenvertretung zerstört. Dennoch blieben weiterhin Reste einer solchen Interessenvertretung in den Unterstützungsvereinen, aber auch in Bildungsvereinen und ersten Genossenschaften bestehen, und neue Ansätze kamen in den Jahren nach 1850 zustande. Nicht unerheblich dazu beigetragen hat der bürgerlich-liberale Sozialpolitiker **Hermann Schulze-Delitzsch**. Er hatte schon während der Hungerkrise 1847 einen Verein gegründet, der den Armen billiges Brot liefern wollte; als Abgeordneter der Frankfurter Nationalversammlung war er Vorsitzender einer Kommission zur Prüfung der Lage der Handwerker gewesen, und noch im Sommer 1849 hatte er eine Kranken- und Sterbekasse und, etwas später, Rohstoffassoziationen der Tischler und Schuhmacher gegründet. Sein Ziel war der unabhängige Handwerksmeister und erreicht werden sollte dies über Solidarhaftung und eigene Kapitalbildung. Ähnliche Versuche in der Landwirtschaft unternahm Raiffeisen, Bürgermeister in einem kleinen Dorf im Westerwald.

Ihm ging es, ähnlich wie der Initiative von Schulze-Delitzsch für die Handwerkerschaft, um Erhalt und Förderung der mittleren Betriebe und ein Aufhalten des durch die Industrialisierung ausgelösten Wandels. Ihre wichtigste Funktion hatten die Raiffeisengenossenschaften in der Stabilisierung der sozialen Verhältnisse auf dem Land, die weitgehend mit einer politischen Befriedung einherging, da sie die besitzenden gegen die besitzlosen Schichten schützte. Die politische Erfolglosigkeit der späteren Arbeiterbewegung auf dem Land hat hier eine ihrer Ursachen.

Obwohl Liberale wie Schulze-Delitzsch auch für die Arbeiterschaft das Konzept der **Genossenschaften** vorsahen, um deren Proletarisierung zu verhindern, mußte angesichts der sich selbständig organisierenden Arbeiter und der sich unaufhaltsam entwickelnden Industrie dieser Versuch fallengelassen werden. Stattdessen kam es nun zu eigenständigen Interessenvertretungen von Arbeitern in Form der **»Gewerkvereine«**.

Die Genossenschaften aber sollten auch in der Entwicklung der Gewerkschaftsbewegung vor allem als Konsum- und Wohnbaugenossenschaften noch eine wichtige Rolle für die Arbeiter spielen.

Ebenso wie die genossenschaftlichen Handwerkervereinigungen waren die **Bildungsvereine**, die von bürgerlichen Politikern begründet wurden, um den Arbeitern die Unterordnung unter die liberale Partei nahezulegen und sie von eigenen Organisationsversuchen abzuhalten, keine gewerkschaftlichen Vereinigungen im eigentlichen Sinne, denn der Interessengegensatz zwischen Arbeitern und Unternehmern war ihnen noch weitgehend fremd. Auf diese Weise konnte keine Verbindung von Arbeitern hergestellt werden, in der die gemeinsamen Interessen artikuliert und solidarisch nach außen vertreten wurden. Dazu bedurfte es der Loslösung von den bürgerlichen Kräften, denen es bei der Linderung der sozialen Not und der »Lösung der sozialen Frage« in erster Linie immer darum ging, daß die Arbeiter »sich nicht von neuem als Stand dem Bürgerstand gegenüberstellten«, denn das führe nur »zu neuer Verirrung und Verwirrung«. Neben der Bekämpfung der eigenständigen Organisationsbestrebungen wurde der Versuch der Integration der Arbeiterschaft zu dem anderen wichtigen Mittel bürgerlicher Politik gegenüber der Arbeiterbewegung.

Vorerst aber hatten die Bürgerlichen auch deshalb noch einigen Erfolg, weil die endgültige Verdrängung des Kleinbetriebs durch die große Industrie noch nicht in solchem Maße durchgesetzt war, daß der grundsätzliche Konflikt zwischen Kapital und Arbeit immer deutlich geworden wäre. Allerdings vollzog sich gerade in den fünfziger und sechziger Jahren ein rascher Wandel in den wirtschaftlichen und damit sozialen Verhältnissen. Zwischen 1851 und 1860 stieg die Industrieproduktion in Deutschland auf mehr als das Doppelte an. Zur gleichen Zeit verdoppelte sich auch die Roheisenproduktion, die Kohleförderung konnte von 7 Millionen Tonnen im Jahre 1850 auf 17 Millionen Tonnen im Jahre 1860 gesteigert werden, und das Eisenbahnnetz erweiterte sich im selben Zeitraum von 5870 auf 11150 km. Mit dem Ausbau der Industrie entwickelte sich innerhalb Deutschlands bei gleichzeitig großen Auswanderungsbewegungen eine umfangreiche Binnenwanderung. Ferner wuchs die Bevölkerung sprunghaft an, und es bildeten sich erste Konzentrationen von Arbeitern in den neuen Industriegebieten heraus.

Der industrielle Aufstieg war vor allem auf die Entwicklung neuer Produktionstechniken zurückzuführen. Der Einsatz der mit Dampfkraft betriebenen Maschinen vervielfachte innerhalb weniger Jahre die Leistungsfähigkeit der jungen Industrie. Zwischen 1850 und 1860 erhöhte sich die in PS gemessene Kraft der Dampfmaschinen von 260000 auf 850000 Einheiten.

Während bis dahin zwischen Handwerks- und Industriebetrieb und damit zwischen den Arbeitern hier wie dort noch keine großen Gegensätze bestanden, verdrängte nun die Industrie zunehmend das handwerkliche Unternehmen und entwickelte den Gegensatz zwischen den Arbeitern und den Handwerkern, was sich nicht zuletzt in der Organisation der Interessen niederschlagen mußte.

Die Schwerindustrie wurde nun zum Motor der wirtschaftlichen Entwicklung, und der Eisenbahnbau brachte eine erhöhte Nachfrage nach schwerindustriellen Produkten, auch einen dadurch größeren und schneller erreichbaren Markt. Vom Eisenbahnbau ging auch der Impuls für das Vordringen der Aktiengesellschaften als Unternehmensform aus. Diese brachten umgehend einen Aufschwung des Bankwesens mit sich. Damit war ein weiterer Schritt zur Anonymisierung des Kapitals getan und zur Aufhebung patriarchalischer und zünftlerischer Verhältnisse in den Betrieben. Diese Entwicklungen hielten die kommenden Jahrzehnte an und führten zur restlosen Durchsetzung der kapitalistischen Produktionsweise. Alternativen zur Industrialisierung scheinen von heute aus kaum noch denkbar, dennoch sollte an dieser Stelle darauf hingewiesen werden, daß die europäische Entwicklung eine Sonderentwicklung bedeutet, die woanders oft später erst erzwungen wurde. Vielleicht sollte man auch bedenken, daß die Entwicklung der Schwerindustrie auf dem Vorhandensein von Eisenerz und fossilen Brennstoffen beruhte, deren Vorkommen historisch zufällig ist. Ohne solche begünstigenden Faktoren wären die gesellschaftlichen Entwicklungen in Europa vielleicht anders verlaufen.

Auf dieser industriekapitalistischen Basis entfaltete sich die gesamtwirtschaftliche Produktion nicht nur durch den Einsatz von immer mehr Maschinen und Arbeitern, sondern auch durch die Steigerung der Produktivität des einzelnen Arbeiters. In der damaligen Roheisenproduktion steigerte sich die Produktionsleistung des Arbeiters innerhalb weniger Jahre um mehr als 50 %, was vor allem durch Verbesserung der Arbeitsverfahren und rationellere Organisation des Arbeitsvorgangs sowie ständige technische Erneuerungen erreicht wurde.

Neue Produktionstechniken und Intensivierung der Arbeit mußten aber mit Notwendigkeit die Arbeits- und Lebenssituation der Arbeiter verändern. Zuerst war dies in den Betrieben selbst der Fall. Durch die Maschinerie und die Konzentration vieler Arbeiter an einem Ort bekam der Arbeitsprozeß einen anderen Charakter, auf den die Arbeiter reagieren mußten. Waren sie noch an handwerkliche Fertigung gewöhnt oder kamen vom

Lande, konnten und wollten sie sich nicht immer mit den Bedingungen der industriellen Arbeit abfinden.
Hier beginnen Verweigerung und Widerstand gegen den industriellen Arbeitsprozeß, dem Unterwerfung unter Maschinerie und Unternehmerkontrolle einerseits, anderseits aber auch »Stolz« auf das Produkt und die »eigene« Fabrik einen widerspruchsvollen Charakter geben. Konflikte um Verspätungen, zu lange »Locus-Sitzungen«, um das Bummeln beim Essenholen, um verbotenes Biertrinken oder das Schlafen während Doppel- und Nachtschichten gehören zur Tagesordnung; aber auch die Versuche der Arbeiter, sich Zeit- und Lohnanteile wieder anzueignen, um die sie sich ungerechtfertigt betrogen sehen. Oft entstehen aus solchen Konflikten Arbeitsniederlegungen, die dann in Lohnforderungen oder Forderungen nach Senkung der Arbeitszeit mündeten.
Tatsächlich kam es stellenweise nach 1860 zu Arbeitszeitverkürzungen. Waren um 1850 im Bergbau noch 11 bis 14 Stunden die Regel gewesen, so war die Arbeitszeit um 1870 hier auf 9–12 Stunden reduziert. Auch die Löhne stiegen in diesen Jahren, obwohl die meisten Streiks, die für Lohnforderungen geführt wurden, erfolglos endeten. Die höheren Löhne waren in erster Linie eine Folge der Veränderungen in den Produktionsformen und der ungeheuren Vermehrung der auf den Markt drängenden Warenmengen. Dennoch kann man nicht sagen, daß die Anhebung des Lebensstandards vieler Arbeiter ein Prozeß gewesen wäre, der sich selbsttätig und aufgrund von Einsichten seitens der Unternehmer und des Bürgertums durchgesetzt hätte. Jede Errungenschaft der Arbeiter war ihren eigenen Bemühungen zu verdanken, selbst wenn ihre Kämpfe, die weitgehend noch lokal isoliert und ohne Organisation abliefen, mit vorläufigen Niederlagen endeten. Die industrielle Organisation der Arbeit bedurfte vor allem des ungestörten und stetigen Laufs; diesen zu sichern, waren repressive, aber auch integrative Maßnahmen von Staat und Unternehmerschaft bemüht. Die damals noch arbeiterfreundliche Haltung eines Großteils der bürgerlichen öffentlichen Meinung und der Kirchen als Reaktion auf das offenkundige Elend weiter Teile der Arbeiterschaft kann als Ausdruck solcher Bemühungen verstanden werden, auch wenn man glaubte, durch Maßnahmen der Sozialfürsorge oder andere, allein die Folgen der Industriearbeit abmildernde Eingriffe die Konsequenzen der kapitalistischen Produktion umgehen und dadurch die vermeintliche Idylle der alten Zunftgesellschaft wiederherstellen zu können.
Auf der folgenden Seite sei ein Überblick über die Entwicklung der Be-

Bevölkerung Deutschlands (Millionen)

1816	24,8
1837	31,6
1855	36,1
1875	42,7
1895	52,3
1914	67,8

Durchschnittliche Bruttoreallöhne, 1820 bis 1914 (1900 = 100)

Zeitabschnitt	Reallohnindex	Wirtschaftszyklus	Reallohnindex
1820–1829	86	1867–1875	76
1830–1839	82	1876–1886	83
1840–1849	75	1887–1893	92
1850–1859	69	1893–1902	97
1860–1867	75	1902–1914	97

Wöchentliche Arbeitszeit (Stunden)

Jahr	Steinkohlenbergbau	Metallerzeugung	Metallverarbeitung	Chemische Industrie	Textilindustrie	Industrie d. Holz- u. Schnitzstoffe	Graphisches Gewerbe	Baugewerbe	insgesamt
um 1825					75				82,5
1830/1860									82,5
um 1850					90				
1860/1870					81				78
1870/1875							57	69	
1875/1880		66			72		57	62	72
1880/1885			66,5	60		64	57	62	
1884				60		65	57	62	
1885/1890	51,5	66	65	60	69		60	62	66
1889	52,5			60		61,5	57	62	
1891	51,5			60		61		60	
1890/1895	51,5	63		60	65	61,5	58,5	60	64
1895/1900	53	63	61,5	60	62,5	59,5	57	60	62
1900/1905	46			60	61	58,5	54	60	60
1905/1910	48,5				59	57	53		59
1910/1914	50	60	56	58		55,5	52	57	57

völkerungszahlen, der durchschnittlichen Reallöhne und der wöchentlichen Arbeitszeiten vom ersten Drittel des 19. Jahrhunderts bis 1914 gegeben.

Nachdem die große Wirtschaftskrise die Revolution von 1848 mit vorbereitet hatte, brachten der Aufschwung der Wirtschaft und die Unterdrükkungsmaßnahmen in den deutschen Ländern den revolutionären Elan zum Erliegen. Das erste Jahrzehnt der ökonomischen Entfaltung und Ausbreitung des Kapitalismus war ein Jahrzehnt ohne organisierte Arbeiterbewegung. Aber die Bedingungen für das Wiederaufflammen der eigenen Interessenorganisation entwickelten sich ebenfalls in dieser Zeit.

Die wachsende Proletarisierung der Arbeiter einerseits und die Bemühungen der bürgerlich liberalen Parteien andererseits führten zunächst zur Bildung von Arbeiterbildungsvereinen, aber auch zur Wiederbelebung des Unterstützungswesens.

Die vom liberalen Nationalverein gegründeten Bildungsvereine boten, wie Mehring dies ausgedrückt hat, den »ersten Tummelplatz der Arbeiter, sich über ihre Interessen zu verständigen«. Bald aber schon sollten sich die Arbeiter von den bürgerlichen Fesseln lösen und eigenständige Organisationen herausbilden.

Parallel hierzu bedeuteten die **Unterstützungskassen und -vereine** eine Reaktion der Arbeiter auf die ökonomische Situation; die durch Industrialisierung und Ausbau der Verkehrsmittel erweiterte Fluktuation der Arbeiter ließ den Gedanken an die Gegenseitigkeitsverpflichtungen der einzelnen Lokalkassen, an die Einheitlichkeit und Sicherheit der Unterstützung wieder in den Vordergrund treten.

Gerade bei den ersten mehr gewerkschaftlich ausgerichteten Organisationsbestrebungen steht der Plan eines Unterstützungswesens vor allen anderen Vorstellungen. In den neuen Organisationen ein Mittel zur Durchführung von Streiks zu sehen, wird vielfach sogar abgelehnt.

Obwohl das »Koalitionsverbot« während der Revolution zeitweise zurückgenommen worden war, wurde nach deren Scheitern wieder die »Allgemeine Gewerbeordnung« von 1845 in aller Schärfe gegen jede Bestrebung nach »Verabredungen« bei den Arbeitern angewandt; nur Unterstützungsvereine und einige Fachvereine blieben bestehen. So verhinderte vorerst noch dieses Koalitionsverbot, daß die Organisationsbereitschaft der Arbeiter sich offen in eigenständigen Vereinigungen niederschlug.

Es gab noch weitere Gründe für solch eine zögerliche Entwicklung der wirtschaftlichen Organisationen. Ähnlich wie die Industrialisierung selbst hatte sich die Gewerbefreiheit aufgrund der politischen Verhältnisse in Deutschland erst recht spät entwickeln können; die Gewerbefreiheit, vehement auch von Bürgerlichen gefordert, bedeutete aber nicht unbedingt schon Koalitionsfreiheit für die Arbeiter.

Die bis 1869 geltende Gewerbeordnung von 1845 verbot alle »Verabredungen« (also Koalitionen) sowohl der selbständigen Gewerbetreibenden als auch der gewerblichen und industriellen Arbeiter bei strengen Sanktionen. Dennoch wurden die Strafbestimmungen, vor allem, wenn es gerade in Lohnfragen zur gütlichen Einigung kam, schon in den fünfziger Jahren nicht mehr ganz so streng angewendet. Auch muß gesagt werden, daß die Reform der Gewerbeordnung nicht so sehr auf das Vorgehen der Arbeiter zurückzuführen ist, sondern auf die Initiativen der bürgerlichen Kräfte, die sich davon eben auch die unumschränkte Freiheit bei der Regelung des Arbeitsvertrages versprachen und damit den Durchbruch zur vollen Gewerbefreiheit. Daß sie dies nicht taten, weil sie um das Wohl der Arbeiter besorgt waren, versteht sich von selbst. Ihnen ging es um die Gestaltung der Arbeitsverträge nach ihren Vorstellungen, doch dazu bedurfte es der Freiheit der »Verabredung«.

So kommt es dann 1861 in Sachsen zur **Aufhebung der Koalitionsverbote** und in Preußen und dem gesamten Norddeutschen Bund im Jahre 1869 durch die Reichsgewerbeordnung zur generellen Aufhebung der Koalitionsverbote. Die wichtigsten Bestimmungen zur Koalitionsfreiheit waren die §§ 152 und 153. Im § 152 hieß es:

> *Alle Verbote und Strafbestimmungen gegen Gewerbetreibende, gewerbliche Gehilfen, Gesellen oder Fabrikarbeiter wegen Verabredungen und Vereinigungen zum Behufe der Erlangung günstiger Lohn- und Arbeitsbedingungen, insbesondere mittels Einstellung der Arbeit oder Entlassung der Arbeiter, werden aufgehoben.*

Im folgenden § 153 aber war diese Freiheit schon wieder bedeutsam eingeschränkt, indem die Möglichkeiten von Arbeiterorganisationen und Gewerkschaften zur freien Betätigung beschnitten wurden:

> *Wer andere durch Anwendung körperlichen Zwangs, durch Drohung, durch Ehrverletzung oder durch Verrufserklärung bestimmt oder zu bestimmen versucht, an solchen Verabredungen (wie in § 152 vorgesehen) teilzunehmen oder ihnen Folge zu leisten, oder andere durch gleiche Mittel hindert oder zu hindern versucht, von solchen Verabredungen zurückzutreten, wird mit Gefängnis bis zu drei Monaten bestraft, sofern nach dem allgemeinen Gesetz nicht eine härtere Strafe eintritt.*

Mit Hilfe des hier ausgesprochenen Verbots einer sogenannten »Verrufserklärung« wurden die Arbeiterorganisationen, vor allem die Gewerkschaften, in ihrer Gründungs- und Konsolidierungsphase verfolgt, so daß es z.B. dazu kommen konnte, daß Arbeiter, die das Wort »Streikbrecher« gebrauchten, zu wochenlangen Freiheitsstrafen verurteilt wurden. Aber nicht nur in diesem Punkt war die Freiheit zur Vereinigung beschränkt. Für die zukünftige Entwicklung der Gewerkschaftsbewegung vielleicht noch wichtiger war die Einschränkung des Personenkreises, der die Freiheit der Vereinigung nun besaß. Ausgeschlossen waren von dieser Freiheit: die Landarbeiter und das Gesinde, die Schiffsleute, die Eisenbahner und die anderen in öffentlichen Betrieben Beschäftigten sowie die Beamten. Ebenso unterlagen »politische Vereine« weitgehenden Beschränkungen. In der Folgezeit wurde von staatlicher Seite des öfteren versucht, auch die Gewerkschaften zu politischen Vereinen zu erklären, was deren Bewegungsfreiheit einschränkte. So unterlagen politische Vereine einer Aufsichtsbefugnis der Behörden; Frauen, Schüler, Lehrlinge und Minderjährige unter 18 (in manchen deutschen Staaten unter 21 Jahren) durften nicht Mitglieder sein. Die dadurch entstehende Konkurrenz von organisierten Arbeitern und nicht organisierten Frauen und Jugendlichen im Lohnkampf war offensichtlich. Während die Gewerkschaften alles unternahmen, die Bestimmungen für Jugendliche zu lockern, waren die Meinungen hinsichtlich der Frauen selbst in späteren Jahren noch äußerst widersprüchlich. So sprach sich ein Großteil der Redner auf der Generalversammlung des Zigarrenarbeiterverbandes im Jahre 1869 gegen die Aufnahme von Frauen in den Verband auf, weil man befürchtete, dies könne die Frauenarbeit fördern. Es wurde dann zwar doch die Aufnahme von Frauen beschlossen, aber dem Präsidium wurde das Recht zustanden, einzelnen Ortsverbänden die Befugnis zum Ausschluß der Frauen zu erteilen.

Dennoch **bildete die Koalitionsfreiheit einen entscheidenden Impuls für die Entfaltung der gewerkschaftlichen Arbeiterorganisationen**.

Es bildeten sich, nachdem Sachsen schon 1861 die Koalitionsverbote aufgehoben hatte, nun eine große Zahl von Arbeiterbildungsvereinen unter fortschrittlich-liberaler Führung neu. Aus Berufen, die schon in der Revolutionszeit erste Vereinigungen gebildet hatten, kamen auch die ersten Gewerkschaftsgründungen: die Tabakarbeiter gründeten 1865 den »Allgemeinen Deutschen Zigarettenarbeiterverein«; 1866 entstand der »Deutsche Buchdruckerverband« und ein Jahr darauf wurde der »Allgemeine Deutsche Schneiderverein« konstituiert. Die Buchdrucker hatten schon Anfang 1862 einen »Fortbildungsverein für Buchdrucker« ins Leben gerufen und als erste Maßnahme »freie Kassen« geschaffen, die sofort viel

Zulauf hatten. Gerade das Unterstützungswesen war es, was vielfach die Gründung solcher Vereinigungen vorantrieb. Ähnlich war es bei den Zigarettenarbeitern, deren Zentralisationsbestrebungen ganz auf die Errichtung von Kassen ausgerichtet waren. Obwohl der »Aufruf an alle Schneider Deutschlands«, der am 26. Juli 1867 im »Socialdemokrat« erschien, deutlich machte, daß die geplante Organisation der Schneider gewerkschaftlichen Charakter haben sollte, enthielt die Tagesordnung des einberufenen Kongresses noch vornehmlich Punkte, die sich auf das Unterstützungswesen bezogen. Dies gilt in gleicher Weise für den ersten Kongreß deutscher Buchbinder, der 1869 stattfand.
In der Hauptsache aber müssen die Gründungen von Gewerkschaften als das Resultat der ökonomischen Entwicklung und damit einhergehend der Zusammenstöße mit den Unternehmern bei der Festlegung der Löhne und Arbeitsbedingungen angesehen werden. Infolge der in den sechziger Jahren wieder ansteigenden Konjunktur kam es vor allem im Jahre 1865 zu zahlreichen Streiks, an vielen Orten auch schon zu besonderen **Streikorganisationen**, die aber immer nur lokale Bedeutung hatten. Diese Organisationen sollten nicht unterschätzt werden, da sie an manchen Orten die Mehrheit der Arbeiter eines Berufes vereinigen konnten und so wesentlich einen Beitrag zur Entwicklung solidarischer Strukturen leisteten. Laufenberg beschreibt in seiner Geschichte der Hamburger Arbeiterbewegung z. B., daß die Bewegung des Jahres 1865 nicht nur zu großen Demonstrationen der gesamten Hamburger Arbeiterschaft führte, sondern auch zu einem festeren Zusammenschluß verschiedener lokaler Organisationen in einem »Arbeiterrat« und zur Gründung einer allgemeinen Arbeiterunterstützungskasse, die in der Hauptsache zur Streikunterstützung gedacht war und im August 1865 schon 5000 Mitglieder umfaßte.
Wie auch anderswo zerschlug der Preußisch-österreichische Krieg von 1866, mit dem Preußen seine Vormacht in Deutschland befestigte, diese lokalen Ansätze wieder, ohne sie allerdings vollständig unterdrücken zu können.
In der Folgezeit zeigte sich deutlich der beschränkte Aktionsraum lokaler Organisationen, so daß mehr und mehr Zentralisationstendenzen in den Vordergrund von Gewerkschaftsgründungen traten, zumal die wirtschaftlichen Entwicklungen einen solchen Weg notwendiger denn je machten.
Die entscheidenden Organisatoren auch der gewerkschaftlichen Vereinigungen waren in Deutschland – anders als in England – die politischen Gruppen der Arbeiterbewegung. Von ihnen, vor allem von **Ferdinand**

Lassalle, ging die Agitation für die selbständige Organisation der Arbeiter in einer politischen Partei aus. Allerdings war gerade Lassalle gewerkschaftlichen Tendenzen gegenüber abweisend. Seine Vorstellungen richteten sich ganz auf die politische Ebene, auf den Staat, in dem die Arbeiter durch das **gleiche Wahlrecht** den bestimmenden Einfluß bekommen sollten. Eine Besserung der Lebens- und Arbeitsverhältnisse durch gewerkschaftlichen Zusammenschluß und durch Arbeitsniederlegungen sah er als unmöglich an. Lassalle hat dies in seinem »Ehernen Lohngesetz« beschrieben. Dieses »Gesetz« bedeutete nichts anderes, als daß der durchschnittliche Arbeitslohn unter den Verhältnissen von Angebot und Nachfrage immer auf den notwendigen Lebensunterhalt reduziert bleibe. Der jeweilige Lohn könne um diesen Punkt schwanken, sich aber nicht grundsätzlich von ihm wegbewegen. Aus diesen Gründen könne es auch durch gewerkschaftliche Kämpfe um bessere Lebens- und Arbeitsbedingungen nicht zu einer wirklichen Besserung der Verhältnisse kommen. Nur durch den Staat und über mit Staatshilfe geförderte Produktionsgenossenschaften könne auch die wirtschaftliche Lage der Arbeiter verbessert werden. Zu diesem Zweck gelte es, über das freie und gleiche Wahlrecht – also den politischen Kampf – die politische und staatliche Macht für die Arbeiter zu erobern:

> *Der einzige Ausweg für die Arbeiter kann daher nur durch die Sphäre gehen, innerhalb derer sie noch als Menschen gelten, d.h. durch den Staat, durch einen solchen eben, der sich dies zu seiner Aufgabe machen wird . . .*

Der **Allgemeine Deutsche Arbeiterverein (ADAV)** war zustande gekommen, nachdem einige lokale Arbeitervereine Lassalle gebeten hatten, seine Vorstellungen für die Interessenvertretung der Arbeiter zu formulieren. Das daraufhin von Lassalle veröffentlichte »Offene Antwortschreiben« (s. Dokument 3) bildete den Anstoß zur Gründung des ADAV im Mai 1863 in Leipzig. Damit war **die erste selbständige Arbeiterpartei in Deutschland** gegründet. Lassalle wurde ihr erster, mit geradezu diktatorischen Vollmachten ausgestatteter Präsident. Zu seiner Gründung hatte der ADAV schon 1000 Mitglieder und erreichte Anfang der siebziger Jahre mit 21 000 Mitgliedern seinen Höchststand.

Zwar erfüllte sich Lassalles Hoffnung nicht, den ADAV in kurzer Zeit zu einer Massenorganisation der Arbeiter machen zu können; der Impuls allerdings, der von dieser Gründung ausging, war unter den damaligen Bedingungen und gemessen am Bewußtsein der Arbeiter von außerordentlicher Wirkung, vor allem wegen seines radikalen Konzeptes der

Dokument 3
Aufruf Ferdinand Lassalles zur Einberufung eines ersten Allgemeinen Deutschen Arbeiterkongresses vom 1. 3. 1863

(Quelle: Ferdinand Lassalle, Offenes Antwortschreiben an das Centralcomite zur Berufung eines Allgemeinen Deutschen Arbeiter-Congresses zu Leipzig vom 1. 3. 1863, in: Ausgewählte Lesestücke zum Studium der politischen Ökonomie, hg. v. Karl Diehl und Paul Mombert, Karlsruhe 1910, 2. Bd., S. 101 ff.)

Das eherne ökonomische Gesetz, welches unter den heutigen Verhältnissen, unter der Herrschaft von Angebot und Nachfrage nach Arbeit, den Arbeitslohn bestimmt, ist dieses: daß der durchschnittliche Arbeitslohn immer auf den nothwendigen Lebensunterhalt reduzirt bleibt, der in einem Volke gewohnheitsmäßig zur Fristung der Existenz und zur Fortpflanzung erforderlich ist. Dies ist der Punkt, um welchen der wirkliche Tageslohn in Pendelschwingungen jederzeit herum gravitirt, ohne sich jemals lange weder über denselben zu erheben, noch unter denselben hinunterfallen zu können ...

Die Beschränkung des durchschnittlichen Arbeitslohnes auf die in einem Volke gewohnheitsmäßig zur Fristung der Existenz und zur Fortpflanzung erforderliche Lebensnothdurft – das ist also, ich wiederhole es Ihnen, das eherne und grausame Gesetz, welches den Arbeitslohn unter den heutigen Verhältnissen beherrscht ...

Sollte das Prinzip der freien individuellen Assoziation der Arbeiter nicht vermögen, die Verbesserung der Lage des Arbeiterstandes zu bewirken? Allerdings vermag es das – aber nur durch seine Anwendung und Ausdehnung auf die fabrikmäßige Großproduction.

Den Arbeiterstand zu seinem eigenen Unternehmer machen – das ist das Mittel, durch welches allein – wie Sie jetzt sofort selbst sehen, jenes eherne und grausame Gesetz beseitigt sein würde, das den Arbeitslohn bestimmt!

Wenn der Arbeiterstand sein eigner Unternehmer ist, so fällt jene Scheidung zwischen Arbeitslohn und Unternehmergewinn und mit ihr ist der bloße Arbeitslohn überhaupt fort, und an seine Stelle tritt als Vergeltung der Arbeit: der Arbeitsertrag!

Die Aufhebung des Unternehmergewinns in der friedlichsten, legalsten

und einfachsten Weise, indem sich der Arbeiterstand durch freiwillige Assoziationen als sein eigner Unternehmer organisiert, die hiermit und hiermit allein gegebene Aufhebung jenes Gesetzes, welches unter der heutigen Production von dem Productions-Ertrag das eben zur Lebensfristung Erforderliche auf die Arbeiter als Lohn und den gesammten Überschuß auf den Unternehmer vertheilt, das ist die einzige wahrhafte, die einzige seinen gerechten Ansprüchen entsprechende, die einzige nichtillusionäre Verbesserung der Lage des Arbeiterstandes.
Aber wie? (...)
Eben deshalb ist es Sache des Staates, Ihnen dies zu ermöglichen, die große Sache der freien individuellen Assoziationen des Arbeiterstandes fördernd und entwickelnd in seine Hand zu nehmen und es zu seiner heiligsten Pflicht zu machen, Ihnen die Mittel und Möglichkeit zu dieser ihrer Selbstorganisation und Selbstassoziation zu bieten.
(...)
Wie aber den Staat zu dieser Intervention vermögen?
Und hier wird nun sofort sonnenhell die Antwort vor Ihrer Aller Augen stehen: dies wird nur durch das allgemeine und direkte Wahlrecht möglich sein. Wenn die gesetzgebenden Körper Deutschlands aus dem allgemeinen und direkten Wahlrecht hervorgehen – dann und nur dann werden sie den Staat bestimmen können, sich dieser seiner Pflicht zu unterziehen.
Dann wird dieser Forderung in den gesetzgebenden Körpern erhoben werden, dann mögen die Grenzen und Formen und Mittel dieser Intervention durch Vernunft und Wissenschaft diskutiert werden, dann werden – verlassen Sie sich darauf! – die Männer, die Ihre Lage verstehen und Ihrer Sache hingegeben sind, mit dem blanken Stahl der Wissenschaft bewaffnet zu Ihrer Seite stehen und Ihre Interessen zu schützen wissen! Und dann werden Sie, die unbemittelten Klassen der Gesellschaft, es jedenfalls nur sich selbst und ihren schlechten Wahlen zuzuschreiben haben, wenn und so lange die Vertreter Ihrer Sache in der Minorität bleiben.
Das allgemeine und direkte Wahlrecht ist also, wie sich jetzt ergeben hat, nicht nur Ihr politisches, es ist auch Ihr soziales Grundprinzip, die Grundbedingung aller sozialen Hilfe. Es ist das einzige Mittel, um die materielle Lage des Arbeiterstandes zu verbessern.
Wie nun aber die Einführung des allgemeinen und direkten Wahlrechts bewirken? (...)

Organisiren Sie sich als ein allgemeiner deutscher Arbeiterverein zu dem Zweck einer gesetzlichen und friedlichen, aber unermüdlichen, unablässigen Agitation für die Einführung des allgemeinen und direkten Wahlrechts in allen deutschen Ländern. Vom dem Augenblicke an, wo dieser Verein auch nur 100 000 deutsche Arbeiter umfaßt, wird er bereits eine Macht sein, mit welcher jeder rechnen muß. Pflanzen Sie diesen Ruf fort in jede Werkstatt, in jedes Dorf, in jede Hütte. Mögen die städtischen Arbeiter ihre höhere Einsicht und Bildung auf die ländlichen Arbeiter überströmen lassen. Debattieren Sie, diskutieren Sie überall, täglich, unablässig, unaufhörlich.
Dies ist das Zeichen, das Sie aufpflanzen müssen. Dies ist das Zeichen, in dem Sie siegen werden! Es gibt kein anderes für Sie!

Mit Gruß und Handschlag
F. Lassalle
Berlin, 1. März 1863

Selbständigkeit der Arbeiterorganisationen gegenüber den liberalen Bewegungen des Bürgertums.
Nach Lassalles Tod 1864 wurde **Johann Baptist Schweitzer** sein Nachfolger in der Leitung des ADAV. Dieser machte ganz entgegen der Theorie von Lassalle erste Schritte zur Gründung von Gewerkschaften, allerdings mehr als Reaktion auf die nicht mehr zu übersehenden Bestrebungen innerhalb der Arbeiterschaft selbst als aus Einsicht in die prinzipielle Notwendigkeit dieser Organisationsform.
Neben dem ADAV kam es dann 1869 in Eisenach zur Gründung der **Sozialdemokratischen Arbeiterpartei (SDAP)**, die aus dem Vereinstag Deutscher Arbeitervereine (VDAV) hervorgegangen war und deren wichtigste Repräsentanten **August Bebel** und **Wilhelm Liebknecht** waren.
Der »Vereinstag« war in gewissem Sinne ein Versuch gewesen, der durch die Gründung des ADAV drohenden Spaltung innerhalb der sich organisierenden Arbeiterbewegung einen festen Zusammenschluß der Bildungsvereine gegenüberzustellen. Der erste Vereinstag kam im Juni 1863 zustande und richtete sich ganz gegen die Lassallesche Idee, wonach der Arbeiter eine eigene Partei benötige. Mit den Jahren aber gewannen die Sozialisten namentlich aus der Partei der sächsischen Demokraten auf dem Vereinstag die Oberhand, so daß sich die Mehrheit auf dem Nürnberger

Vereinstag im September 1869 der **»Internationalen Arbeiterassoziation«** anschloß, die 1864 unter wesentlicher Anteilnahme von **Karl Marx** in London gegründet worden war und deren Prinzipien in einer »Inauguraladresse« niedergelegt waren. Hierin wurden von Marx die Gewerkschaften, anders als bei Lassalle, als wesentliche Organisationen der Arbeiter beschrieben und die Notwendigkeit des wirtschaftlichen Kampfes betont (s. Dokument 4). Sowohl der ADAV als auch der Vereinstag Deutscher Arbeitervereine gingen neben der Fortschrittspartei an die Gründung von Gewerkschaften. Schweitzer gründete die sozialdemokratischen »Arbeiterschaften«, aus dem »Vereinstag« gingen in Anlehnung an die Internationale Arbeiterassoziation die »Internationalen Gewerksgenossenschaften« hervor, und die Liberalen bildeten die **»Hirsch-Dunckerschen Gewerkvereine«**.

Dokument 4
Emanzipation der arbeitenden Klassen

Der zu Nürnberg versammelte fünfte deutsche Arbeitervereinstag erklärt in nachstehenden Punkten seine Übereinstimmung mit dem Programm der Internationalen Arbeiter-Assoziation.
1. Die Emanzipation (Befreiung) der arbeitenden Klassen muß *durch die arbeitenden Klassen selbst erkämpft werden.* Der Kampf für die Emanzipation der arbeitenden Klassen ist nicht ein Kampf für Klassenprivilegien und Monopole, *sondern für gleiche Rechte und gleiche Pflichten und für Abschaffung aller Klassenherrschaft.*
2. Die ökonomische Abhängigkeit des Mannes der Arbeit von dem Monopolisten (dem ausschließlichen Besitzer) der Arbeitswerkzeuge bildet die Grundlage der Knechtschaft in jeder Form, des sozialen Elends, der geistigen Herabwürdigung und der politischen Abhängigkeit.
3. Die politische Freiheit ist die unentbehrliche Vorbedingung zur ökonomischen Befreiung der arbeitenden Klassen. Die soziale Frage ist mithin untrennbar von der politischen, ihre Lösung durch diese bedingt und nur möglich im demokratischen Staat.
Ferner in Erwägung:
daß alle auf die ökonomische Emanzipation gerichteten Anstrengungen bisher in dem Mangel der Solidarität (Vereinigung) zwischen den vielfachen Zweigen der Arbeit jeden Landes und dem Nichtvorhandensein

eines brüderlichen Bandes der Einheit zwischen den arbeitenden Klassen der verschiedenen Länder gescheitert sind; *daß die Emanzipation der Arbeit weder ein lokales, noch ein nationales,* sondern ein *soziales Problem* (Aufgabe) ist, *welches alle Länder umfaßt,* in denen es moderne Gesellschaft gibt, und dessen Lösung von der praktischen und theoretischen Mitwirkung der vorgeschrittensten Länder abhängt, beschließt der fünfte deutsche Arbeitervereinstag *seinen Anschluß an die Bestrebungen der Internationalen Arbeiterassoziation.*

(Vereinstag der deutschen Arbeitervereine, Nürnberg 1868)

Schweitzer und der ADAV wollten die Gewerkschaften in den Dienst der Partei stellen. Auf dem ersten Deutschen Arbeiterkongreß im September 1868 legte Schweitzer seine Satzung für die Gewerkschaften vor. Sie sah eine völlige Unterordnung der Gewerkschaften unter die Partei vor und verursachte so schwere Konflikte innerhalb der Partei, daß die »Arbeiterschaften« daran schon bald zu Grunde gingen. Theoretisch vertrat Schweitzer nämlich weiterhin die Position des »Ehernen Lohngesetzes« von Lassalle, der konsequenterweise nicht nur Streiks abgelehnt hatte, sondern sich auch von der Koalitionsfreiheit für die Arbeiter nichts versprochen hatte. Dennoch nahm Schweitzer zur Kenntnis, daß Streiks stattfanden und sich beständig nach Zahl, Umfang und Stärke ausbreiteten und daß ganz offensichtlich die Koalition ein elementares Bedürfnis der Arbeiter waren.
Mit einer eigenen Gewerkschaftskonzeption versuchte Schweitzer, diesen Widerspruch zu lösen. Im »Socialdemokrat« schrieb er, daß »Streiks ökonomisch erfolglos sind, aber ein vorzügliches Mittel darstellen, die Arbeiterbewegung zum Ausdruck zu bringen und bis zu der Höhe zu fördern, wo die Arbeiterklasse für ihre eigentliche Klassenerkenntnis reif ist.«
Die Mitgliedschaft in dem Verband der Arbeiterschaften, den Schweitzer 1869 nach Auflösung der Fachverbände und Vereinigung sämtlicher Berufsgruppen zu einem einheitlichen »Arbeiterunterstützungsverband« gegründet hatte, war von der Anerkennung der politischen Grundsätze des Allgemeinen Deutschen Arbeitervereins abhängig. Daraufhin trat eine Anzahl von Vereinen und Verbänden aus, und der Unterstützungsverband verlor schnell an Einfluß.

Die »Eisenacher« waren die zweite deutsche Arbeiterpartei, die eigene Gewerkschaften gründete. Sie orientierten sich an der Politik der Internationalen Arbeiterassoziation. Bebel veröffentlichte Ende November 1868 im »Demokratischen Wochenblatt« seine »Musterstatuten für Deutsche Gewerksgenossenschaften«, wobei es ihm darauf ankam, für die eigenständig arbeitenden örtlichen Gruppen einen organisatorischen Rahmen zu schaffen. Diese organisatorische Liberalität, die ganz im Gegensatz zu den Vorstellungen der Lassalleaner stand, war verbunden mit dem Grundsatz der Autonomie der Arbeitervereine gegenüber Unternehmern, Staat und Parteien.

Auch bei den Eisenachern gab es allerdings einige Gegner der Gewerkschaftsbewegung. Charakteristisch dafür waren die auf dem Stuttgarter Kongreß der Organisation 1870 eingebrachten Anträge, die eine ausgedehnte Propagandaarbeit gegen Streiks forderten. Noch weiter ging ein Antrag, Streiks zu einem zu verwerfenden Mittel der sozialen Auseinandersetzung zu erklären. Der Kongreß verabschiedete dann aber allgemeine Resolutionen über die Notwendigkeit der Gewerkschaftsbewegung und über die Pflicht der Parteigenossen, auf eine Einigung mit den Gewerkschaften hinzuwirken.

Die gewerkschaftlichen Organisationen der Eisenacher machten zunächst wenig Fortschritte, und im allgemeinen wurde auch hier von Partei- und Gewerkschaftsmitgliedern die Funktion der Gewerkschaften unterschätzt. Die Partei setzte sich wenig für die gewerkschaftlichen Organisationen ein, sondern legte das Schwergewicht ihrer Arbeit auf parteipolitischen Zugewinn; die politischen Differenzen zwischen den Eisenachern und Lassalleanern übertrugen sich zusätzlich auf die Gewerkschaften und behinderten deren Entwicklung.

Stand hinter diesen Gewerkschaftsgründungen allein das Bemühen der organisatorisch noch schwachen Arbeiterparteien, sich durch »Kanalisierung« der aufkommenden Gewerkschaftsbewegung einen dauerhaften Anhang unter den Arbeitern zu sichern, oder trafen sich hier zwei verschiedene Entwicklungsströmungen der Arbeiterschaft, die aus unterschiedlichen historischen Gründen dann von der politischen Partei vorübergehend dominiert wurden?

Die Arbeiter hatten bei eigenen gewerkschaftlichen Initiativen die unmittelbaren wirtschaftlichen und sozialen Ziele im Sinne gehabt; auch waren die ersten Gründungen noch deutlich von Berufen handwerklicher Tradition geprägt gewesen und weniger von der noch verhältnismäßig geringen Schicht der Fabrikarbeiter. Die Parteien hatten also die Gründungen von

Gewerkschaften begonnen, als die Arbeiter in ihrer Mehrheit noch kaum ein Bedürfnis nach solchen Organisationen zeigten, wie sie dann aus diesen Parteien hervorgingen. Dennoch muß man an dieser Stelle betonen, daß diese Gewerkschaftsgründungen von oben den Rahmen für eine schnelle organisatorische Konsolidierung der gewerkschaftlichen Entwicklung abgaben, obwohl dadurch gleichzeitig der »organischen« Entfaltung der Bedürfnisse der Arbeiter in ihren Betrieben und an ihren Orten der Weg erschwert wurde.

Neben den Gewerkschaftsgründungen der beiden Arbeiterparteien kam es fast gleichzeitig zu Gewerkschaftsgründungen durch die bürgerlich-liberale Fortschrittspartei, die vor allem durch den ADAV die Arbeiter davonlaufen sah. **Max Hirsch** orientierte sich am Vorbild der englischen »Trade-Unions«, insbesondere der Maschinenbauergewerkschaft, die er bei seinem Aufenthalt in England kennengelernt hatte. Ende September 1868, nach heftigen Auseinandersetzungen auf dem Allgemeinen Deutschen Arbeiterkongreß in Berlin, auf dem Hirsch seine Vorstellungen vom Gewerkschaftsaufbau nach englischem Muster durchsetzen wollte, aber nicht konnte, legte er eigene Vorstellungen in den »Grundzügen zur Konstituierung von Gewerkevereinen« vor. Der Unterschied gegenüber den Schweitzerschen »Arbeiterschaften« lag vor allem im organischen Aufbau von unten nach oben. Im Jahre 1869 hatten die »Gewerkevereine« 12 Gruppen mit etlichen tausend Mitgliedern. Diese »bürgerlichen« Gewerkschaften wurden ein bleibender Faktor in der deutschen Gewerkschaftsbewegung bis 1933, auch wenn sie mit den Jahren nicht die Bedeutung erhielten wie die sogenannten Freien Gewerkschaften. Die christlichen Gewerkschaften sollten eine ähnliche Rolle spielen.

Zum Zeitpunkt der Gewerkschaftsgründungen Ende der sechziger Jahre bildeten die Industriearbeiter noch keineswegs die Mehrheit der Arbeiterschaft. Auch war diese neue Industriearbeiterschaft trotz des forcierten Ausbaus der deutschen Industrie in sich wenig geschlossen, so daß die subjektiven Bedingungen kollektiver, vor allem aber auch zentralisierter Interessenorganisationen nicht besonders günstig waren. Daß lokale Organisationen einen z.T. höheren Entwicklungsgrad besaßen, aber vielfach nach gescheiterten Streiks oder aufgrund der politischen Situation wieder zerfielen oder unterdrückt wurden, spricht in gewissem Sinne gegen die These von der »Unreife« des Proletariats. Freilich muß bedacht werden, daß die örtlichen Zusammenschlüsse oft auf älteren, z.B. handwerklichen Selbsthilfe-Traditionen beruhten, deren Grundlagen durch die Industrie selbst schon zerstört wurden. Die Inhomogenität der Industriearbeiterschaft drückte sich darin aus, daß unterschiedliche Herkunft, Traditionen, Konfessionen und Lebensgeschichten wie auch Lebensperspektiven in den neuen Ballungszentren aufeinandertrafen.

Da waren »überzählige« Bauernsöhne und landlos gewordene Bauern, frühere Tagelöhner und Landarbeiter, deren Eltern noch Leibeigene gewesen waren; ruinierte Handwerksmeister und in die Industrie gezwungene Gesellen mit fachlichen Qualifikationen, mit denen sie nun nichts mehr anfangen konnten. Ein Teil der neuen Industriearbeiterschaft lebte noch in halb agrarischen Verhältnissen, andere, wie die alten städtischen Unterschichten, aber auch verarmte ehemalige Heimarbeiter, lebten ohne traditionelle Bindungen.

Für bestimmte Schichten bedeutete die neugewonnene Industriearbeit sozialen Aufstieg, für andere wiederum war sie ein Abstieg; einige sahen in der Industriearbeit trotz aller Beschwernisse eine Befreiung aus alten Feudalfesseln, doch andere erhofften eine Rückkehr zu vorindustriellen Verhältnissen.

Die zeitweise große Zuwanderung in die Industriegebiete brachte ein Überangebot an Arbeitskräften und verschärfte so die Konkurrenz der Arbeiter untereinander. Der Grundgedanke der »Koalition« scheint einfach, wurde aber oft erst durch eine längere, bittere Erfahrung praktisch wirksam: da die Unternehmer durch ihre ökonomische Macht den Lohn bestimmen konnten und also niedrig hielten, waren die Arbeiter ihnen solange hilflos ausgeliefert, als sie nicht auf ihrer Seite die Konkurrenz untereinander verringerten und durch gemeinsame Lohnforderungen auf die Unternehmer Druck ausübten. Dies galt ebenso für Forderungen nach Verkürzungen der Arbeitszeit, menschenwürdigen Arbeitsplätzen, Schutz vor Arbeitsunfällen usw.

Um solche Forderungen kollektiv durchsetzen zu können, bedurfte es aber bestimmter Rahmenbedingungen, die, wie sich herausstellte, vor allem auf der politischen Ebene durchgesetzt werden mußten. Dies gilt für das Koalitionsrecht, die Versammlungs- und Pressefreiheit, für das Streikrecht und das allgemeine und gleiche Wahlrecht, das den Arbeiter politisch dem Bürger gleichstellen sollte.

Dies bildete auch den programmatischen Horizont der aufkommenden Arbeiterbewegung in Deutschland; es gab von Beginn an eine Dominanz der politischen Forderungen, über die gewerkschaftliche Rechte abgesichert werden sollten. **Der historische und praktische Vorsprung der politi-**

schen Parteienbildung in der deutschen Arbeiterbewegung sollte Rolle und Position der deutschen Gewerkschaften nachhaltig beeinflussen: einerseits waren sie zu Beginn eher ein Anhängsel der Parteien, deren »Rekrutenschulen«; andererseits »emanzipierten« sie sich von diesen, um in der bürgerlichen Gesellschaft jenseits der Sozialismus-Hoffnung der Arbeiterparteien die Lage der Arbeiter zu verbessern und deren Rechte zu sichern.

In den Jahren unmittelbar nach den Gewerkschaftsgründungen kam es zu einer Periode heftiger wirtschaftlicher Auseinandersetzungen, für die folgende Gründe maßgeblich waren:

1. Die Koalitionsfreiheit, die von den Arbeitern mit Begeisterung aufgenommen und in die Tat umgesetzt wurde;
2. die nach dem deutsch-französischen Krieg einsetzende Hochkonjunktur, die sogenannten »Gründerjahre« und
3. der steigende Einfluß der sozialdemokratischen Parteien auf die Arbeiterschaft.

Die Bedeutung der sozialdemokratischen Parteien darf dabei aber nicht überschätzt werden. Bei der nach Beendigung des Krieges gegen Frankreich durchgeführten Reichstagswahl im März 1871 erhielten beide Parteien zusammen nur 3,3% der Stimmen, nur ein einziger Abgeordneter, August Bebel, konnte einen Wahlkreis erringen. Ein Grund hierfür mag die Kritik der Annexionspolitik Bismarcks gewesen sein, mit der sich die Arbeiterparteien nach anfänglicher Sympathie mit dem deutschen »Verteidigungskrieg« gegen Frankreich gegen die »nationale Begeisterung«, teilweise auch gegen die durch den Krieg endgültig entschiedene »kleindeutsche« Lösung der Reichsgründung ohne Beteiligung Österreichs gestellt hatten. Wichtiger aber ist zu diesem Zeitpunkt sicherlich, daß die Arbeiterparteien erst am Anfang ihrer Entwicklung und zudem in Konkurrenz miteinander waren.

Ein erstes Signal setzte der Streik des Winters 1869 im Waldenburger Kohlerevier. Es waren nicht allein Lohnforderungen, sondern in großem Maße gewerkschaftspolitische Forderungen, die diesen Streik bestimmten. Dem Ultimatum der Grubenbesitzer, eine Wiederaufnahme der Arbeit nur zu ermöglichen, wenn man aus dem »Gewerkverein deutscher Bergarbeiter«, der zur Hirsch-Dunckerschen Richtung gehörte, wieder austräte und für alle Zeit auf eine Mitgliedschaft verzichte, stellten Arbeiter und Gewerkverein ihre Forderungen nach Lohnerhöhung und Arbeitszeitverkürzung sowie Verbleib im Gewerkverein gegenüber. Der Ausstand dauert bis zum Januar 1870 und endete mit einem Fiasko, weil die zugesagte

Streikunterstützung durch den Gewerkverein ausblieb. Allein der Ausgang solcher »Abenteuer« führte zu einem enormen Mitgliederschwund bei den Hirsch-Dunckerschen Gewerkschaften, die 1873 dann auf ca. 20 000 zurückgegangen waren.
Ähnlich erging es Ausständen in der Tuchfabrikation und bei den Webern im Bezirk Sorau. Viele dieser Streiks hatten noch eine weitere Folge: sowohl im Waldenburger Gebiet als auch in der Sorauer Gegend taten sich nun auch die Fabrikanten zu Koalitionen zusammen, die nicht nur die Forderungen der Arbeiter ablehnten und sich zu gegenseitiger Unterstützung verpflichteten, sondern sich auch strikt weigerten, mit den Vertretern der Gewerkschaften überhaupt in Verhandlungen zu treten. Diese **»Fabrikantenvereine«** waren eine Reaktion auf die Massenhaftigkeit und oft genug Gewaltsamkeit dieser neuen Art der Arbeitskämpfe.
Höhepunkt der Streikbewegungen dieser Jahre bis zu der auf das »Gründungsfieber« folgenden Depression im Jahre 1873 war der mehr als sechswöchige Ausstand von nahezu 15 000 »Kohlegräbern« im Ruhrgebiet. Wegen der enormen Gewinne der Grubenbesitzer, an denen die Arbeiter keinen Anteil hatten, forderten sie auf einer Versammlung im Juni 1872 eine fünfundzwanzigprozentige Lohnerhöhung und die 8-Stunden-Schicht. Vierzehn Tage danach wurde der Streik erklärt, aber die Grubenbesitzer weigerten sich, die Arbeiter auch nur anzuhören. Da sich deren Lage immer mehr verschlechterte, bröckelte der Streik bald ab und Ende Juli nahmen die letzten die Arbeit wieder auf. Auch dieser Ausstand war ohne Erfolg geblieben. Die Arbeiter hatten ohne jede Organisation, ohne finanzielle Mittel die Arbeit niedergelegt und waren gezwungen, die Arbeit wieder zu beginnen.
Erfolgreicher dagegen waren Streiks gerade in den Sparten, die auf eine längere, vor allem handwerkliche, Organisationstradition zurückblicken konnten. So der Streik der Berliner Zeitungsdrucker, die eine neue Taktik des partiellen Streiks anwandten: man streikte zuerst gegen den einen, dann gegen den anderen Arbeitgeber. Gegen dieses System wandten die Unternehmer, die sich schon 1869 zu einer Gegenkoalition zusammengeschlossen hatten, nach englischem Vorbild die **Aussperrung** an. Beim Ausstand der Zeitungsdrucker kam es trotz des Einsatzes von Streikbrechern sogar aus der Leipziger Garnison zu einem Sieg, da die Nachgiebigkeit einiger größerer Zeitungen den entscheidenden Ausschlag gegeben hatte.
1871 gelang es auch den Berliner Maurern, durch mehrere 4- bis 5-wöchige

Streiks den 10-Stunden-Tag durchzusetzen, ebenso konnten Lohnsteigerungen erzwungen werden, auf die die Arbeitgeber im folgenden Frühjahr mit einer Gegenkoalition und der Aussperrung von 5000 bis 10 000 Maurern und Zimmergesellen antworteten. Dieser Kampf endete mit einem Kompromiß.

In der Metallindustrie gab es größere Ausstände in Aachen, Barmen, Berlin, Chemnitz, Darmstadt, Hamburg, Lüneburg, Mannheim, Offenburg, Remscheid, Altona, Breslau, Frankfurt, Fürth und einigen anderen Städten. In fast allen diesen Arbeitskämpfen konnten die Arbeiter Erfolge erzielen – was nicht zuletzt eine Folge der wirtschaftlichen Hochkonjunktur war, in der sich die Unternehmer eher bereit fanden, den Forderungen nachzugeben. Die zum Teil sehr ungleichen materiellen Ergebnisse der Streiks dagegen waren auf die noch lockeren und unverbundenen Organisationen der Arbeiter zurückzuführen.

Nicht zuletzt aufgrund solcher Erfahrungen wuchs die Einsicht in die Notwendigkeit, die gewerkschaftlichen Organisationen stärker zu vereinheitlichen, zumal die nach 1873 einsetzende wirtschaftliche Depression die gewerkschaftlichen Erfolge wieder erschwerte und zu einem Verlust an Mitgliedern führte.

Kapitel 3
Aufschwung der Arbeiterbewegung – Zugriff des Staates (Sozialistengesetz)

Noch bevor die Streikbewegung nach 1873 wieder abflaute, versuchten die Arbeiterparteien, vor allem die SDAP, Schlußfolgerungen aus diesen meist erfolglosen Kämpfen zu ziehen. Sie sahen in den eigenständigen und unorganisierten Kämpfen der Arbeiter nicht so sehr die Möglichkeit der praktischen Erfahrung des »Klassenkampfes« als vielmehr die Gefahr, daß zum einen die Unternehmer Vorteile aus den »verunglückten« Streiks ziehen könnten und daß zum anderen die Partei an Einfluß bei ihrem Bestreben verlieren könne, die Arbeiter politisch zur »Abschaffung der kapitalistischen Produktionsweise« zusammenzufassen (s. Dokument 5). Aus diesen Gründen schien auch den Arbeiterparteien die Gründung einheitlicher Gewerkschaften immer dringender vonnöten.
Im sozialdemokratischen »Volksstaat« hieß es zur Mangelhaftigkeit der gewerkschaftlichen Organisation:

> *Gestehen wir uns ein: Unsere bisherige Organisation war ungenügend, unsere Gewerkschaften sind im großen und ganzen nur auf dem Papier vorhanden, wir haben Organisationsrahmen, allein die Rahmen sind nicht ausgefüllt. Machen wir die papierne Organisation zu einer wirklichen. Werfen wir uns mit aller Kraft in die gewerkschaftliche Bewegung!*

Aber dem standen doch massenhafte Kämpfe der Arbeiter um ihre materiellen und sozialen Rechte gegenüber; die politischen Parteien versuchten nun verstärkt, diese Kämpfe in politische Bahnen zu lenken.
Zu bedenken blieb also: waren die originären Interessen der Arbeiter nur wirtschaftlicher und sozialer Art und warum fanden sich nur so wenige von ihnen in jenen politischen Parteien, die eine Umwälzung der gesamten bürgerlichen Ordnung anstrebten?
Die SDAP griff nun wieder auf den Plan zur Bildung einer Gewerkschafts-Union zurück und berief zu diesem Zweck im Jahre **1872 einen Kongreß nach Erfurt ein**.
Dieser Kongreß war eigentlich nur durch die beharrliche Initiative des Tischlers und Vorsitzenden der Holzarbeitergewerkschaft, **Theodor Yorck**, zustandegekommen, dessen Zielvorstellungen dahin gingen, eine von der Partei unabhängige, wirtschaftlich ausgerichtete Arbeiterbewegung zu schaffen. Sein Plan war, durch eine Union alle Zentralverbände zusam-

Dokument 5
Streik- und Organisationsfrage

In Erwägung: 1. daß Arbeitseinstellungen nur eines der Palliativmittel sind, die für die Dauer nicht helfen;
2. daß das Ziel der Sozialdemokratie nicht bloß dahin geht, innerhalb der heutigen Produktionsweise höhere Löhne zu erstreben, sondern die kapitalistische Produktionsweise überhaupt abzuschaffen;
3. daß bei der heutigen bürgerlichen Produktionsweise die Höhe der Löhne sich nach Angebot und Nachfrage richtet und auch durch die erfolgreichsten Streiks über diese Höhe nicht dauernd emporgehoben werden können;
4. daß in letzter Zeit mehrere Streiks nachweisbar von den Fabrikanten veranstaltet worden sind, um einen plausiblen Grund für die Erhöhung der Warenpreise während der Messe zu haben, und daß solche Streiks nicht den Arbeitern, sondern nur den Fabrikanten zugute kommen, die den Preis der Waren ungleich mehr erhöhen als den Arbeitslohn;
5. daß verunglückte Streiks die Fabrikanten ermutigen und die Arbeiter entmutigen – also unserer Partei doppelten Schaden verursachen;
6. daß die großen Fabrikanten sogar bisweilen einen Extravorteil von den Streiks haben, indem sie, während die kleinen Fabrikanten nicht arbeiten lassen, ihre Vorräte mit erhöhtem Gewinn absetzen;
7. daß unsere Partei augenblicklich nicht imstande ist, so viele Streiks materiell zu unterstützen, – aus allen diesen Gründen wird den Parteigenossen dringend empfohlen, einen Streik nur dann zu beginnen, wenn eine gebieterische Notwendigkeit vorliegt und man über die dazu erforderlichen Mittel verfügen kann, ferner: Nicht so planlos zu verfahren wie bisher, sondern nach einem ganz Deutschland umfassenden Organisationsplan. Als bester Weg, Geldmittel und Organisationen zu beschaffen, wird die Gründung und Pflege der Gewerksgenossenschaften empfohlen.

(Resolution des sozialdemokratischen Arbeitervereins Leipzig vom Mai 1871) menzuschließen, Lohnkämpfe einheitlich zu regeln, eine planmäßige Werbetätigkeit zu entfalten und eine gemeinsame Verwaltung der Wanderunterstützung zu erreichen.

An dem **Erfurter Kongreß** nahmen annähernd 50 Delegierte teil, die über 11 000 Mitglieder vertraten. Davon gehörten über 6000 den Zentralverbänden der Manufaktur- und Fabrikarbeiter, der Metallarbeiter, der Holzarbeiter, der Schneider, der Schuhmacher und der Maurer sowie fast 4000 den Fachvereinen, das waren lokale Gewerkschaften, und fast 1500 den freien Vereinigungen, das waren sogenannte »gemischte« Gewerkschaften, an.

Der Kongreß verabschiedete eine Resolution, in der es hieß:

> *In Erwägung, daß die Kapitalmacht alle Arbeiter, gleichviel, ob sie konservativ, fortschrittlich, liberal oder Sozialdemokraten sind, gleich sehr bedrückt und ausbeutet, erklärt der Kongreß es für die heiligste Pflicht der Arbeiter, allen Parteihader beiseitezusetzen, um auf dem neutralen Boden einer einheitlichen Gewerkschaftsorganisation die Vorbedingungen eines erfolgreichen kräftigen Widerstandes zu schaffen, die bedrohte Existenz sicherzustellen und eine Verbesserung ihrer Klassenlage sicherzustellen.*

Das waren deutliche Forderungen nach einer **politisch neutralen Gewerkschaftsbewegung**, der es in erster Linie – im Unterschied zu dem, was der Partei vorschwebte – um die ökonomische »Verbesserung der Klassenlage« ging.

Trotz dieser Resolution blieb das Ergebnis des Kongresses für Yorck unbefriedigend, da sich die meisten Delegierten gegen eine weitere Zentralisierung aussprachen, die sie als »undemokratisch« kritisierten. Der Kern der Opposition saß vor allem in den lokalen Fachvereinen, die trotz ihrer nur lokalen Rolle die volle Gleichberechtigung mit den Zentralverbänden forderten. So kam es lediglich zur Bildung eines Kartells der zentralisierten Verbände und der Lokalvereine, obwohl diese Verbindung als Union beschlossen wurde. Auch die Einführung einer wöchentlichen »Unions-Steuer« von 8 Pfennigen und die Herausgabe eines eigenen Organs mit dem Titel »Die Union« als Beilage zum »Volksstaat« wurden beschlossen. Leipzig war als Sitz der Zentrale gewählt und eine Kommission zur Beratung eines Unionstatuts eingesetzt worden.

Die Eingriffe der Leipziger Polizeibehörden aber machten diese Anfänge sofort zunichte. Ein unter dem Eindruck der Wirtschaftskrise 1874 in Magdeburg abgehaltener zweiter Kongreß brachte wiederum nicht den ersehnten Erfolg. Das Mißtrauen der auf Selbstbestimmung ihrer einzel-

nen Vereine bedachten Gewerkschafter ließ alle Pläne, »unpolitische« und zentralisierte Gewerkschaften zu begründen, auf Jahre hinaus scheitern. Zwischen den wirtschaftlichen Interessen und Kämpfen der Arbeiter und den politischen Organisationsversuchen blieben große Distanzen.
Im ADAV wollte man nun mit allen Mitteln die politische Ein- und Unterordnung der Gewerkschaften. Auf der parallel zum Nürnberger Kongreß 1872 stattfindenden Generalversammlung kam es zu heftigen Auseinandersetzungen in der Gewerkschaftsfrage. Ein Antrag, wonach alle noch im ADAV bestehenden Verbindungen, vor allem der Allgemeine Deutsche Arbeiter-Unterstützungsverband, der in Nachfolge der »Arbeiterschaften« die gewerkschaftlichen Aktivitäten des ADAV umfaßte, aufgelöst werden sollten, wurde nur knapp abgelehnt, aber man sprach sich dafür aus, diesen Prozeß in Gang zu setzen. Der Wunsch der Generalversammlung war, »daß sobald wie möglich alle innerhalb unserer Partei bestehenden gewerkschaftlichen Verbindungen aufgelöst und die Mitglieder dem ADAV zugeführt werden, und die Pflicht der Mitglieder des ADAV ist es, in diesem Sinne zu wirken. Eine weitere Ausdehnung der Streikkasse ist als eine Störung der Zentralisation der Arbeiter nicht praktisch.« Die nachfolgenden Kongresse des ADAV 1873 in Berlin und 1874 in Hannover zielten zwar weiterhin auf eine Zentralisierung, mußten aber angesichts der Streikwellen der zurückliegenden Jahre die Notwendigkeit gewerkschaftlicher Auseinandersetzungen anerkennen.
Ein wichtiger Aspekt bei der Tendenz, die gewerkschaftliche Organisation getrennt von der politischen zu halten, muß in dem zum Teil schon vor dem Sozialistengesetz scharfen Vorgehen der Polizeibehörden gegen »politische Vereine« gesehen werden. Der Berliner Staatsanwalt Tessendorf verfuhr dabei besonders energisch mit Auflösungserlassen, so daß sich der ADAV im September 1874 gezwungen sah, den eigenen »Gewerkschafts«-Verband aufzulösen, nachdem innerhalb kurzer Zeit der Allgemeine Schuhmacherverein, der Allgemeine Deutsche Maurer- und Steinhauerverein und der Putzerklub für geschlossen erklärt worden waren. Zu diesem Zeitpunkt aber waren die gewerkschaftlichen Verbindungen im ADAV fast zur Selbstauflösung mangels Mitgliedern gekommen. Sie hatten 1874 nur noch ganze 6000 Mitglieder. Die Vereinigung der beiden Arbeiterparteien in Gotha und die gleichzeitig beschlossene Zusammenfassung der Gewerkschaften beider Parteien enthoben den ADAV weiterer Überlegungen, dennoch blieb der Einfluß der Lassalleschen Auffassungen in den Gewerkschaften und der Sozialdemokratie erhalten.

Die Hirsch-Dunckerschen Gewerkschaften, die ungefähr die gleiche Mitgliedszahl aufwiesen wie die der Eisenacher, verfochten eher einen »Manchester«-Standpunkt. Sie lehnten grundsätzlich jeden staatlichen Eingriff in das Arbeitsverhältnis ab und standen selbst einer Arbeiterschutzgesetzgebung anfangs feindlich gegenüber. Ihr Standpunkt war der einer vollständigen Selbsthilfe der Arbeiter, und zur Besserung der Lebens- und Arbeitsverhältnisse sollten das Koalitionsrecht, die Rechtsfähigkeit der Berufsvereine, Tarifverträge und Freihandelspolitik führen.
Aufgrund der engen Bindung an die Fortschrittspartei war es aber gerade die »Furcht vor der Sozialdemokratie«, die immer stärker das Tun dieser Gewerkvereine bestimmte. So wurde zum Beispiel auf dem Leipziger Verbandstag eine Empfehlung ausgesprochen, die einzelnen Gewerkvereine sollten einen Passus in ihre Satzungen aufnehmen, wonach nur der Mitglied werden könne, der einen Revers unterschreibe, daß er weder Mitglied noch Anhänger der Sozialdemokratie sei. Ebenso wurde die Gründung von Arbeitersekretariaten abgelehnt, weil sie sozialdemokratischen Ursprungs seien, und 1877 kam es unter eifriger Beteiligung der Gewerkvereine zur Gründung einer Organisation zur Bekämpfung der Sozialdemokratie. Folgerichtig wurden auch alle Bestrebungen zur Förderung einer selbständigen Arbeiterpartei aus den Gewerkvereinen heraus bekämpft. Auf dem im Oktober 1877 in Gera abgehaltenen »Deutschen Arbeiterkongreß« argumentierte deren Vorsitzender Hirsch so: Eine eigene Partei der Lohnarbeiter steigere nur den Klassengegensatz, mache sich dadurch die liberalen bürgerlichen Parteien zum Gegner, die aber müsse man sich erhalten, um eine Verbesserung der Lage der Arbeiter zu erreichen. Auf dem unmittelbar folgenden Verbandstag standen dann Forderungen nach Reform der Gewerbeordnung, nach Freizügigkeit und nach dem freien Arbeitsvertrag auf dem Boden der Gewerbefreiheit im Vordergrund. Auch der Ruf nach einem Schutz der Frauen- und Kinderarbeit kam hier auf. Da aber die Fortschrittspartei sich immer weniger geneigt zeigte, die Forderungen der Gewerkvereine zu ihren eigenen zu machen, man von dort aus den Vorsitzenden Hirsch gar »einen verkappten Sozialdemokraten« nannte und ihn zum Rücktritt zwang, dem die Gewerkschaft hilflos zusah, sank ihr politisches Ansehen unter den Arbeitern sehr.
Obwohl vielen Arbeitern die Haltung der Gewerkvereine offensichtlich zunächst richtig schien – die Mitgliedszahlen können dies verdeutlichen –, wurde die politische Bindung an die bürgerliche Fortschrittspartei doch ein Hemmnis, zumal diese die Selbständigkeit der Arbeiter einschränkte.

Als in den Arbeiterparteien Anfang der siebziger Jahre die Vereinigungsbestrebungen stärker wurden, mußte man auch erkennen, daß die Gewerkschaften, die unter ihrer politischen Führung aus unterschiedlichen Gründen relativ einflußlos waren, als »neutrale« Gewerkschaften möglicherweise weitaus wirksamer auftreten könnten. Es war sehr deutlich, daß ein Großteil, wenn nicht die Mehrheit der Arbeiter wirtschaftliche und soziale Ziele weniger durch politische Parteien, sondern eher über den Einsatz ihrer eigenen sozialen und ökonomischen Mittel zu erreichen hoffte. Die direkte Verbesserung der Lage der Arbeiter schien Vorrang vor der Veränderung der diese Lage verursachenden gesellschaftlichen Verhältnisse zu haben. Vor diesem Hintergrund kam es im Mai 1875 auf einer gemeinsamen Konferenz in Gotha zur **Vereinigung der beiden sozialdemokratischen Parteien**. Die Gründe für das Zusammengehen lagen zum einen wohl darin, daß nach der Reichsgründung der bisherige Streitpunkt: groß- oder kleindeutsche Lösung, pro oder kontra Bismarck, weggefallen war; zum anderen darin, daß der ADAV seit 1874 faktisch verboten war. Theoretische Positionen (Marxismus oder Lassalleanismus) waren nicht ausschlaggebend; es waren eher praktische oder politisch-programmatische Gründe, die zur Einheit in der Sozialistischen Arbeiterpartei führten.
In dem in Gotha beschlossenen Programm der neuen Partei aber wurden die Gewerkschaften nicht einmal erwähnt, obwohl Vertreter beider Gewerkschaftsrichtungen und auch unabhängige Gewerkschafter am Kongreß teilnahmen. **Friedrich Engels** schrieb aus diesem Anlaß an August Bebel:

> *(Im Programm) ist von der Organisation der Arbeiterklasse als Klasse vermittels der Gewerksgenossenschaften gar keine Rede. Und das ist ein sehr wesentlicher Punkt, denn dies ist die eigentliche Klassenorganisation des Proletariats, in der es seine täglichen Kämpfe mit dem Kapital durchficht, in der es sich schult, und die heutzutage bei der schlimmsten Reaktion (wie jetzt in Paris) platterdings nicht mehr kaputtzumachen ist.*
>
> *Bei der Wichtigkeit, die diese Organisation auch in Deutschland erreicht, wäre es unserer Ansicht nach unbedingt notwendig, ihrer im Programm zu gedenken und ihr womöglich einen Platz in der Organisation der Partei offenzulassen.*

Im Anschluß an den Parteikongreß trat ebenfalls in Gotha eine Gewerkschaftskonferenz beider Richtungen zusammen, um auch die Gewerkschaftsorganisationen, die beide für sich keine großen Erfolge zu verzeichnen gehabt hatten, zusammenzuschließen. An dieser Konferenz nahmen 40 Delegierte teil, die 12 Zentralorganisationen und einige lokale Fachvereine vertraten. Auch auf dieser Konferenz gab es Versuche, die Idee einer Union durchzusetzen; bei den weit auseinandergehenden Anschauungen in der Frage gewerkschaftlicher Organisationsformen konnte man aber darüber keine Einigung erzielen und ließ den Plan endgültig fallen. Die Frage nach der Trennung von gewerkschaftlicher und politischer Organisation stieß auf verschiedene Schwierigkeiten: zum einen waren die anwesenden Gewerkschafter alle gleichzeitig Parteileute, zum anderen gab es in wichtigen Fragen, zum Beispiel der Bedeutung der Arbeitsniederlegung, ganz unterschiedliche Positionen, die im politischen Zusammenhang besser überwunden werden konnten.

Einig war man sich in der Frage des Unterstützungswesens, das gerade angesichts der wirtschaftlichen Depression von großer Bedeutung war. Die Beschlüsse der Konferenz zeigen deutlich Unklarheiten über die Funktion der Gewerkschaft. Der letztlich folgenschwerste Beschluß lautete:

Die Konferenz erklärt: Es ist Pflicht der Gewerksgenossen, aus den Gewerkschaftsorganisationen die Politik fernzuhalten, dagegen sich der ›Sozialistischen Arbeiterpartei Deutschlands‹ anzuschließen, weil nur diese die politische und wirtschaftliche Stellung der Arbeiter in vollem Maße zu einer menschenwürdigen zu machen vermag.

Dieser Beschluß enthielt nun also die **Entscheidung für eine Aufgabentrennung zwischen Gewerkschaften und Partei, indem er die Gewerkschaften auf das rein ökonomische Gebiet verwies, sie damit von den politischen Bewegungen und Kämpfen fernhielt, während der Partei der politische Kampf vorbehalten blieb**.

Relativiert wurden Aufgaben und Möglichkeiten der Gewerkschaften in einem weiteren Beschluß:

Obgleich die gewerkschaftlichen Organisationen nicht vermögend sind, die Lage der Arbeiter durchgreifend und auf die Dauer zu verbessern, so sind sie doch immerhin geeignet, die materielle Lage derselben zeitweise zu heben, die Bildung zu fördern und sie zum Bewußtsein ihrer Klassenlage zu bringen.

In der Frage des »politischen Streiks« und in der Zeit des Sozialistengesetzes sollte schon bald die Trennung von Partei und Gewerkschaften praktisch werden. Ein durch die Konferenz in Gotha gewählter Ausschuß sollte die Verständigung zwischen den Gewerkschaftsvorständen fördern und Vorarbeiten für einen nächsten Kongreß leisten. Aber der Ausschuß versagte völlig. Auch die beschlossene Zentralisierung der lokalen Verbände gelang nur in bescheidenem Ausmaß; die Widerstände innerhalb der Organisationen waren erheblich, zudem waren sie ständig durch Polizei und Justiz vom Verbot bedroht.

Im Mittelpunkt der gewerkschaftlichen Arbeit in den Jahren vor dem Sozialistengesetz standen Fragen der Arbeitszeit und des Lohnes. Auch um die Arbeitsvermittlung und um erste Tarifverträge ging es. So hatten zunächst die Buchdrucker 1873 nach hartem Arbeitskampf einen allgemeinen deutschen Buchdruckertarif errungen mit Zehnstundentag, Regelung der Überarbeit, Einsetzung von Schiedsämtern, Errichtung von zwölf Tarifkreisen und einer dreijährigen Laufzeit.
Einen Eindruck von der gewerkschaftlichen Entwicklung bis zum Sozialistengesetz geben die Zahlen, die der Hamburger Buchhändler August Geib 1878 in der von ihm herausgegebenen Zeitschrift »Pionier« zusammengestellt hat. Trotz der Mängel dieser Erhebung ist es die einzige, die eine annähernd gesicherte Information über die damaligen Organisationsverhältnisse gibt (s. Dokument 6).

Dokument 6
Die deutschen Gewerkschaften Ende 1877

Name der Gewerkschaft	Sitz und Verwaltung	Mitgliederzahl	Beitrag wöchentl. Pf.	Beitrag monatl. Pf.	Durchschnittliche monatliche Einnahmen M	Durchschnittliche monatliche Ausgaben M	Orte
Arbeitsleute, Bund der Deutschen	Hamburg	1800	–	30	230	230	38
Berg- und Hüttenarbeiter, Verband sächs.	Zwickau	800	–	20	350	290	36
Bildhauer-Gewerkschaft	Hamburg	35	–	20	6	6	1
Buchdrucker, Verband Deutscher	Leipzig	5500	40	–	18276	14738	325
Buchbinder und verwandte Geschäftszweige	Leipzig	1000	25	–	415	405	50
Böttcher, Bund der Deutschen	Leipzig	500	10	–	150	130	11
Gold- und Silberarbeiter und verwandter Berufsgenossen, Gewerkverein der	Schwäbisch-Gmünd	800	10	–	150	120	9
Glasarbeiter, Bund der Deutschen	Löbtau	700	–	60	352	273	34

Name der Gewerkschaft	Sitz und Verwaltung	Mitgliederzahl	Beitrag wöchentl. Pf.	Beitrag monatl. Pf.	Durchschnittliche monatliche Einnahmen M	Durchschnittliche monatliche Ausgaben M	Orte
Harzburger Arbeiter-Gewerkschaft	Bündheim	220	–	10	?	?	7
Korbmacher-Bund von Hamburg, Altona, Ottensen	Hamburg	75	–	20	9	8	3
Maler, Lackierer und Vergolder, Verband der Deutschen	Leipzig	300	–	40	50	50	10
Maler und Lackierer, Verein der	Hamburg	250	–	30	50	30	1
Manufaktur- und Handarbeiter beiderlei Geschlechts, Gew. der	Crimmitschau	1250	–	20 bis 30	1000	1000	32
Maurer und Steinhauer, Bund der Deutschen	Hamburg	2500	–	–	–	–	33
Metallarbeiter-Gewerks-Genossenschaft	Braunschweig	4000	15	–	1300	700	100
Sandbagger-Verein	Hamburg	200	–	60	120	?	1
Sattler und Berufsgenossen, Verein der	Dresden	260	–	50	120	100	10
Schmiede, Verband Deutscher	Berlin	600	–	50	320	250	6
Senefelder-Bund (Lithographen und Steindrucker)	Nürnberg	600	20	–	150	96	21
Steinmetz- und Bildhauer-Fachverein München	München	200	–	20	40	8	1
Schlosser, Fachverein München	München	80	–	20	25	?	1
Schuhmacher und verwandter Gewerke, Gewerkschaft der	Gotha	3585	–	30	818	780	94
Schneider-Verein, Allgemeiner Deutscher	Gießen	2800	12	–	403	371	75
Schiffszimmerer-Verein, Allgemeiner Deutscher	Hamburg	3000	–	20	1077	303	16

Name der Gewerkschaft	Sitz und Verwaltung	Mitgliederzahl	Beitrag wöchentl. Pf.	Beitrag monatl. Pf.	Durchschnittliche monatliche Einnahmen M	Durchschnittliche monatliche Ausgaben M	Orte
Stellmacher-Verein	Dresden	350	10	–	120	110	15
Tabakarbeiter, Verein Deutscher	Berlin	8100	20	–	5000	4500	120
Tapezierer und Fachgenossen, Verband der	Berlin	650	20	–	390	320	20
Tischler und verwandter Berufsgenossenschaften, Bund der	Mannheim	5100	10	–	1604	1175	96
Töpfer und Berufsgenossen, Allgem. Verein der	Hamburg	500	–	20	50	30	12
Zimmerer-Gewerk, Deutsches	Hamburg	3300	–	40	976	756	88
Insgesamt:		49055			33551	26779	1266

Neben den Angaben über die bestehenden Vereine, ihre Mitglieds- und Beitragszahlen waren dort noch die Verwaltungssitze sowie die monatlichen Einnahmen bzw. Ausgaben verzeichnet.
Nach diesen Angaben hatten die Gewerkschaften 40000 Mitglieder in einem Organisationsbereich von nahezu 2 Millionen Beschäftigten, was einem Organisationsgrad von 2,5% entsprach. Die höchste Organisationsdichte erreichten die Buchdrucker mit 55%.
Neben den zentralen Verbänden, die in der Hauptsache in Geibs Statistik ausgewiesen sind, müssen in diesem Zusammenhang auch die **lokalen Fachvereine** berücksichtigt werden. Sie hatten zwar nicht die Bedeutung wie die zentralen Verbände, bildeten aber ein beständiges gewerkschaftliches Element, das auch innerhalb der zentralen Gewerkschaften immer wieder eine Rolle spielen sollte und Ausdruck **syndikalistischer Tendenzen** in der Arbeiterschaft war.
Diese Fachvereine hatten den Grundsatz der lokalen Beschränkung. Vorläufer dafür hatte es hier und da auch schon vor der allgemeinen Gewerk-

schaftsbewegung gegeben. Nicht zuletzt mag der Grundsatz des Aufbaus der Gewerkvereine, ausgehend von einzelnen Orten zu überörtlichen Zusammenschlüssen und Kartellen zu kommen, ein Grund dafür gewesen sein, daß es oft nicht zu einer Weiterentwicklung dieser Gewerkschaften kam. Auch der Erfolgsmangel mag manchen örtlichen Zusammenschluß zur Beschränkung bewogen haben. Entscheidend aber war doch die Befürchtung, daß Unterstützungsgelder, die an eine Zentrale gezahlt wurden, nicht durch angemessene Gegenleistungen im Falle eines Streiks belohnt würden. Auch der Mangel an Übersicht über die örtlichen Verhältnisse auf seiten einer Zentrale und daher Nachteile beim »Ausnutzen einer günstigen Konjunktur« für Arbeiterforderungen waren ausschlaggebend. Der Vorteil dieser Organisationen war ihre lokale Isoliertheit, durch die sie nicht mit dem Vereinsgesetz in Konflikt kamen, denn nach diesem war die Diskussion politischer Fragen verboten, wenn »unter sich verbundene Vereinigungen« solche Themen berührten. So waren hier die politischen Diskussionen nicht so sehr behindert, was zu einer deutlichen Politisierung in den Lokalvereinen geführt hat. Zudem kann man von einer größeren »Opferfreudigkeit« bei den Lokalvereinen sprechen, da gesammelte Unterstützungen doch ungeschmälert den eigenen Leuten zugutekamen und die Verwaltung sowie deren Kontrolle einfacher waren. Die Lokalvereine bekämpften energisch die »Wanderunterstützung«, die von den zentralen Verbänden besonders gefördert und vereinheitlicht wurde, da sie durch diese Unterstützung - nicht zu Unrecht - einen starken Zuzug in die großen Industriestädte befürchteten, der den dortigen Arbeitern eine verstärkte Konkurrenz bescheren werde.

Über den Umfang der Lokalorganisationen gibt es wenig gesicherte Erkenntnis. Aber Anfang der siebziger Jahre müssen sie doch recht zahlreich gewesen sein.

Bevor aber die Versuche einer Zusammenfassung von gewerkschaftlichen Organisationen sich weiter entwickeln konnten, trat das **»Gesetz gegen die gemeingefährlichen Bestrebungen der Sozialdemokratie«** in Kraft und zerstörte die Ansätze einer zentralisierten Gewerkschaftsbewegung zunächst völlig (s. Dokument 7).

Das **Sozialistengesetz** verbot mit den Organisationen der Sozialdemokraten auch alle Gewerkschaften, soweit sie »sozialistische Ziele« verfolgten. Die Unternehmer ergänzten die politische Unterdrückung durch Entlassungen und Aussperrungen sozialistischer Arbeiter; die immer noch andauernde wirtschaftliche Krise wurde dazu genutzt, politisch aktive Arbei-

Dokument 7
Gesetz gegen die gemeingefährlichen Bestrebungen der Sozialdemokratie vom 21. 10. 1878

Wir Wilhelm, von Gottes Gnaden Deutscher Kaiser, König von Preußen etc. verordnen im Namen des Reiches, nach erfolgter Zustimmung des Bundesraths und des Reichstags, wie folgt:
§ 1. Vereine, welche durch sozialdemokratische, sozialistische oder kommunistische Bestrebungen den Umsturz der bestehenden Staats- oder Gesellschaftsordnung bezwecken, sind zu verbieten.
Dasselbe gilt von Vereinen, in welchen sozialdemokratische, sozialistische oder kommunistische auf den Umsturz der bestehenden Staats- oder Gesellschaftsordnung gerichtete Bestrebungen in einer den öffentlichen Frieden, insbesondere die Eintracht der Bevölkerung gefährdenden Weise zu Tage treten.
Den Vereinen stehen gleich Verbindungen jeder Art. (...)
§ 3. Selbständige Kassenvereine (nicht eingeschriebene), welche nach ihren Statuten die gegenseitige Unterstützung ihrer Mitglieder bezwekken, sind im Falle des § 1 Abs. 2 zunächst nicht zu verbieten, sondern unter eine außerordentliche staatliche Kontrolle zu stellen. (...)
§ 4. Die mit der Kontrolle betraute Behörde ist befugt:
1. allen Sitzungen und Versammlungen des Vereins beizuwohnen;
2. Generalversammlungen einzuberufen und zu leiten;
3. die Bücher, Schriften und Kassenbestände einzusehen, sowie Auskunft über die Verhältnisse des Vereins zu erfordern;
4. die Ausführung von Beschlüssen, welche zur Förderung der im § 1 Abs. 2 bezeichneten Bestrebungen geeignet sind, zu untersagen;
5. mit der Wahrnehmung der Obliegenheiten des Vorstandes oder anderer leitender Organe des Vereins geeignete Personen zu betrauen;
6. die Kassen in Verwahrung und Verwaltung zu nehmen.
§ 5. Wird durch die Generalversammlung, durch den Vorstand oder durch ein anderes leitendes Organ des Vereins den von der Kontrollbehörde innerhalb ihrer Befugnisse erlassenen Anordnungen zuwidergehandelt oder treten in dem Vereine die im § 1 Abs. 2 bezeichneten Bestrebungen auch nach Einleitung der Kontolle zu Tage, so kann der Verein verboten werden. (...)
§ 7. Auf Grund des Verbots sind die Vereinskasse, sowie alle für Zwecke

des Vereins bestimmte Gegenstände durch die Behörde in Beschlag zu nehmen. (...)
§ 9. Versammlungen, in denen sozialdemokratische, sozialistische oder kommunistische auf den Umsturz der bestehenden Staats- oder Gesellschaftsordnung gerichtete Bestrebungen zu Tage treten, sind aufzulösen. Versammlungen, von denen durch Thatsachen die Annahme gerechtfertigt ist, daß sie zur Förderung der im ersten Absatz bezeichneten Bestrebungen bestimmt sind, sind zu verbieten.
Den Versammlungen werden öffentliche Festlichkeiten und Aufzüge gleichgestellt. (...)
§ 11. Druckschriften, in welchen sozialdemokratische, sozialistische oder kommunistische auf den Umsturz der bestehenden Staats- oder Gesellschaftsordnung gerichtete Bestrebungen in einer den öffentlichen Frieden, insbesondere die Eintracht der Bevölkerungsklassen gefährdenden Weise zu Tage treten, sind zu verbieten. (...)
§ 17. Wer an einem verbotenen Verein (§ 6) als Mitglied sich betheiligt, oder eine Thätigkeit im Interesse eines solchen Vereins ausübt, wird mit Geldstrafe bis zu fünfhundert Mark oder mit Gefängniß bis zu drei Monaten bestraft. Eine gleiche Strafe trifft denjenigen, welcher an einer verbotenen Versammlung (§ 9) sich betheiligt, oder welcher nach polizeilicher Auflösung einer Versammlung (§ 9) sich nicht sofort entfernt. (...)
§ 18. Wer für einen verbotenen Verein oder für eine verbotene Versammlung Räumlichkeiten hergiebt, wird mit Gefängniß von Einem Monat bis zu Einem Jahr bestraft.
§ 19. Wer eine verbotene Druckschrift (§§ 11, 12), oder wer eine von der vorläufigen Beschlagnahme betroffene Druckschrift (§ 15) verbreitet, fortsetzt oder wieder abdruckt, wird mit Geldstrafe bis zu eintausend Mark oder mit Gefängniß bis zu sechs Monaten bestraft. (...)
§ 22. Gegen Personen, welche sich die Agitation für die im § 1 Abs. 2 bezeichneten Bestrebungen zum Geschäfte machen, kann im Falle einer Verurteilung wegen Zuwiderhandlungen gegen die §§ 17 bis 20 neben der Freiheitsstrafe auf die Zulässigkeit der Einschränkung ihres Aufenthaltes erkannt werden. (...)
§ 23. Unter den im § 22 Abs. 1 bezeichneten Voraussetzungen kann gegen Gastwirthe, Schankwirthe, mit Branntwein oder Spiritus Kleinhandel treibende Personen, Buchdrucker, Buchhändler, Leihbibliothekare und Inhaber von Lesekabinetten neben der Freiheitsstrafe auf Untersagung ihres Gewerbebetriebes erkannt werden. (...)

§ 30. Dieses Gesetz tritt mit dem Tag der Verkündigung in Kraft und gilt bis zum 31. März 1881.
Urkundlich unter Unserer Höchsteigenhändigen Unterschrift und beigedrucktem Kaiserlichen Insiegel.

Gegeben Potsdam, den 21. Oktober 1878
Im Allerhöchsten Auftrage Seiner Majestät des Kaisers:
(L. S.) Friedrich Wilhelm, Kronprinz
Fürst v. Bismarck

(Quelle: Reichsgesetzblatt Nr. 34, 1878, S. 351 ff.)

ter aus den Betrieben zu verdrängen. Da über Städte und Bezirke der sogenannte kleine Belagerungszustand verhängt werden konnte, war es der Polizei möglich, willkürlich sozialdemokratische Arbeiter auszuweisen. Bereits am 28. November 1878 wurde in Berlin davon Gebrauch gemacht; 67 Sozialdemokraten erhielten sofort den Ausweisungsbefehl. Die Ausweisungen häuften sich, als 1880 über Altona und im folgenden Jahr auch über Leipzig der kleine Belagerungszustand verhängt wurde.
Zehn Tage vor Erlaß des Sozialistengesetzes hatte Bismarck vor dem Reichstag eine »sorgfältig loyale Handhabung« des Ausnahmegesetzes versprochen. Die Regierung werde jede Bestrebung fördern, welche »positiv auf die Verbesserung der Lage der Arbeiter gerichtet ist, also auch einen Verein, der sich den Zweck gesetzt hat, die Lage der Arbeiter zu bessern, den Arbeitern einen höheren Anteil an den Erträgnissen der Industrie zu gewähren und die Arbeitszeit nach Möglichkeit zu verkürzen.« Diese Ankündigung stand völlig im Gegensatz zu der darauf folgenden Praxis. Innerhalb weniger Wochen wurden alle Gewerkschaften (mit Ausnahme des Buchdruckerverbandes, der sich unter polizeiliche Aufsicht gestellt hatte, und einiger unbedeutender Verbände) verboten oder zur Selbstauflösung gedrängt, Kassenbestände und Mitgliederlisten wurden beschlagnahmt, Versammlungen und Zusammenkünfte untersagt. Dem Verbot fielen auch fast sämtliche Gewerkschaftsblätter zum Opfer.
Einzige Ausnahme waren die Hirsch-Dunckerschen Gewerkvereine, die sich politisch scharf von der Sozialdemokratie abgrenzten, aber doch gewerkschaftliche Organisationen darstellten.
Das Sozialistengesetz hatte auch unmittelbare Auswirkungen auf die mate-

rielle Lage der Arbeiter. Viele Unternehmer kürzten nun ungehemmt die sowieso geringen Löhne. Unter dem Schutz des Sozialistengesetzes und »unbelästigt« von den Organisationen der Arbeiterschaft konnte die deutsche Unternehmerschaft jahrelang beste Gewinne machen. Die anhaltende wirtschaftliche Depression förderte noch die weitere Lohnsenkung, tarifliche Vereinbarungen wurden einseitig außer Kraft gesetzt oder unterlaufen.

Als Beleg für die innerbetriebliche Anwendung des Sozialistengesetzes mag folgendes Beispiel dienen. Die Direktion der Chemnitzer Aktienspinnerei erließ folgenden Aufruf:

> *... alle die, welche einem sozialistischen Verein angehören, und willens sein sollen, zu demselben zu steuern, deren Zeitungen zu lesen oder verbreiten, Versammlungen zu besuchen oder in sonstiger Weise die Zwecke der sozialdemokratischen Partei zu fördern suchen, werden ferner nicht mehr in unserer Fabrik beschäftigt werden können ...*

Ingesamt wurden von den Behörden bis 1890 über 800 Sozialisten aus ihren Wohnorten ausgewiesen, in zahlreichen Prozessen wurden gegen Sozialdemokraten über 600 Jahre Haftstrafe verhängt. Um den Verfolgungen der Polizei und Justiz zu entgehen, wanderten viele Arbeiter ins Ausland ab.

Mit der kaiserlichen Botschaft vom 17. November 1881, nach der »die Heilung der sozialen Schäden« nicht ausschließlich auf dem Wege der Repression sozialdemokratischer Organisationen, sondern gleichzeitig auf dem der »positiven Förderung des Wohls der Arbeiter zu suchen sein werde«, schlug der Staat eine zweite strategische Linie ein. Im Zeitraum von 1883 bis 1889 wurden die **Sozialversicherungsgesetze** erlassen, die erheblich die Lage der Kranken, der Unfallgeschädigten und der wegen Invalidität oder Alter aus der Produktion ausgeschiedenen Arbeiter verbesserten. Das Krankenversicherungsgesetz von 1883 versicherte alle Arbeiter, ausgenommen die Landarbeiter, wobei zwei Drittel der Versicherungsbeiträge von den Arbeitern und ein Drittel von den Unternehmern gezahlt wurden. 1884 folgte das Unfallversicherungsgesetz, das dem Arbeiter Versicherungsschutz zusicherte, der vom Unternehmer getragen wurde. 1889 folgte die Alters- und Invalidenversicherung, die halb von den Arbeitern und halb von den Unternehmern bestritten wurde. Die Altersrente erhielt, wer das 70. Lebensjahr erreicht hatte und 30 Jahre lang Beiträge eingezahlt hatte. Diese Sozialversicherungswerke wurden zu einem Zeitpunkt eingeführt, als mit den verschiedenen Nachwahlen zum

Reichstag und mit der Reichstagswahl von 1881 selbst der Beweis erbracht war, daß mit dem Sozialistengesetz allein weder das Organisationsbedürfnis noch die Organisationsansätze der Arbeiter vernichtet werden konnten.

Dieses Organisationsbedürfnis hatte sich zuerst in »ausweichenden« Formen wie Unterstützungsvereinen, neuen Lokalorganisationen oder reinen Fachverbänden ausgedrückt. Einzelne Fachblätter, die durch die Pressefreiheit annähernd geschützt waren, wurden zu Organen neuer gewerkschaftlicher Initiativen. Zeitweise wurde den Arbeitern etwas mehr an organisatorischer und publizistischer Bewegungsfreiheit zugestanden. Dies war die Phase der sogenannten »milden Praxis« des Sozialistengesetzes, die bis 1886 dauerte, als der Staat sich durch große Streikwellen gezwungen sah, »die Zügel wieder fester anzuziehen«.

Die Sozialgesetzgebung hatte den Zweck gehabt, die Arbeiter in den Staat zu integrieren und sie von der Sozialdemokratie abzubringen. Die Absichten des Bismarck-Staates hat Ernst Niekisch später treffend beschrieben:

> *Auch das Sozialistengesetz war nichts anderes als der übliche preußische Rückgriff auf die Gewalt gewesen; aber er fruchtete nichts. Die Industrialisierung Deutschlands vermehrte die Massen des Proletariats; es war ein Proletariat, in dem noch die Erbitterung über das erlittene Schicksal der Entwurzelung nachzitterte, und so war es nicht schwer, es für die Opposition zu gewinnen. Die Sozialdemokratie wuchs an. Die Reichstagswahlziffern belehrten den Kanzler von Fall zu Fall, daß die sozialistische Bewegung des eisernen Griffs seiner harten Faust spottete. Was sollte er tun? Er hatte das Bürgertum politisch niedergeworfen, es dann aber besänftigt, indem er dessen wirtschaftliche Interessen reichlich auf ihre Kosten kommen ließ. Das war eine Form der Klassenbestechung, die ihm besser glückte, als er angesichts der Erinnerung an 1848 hatte erhoffen dürfen. Sollte sich nicht auch die Arbeiterklasse bestechen lassen? Die deutsche Sozialgesetzgebung war ein Unternehmen großen Stils, der deutschen Arbeiterklasse die Unzufriedenheit, die oppositionelle Haltung, die revolutionäre Zielsetzung abzukaufen.*
>
> *... Die sozialpolitische Demagogie war als Mittel gedacht, die unzufriedene proletarische Masse an das Interesse des preußischen Junkertums zu knüpfen.*

Dennoch haben die Sozialversicherungswerke ihr Ziel, die Arbeiter in den Staat zu integrieren, nicht erreicht.

Stattdessen gelang es den Arbeitern trotz Sozialistengesetz, neue Ansätze gewerkschaftlicher Organisation aufzubauen. Schon während der »milden Praxis« konnten sich verschiedene Fachvereine zentralisieren. Im Jahre 1884 bestanden bereits wieder 13 Zentralverbände. Zentralisiert hatten sich zunächst die Buchdrucker, denen dann die Hutmacher und Tischler folgten. Außerdem bildeten sich: der deutsche Manufakturverein (Sitz Gera), der Zentralverband der Schneider und verwandten Berufsgenossen Deutschlands (Sitz Hamburg), der Verband der deutschen Steinmetze (Sitz Berlin), der Unterstützungsverein der deutschen Schuhmacher (Sitz Nürnberg) und der Reise- und Unterstützungsverein der deutschen Tabakarbeiter. Die Verbände betonten den unterstützenden Charakter und vermieden jede Andeutung, die darauf schließen lassen konnte, daß es der Zweck des Vereins sei, die materielle Lage seiner Mitglieder kollektiv zu verändern. So hoffte man, den Behörden keine Handhabe zu geben, gegen die Vereine vorzugehen. Andere Vereine, wie der Zentralverband der Tischler, hatten sich allerdings auch zur Aufgabe gestellt, einen gemeinsamen Streikfonds einzurichten und Streiks systematisch zu organisieren und zu unterstützen. Dieser Plan schlug jedoch fehl. Zwar liefen genügend Anträge auf Bewilligung eines Streiks ein, häufig fehlte es jedoch an den erforderlichen Mitteln, um diese zu unterstützen. Wurden die Streiks dennoch durchgeführt und blieben erfolglos, so gab man in erster Linie der Verbandsleitung die Schuld daran. An diesem Streit drohte der Zentralverband sich schließlich aufzulösen, so daß die Streikunterstützung einer besonderen Kommission übertragen wurde, um den Verband nicht zu gefährden. Trotz aller Unterdrückungsmaßnahmen waren um die Mitte der achtziger Jahre die Mitgliederverluste der Gewerkschaften aus den ersten Jahren des Sozialistengesetzes wieder ausgeglichen. So gab es 1886 über 91 000 Mitglieder, die in 35 Verbänden organisiert waren, die wiederum aus 2351 Ortsgruppen bestanden.

Freilich war die große Mehrzahl der deutschen Arbeiter zu dieser Zeit noch unorganisiert. Um bei Streiks die Gesamtheit der ortsansässigen Berufsgenossen mit einzubeziehen, wurde die erste lokale Organisationsform, der Fachverein, erweitert. Die entscheidenden Beschlüsse über die Einstellung der Arbeit oder über die Aufstellung von Lohnforderungen wurden in vielen Orten grundsätzlich nur in öffentlichen Versammlungen aller Berufsgenossen oder in öffentlichen Arbeiterversammlungen gefaßt. In diesen Versammlungen wurde ein Streik-, Lohn- oder Agitationskomitee gewählt oder es wurden Vertrauensmänner eingesetzt. Diese wurden mit der Durchführung des Vorhabens beauftragt, wobei meist selbstverständlich war, daß auch organisierte Arbeiter in das Komitee gewählt wurden. Diese lockere Organisationsform bewährte sich besonders in Sachsen und Preußen. Die dort herrschenden strengen Vereinsgesetze und die Gefahr eines Eingreifens der Polizei wurden so umgangen. Diese Kommunikationsstruktur, die häufig länger als ursprünglich geplant bestehen blieb, diente teilweise als Ersatz für eine vorerst noch auf große Schwierigkeiten stoßende feste Organisationsform.

Die teils spontanen, teils durch die Fachvereine organisierten Auseinandersetzungen nahmen im Verlauf der achtziger Jahre immer mehr zu; trotz Sozialistengesetz und staatlicher Sozialpolitik lief eine Welle von Streiks durch die industriellen Zentren Deutschlands. Die Unterdrückung der organisierten Arbeiterbewegung war offenbar ebenso wenig gelungen wie die Integration der Arbeiterschaft in den Staat. Der preußische Innenminister von Puttkamer machte nun den Versuch, durch einen »Streikerlaß« (April 1886) alle kollektiven Kampfformen der Arbeiter zu illegalisieren.

Dieser Streikerlaß forderte ein verschärftes Vorgehen gegen Streikende und deren Führer, weil nach den Worten Puttkamers »hinter jedem Streik die Hydra der Revolution« lauere. Der Streikerlaß richtete sich eindeutig gegen das gesetzlich verankerte Koalitionsrecht der Arbeiter. Die Folgen des Streikerlasses für die Arbeiterbewegung beschreibt Schröder anschaulich:

> *Nach dem politischen Fiasko der »milden Praxis« leitete der Streikerlaß Puttkamers eine Periode der verschärften Anwendung des Sozialistengesetzes ein. Der erste Schlag sollte die Gewerkschaftsbewegung treffen. Es hagelte Versammlungsverbote und Auflösungsverfügungen, Ausweisungen, Verhaftungen, Prozesse, Verurteilungen, Gefängnis- und Zuchthausstrafen, Maßregelungen und Aussperrungen. Polizeistaat und Unternehmer versuchten immer wieder, die Entwicklung und Kampfaktivität der Gewerkschaften zu unterbinden. Das Sozialistengesetz allein genügte ihnen nicht, es wurde mit den Paragraphen des preußischen Vereinsgesetzes von 1850, des Strafgesetzbuches, der Gewerbeordnung usw. verquickt. Stärker als zuvor schaltete sich die Klassenjustiz in die Unterdrückungsmaßnahmen gegen die Arbeiterbewegung ein. Schließlich häuften sich die Versuche, die Gewerkschaften zu Versicherungsanstalten zu erklären und damit die polizeiliche Bestätigung und Kontrolle der Vorstände, Genehmigungspflicht der Ausgaben usw. durchzusetzen.*

Trotz der gewaltsamen Unterdrückungsmaßnahmen wuchsen die Streikbewegungen weiter an. Nach einer amtlichen Statistik, die allerdings nur mit Vorbehalt als Annäherungswert zu gebrauchen ist, fanden in der Zeit von Januar 1889 bis April 1890 in Deutschland 1131 Arbeitsniederlegungen von jeweils mehr als 10 Arbeitern statt, an denen insgesamt 394 440 Arbeiter sich beteiligten. Schröder schätzt diese Zahl auf etwa 5 % der gewerblichen Arbeiter, wobei der größte Teil, 289 283 Arbeiter, auf Preußen entfiel. Von

den 1131 gezählten Streiks konnten 187 mit vollem, 468 Streiks mit teilweisem Erfolg beendet werden; 426 Streiks blieben ohne Erfolg.
Die Streiks hatten sich auf fast alle Industriezweige und Berufsgruppen ausgeweitet. Sie besaßen nicht mehr den beschränkt lokalen Charakter wie noch einige Jahre vorher und verdeutlichten, daß die Einsicht in die gemeinsame Lage und in die Notwendigkeit kollektiver Aktion sich mehr und mehr durchzusetzen begann. »Schon heute,« klagte der Berliner Polizeipräsident 1889, »können Streikende auf die Solidarität und Unterstützung der gesamten Arbeiterschaft rechnen, sofern es sich um sogenannte Abwehr- oder Prinzipienstreiks handelt.«
Höhepunkt der Streiks und Auseinandersetzungen war dann der **Streik im Bergbau im Jahre 1889**. Er trug letztendlich nicht unerheblich zum Ende der Bismarckschen »Arbeitspolitik« und auch des Sozialistengesetzes bei.
Die Bergarbeiterstreiks aber – und das sei hier vorweg angemerkt – waren nicht das Ergebnis organisierten gewerkschaftlichen Vorgehens, sondern sie sollten die Organisation bei den Bergarbeitern erst hervorbringen.
Ohne praktische Erfahrungen der Arbeiter in sozialen Kämpfen hatten sich alle bisherigen Organisationsansätze als nicht besonders erfolgreich erwiesen. Erst in den großen Streikwellen der achtziger Jahre bildete sich eine feste Basis für die ökonomische, die gewerkschaftliche Interessenvertretung der Arbeiter heraus.
Bei den Bergarbeitern hatte sich schon während des Jahres 1887 vielerorts Unruhe gezeigt. In den Monaten März und April 1889 fanden dann überall Arbeiterversammlungen statt.
Eine Versammlung in Essen verlangte: Lohnerhöhungen um 15%; Abschaffung der »Überarbeit« und Einführung der achtstündigen Schicht einschließlich Ein- und Ausfahrt u.a.m. Ähnliche Forderungen wurden in anderen Versammlungen beschlossen und unter allgemeiner Zustimmung der Arbeiterschaft den Grubenverwaltungen übermittelt. Als die Grubenverwaltungen nicht auf die Forderungen reagierten, begann am 1. Mai der Streik. Er beschränkte sich zunächst auf einzelne Zechen, breitete sich dann jedoch über das ganze Ruhrgebiet aus und erfaßte nach und nach, wenn auch nicht in dem gleichen Umfang wie im Ruhrgebiet, die Steinkohlenreviere an der Saar, in Nieder- und Oberschlesien, bei Aachen und in Lothringen, in Zwickau, Lugau/Oelsnitz und Plauen in Sachsen. Insgesamt legten 150 000 Bergarbeiter die Arbeit nieder.
Die Unternehmerpresse rief nach der Staatsgewalt, und am 5. Mai griff auf Verlangen des westfälischen Oberpräsidenten das Militär ein. Es gab Tote

und Verwundete. Nun stieg die Zahl der Streikenden im Ruhrgebiet rapide an: Am 3. Mai streikten etwa 4000 bis 5000 Bergleute, am 6. Mai 35 000, am 9. Mai bereits 70 000 und am 13. Mai 100 000. Bemerkenswert ist, daß diese riesige Steikwelle spontan zustandekam. Gerade im Ruhrgebiet gab es zu dieser Zeit noch kaum Ansätze von gewerkschaftlicher Organisation. Nachteilig wirkte sich die bisherige Unorganisiertheit der Bergarbeiter auf den Streik insofern aus, als jede Belegschaft eigene Versammlungen abhielt, mit teilweise einander widersprechenden Beschlüssen, und eine gemeinsame Streikleitung zunächst fehlte.

Materiell mußten die Streikenden eine teilweise Niederlage einstecken, aber das Selbstbewußtsein der Bergarbeiter war dennoch gestärkt. Organisatorisch war auf der Unternehmerseite der Zusammenschluß zu Streikversicherungskassen der Zechen das wichtigste Resultat; hier bahnte sich eine geschlossene Strategie der Unternehmer an.

Der Streik gab aber auch den entscheidenden Anstoß zur Herausbildung von Gewerkschaftsorganisationen für die bis dahin mit Ausnahme Sachsens nahezu völlig unorganisierten Bergarbeiter. Zunächst entstanden diese Organisationen, wie der »Alte Verband zur Wahrung und Förderung der bergmännischen Interessen in Rheinland und Westfalen«, auf regionaler Grundlage. Aber schon ein Jahr später wurde durch den Bergarbeitertag in Halle 1890 der Versuch unternommen, eine einheitliche Bergarbeitergewerkschaft zu schaffen.

Der Bergarbeiterstreik hatte endgültig das Scheitern der Bismarckschen »Arbeiterpolitik« gezeigt. Die spontanen Ausstände der Arbeiter hatten sich weder durch das Sozialistengesetz noch durch den Streikerlaß verhindern lassen.

Das Eingreifen des Militärs und die Maßnahmen gegen den Bergarbeiterstreik wurden von einem Teil der bürgerlichen Presse heftig kritisiert. Ein innenpolitischer Kurswechsel wurde 1890 offensichtlich notwendig. Bismarck mußte seinen Abschied einreichen, das Sozialistengesetz lief am 25. Februar aus und wurde nicht erneuert, der Kaiser kündigte am 4. Februar eine umfangreiche Arbeiterschutzgesetzgebung an, die dann u. a. in der Änderung der Reichsgewerbeordnung Ausdruck fand.

Wie sah der Alltag der Arbeiter in diesen Jahren aus? Wie lebten sie, so daß sie nun massenhaft in den Streik traten, um höhere Löhne, bessere Arbeitsbedingungen und kürzere Arbeitszeiten zu erringen?

Im folgenden soll beispielhaft anhand zeitgenössischer Berichte und anderer Daten ein Bild des damaligen Bergarbeiterlebens nachgezeichnet werden, das Hinweise auf die Organisationsbereitschaft und die Streikfähigkeit dieser Arbeiter gibt.

Bevor die Zechen, Hütten- und Stahlwerke das Bild des heutigen Ruhrgebiets bestimmten, war dies ein Bauernland gewesen. Auch größere Orte wie Bochum, Essen oder Dortmund hatten um die Mitte des vorigen Jahrhunderts nur ein paar Tausend Einwohner. Mit den sechziger Jahren aber begann sich das Bild zu ändern. Es vollzog sich eine riesige »Völkerwanderung« aus den agrarischen Teilen Deutschlands in die neu entstehenden Industriezentren und -städte.

Dic Bevölkerungszunahme entwickelte sich immer rasanter. Die Steigerung betrug (in Millionen):

von 1865–1880	+ 5,58
von 1880–1896	+ 7,04
von 1895–1910	+12,50

Die mit diesen Steigerungen verbundene Binnenwanderung, die größte »Massenbewegung« der deutschen Geschichte, macht noch deutlicher, welche Veränderungen vor sich gingen. Einen Eindruck davon geben folgende Zahlen für das Jahr 1905, das einen Höhepunkt der Wanderwelle darstellte:

Zu dieser Zeit betrug die Gesamtbevölkerung	60378235 = 100%.
Davon waren geboren:	
in der Zählgemeinde	31395429 = 52%,
außerhalb der Zählgemeinde	28982806 = 48%.

Um diese Zeit lebte also fast die Hälfte der Bevölkerung nicht mehr am Geburtsort, jeder zweite hatte in mehr oder weniger großer Reichweite an dieser Binnenwanderung teilgenommen. Welche Folgen das hinsichtlich der Lebensweise, der Traditionen und landsmannschaftlichen Bindungen hatte, kann man nur erahnen.

Besonders kraß waren die Folgen dieser räumlichen Mobilität in den Zentren der neuen Großindustrien, wie etwa im Ruhrgebiet.

Die Hauptrichtung dieser Wanderungen führte von Osten nach Westen. Wichtiger war aber die Wanderung vom Land in die Stadt. Der Prozeß der Urbanisierung veränderte die alte Struktur des Landes vollständig. In einer amtlichen Darstellung hieß es dazu:

Unaufhaltsam hat sich seit 1871 eine grundlegende Wandlung vollzogen: Der Anteil der Landbevölkerung ist in ständigem Rückgang begriffen. 1895 halten sich Stadt- und Landbevölkerung noch ungefähr die Waage, dann bildet die Stadtbevölkerung das überwiegende Element, um schließlich 1925 denselben prozentualen

Anteil (rd. 64 %) an der Gesamtbevölkerung für sich zu beanspruchen, wie 1871 die Landbevölkerung.

Verdeutlichen kann diesen Prozeß am besten ein Überblick über die Entwicklung der Zahl und Einwohnerschaft der Großstädte (über 100 000 Einwohner) in Deutschland zwischen 1871 und 1910:

Einwohner in Großstädten in Deutschland

Jahr	Zahl	Einwohner (Mill.)	Prozentsatz der Gesamtbevölkerung
1871	8	2,0	4,8
1880	14	3,3	7,2
1890	25	6,0	12,1
1900	33	9,1	16,2
1910	48	13,8	21,3

Im Ruhrgebiet waren vor allem die nördlichen Regionen Aufnahmegebiete, da hier die meisten großen Zechen entstanden. Hamborn z. B. hatte 1890 nur etwas über 4000 Einwohner, 1910 aber schon über 100 000. Seit etwa 1870 gab es große Zuströme von Arbeitern für die Zechen vor allem aus den Ostprovinzen. Im Jahre 1890 betrug der Anteil der Zuwanderer an der Gesamtbevölkerung des Ruhrgebietes ca. 45 %, 1910 waren es annähernd 52 %. Welche Probleme damit verbunden waren, wird deutlich, wenn man bedenkt, daß der größte Teil der Neuankömmlinge Männer waren, die in der neuen Umgebung keine Frauen finden konnten und häufig in ihre alte Heimat zurückkehrten, um von dort eine Frau »mitzubringen«. Diese Ehen hatten im Durchschnitt mehr Kinder als im sonstigen Preußen, so daß die ohnehin junge Altersstruktur noch weiter verjüngt wurde. Hinzu kamen enorme Wohnungsprobleme, die auch durch kommunalen oder Zechenwohnungsbau nicht gelöst werden konnten.

Auf diesem Hintergrund entwickeln sich neue, ungewohnte Lebensformen. Das Kostgängerwesen, die Vermietung einer Schlafstatt mit Mahlzeiten, diente nicht allein der Aufbesserung der Finanzen, sondern veränderte auch die Familienverhältnisse. Die »Schlafburschen«, nicht verheiratete Arbeiter, gehörten oft genug zum engeren Kreis der Familie, oft kam es später zu einer Verheiratung mit einer Tochter der Familie. Zeitweise gab es in den Zechensiedlungen in bald jedem zweiten Haushalt einen Kostgänger. In den Erinnerungen eines Bergarbeiters sah das so aus:

Einer meiner Kameraden empfahl mich an seinen Bruder, der in Gelsenkirchen wohnte und auf der Zeche »Dahlbusch« arbeitete. Dieser schrieb mir, ich solle kommen, er würde mir gern behilflich sein. Mit dem Sohn der Leute, bei denen ich in Kost gehen sollte, holte der mich vom Bahnhof ab. (...) Mein Schlafraum war die große Kammer. Hier schliefen wir drei Kostgänger und der lange Franz in zwei Betten. Diese zweischläfrigen Betten sind beinahe 2 Meter breit, so daß das Schlafen von zwei Personen in einem Bett etwas Selbstverständliches ist.

Dennoch waren die Verhältnisse keineswegs etwas Idyllisches, oft mußte es um vieles enger auch gehen. Die zum Teil sehr unterschiedlichen Arbeits- und Lohnbedingungen im Bergbau führten auch zu einer recht hohen Fluktuation und damit zu häufigem Wohnungswechsel. Die Unternehmen sahen das nicht so gern, befürchteten sie doch sowohl soziale als auch wirtschaftliche Schäden. Nicht zuletzt aus solchen Gründen kam es dann zur Errichtung von »Kolonien«; sie waren oft der erste Schritt zur »Seßhaftigkeit« der Arbeiter und zur Herausbildung von Stammbelegschaften – eine nicht unwichtige Bedingung für die Entwicklung »verläßlicher Arbeitsmoral«, aber auch der Organisationsbereitschaft in den Gewerkschaften.

Den Tagesablauf einer damaligen Bergmannsfamilie hat Brüggemeier anschaulich beschrieben; er wirke so, als sei er nach einem von der Zeche vorgelegten Zeitplan organisiert:

Frühzeitig vor Schichtbeginn ertönte die Zechensirene, gleichsam als überdimensionaler Wecker, der zum rechtzeitigen Aufstehen und zum gemeinsamen Weg zur Arbeit rief. Die Türen der einzelnen Häuser öffneten sich nahezu gleichzeitig, und die Bergleute machten sich im Takt ihrer klappernden Holzschuhe (...) auf den Weg zur Arbeit. Sie zogen sich gemeinsam in der Waschkaue um, arbeiteten acht Stunden unter Tage, überwiegend in Gruppen, wuschen sich, wechselten wieder gemeinsam ihre Kleidung und begaben sich auf den Heimweg, in der festen Erwartung, zu Hause das fertige Essen vorzufinden. Auch die verbliebene freie Zeit wurde häufig gemeinsam verbracht, wie aus folgendem Bericht des Landrats von Recklinghausen trotz aller zum Vorschein kommenden Vorurteile und nationaler Ressentiments hervorgeht: »Wo mehrere Kostgänger in einer Familie oder in einem Hause zusammenwohnen, werden in der Regel an den Sonn- und Feiertagen in der Wohnung des Kostgebers Saufgelage veranstaltet. Die Kostgänger lassen Bier und Schnaps heranholen; die Familie des Kostwirts trinkt natürlich mit. Fast jeder Bergmann hat eine Ziehharmonika; nun wird getrunken, gespielt und getanzt. Am tollsten gehts meist bei den Polen her. Die polnischen Frauen und Mädchen tanzen mit den Kostgängern, häufig barfuß und nur noch notdürftig bekleidet.«

Die Lebensverhältnisse der Bergleute, aber auch anderer durch die industrielle Entwicklung in ihrer Lebensgeschichte hin- und hergeworfener Arbeiter, wurden, so schreibt Brüggemeier, im damaligen bürgerlichen Verständnis, oft aber auch bei Arbeiterfunktionären, fast durchgängig als Vagabundentum, Entwurzelung, Disziplinlosigkeit sowie moralische Haltlosigkeit angesehen, die als gesellschaftlich destabilisierend und damit als störend empfunden wurden. Während die Unternehmerschaft die Arbeiter nicht zuletzt mit Hilfe des Staates und der Gesetze disziplinieren wollte, versuchten die aufkommenden Gewerkschaften die Arbeiter zu »erziehen«. Die Arbeiter aber zeigten durchaus Selbständigkeiten, die auch die Bereitschaft mit sich brachten, sich der Dominanz der eigenen Organisation zu entziehen. Die gerade im Alltagsleben gewonnenen Solidaritätsstrukturen zeigten oft genug auch dann ihre Stärke und Bedeutung, wenn die Organisation, wie zum Beispiel nach gescheiterten Streiks, sehr geschwächt war.
Nicht allein die Organisation kann den Erfolg von Auseinandersetzungen mit den Unternehmern und dem Staat garantieren; der Bestand eines sich in den täglichen Konflikten und als Lebensweise behauptenden Milieus dürfte ebenso wichtig sein. Brüggemeier sieht z.B. in den besonderen Bedingungen des Bergbaus und der »Autonomie« sowie der »Eigenverantwortlichkeit« der Bergleute historische Voraussetzungen, auf denen 1918 ein Rätesystem hätte aufbauen können; sicher ist es so, daß die Alltagsverhältnisse im Bergbau, aber auch in anderen Branchen und Regionen Voraussetzungen für die spätere Entwicklung der Rätebewegung bildeten. Die »Politisierung« der Arbeiter zeigte sich also nicht allein in der besonders nach 1890 anwachsenden Organisationsbereitschaft sowie im immer größer werdenden Anteil der Sozialdemokratie an Wählerstimmen, sondern auch in der Widerständigkeit des entstandenen Milieus industrieller Arbeiterschaft. Die Organisationen waren ein Teil des Milieus, und ihr Erfolg oder Mißerfolg hing nicht wenig vom Zusammenhalt und dem Selbstbewußtsein der Arbeiter in ihren Lebensverhältnissen ab. In den neunziger Jahren fanden immer mehr Arbeiter den Weg zu Parteien und Gewerkschaften; die Verhältnisse trieben sie diesen zu.

Kapitel 4
Zwischen Klassenkampf und Burgfrieden

Alle Unterdrückungsmaßnahmen gegen die Gewerkschaftsbewegung und die Sozialdemokratie hatten nicht verhindern können, daß diese nach anfänglichen Schwierigkeiten einen unverminderten Aufstieg erlebten. Nachdem das Sozialistengesetz dreimal mit Hilfe des Reichstages verlängert worden war (1884, 1886 und 1888), fand sich bei der erneuten Vorlage im Jahre 1890 nicht mehr die erforderliche Mehrheit. Aber es war kein Gesinnungswandel auf der bürgerlichen Seite, vielmehr waren es taktische Erwägungen der Reichstagsmehrheit sowie innere Zwistigkeiten, die das Gesetz zu Fall brachten. Auch mußte man auf seiten der Bürgerlichen einsehen, daß die sogenannte »Arbeiterfrage« und damit die Behandlung der Sozialdemokratie und der Gewerkschaften nicht mehr mit repressiven Mitteln zu lösen war. Es war das soziale Gewicht der Arbeiterschaft, das in dieser Phase der Geschichte den Ausschlag gab, die repressiven Maßnahmen zu einem Teil aufzugeben. Deutlich wird dies in den kaiserlichen Erlassen vom Februar 1890. Darin heißt es:

So wertvoll und erfolgreich die durch die Gesetzgebung und Verwaltung zur Verbesserung der Lage des Arbeiterstandes bisher getroffenen Maßnahmen sind, so erfüllen dieselben noch nicht die ganze Mir gestellte Aufgabe (. . .) Für die Pflege des Friedens zwischen Arbeitgebern und Arbeitnehmern sind gesetzliche Bestimmungen über die Formen in Aussicht zu nehmen, in denen die Arbeiter durch Vertreter, welche ihr Vertrauen besitzen, an der Regelung gemeinsamer Angelegenheiten beteiligt und zur Wahrnehmung ihrer Interessen bei Verhandlungen mit den Arbeitgebern und mit den Organen Meiner Regierung befähigt werden.

Diese Erlasse hatten keine unmittelbaren Folgen, stellen aber modellhaft Vorstellungen dar, die nicht zuletzt auch in den Gewerkschaften noch viele Anhänger bekommen sollten: die Regelung der die Arbeit betreffenden Probleme zusammen mit Arbeitgebern und dem Staat unter gleichberechtigter Beteiligung der Gewerkschaften.

Gegen Ende der Zeit des Sozialistengesetzes hatte sich die Gewerkschaftsbewegung deutlich weiter entwickelt und vergrößert:

Die Anzahl der Fachverbände war von 1877 bis 1890 von 36 auf nun 59 gestiegen, die Zahl der Zweigvereine von 1266 auf 3305, und die Mitgliederzahlen waren von fast 50000 auf über 237000 angewachsen. Auch die Zahl der Zeitungen war von 16 mit einer Auflage von 37000 auf 45 mit einer Gesamtauflage von fast 150 000 gestiegen. Das Vermögen der Gewerkschaften betrug im Jahre 1886 etwas über 450 000 Mark; es belief sich 1890 auf annähernd 812 000 Mark.

Die Organisation nahm einen steten Aufstieg, obwohl sich zu Beginn der neunziger Jahre noch vielfältige Schwierigkeiten zeigten, die Arbeiter in allen Branchen gleichermaßen zu organisieren. Hier wurde deutlich, daß es noch nicht der »Massenarbeiter« der neuen großen Industrien war, der sich am häufigsten und schnellsten in den Gewerkschaften fand, sondern eher die organisationserfahrenen handwerklich qualifizierten Arbeiter.

In den Großbetrieben und bei den ungelernten Arbeitern hatten die Gewerkschaften zunächst noch wenig Einfluß. Der Industrieverband der Metallarbeiter, der einige Jahre später zur größten und in organisatorischen Fragen wegweisenden deutschen Gewerkschaft wurde, umfaßte um 1890 nur 6,9 % der Berufsangehörigen. Bei den Hilfsarbeitern im Baugewerbe und in der Holzindustrie lag der Anteil der Organisierten 1891 unter 2 %. Noch schwieriger war die gewerkschaftliche Organisation in Gewerben wie der Textilindustrie, wo Frauen- und Heimarbeit eine große Rolle spielten. 1891 umfaßte der neu gegründete Verband der Textilarbeiter nur 0,7 % der meist innerhalb kurzer Frist angelernten Arbeitskräfte dieses Industriezweiges. Kaum organisiert waren die Arbeiter der neu entstandenen Produktionszweige und der Landwirtschaft sowie die Ungelernten, die Hilfsarbeiter und die Arbeiterinnen. Die Arbeiter in den Großbetrieben waren besonders den Repressionen der eng gegen die Gewerkschaften zusammenarbeitenden Unternehmer ausgeliefert. Der häufige Wechsel der Beschäftigung, die spärliche Entlohnung sowie die Möglichkeit, die Arbeitsstellen streikender ungelernter Arbeiter mit Streikbrechern leicht neu zu besetzen, hatten die Versuche zur Organisation der weniger qualifizierten Arbeiter bis 1890 weitgehend scheitern lassen.

Die wieder einbrechende wirtschaftliche Krise tat ein übriges, die Jahre nach 1890 – trotz ansteigender Mitgliedszahlen – zu problematischen Jahren für die Gewerkschaften werden zu lassen.

Neben den Zentralverbänden bestanden die unabhängigen örtlichen Vereine weiter, die aus vielerlei Gründen stärker eine politische Tendenz in der Gewerkschaftsbewegung verfochten als die Zentralverbände. Zeitgenössische Gewerkschaftshistoriker haben in den »ungesunden Verhältnissen« während des Sozialistengesetzes und der wirtschaftlichen Krise, die einen zeitweiligen Stillstand in der Entwicklung mit sich brachten, Gründe

für die zeitweise Bedeutung der »Lokalisten« gesehen: Das Fehlen eines Verbandes und allgemeiner Kongresse habe den notwendigen Meinungsaustausch erschwert, so daß ein »einheitliches Gefühl« nicht habe aufkommen können.
So gingen auf der einen Seite die Zentralisationsbestrebungen fort, während auf der anderen Seite ein wenn auch kleinerer Teil der Arbeiterschaft weiterhin in lokalen Organisationen verblieb. Daneben sollte sich bald eine auch für die Zukunft gewichtige Bewegung in der Arbeiterschaft bemerkbar machen: die sich vor allem aus dem Katholizismus rekrutierenden **christlichen Gewerkschaftsverbände**.
Um diese Zeit bildete sich auch ein **Gegensatz zwischen der sozialdemokratischen Partei und den Gewerkschaften** heraus, der für die nächsten Jahrzehnte zu einem Kampf um den »Primat« in der Arbeiterschaft werden sollte. Das Sozialistengesetz hatte nämlich sowohl den Charakter der Sozialdemokratie als auch den der Gewerkschaften nachhaltig verändert. Zudem führte die fortschreitende Entfaltung der großen Industrie zu einer ständigen Wandlung innerhalb der sozialen Zusammensetzung und des sozialen Charakters der Arbeiterschaft, der nicht ohne Einfluß auf die noch jungen gewerkschaftlichen Organisationen bleiben konnte.
Die meisten gewerkschaftlichen Verbände waren um 1890 wirtschaftliche Kampforganisationen, allerdings mit einem starken Einschlag handwerklicher Traditionen. Bei der Renaissance gewerkschaftlicher Organisation in den achtziger Jahren hatte sich deutlicher als zur Gründungszeit ein spontaner und selbständiger Charakter der Gewerkschaftsbewegung gezeigt. Die Gewerkschaften vertraten nun bestimmter und bewußter ihre ökonomischen Interessen, wobei das **Vorbild der englischen Gewerkschaften** eine große Rolle spielte.
Mit der wachsenden Stärke der gewerkschaftlichen Organisation wurde das Verhältnis zur Sozialdemokratie als Partei schwieriger; außerdem zeigten sich **erste Konflikte zwischen einer auf Aktion drängenden Mitgliederschaft und Vorständen von Gewerkschaften, die dem Ausbau der Organisation den Vorrang gaben**.
Auf dem internationalen Sozialistenkongreß 1889 in Paris war beschlossen worden, jährlich am 1. Mai die Arbeit ruhen zu lassen, um auf diese Weise die Forderung der Arbeiter nach dem Achtstundentag zu unterstreichen. Gleichzeitig sollte dieser Tag »Weltfeiertag des Proletariats« sein. Der damit international eingeleitete Kampf um eine allgemeine Arbeitszeitverkürzung auf acht Stunden am Tag wurde gerade auch in Deutschland zum

zentralen Ereignis des folgenden Jahres, an dem dieser Tag zum ersten Mal begangen werden sollte. Obwohl das Verlangen nach Arbeitszeitverkürzung seit Jahren neben den Forderungen nach höherem Lohn ein Hauptaspekt der Organisationsarbeit war und zum Teil in Tarifverträgen auch schon zur Geltung kam, gab erst der Sozialistenkongreß den Ausschlag für eine allgemeine Bewegung für die Arbeitszeitverkürzung.

Ab Dezember 1889 weitete sich die Diskussion hierüber auf ganz Deutschland aus. Allein in Hamburg registrierte die Polizei bis zum April 1890 133 Versammlungen der Arbeiter zu diesem Thema. In fast allen Fällen ging es darum, wie eine möglichst massenhafte Beteiligung an der Arbeitsniederlegung des 1. Mai erreicht werden könne und wie dann eine Unterstützung von gemaßregelten Arbeitern zu sichern sei.

Der Konflikt zwischen Gewerkschaften und Partei bzw. deren Reichstagsfraktion wurde hier exemplarisch deutlich. Auf Arbeiterversammlungen wurde teils argumentiert, »man möge unseren gewählten Vertretern vertrauen und von definitiven Beschlüssen vorläufig absehen. Die Fraktion wolle uns keine Gewalt antun, aber sie habe die Verantwortlichkeit dafür.« Das war ein Plädoyer für die Unterwerfung der Gewerkschaft bzw. der Arbeiter unter den Willen der sozialdemokratischen Reichstagsfraktion. Dagegen aber erhob sich eine Opposition, die forderte, daß die Fraktion ihrerseits »Disziplin« zeigen und sich dem Willen der Arbeiter beugen solle. Am 13. April beschloß die sozialdemokratische Fraktion des Reichstages: »Wo immer man die Frage der Arbeitsruhe am 1. Mai ohne Konflikte erwirken kann, da möge es geschehen.« Das aber war eine faktische Ablehnung der Vorstellungen der Arbeiterschaft, denn ohne Konflikte konnte der 1. Mai nicht begangen werden, zumal die Arbeitgeber selbst harte Gegenmaßnahmen angekündigt hatten.

Von seiten der Parteiführer, aber auch aus den Reihen der Gewerkschaften war zu hören, daß der 1. Mai zu einer Diskussion des Achtstundentages unter den Arbeitern genutzt werden solle, um dadurch eine Stärkung der Organisationen zu erreichen. Die Verkürzung der Arbeitszeit sei eine Machtfrage, so hieß es, und die Gewerkschaften, aber auch die Partei, seien noch nicht stark genug, gegen das Kapital in dieser Frage erfolgreich anzugehen.

Hier standen sich also deutlich zwei Einschätzungen gegenüber: **War die Organisation die Voraussetzung für die Auseinandersetzungen, oder konnte sie überhaupt erst aus den Auseinandersetzungen und den dort gemachten Erfahrungen hervorgehen?**

Die Arbeitgeber auf der anderen Seite erkannten die Wichtigkeit eigener Organisationen. Überall bildeten sich im Vorfeld des 1. Mai Arbeitgeberkoalitionen, die vor allem den Zweck hatten, den Arbeitern am Tag nach der Arbeitsniederlegung die Wiederaufnahme der Arbeit zu verweigern. Allein in Hamburg konnte der wiederbelebte Arbeitgeberverband mehr als 500 000 Mark zur Unterstützung der kleineren Arbeitgeber zusammenbringen. Die Arbeitgeber beschlossen, alle Arbeiter, die am 1. Mai nicht zur Arbeit erschienen, als kontraktbrüchig zu entlassen. Da die Arbeiter dennoch an diesem Tag streikten – es mögen allein in Hamburg rund 30 000, also ein Drittel der Hamburger Arbeiterschaft gewesen sein – reagierten die Arbeitgeber wie angekündigt mit Aussperrungen und Maßregelungen. In Hamburg waren es fast 20 000 Arbeiter aller Berufsgruppen, die vom 2. bis 5. Mai ausgesperrt blieben.

Die Wiedereinstellung aber wurde davon abhängig gemacht, daß die Betroffenen eine Erklärung abgaben, worin es hieß, daß sie keiner Gewerkschaft angehörten. Das geschlossene Vorgehen der Hamburger Arbeitgeber und die Unterstützung von seiten des Senats zwangen viele Arbeiter, diesen Schritt zu tun. Die Gewerkschaften mußten hier eine schwere Niederlage hinnehmen, die Mitgliedszahlen sanken und die Gewerkschaft der Hafenarbeiter wurde zeitweilig völlig zerschlagen.

Ähnlich erfolglos gingen in den ersten Jahren des neuen Jahrzehnts andere Arbeitskämpfe zu Ende; so der Streik der Hamburger Tabakarbeiter, der 16 Wochen dauerte und in dessen Verlauf die Arbeiter zur Selbsthilfe eine Genossenschaft gründeten, was die Niederlage dennoch nicht verhindern konnte. Die Aufnahme von Darlehen durch die Hamburger Gewerkschaften war nach der Niederlage eine finanzielle Last, die auch die Kampfkraft in den folgenden Jahren deutlich lähmte. Dies gilt im übrigen für viele Arbeitskämpfe, die man mit Hilfe solcher Mittel durchzustehen versuchte, was in der Folgezeit die Organisationen vorsichtiger machen sollte.

Das gleiche gilt für die Bergarbeiterstreiks Mitte 1891, an denen fast 19 000 Ausständige teilnahmen; an der Saar nahmen 1892/93 nahezu 30 000 Bergleute an einem Streik teil, der ebenfalls mit einer Niederlage, mit Bestrafungen und Entlassungen endete. Die von den Unternehmern praktizierten »schwarzen Listen« und die allerorts eingeführten »Arbeitsnachweise« der Arbeitgeber taten ein Übriges zur Disziplinierung der Arbeiter.

Die Arbeitgeber hatten innerhalb dieser Streikperiode begonnen, sich straff zu organisieren, während es den Gewerkschaften noch nicht gelungen war, dem eine gleichartige Organisationsmacht entgegenzusetzen. Zentralisa-

tion schien der notwendig nächste Schritt zu sein. Es deutete sich eine organisatorische Antwort der Gewerkschaften auf die Strategien des Arbeitgeberlagers an.
Aber auch gegenüber der Partei sollte bald eine selbständige Position bezogen werden. Die Erfahrungen des Sozialistengesetzes und der ersten Streikkämpfe nach dessen Aufhebung hatten deutlich gezeigt, daß eine Unterordnung unter die Partei nicht mehr in Frage kam. Die Sozialdemokratische Partei hielt ihre ersten Parteitage nach dem Fall des Sozialistengesetzes im Oktober 1890 in Halle und im Oktober 1891 in Erfurt ab. Vor allem der Erfurter Parteitag war gekennzeichnet von der Auseinandersetzung zwischen den Linken und der Parlamentsfraktion der Partei. Es ging um den Konflikt zwischen einem revolutionären Programm und der Realität eines »vorsichtigen Reformismus«, wie ihn die parlamentarische Seite verfocht. Die Revolutionäre in der Partei, die »Jungen«, waren in der Hauptsache Intellektuelle, die den Anspruch auf die Umwälzung der kapitalistischen Gesellschaft hochhielten, während die andere Seite praktisch schon den Versuch unternahm, die Verhältnisse für die Arbeiterschaft durch Teilnahme am parlamentarischen Leben und auf der Ebene des Ausgleichs mit dem Staat und den Unternehmern zu verbessern. Auf den Parteitagen von Halle und Erfurt unterlagen **die »Jungen«**, mußten sich anpassen oder die Partei verlassen. Zwar enthielt das neue Programm der sich nunmehr Sozialdemokratische Partei Deutschlands nennenden Partei deutliche Züge des theoretischen Marxismus, es enthielt aber auch Elemente einer passiven Erwartung eines kommenden »Zusammenbruchs« des Kapitalismus – womit die parlamentarische Integration und die Reformlinie gegenüber Staat und Gesellschaft gerechtfertigt wurde. Gleichzeitig wurde der Vorrang der Partei gegenüber der Gewerkschaftsbewegung im **Erfurter Programm** festgelegt.
Bebel führte zu diesem Punkt auf dem Parteitag aus:

> *Die immense Majorität der Partei hat die gewerkschaftliche Organisation für notwendig gehalten, nicht bloß für die Entwicklung der Partei, sondern auch für die Führung des Klassenkampfes gegen die bestehende Ordnung der Dinge. (. . .) Solange ist ein wirklich prinzipieller Gegensatz zur Sozialdemokratie ausgeschlossen, als es in den Gewerkschaften für eine unerschütterliche Wahrheit gilt, daß die Arbeiter nur durch eine vollständige Umgestaltung der Gesellschaft in sozialdemokratischem Sinne zu befriedigenden Zuständen gelangen können.*

Wie ernst es die Partei zu dieser Zeit mit der »vollständigen Umgestaltung der Gesellschaft« meinte, sei hier dahingestellt; innerhalb der Gewerkschaften war aber diese »unerschütterliche Wahrheit« schon nicht mehr unangefochten. Dies sollte in den kommenden Jahren zu einer Quelle ständiger Auseinandersetzungen mit der SPD werden, bis diese sich im Jahre 1906 endlich gezwungen sah, den Gewerkschaften eine Art Gleichberechtigung zuzugestehen.

Die Auseinandersetzungen in der »Maibewegung« des Jahres 1890 sowie die verheerenden Niederlagen bei den Ausständen und die Schwächung der gewerkschaftlichen Organisationen hatten im Zusammenhang mit dem Kampf um das Koalitionsrecht die leitenden Vertrauensmänner von fünf Branchen der Metallindustrie dazu veranlaßt, einen Aufruf »an die Vorstände resp. Zentralkommissionen, Vertrauensmänner und sonstige Leiter sämtlicher Gewerkschaften Deutschlands« zu richten,

ob es nicht dringend notwendig sei, demnächst eine Konferenz sämtlicher Gewerkschaftsorganisationen einzuberufen ... Denn eine wirksame Verteidigung gegen die Angriffe des protzigen Unternehmertums wird nur durch ein einmütiges Handeln sämtlicher in Gewerkschaften organisierten deutschen Arbeiter möglich sein.

Als Zweck der Konferenz wurde angegeben:

Es sollen für die gewerkschaftlichen Organisationen gewisse Normen festgestellt und die Frage erörtert werden, ob nicht ein einheitliches Vorgehen bei Arbeitseinstellungen, Arbeitsausschüssen und ähnlichen Bewegungen durchführbar sei, in welcher Form sich die einzelnen Organisationen gegenseitig unterstützen könnten, um evtl. alle verfügbaren Kräfte auf einen Punkt zu konzentrieren.

Der Aufruf der Metallarbeiter fand vielfach Anklang, so daß die Konferenz am 16. November 1890 in Berlin unter Teilnahme von 74 Delegierten aller Einzelverbände zusammenkam. Die Tagesordnung der Konferenz enthielt vier Punkte:

1. Stellungnahme zu den Streiks und deren eventuelle Unterstützung,
2. Stellung der Gewerkschaften zu den Unternehmerkoalitionen und deren Vorgehen gegen die Arbeiterorganisationen,
3. die Organisationsfrage im allgemeinen,
4. Ernennung von Kommissionen zur Einberufung der allgemeinen Gewerkschaftskongresse.

Da die Auseinandersetzungen schon deutlich gemacht hatten, daß den Arbeitgeberkoalitionen durch lokale Abwehrmaßnahmen nicht mehr beizukommen war, neigte die Mehrheit der Konferenz deutlich dazu, den zentralen Organisationen den Vorzug zu geben und setzte sich für die Gründung von Zentralverbänden und die Einrichtung zentraler Streik- und Agitationsfonds ein. Zudem wurde eine **siebenköpfige Kommission** gewählt, die bis zu einem allgemeinen Gewerkschaftskongreß, den sie einberufen sollte, folgende Aufgaben zu übernehmen hatte:

Die Kommission hat einen allgemeinen Gewerkschaftskongreß einzuberufen und eine Vorlage für die Organisation der deutschen Gewerkschaften auszuarbeiten. Ferner allen Angriffen der Unternehmer auf das Organisationsrecht der Arbeiter, gleichviel welcher Branche, energisch entgegenzutreten bzw. jeden Widerstand der Einzelorganisationen tatkräftig zu unterstützen. Sodann für Organisierung der wirtschaftlich zu schwach gestellten Arbeiter einzutreten und deren Organisationen tatkräftig zu unterstützen, sowie die Agitation zur Verbreitung der Organisation in den unorganisierten Landesteilen zu leiten.

Diese Kommission konstituierte sich unter dem Namen **»Generalkommission der Gewerkschaften Deutschlands«** und wählte zu ihrem Vorsitzenden **Carl Legien**. Zur Kommission gehörten außerdem Karl Kloß, A. Dammann, Theodor Glocke, A. von Elm, Th. Schwertz und Emma Ihrer. Die einzige Frau in der Generalkommission, **Emma Ihrer**, hatte schon 1885 in Berlin den »Verein zur Wahrung der Interessen der Arbeiterinnen« gegründet und war auf dem Sozialistenkongreß von 1889 mit der **Forderung nach eigenen Arbeiterinnenorganisationen** hervorgetreten (Dokument 8). Unmittelbar danach hatte sie die »Frauenagitationskommission« gegründet und die Zeitschrift »Die Arbeiterin« herausgegeben. Auf dem 1. Gewerkschaftskongreß in Halberstadt 1892 aber wurde sie nicht wieder in die

Dokument 8
An die Arbeiterinnen Berlins!

Arbeiterinnen! Eine jede von Euch weiß, wie traurig die Verhältnisse sind, unter denen Ihr lebt. Ein Lohn wird Euch gezahlt, der Eurer Menschenwürde spottet und Euch in beständiger geistiger und materieller Abhängigkeit erhält. Überflüssig wäre es, ein Wort mehr oder eine Zahl zum Beweise hinzuzufügen: die tägliche Noth und die tägliche Entbehrung lehren einer jeden von Euch bitter und scharf genug, daß Euer Lohn der gedrückteste, daß Eure Arbeit die schlecht bezahlteste ist!

Nun kommt noch hinzu, daß wegen dieser ihrer schmachvoll kargen Entlohnung die Frauenarbeit die gefährlichste Concurrentin der Männerarbeit ist. In jeder Branche, in welche die Frau eindringt, ist ein Sinken des Lohnes unausbleiblich, der männliche Arbeiter wird von der neuen, billigeren Arbeitskraft bei Seite geschoben, er ist verdrängt, wird arbeitslos, und die Folgen – nun, das thörichte Widerspiel, daß der »Ernährer«, so gern er schaffen möchte, untätig zu Haus sitzt, die Frau aber in die Fabrik muß, um ihre Kinder vor Hunger zu schützen, – diese Zersprengung der Familie, diese Vernichtung jeder Sittlichkeit, diese Gefährdung der kommenden Geschlechter, – sie liegen vor den Augen Aller, die sehen wollen! An uns Frauen ist es, nicht länger mehr mit dem Gleichmuth der Gewohnheit der Entwickelung des Unheils zuzusehen, das uns und das ganze Volk bedroht. Wir müssen uns aufraffen und im Namen der Gerechtigkeit eine Forderung erheben, deren Erfüllung Rettung verheißt, – die Forderung der Lohngleichheit der Männer- und Frauenarbeit!

Wohl liegt das Ziel fern, und der Weg ist ungebahnt, aber es giebt ein Mittel, zu erreichen, was wir wollen. Dieses Mittel heißt: Vereinigung.

Arbeiterinnen Berlins! Wir rufen Euch zu: Vereinigt Euch! Reiht Euch ein in einen großen Bund, der in gemeinsamer Arbeit und in aufopfernder Thätigkeit durch die Kraft Aller die Noth der Einzelnen besiegen wird.

Bereits hat sich hier ein Verein gebildet, der sich die Wahrung der Interessen der Arbeiterinnen zur Aufgabe gemacht hat. Tretet alle diesem Verein bei!

Schwach sind wir, solange wir nicht zusammenhalten, solange wir nicht erkannt haben, daß wir uns organisieren müssen, daß unsere Lage nur durch die gewaltige Kraft der Masse gebessert werden kann. Aber wir sind stark und wir sind eine Macht, wenn wir vereint und geschlossen vorwärts gehen, von einem Willen getrieben und von einem Gedanken beseelt, der da ist: Höherer Lohn für die weibliche Arbeit!

Die nächste öffentliche Arbeiterinnen-Versammlung findet am Freitag den 10 ds., Abends 8 Uhr im Konzerthause »Sanssouci« Kottbuserstraße 4 statt. Gäste haben Zutritt. Beitrittserklärungen zum Verein werden in der Versammlung entgegengenommen. Das Eintrittsgeld beträgt 25 Pfg., der monatliche Beitrag 20 Pfg.

Der Vorstand des Vereins zur Vertretung
der Interessen der Arbeiterinnen

(Flugblatt aus Berlin, 1885)

Generalkommission gewählt. Sie wurde später Vorsitzende des »Verbandes der Blumen-, Feder- und Blätterarbeiter«. Ab 1908 arbeitete sie in der Zentralstelle der arbeitenden Jugend in der SPD und vertrat hier die gewerkschaftlichen Interessen.
Trotz der Aufnahme einer Frau in die erste Generalkommission blieben die Frauen innerhalb der Organisation weit in der Minderzahl. Erst langsam setzte sich überhaupt bei den männlichen Gewerkschaftern die Einsicht in die Notwendigkeit der Organisation der Frauen durch; die große Mehrheit der Frauen selbst blieb noch lange sehr zurückhaltend gegenüber der gewerkschaftlichen Organisation, was nicht zuletzt auf ihre spezifische soziale und kulturelle Benachteiligung zurückzuführen war. Dennoch kamen von der Frauenseite immer wieder Versuche, sowohl innerhalb der »männlichen« Organisation als auch durch eigene Gründungen Einfluß auf die Gewerkschaftsbewegung zu nehmen. Dies zeigte sich vor allem in der Gründung eigener Verbände in stark von Frauen besetzten Branchen, aber auch in der Einrichtung von eigenen Abteilungen innerhalb der bestehenden Verbände.
Auf dem Halberstädter Kongreß wurde Wilhelmine Kähler von »Verband der Fabrik- und Handarbeiterinnen« in die Generalkommission gewählt. Sie wurde auf dem zweiten Kongreß 1896 auch wiedergewählt, erhielt 1899 aber nicht mehr die erforderlichen Stimmen, so daß bis zum ersten Weltkrieg keine Frau mehr in der Generalkommission vertreten war. Dafür wurde 1905 ein **Arbeiterinnensekretariat** bei der Generalkommission eingerichtet, das sich vor allem der Werbung weiblicher Arbeitskräfte für die Gewerkschaften widmen sollte (Dokument 9). All diese Ansätze und

Dokument 9
Fünfter Gewerkschaftskongreß 1905:
Agitation unter den Arbeiterinnen

Den Beschlüssen des letzten Gewerkschaftskongresses, unter den Arbeiterinnen eine intensivere Agitation zu betreiben, sind bisher nur einige Gewerkschaften nachgekommen und so ist auch nur in einigen Organisationen eine größere Zunahme der weiblichen Mitglieder zu verzeichnen.
Darum beschließt der Kongreß, den Gewerkschaftsvorständen zu empfehlen, die Agitation unter den Arbeiterinnen mit mehr Energie und

Ausdauer zu betreiben und da, wo damit noch nicht begonnen wurde, unverzüglich einzusetzen.
Die bei der Agitation gemachten Erfahrungen lassen mehr und mehr erkennen, daß es zweckmäßig erscheint und dringend geboten ist, in allen Organisationen aus den Reihen der Arbeiterinnen Vertrauenspersonen zu wählen, um einerseits die bereits für die Organisationen gewonnenen weiblichen Mitglieder dauernd an diese zu fesseln, andererseits die Werbearbeit in geeigneter Weise unter den Kolleginnen fortzusetzen.
Deutscher Tabakarbeiter-Verband (Zahlstellen Berlin und Erfurt): Die in den Gewerkschaftsorganisationen organisierten Mitglieder sind zu verpflichten, ihre Frauen und Töchter, welche in gewerblichen Betrieben oder Heimarbeit beschäftigt sind und durch ihre Nichtorganisation den Fortschritt in den in Frage kommenden Gewerben (Konfektion, Tabakindustrie usw.) hemmen, den in diesen Gewerben existierenden Gewerkschafts-Organisationen zuzuführen. (Angenommen.)

Versuche waren innerhalb der Gewerkschaftsorganisation nicht unumstritten, wenngleich die Zuführung neuer Mitglieder gerade in Zeiten organisatorischer Schwäche gern gesehen wurde. Die Frauenagitation war auch aus anderen Gründen beschwerlich, hatte sie doch gerade in solchen Bereichen vorzugehen, die durch Isolierung der Arbeitsplätze (wie in der Landwirtschaft, der Heimarbeit, den Kleinstbetrieben und den Haushalten) gekennzeichnet waren. Beim Versuch, eine einheitliche Dienstbotenorganisation auf die Beine zu stellen, trafen die engagierten Frauen auf besondere Schwierigkeiten. Selbst Carl Legien, der der Organisation von Frauen keineswegs ablehnend gegenüberstand, verweigerte seine Unterstützung mit Hinweisen auf die sehr unterschiedlichen Dienstbotenordnungen der deutschen Länder. Erst 1910 war der Zentralverband der Hausangestellten mit seiner Vorsitzenden Ida Baar auf einem Gewerkschaftskongreß vertreten.
Es sei hier schon auf die weitere Entwicklung verwiesen:
Die erste zentrale gewerkschaftliche Frauenzeitung erschien am 1. Januar 1916 auf Initiative des Metallarbeiterverbandes, der die »Gleichheit« für ungeeignet hielt, Agitationsarbeit unter Frauen zu leisten. Die »Gewerkschaftliche Frauenzeitung« konnte ihren Abonnentenkreis ständig erweitern und hatte 1919 fast 350 000 Bezieherinnen. Ein Grund für die erst um

diese Zeit einsetzende verstärkte Arbeit unter den Frauen muß in dem stetig wachsenden Frauenanteil – gerade auch in der Metallindustrie – an der Erwerbsarbeit im Krieg gesehen werden.
Die sozialen und ökonomischen Veränderungen erzwangen einen Wandel in der gewerkschaftlichen Haltung gegenüber den Frauen. Mit dem Ende des Ersten Weltkrieges aber sollte sich ein erneuter Wandel vollziehen; als die Frauen massenhaft die Arbeitsplätze aufzugeben gezwungen wurden, verließen sie auch die Gewerkschaften, sank das Interesse an der Vertretung der Arbeiterinnen in den Organisationen.
Zu der Zeit, als die Generalkommission eingesetzt wurde, gab es keinen genauen Überblick über die Zahl der gewerkschaftlich organisierten Frauen. In der ersten Statistik, die die Generalkommission im September 1891 veröffentlichte und aus der hervorgeht, daß im Jahre 1890 53 Zentralverbände mit 227733 Mitgliedern und 5 Vertrauensmännerzusammenschlüsse mit 73467 Mitgliedern bestanden, sind die Namen der einzelnen Verbände aufgeführt, unter ihnen zwei weibliche Verbände: die Fabrikarbeiterinnen, die 300 Mitglieder hatten und die Plättnerinnen, über deren Anzahl keine Angaben gemacht werden konnten. Eine Unterscheidung von männlichen und weiblichen Mitgliedern findet sich in der gewerkschaftlichen Statistik erst im Jahre 1892. Da betrug die Gesamtzahl der Mitglieder der freien Gewerkschaften 237094, der Anteil der weiblichen Gewerkschafterinnen lag bei 4355, was einem Prozentsatz von 1,84% entspricht. In den folgenden Jahren aber nahm die Zahl der weiblichen Mitglieder stetig zu. Im Jahre 1896 waren es schon 15268. 1900 betrug ihre Zahl 22844, 1905 waren es 74411 und ein Jahr später 118908. In der gleichen Zeit stieg die Gesamtmitgliederschaft der freien Gewerkschaften von 329230 im Jahre 1896 auf 680427 im Jahre 1900. Im Jahre 1908 lag die Gesamtzahl bei 1344803. Der Prozentsatz weiblicher Mitglieder stieg damit von 1,84% im Jahre 1892 auf 4,64% 1896, im Jahre 1900 sank er auf 3,36%, obwohl sich die absoluten Zahlen erhöht hatten, 1905 stieg der Anteil wieder auf 5,53% und ein Jahr später auf 7,04%. Die größte Zahl weiblicher Mitglieder wird 1919 verzeichnet; von 5479073 Mitgliedern waren 1192767 Frauen, das ist ein Anteil von 21,77%.
Der **erste zentrale Gewerkschaftskongreß** tagte vom 14. bis 18. März 1892 in **Halberstadt**. Anwesend waren 208 Delegierte, die circa 300000 Arbeiter vertraten.
Auf diesem Kongreß fand die historische Entscheidung zwischen der lokalen und der zentralen Organisationsform statt. Die Schaffung einer

einheitlichen Organisation war dabei eher ein praktisch-formeller Akt; der eigentliche Kern der Auseinandersetzung war die Frage, ob die Gewerkschaften wirtschaftliche oder auch politische Zwecke erfüllen sollten und ob Ziele und Mittel der Gewerkschaften die gleichen seien wie die der sozialdemokratischen Partei.

Unter dem Sozialistengesetz hatte der radikale Teil der Arbeiterschaft in den Gewerkschaften die Lokalorganisationen zu seiner Basis gemacht. Da die Vereinsgesetze Beziehungen politischer Vereine untereinander verboten hatten, zogen es diese Kräfte vor, in den lokalen Gewerkschaftsorganisationen unter Verzicht auf Zentralisationsbestrebungen ihre politischen Auffassungen zu propagieren, um so die Gewerkschaften vom Kurs rein wirtschaftlicher Interessenvertretung abzuhalten.

Die Opposition der **»Lokalisten«**, wie man sie auch nannte, war also politisch motiviert. Man fürchtete, daß die Zentralisierung der Gewerkschaften diese noch eindeutiger auf rein wirtschaftliche Zielsetzungen fixieren und der sozialistischen Arbeiterbewegung entfremden werde. Bei den »Lokalisten« gab es Annäherungen an das Konzept der Syndikalisten in den romanischen Ländern, die eine Trennung zwischen »politischer« und »ökonomischer« Bewegung der Arbeiter ablehnten.

Die Minderheit von Halberstadt hielt in der Folgezeit einen eigenen organisatorischen Zusammenhang aufrecht, die sogenannte **»Freie Vereinigung«**, die sich später von der Sozialdemokratie löste und schließlich 1918/19 in den deutschen **Anarchosyndikalismus** einmündete.

Gegen diese ansehnliche Minderheit fiel die **Entscheidung für Zentralverbände als durchgängiges Organisationsprinzip**, d.h. alle Gewerkschaftsmitglieder der jeweiligen Branchen wurden in einem Verband für das gesamte Deutsche Reich zusammengefaßt, und die »Generalkommission« gab die Dachorganisation für diese Verbände ab; auf örtlicher Ebene wurden Gewerkschaftskartelle gebildet, die die lokalen Organisationen der Branchen-Zentralverbände zusammenfaßten.

Die Zusammenfassung nach Branchen bedeutete dabei noch nicht den gewerkschaftlichen »Industrieverband« im heutigen Sinne, wie er erst nach 1919 sich allmählich durchsetzte, sondern die Organisation nach Berufsgruppen, wobei die Metallarbeiter schon damals für das Industrieverbandsprinzip eintraten (s. Dokument 10).

Die Organisationsformen, auf die man sich in Halberstadt einigte, bestimmten bis weit in die Weimarer Republik hinein das Bild der freien Gewerkschaften in Deutschland.

Dokument 10
Resolution des Kongresses der Gewerkschaften Deutschlands vom 14. bis 18. März 1892 in Halberstadt zur Organisation der Gewerkschaften

Der Kongreß erklärt sich für die Annäherung der Zentralisationen verwandter Berufe durch Kartellverträge, überläßt jedoch die Entscheidung über die Frage, ob die spätere Vereinigung der Branchenorganisationen zu Unionen oder Industrieverbänden stattzufinden hat, der weiteren Entwicklung der Organisationen infolge der Kartellverträge.
Der Kongreß erklärt, daß in all denjenigen Berufsgruppen, wo die Verhältnisse den Industrieverband zulassen, dieser vorzuziehen ist, daß jedoch in all denjenigen Berufsgruppen, wo infolge der großen Verschiedenheit der Verhältnisse die Vereinigung in einen Industrieverband nicht durchführbar ist, durch Bildung von Unionen diese Möglichkeit herbeigeführt werden soll.
Der Kongreß empfiehlt, die Kartellverträge dahin abzuschließen, daß die verwandten Berufe
1. bei Streiks und Aussperrungen sich gegenseitig finanziell unterstützen,
2. ihre auf der Reise befindlichen Mitglieder gegenseitig unterstützen,
3. die Agitation möglichst gleichmäßig und auf gemeinschaftliche Kosten betreiben,
4. statistische Erhebungen gemeinsam veranstalten,
5. Herbergen und Arbeitsnachweise zentralisieren,
6. ein gemeinsames Organ schaffen,
7. den Übertritt von einer Organisation in die andere bei Ortswechsel ohne Beitrittsgeld und weitere Formalitäten herbeiführen.

Der Kongreß erklärt, daß die Zentralisation als Grundlage der Gewerkschaftsorganisation am besten befähigt ist, die der letzteren zufallende Aufgabe zu lösen, und empfiehlt allen Gewerken, welche bisher lokal organisiert oder durch ein Vertrauensmännersystem verbunden waren, sich den bestehenden Zentralverbänden anzuschließen resp. solche zu bilden (. . .)
Die Aufgaben der Generalkommission: Die Generalkommission hat
1. die Agitation in denjenigen Gegenden, Industrien und Berufen, deren Arbeiter noch nicht organisiert sind, zu betreiben,

2. die von den einzelnen Zentralvereinen aufgenommenen Statistiken zu einer einheitlichen für die gesamte Arbeiterschaft zu gestalten und eventuell zusammenzustellen,
3. statistische Aufzeichnungen für sämtliche Streiks zu führen und periodisch zu veröffentlichen,
4. ein Blatt herauszugeben und den Vorständen der Zentralvereine in genügender Zahl zur Versendung an deren Zahlstellen zuzusenden, welches die Verbindung sämtlicher Gewerkschaften mit zu unterhalten, die nötigen Bekanntmachungen zu veröffentlichen und, soweit geboten, deren rechtzeitige Bekanntmachung in der Tagespresse herbeizuführen hat,
5. internationale Beziehungen anzuknüpfen und zu unterhalten.

Die Pflichten der einzelnen Zentralvereine der Generalkommission gegenüber:

Jede zentralisierte Gewerkschaft hat pro Mitglied und Quartal 5 Pf. an die Generalkommission zu leisten. Diese Beiträge können aus den Kassen der Gewerkschaften gezahlt oder durch von der Generalkommission auszugebende Marken von den Mitgliedern der Organisationen erhoben werden. Diese Marken können auch an nichtorganisierte Arbeiter abgegeben werden.

Diejenigen Gewerkschaften, welche ihren Verpflichtungen gegenüber der Generalkommission bez. Zahlung der Beiträge nicht nachkommen, haben weder Sitz noch Stimme auf den von der Generalkommission einberufenen allgemeinen Gewerkschaftskongressen.

Über Beginn, Weiterentwicklung, Beendigung und Erfolg von Streiks ist der Generalkommission regelmäßig Bericht zu erstatten – desgleichen müssen derselben die von den einzelnen Gewerkschaften aufgenommenen statistischen Erhebungen zur Verfügung gestellt werden.

Die SPD stand dieser zentralistischen Verbandsbildung nicht ablehnend gegenüber, konnte es aber nicht lassen, ständig auf die Unzulänglichkeit der Gewerkschaften überhaupt hinzuweisen. In einem Kommentar der Parteizeitung »Vorwärts« hieß es am 12. März 1892: »Wir wissen alle, daß die großen sozialpolitischen Fragen nicht durch Gewerkschaftskämpfe zum Austrag gebracht werden, sondern daß dies Aufgabe der politischen Bewegung ist.«

Das Mißtrauen zwischen Partei und Gewerkschaften war schon beim Plan einer Generalkommission aufgetaucht und verstärkte sich dann angesichts der Halberstädter Beschlüsse, die jede Erörterung politischer Fragen in den Gewerkschaften ausschlossen und stattdessen alle Tätigkeit auf wirtschaftliche Ziele richteten. Der Kölner Parteitag der SPD 1893 brachte den großen Konflikt. Dabei gerieten vor allem der Vorsitzende der Generalkommission Legien und Ignaz Auer aneinander. Der Vorstand der SPD hatte in einem Bericht an den Parteitag dagegen Stellung genommen, daß im gewerkschaftlichen »Correspondenzblatt« von prinzipieller Gegnerschaft führender Parteigenossen gegen die Gewerkschaften gesprochen wurde. Es wurde auf diesem Parteitag deutlich, daß die SPD die Gewerkschaften trotz anderslautender Bekenntnisse nicht für ganz so wichtig halten wollte. So heißt es im Parteitagsprotokoll an einer Stelle:

> *Niemals wird die deutsche Gewerkschaftsbewegung dieselbe Stellung einnehmen wie die englische; denn bis zu dem Zeitpunkt, wo dies eintreten könnte, wird längst die Fahne des Sozialismus auf der Zinne des Kapitalismus stehen. Bei Kapitalansammlungen, wie sie bei Krupp und Stumm stattfinden, ist nur noch der politische Kampf von Nutzen. Durch die Versicherungsgesetzgebung vollends ist den Gewerkschaften der Lebensfaden abgeschnitten. Ihre Bedeutungslosigkeit wächst mit der wachsenden Macht des Kapitals und der Ausdehnung der sozialen Reichsgesetzgebung.*

Der Parteitag lehnte es denn auch mit 189 zu 29 Stimmen ab, die Genossen auf eine Gewerkschaftsmitgliedschaft in ihren Berufen zu verpflichten. Gleichzeitig aber verabschiedete der Parteitag eine Resolution, in der es hieß:

> . . . *wiederholt der Parteitag den Ausdruck der Sympathie mit der Gewerkschaftsbewegung und legt den Parteigenossen von neuem die Pflicht auf, unermüdlich für die Erkenntnis der Bedeutung der gewerkschaftlichen Organisationen zu wirken und mit aller Kraft für deren Stärkung einzutreten.*

Die auf diesem Parteitag vertretenen Auffassungen prägten die Haltung der SPD während der neunziger Jahre und noch bis in die ersten Jahre des neuen Jahrhunderts.

Dennoch hatten die Kontroversen auf dem Kölner Parteitag kaum Einfluß auf die Entwicklung der Gewerkschaftsbewegung. Ausschlaggebend waren die wirtschaftlichen Verhältnisse.

Die ökonomische Konjunktur und die Arbeitsmarktlage waren den Gewerkschaften gerade in den Jahren, in denen sie ihre dauerhaften Organisationsstrukturen fanden, nicht eben günstig. Lohnsenkungen und Arbeitslosigkeit breiteten sich aus. In dieser Situation ließ die Streikaktivität nach, und wo Streiks stattfanden, blieben sie vielfach ohne Erfolg. Die

Gewerkschaftsstatistik, die allerdings in den ersten Jahren unvollständig war, kam zu folgenden Ergebnissen über Streiks in Deutschland von 1891 bis 1896.

Streiks in Deutschland 1891–1896

Jahr	Streiks	Streikende	Resultat in %		
			Erfolg	Teilerfolg	Niederlage
1891	226	38.536	30,7	38,4	24,3
1892	73	3.022	34,2	20,5	43,9
1893	116	9.356	44,0	21,6	32,7
1894	131	7.327	27,8	28,7	39,5
1895	204	14.032	45,0	15,4	38,6
1896	483	128.808	48,0	25,3	21,9

Die Generalkommission versuchte, wie in Beiträgen aus dem von ihr herausgegebenen »Correspondenzblatt« zum Ausdruck kommt, gegen Pessimismus und Mutlosigkeit, die sich in einzelnen Gewerkschaften breit machten, anzugehen.

In einer Übersicht über die Streiks des Jahres 1892 heißt es:

In diesen Kämpfen dreht es sich nicht um Augenblickserfolge, sondern in jedem, auch dem kleinsten Streik, handelt es sich darum, der Arbeiterklasse Bahn zu brechen auf ihrem Befreiungswege. Jeder Streik, jede Auflehnung gegen die Ausbeutung und Unterdrückung seitens des Kapitals, gleichviel ob sie im Augenblick von Erfolg begleitet ist oder nicht, wirkt dahin, daß die Arbeiter zum Selbstbewußtsein und zur Klassenerkenntnis kommen. In diesen Kämpfen der wirtschaftlich Schwachen gegen die wirtschaftlich Stärkeren gewinnt der Arbeiter die Festigkeit, die erforderlich sein wird, um die endgültige Befreiung der Arbeiterklasse von der Lohnsklaverei herbeiführen zu können ... Wo mit vollem Bewußtsein der Tragweite der Handlungen, wo mit Überlegung in einen Streik eingetreten wird, da sind dessen Wirkungen auf den Charakter der Arbeiter größer, als das Anhören zündender Reden.

Der Rückgang der Gewerkschaftsbewegung in jenen Jahren sollte sich schon bald als ein nur kurzes Zwischenspiel erweisen. Während sich die Vorstellung von der strikten Arbeitsteilung zwischen dem wirtschaftlichen Kampf durch die Gewerkschaften und dem politischen Kampf der Sozialdemokratie durchgesetzt hatte – was auch zur Folge hatte, daß die Gewerkschaften stärker an die bestehende, obrigkeitsstaatlich geprägte Ordnung gebunden wurden –, hatten die frühe Zentralisation und organisatorische Durchstrukturierung der Gewerkschaften langfristige Folgen: einerseits

erleichterten diese Umstände das schnelle Anwachsen der Organisation, andererseits aber kamen die Massen der Industriearbeiter, als sie sich organisierten, in eine bereits vorgegebene, kaum noch beeinflußbare politische und organisatorische Struktur. Die damit verbundene Gewöhnung auch an innergewerkschaftliche Autorität bildete gewissermaßen ein Spiegelbild der feudal-militärischen und zugleich bürokratisch-untertänigen Verhaltensmuster der Wilhelminischen Gesellschaft. **Die organisatorische Straffung der Gewerkschaften erwies sich somit als zweischneidig: die Zentralisation war einerseits historisch fortschrittlich, andererseits aber förderte sie Abhängigkeit und Passivität in der Arbeiterschaft.**
Die staatlicherseits geschaffenen Sozialversicherungswerke, die Arbeitsschutzgesetze und die gesetzliche Einführung von – wenn auch bescheidenen – Vertretungsrechten der Arbeiter in den Betrieben waren ebensosehr auf den »interventionistischen« Charakter des preußisch-deutschen Staates wie auf die Aktivitäten der Arbeiterbewegung zurückzuführen. Sie hatten zur Folge, daß den deutschen Arbeitern in vielen Bereichen mehr Rechte und mehr Sicherheiten eingeräumt wurden, als dies zur damaligen Zeit in den meisten anderen kapitalistischen Ländern der Fall war. Gleichzeitig entwickelte sich damit aber eine Orientierung der Gewerkschaften auf den Staat, die in Krisenzeiten die Versuchung mit sich brachte, auf autoritäre Lösungen dieser oder jener Art – und nicht auf die freie Auseinandersetzung der sozialen und ökonomischen Kontrahenten zu setzen.
Durch die institutionelle Festigung und organisatorische Stärke der freien Gewerkschaften wurde nun auch die **Abgrenzung von den liberalen und christlichen Gewerkschaftsverbänden** endgültig. **Die Hirsch-Dunckerschen Gewerkvereine** hatten sich in der Frage des 1. Mai von jeder Arbeitsniederlegung distanziert; sie lehnten weiterhin jeden Staatseingriff, auch in die Selbsthilfe der Arbeiter, ab und standen dem Streik als Mittel der Interessenvertretung mit größter Zurückhaltung gegenüber. Das aber führte ihnen angesichts der sich ausbreitenden wirtschaftlichen Kämpfe kaum größere Mitgliedermassen zu. Auf ihrem 14. Verbandstag im Juni 1901 wurde noch einmal ausdrücklich die Neutralität der Gewerkschaft gegenüber allen Parteien hervorgehoben, dennoch wurde weiterhin an dem Revers festgehalten, der Mitglieder der Gewerkvereine verpflichtete zu erklären, daß sie nicht Anhänger der Sozialdemokratie seien. Gegenüber vorsichtigen Einheitsbestrebungen auf der Basis politischer Neutralität vertrat man hier die Auffassung der gegenseitigen Respektierung, nicht die der Notwendigkeit einer Verschmelzung der verschiedenen gewerkschaft-

lichen Richtungen. Von den »Sozialdemokratischen« Gewerkschaften wollten sich die Gewerkvereine unterscheiden, vor allem durch »den Grundsatz parteipolitischer Neutralität und dadurch, daß wir an Stelle des grundsätzlichen Klassenkampfes und der marxistischen Forderung des Kollektiveigentums in erster Linie die Vereinbarungen mit den Arbeitgebern in der Form von Tarifverträgen sehen und uns auf nationalen Boden stellen.« Von den christlichen wollten sie sich unterschieden wissen durch »den Grundsatz der religiösen Neutralität, den wir unverändert hochhalten.« So formulierten es die Leitsätze, die in einer Konferenz im Januar 1908 noch einmal die Vorstellungen der Gewerkvereine festlegten. Auch von den arbeitgebergesteuerten **»Gelben«** setzten sie sich mit dem Hinweis ab, daß »beide Produktionsfaktoren sich getrennt und in voller Unabhängigkeit voneinander entwickeln müssen«. Erst sehr spät lockerten die Gewerkvereine ihre Haltung zum Streik und beseitigten den Revers gegenüber Anhängern der Sozialdemokratie, aber da hatten die freien Gewerkschaften alle anderen gewerkschaftlichen Richtungen schon überflügelt.

Als deutlich wurde, daß die freien Gewerkschaften eine große Anziehungskraft auch auf konfessionell gebundene Arbeiter hatten, begann man in der evangelischen, besonders aber in der katholischen Kirche, sich mit dem Gedanken einer **christlichen Gewerkschaftsbewegung** vertraut zu machen.

Im deutschen Katholizismus hatte es schon seit den fünfziger Jahren des letzten Jahrhunderts im Rahmen der von **Adolf Kolping** initiierten **Gesellenvereine** Ansätze einer Organisation von Arbeitern gegeben; der Mainzer **Bischof Ketteler** nahm dann für eine kollektive soziale Interessenvertretung des »Arbeiterstandes« Stellung. Noch vor dem Sozialistengesetz kamen unter katholischen Arbeitern christlich-soziale Vereine auf, zum Teil mit durchaus antikapitalistischer Tendenz. Hier lagen die Anfänge der katholischen Arbeiterbewegung. Die damals überwiegend negative Haltung der Sozialdemokratie gegenüber Religion und Kirche richtete eine Barriere zwischen dieser Partei und den ihr verbundenen Freien Gewerkschaften und kirchentreuen katholischen Arbeitern auf; so gewann die sich organisierende Zentrumspartei ihren Arbeiteranhang.

Die Abwehr der Sozialdemokratie und aller sozialistischen Ideen stand im Mittelpunkt der kirchlichen »Sorge« um den Arbeiter. Auch ließ der »Kulturkampf«, die Auseinandersetzung zwischen der Kirche und dem preußischen Staat, manchen katholischen Sozialpolitiker die wirtschaftlichen Interessen der Arbeiter zugunsten der kirchlichen Probleme hintanstellen.

Während des Kulturkampfes nahmen aber auch manche katholischen Arbeitervereine einen deutlich politischen Charakter an, so daß sie aufgelöst wurden. Während des Sozialistengesetzes lösten sich viele Vereinigungen christlicher Arbeiter auf oder nahmen ein völlig religiöses Profil an. Während dieser Zeit begann die Zentrumsfraktion im Reichstag, die sozialpolitischen Forderungen der katholischen Arbeiterschaft im Sinne der damals praktizierten Sozialpolitik zu vertreten. Es war im wesentlichen eine Politik bevormundender Fürsorge und Wohltätigkeit, nicht aber eine auf selbständige Interessenvertretung der Arbeiter gerichtete Tendenz. Zu diesem Zweck wurden zwei Vereine gegründet, die lange die Richtung katholischer Sozialpolitik bestimmten: Verband »Arbeiterwohl« (1880) und der »Volksverein für das katholische Deutschland« (1890). Letzterer war nach den »Februarerlassen« von 1890, die den Arbeitern ein gewisses Selbstbestimmungsrecht zugestanden hatten, das Zentrum der Arbeiterpolitik des Katholizismus geworden. Seine Hauptaufgabe sah der Verein darin, durch Aufklärung unter den Arbeitern Widerstand gegen »den Umsturz«, also die Sozialdemokratie, zu schaffen, aber auch die soziale und wirtschaftliche Lage der Arbeiter zu verbessern. Dazu versuchte er, einen Ausgleich zwischen Arbeitern und Unternehmen zu erreichen.
Einen gewissen Umschwung bewirkte die **Sozialenzyklika »Rerum novarum«** von Papst Leo XIII. vom Mai 1891. Nun begannen an vielen Orten katholische Kreise, Priester und Laien, sich der gewerkschaftlichen Organisation der Arbeiter zuzuwenden, zumal sich die sozialdemokratischen Gewerkschaften nach Aufhebung der Sozialistengesetze schnell auszubreiten begannen.
So kam es allenthalben zur Bildung von sogenannten »Fachabteilungen«, die zunächst zumeist in den kirchlichen Gesellen- und Arbeitervereinen verblieben. Auch auf evangelischer Seite setzte seit Ende der siebziger Jahre verstärkt eine Orientierung auf die »Arbeiterfrage« ein. Der »Zentralverein für Sozialreform«, gegründet von Pastor Todt, Professor Wagner und Hofprediger Stöcker, forderte eine energische staatliche Sozialpolitik für die Arbeiter; später ging aus diesem Verein die christlich-soziale Partei hervor, die vor allem gegen die Sozialdemokratie gerichtet war und die mit Hilfe der evangelischen Arbeitervereine auch Versuche praktischer sozialer Reformarbeit unternahm.
Seit 1888 breiteten sich **die evangelischen Arbeitervereine**, die ihren Ursprung in den Provinzen Rheinland und Westfalen gehabt hatten, über ganz Deutschland aus. Sie wollten, ähnlich wie die katholischen Vereine,

die »materiellen, sittlichen und intellektuellen Verhältnisse« der Arbeiter bessern, gleichzeitig aber ein friedliches Verhältnis zu den Arbeitgebern wahren. Bis zum Jahre 1893 hatten sie annähernd 40 000 Mitglieder.

Obwohl in den »Leitsätzen zur Errichtung von Fachabteilungen«, die Franz Hitze, ein katholischer Sozialpolitiker, Anfang der neunziger Jahre veröffentlicht hatte, schon der Weg zu interkonfessionellen Gewerkschaften vorgezeichnet war, dauerte es noch eine ganze Zeit, bis sich katholische und evangelische Vereinigungen zu einer solchen Ansicht durchringen konnten. Auch hier waren es die Arbeiter, die den Ausschlag gaben, da in den wirtschaftlichen Kämpfen dieser Jahre deutlich geworden war, daß konfessionell isolierte Auseinandersetzungen nicht zu führen waren. Die Formen der »Fachabteilungen« in den »Arbeitervereinen« wurden zu eng.

Erst als sich der Gedanke des beruflichen Zusammenschlusses ohne eine konfessionelle und parteipolitische Bindung ausbreitete, entwickelte sich die **christliche Gewerkschaftsbewegung**. Erste Verbandsgründungen gingen von den katholischen Bergleuten des Ruhrgebietes aus. 1894 wurde der »Gewerkverein der christlichen Bergleute des Oberbergamtes Dortmund« gegründet, der sich ausdrücklich als interkonfessionell verstand. Auch in den nun sich vielerorts gründenden christlichen Gewerkschaften machten sich Zentralisierungstendenzen bemerkbar. Zudem wehrte man sich bald gegen die kirchliche Bevormundung und erklärte sich auf dem Mainzer Kongreß der christlichen Gewerkschaften zu Pfingsten 1899 als »interkonfessionell und politisch unparteiisch«. Dieser Kongreß war der erste deutsche Gewerkschaftskongreß aller christlichen Richtungen. In seinen Leitsätzen legte er die Richtung der künftigen Politik der christlichen Gewerkschaften fest:

> *Die Gewerkschaften sollen interkonfessionell sein, d. h. Mitglieder beider christlichen Konfessionen umfassen, aber auf dem Boden des Christentums stehen. Die Gewerkschaften sollen weiter unparteiisch sein, d. h. sich keiner bestimmten politischen Partei anschließen. Die Erörterung parteipolitischer Fragen ist fernzuhalten, aber die Herbeiführung gesetzlicher Normen auf dem Boden der bestehenden Gesellschaftsordnung zu erörtern.*

Obwohl die freien Gewerkschaften die christlichen heftig bekämpften, aber auch die Unternehmer ihre wohlwollende Haltung aufgaben, als sie sahen, daß die christlichen Gewerkschafter keine willfährigen Elemente waren, konnten sich diese Organisationen schnell ausbreiten.

Auf katholischer Seite organisierten sich weit mehr Arbeiter in den christlichen Gewerkschaften als auf der evangelischen. Dennoch war der Beifall bei den kirchlichen Stellen nicht ungeteilt. Trotz der Grundsätze der Wahrung christlicher Gesinnung und erklärter weltanschaulicher Gegnerschaft zur Sozialdemokratie und zu den freien Gewerkschaften riefen die Kampfmethoden, die Streiks und Boykotts keineswegs ausschlossen, den Widerspruch vor allem der Bischöfe hervor. So hatte die Fuldaer Bischofskonferenz im August 1900 verlauten lassen, das wichtigste Moment bei der Lösung der sozialen Frage sei die Erziehung der Arbeiter zur Arbeitsamkeit, Genügsamkeit, Sparsamkeit und Bescheidenheit. Entscheidender aber war der Widerspruch amtskirchlicher Kreise gegen den interkonfessionellen Charakter der christlichen Gewerkschaften. Im sogenannten »Gewerkschaftsstreit« ging es darum, ob christliche Gewerkschaften überhaupt mit den Auffassungen der Kirche zu vereinbaren seien; letzten Endes aber setzte sich die Anerkennung der christlichen Gewerkschaften in der katholischen Kirche durch, zumal in ihnen ein brauchbares Mittel gesehen wurde, die Arbeiter von der Sozialdemokratie abzuhalten.

Welche Bedeutung die christlichen Gewerkschaften zahlenmäßig hatten, zeigt der folgende Überblick über die Mitgliederentwicklung zwischen 1900 und 1914:

Mitglieder der christlichen Gewerkschaften

Jahr	insgesamt	davon weiblich
1900	(76.744)	–
1901	84.497	–
1902	84.667	–
1903	91.440	5.465
1904	107.556	7.624
1905	188.106	11.991
1906	247.116	21.646
1907	248.649	24.122
1908	260.767	22.087
1909	280.061	20.182
1910	316.115	21.833
1911	350.574	27.152
1912	350.930	28.008
1913	341.735	27.623
1914	218.197	25.624

Die Christlichen Gewerkschaften, die ihre wichtigste Stütze im Arbeiterkatholizismus hatten, wurden zu einer einflußreichen Richtung der deutschen Gewerkschaftsbewegung und ermöglichten die kollektive soziale Interessenvertretung kirchlich gebundener Teile der Arbeiterschaft. Ihr Problem lag in der »offenen Flanke« für ständische Ideen, woraus sich später (in der Weimarer Republik) auch Annäherungen an deutschnationale Berufsorganisationen ergaben.
Neben der Konkurrenz der christlichen und Hirsch-Dunckerschen Gewerkschaften bestand für die Freien immer noch der Gegensatz zu den »Lokalisten«. Da diese auf dem Kongreß 1892 in Halberstadt unterlegen waren, hatten sie eigene Organisationsformen entwickelt. 1897 kam es zum »1. Kongreß der lokalorganisierten oder aufgrund des Vertrauensmännersystems zentralisierten Gewerkschaften« Deutschlands in Halle. Ihre Bedeutung hatten die »Lokalisten« zeitweilig auch dadurch, daß der »Neutralitätskurs« der Zentralorganisationen nicht unerhebliche Konflikte und Spannungen mit der SPD gebracht hatte, während die Lokalisten sich als politisch und der Sozialdemokratie zugehörig erklärten.
So fanden die »Lokalisten« nicht unbeträchtliche Unterstützung in einigen Teilen der Partei, die zudem immer wieder Versuche unternahm, die beiden Richtungen miteinander auszusöhnen.
Nachdem am 1. Januar 1900 die Verbindungsverbote für politische Vereine aufgehoben worden waren, fiel ein wichtiger Grund für die lokale Organisationsform von Gewerkschaften weg. Jetzt durften auch die Zentralorganisationen politisch arbeiten. Auf dem Kongreß der »Lokalisten« im Mai 1900 zeigte sich, wie tief der Gegensatz zu den Zentralverbänden schon geworden war. Der Vorsitzende Kater machte deutlich, daß nun, wo man hätte erwarten können, daß die Freien Gewerkschaften sozialdemokratische Politik betreiben würden, das Gegenteil eingetreten sei; es habe einen »Rechtsschwenk« gegeben. Zudem habe sich gezeigt, daß die Zentralverbände das Selbstbestimmungsrecht ihrer Mitglieder weitgehend beschnitten, die Befugnisse der Verbandsleitungen übersteigerten und durch die »Arbeitersekretariate« einen Beamtenapparat entwickelten, der sich mit Notwendigkeit von den Interessen der Arbeiter entfernen müsse.
Interessanterweise sahen die »Lokalisten« Tarifverträge als durchaus zweischneidig an; sie seien eine Art »Endziel«, würden aber die Arbeiter auch vom Klassenkampf abhalten. Die Haltung der »Lokalisten« war in vielem radikal und tendierte zu einer Auflösung der rein gewerkschaftlichen Organisation. Auf dem 4. Kongreß der Lokalisten hörte sich dies so an:

Daß zwei Organisationen der gleichen Arbeitermasse, eine gewerkschaftliche und eine politische, nebeneinander bestehen, ist eine Notwendigkeit gewesen durch das Verbindungsverbot. Diese Notwendigkeit ist nicht mehr vorhanden und eine allmähliche Vereinigung beider Organisationen schon aus Gründen der Sparsamkeit mit dem Arbeitergroschen sehr wünschenswert.

So führten auch die Einigungsversuche der Jahre 1903/04, nachdem sich die Lokalvereine auf ihrem 5. Kongreß 1901 in »Freie Vereinigung deutscher Gewerkschaften« umbenannt hatten, zu keinerlei Erfolg, vielmehr begannen sich anarcho-syndikalistische Tendenzen durchzusetzen, nachdem die SPD zunehmend auf Distanz zu den Lokalisten ging.

Der Nürnberger Parteitag der SPD 1908 konnte dann die erfolgreich verlaufenen Vereinigungsbemühungen der Freien Gewerkschaften mit einigen großen Lokalverbänden wie denen der Zimmerer, Maurer und Bauhilfsarbeiter begrüßen, lehnte aber gerade deshalb die Prinzipien der Lokalisten ab. Auf dem 8. Kongreß der »Freien Vereinigung« erklärte daher eine Mehrheit ihrer Mitglieder den Austritt aus der SPD.

Innerhalb der Sozialdemokratie und zwischen dieser und den Gewerkschaften entspann sich nach der Jahrhundertwende eine **Kontroverse um den politischen Streik**. Während die Gewerkschaften dazu neigten, eine Verschärfung der gesellschaftlichen Auseinandersetzungen zu vermeiden und statt auf »Provokation« auf eine langsame Verbesserung der Lage der Arbeiter durch sozialpolitische und arbeitsrechtliche Fortschritte setzten, entspann sich innerhalb der SPD in der Wahlrechtsfrage und angesichts der fortdauernden Angriffe auf das Koalitionsrecht eine Debatte um den Massenstreik als politisches Kampfmittel.

Als Teile der Sozialdemokraten dazu übergingen, den Streik zu einem probaten Mittel im politischen Kampf zu erklären, befürchteten die Gewerkschaften eine Beschneidung ihrer Selbständigkeit. Der 5. Kongreß der Freien Gewerkschaften im Mai 1905 in Köln beschloß daraufhin, sich gegen jede Festlegung taktischer Mittel – von welcher Seite auch immer – zu wehren und den »Generalstreik« zu verwerfen. Ausschlaggebend für den Gewerkschaftskongreß war die Argumentation des Vorsitzenden der Bauarbeitergewerkschaft, Theodor Bömelburg, der dem Erhalt und Ausbau der gewerkschaftlichen Organisation absoluten Vorrang einräumte und jede Erwägung anderer Mittel der politischen und sozialen Auseinandersetzung verwarf (s. Dokument 11). Noch im gleichen Jahr widersprach August Bebel auf dem Parteitag der SPD in Jena. Die SPD faßte einen Beschluß, in dem es hieß, daß bei einem »Anschlag« auf das allgemeine,

Dokument 11
Theodor Bömelburg über die Stellung der Gewerkschaften zum Generalstreik auf dem Gewerkschaftskongreß in Köln (Mai 1905)

Nach alledem wird man sich sagen müssen, man kann den politischen Massenstreik wohl diskutieren, aber man muß es sich sehr ernst überlegen, ob man ihn anwendet. In der deutschen Gewerkschaftsbewegung haben wir dafür zu sorgen, daß die Diskussion verschwindet und daß man die Lösung der Zukunft dem gegebenen Augenblick überläßt. (Sehr richtig!) Wir alle wissen, welche Mühe es gekostet hat, daß die Gewerkschaften einen solchen Stand erreicht haben. Das ist nicht die Arbeit eines Jahres, auch nicht die Arbeit eines Jahrzehnts, nein, darin steckt die mühsame Arbeit von drei, vier Jahrzehnten. Ungeheure Opfer hat es gekostet, um den augenblicklichen Stand der Organisation zu erreichen, und ungeheuere Opfer wird es noch kosten, um die Organisation auf eine noch höhere Stufe der Macht zu heben. Um aber unsere Organisationen auszubauen, dazu bedürfen wir in der Arbeiterbewegung Ruhe. Unsere Literaten setzen sich ja hin und schreiben und schreiben. (Sehr richtig!) Ede Bernstein z.B. weiß einmal nicht, wie weit er nach rechts rücken soll, ein andermal wieder wird der politische Massenstreik erörtert. Die Literaten mögen ja tun, was sie wollen, aber der Arbeiterbewegung leisten sie keinen guten Dienst (Sehr richtig!) Diejenigen, die so leicht über den politischen Massenstreik heute reden, haben meist von der praktischen Arbeiterbewegung keine Ahnung. (Sehr richtig!) (...) Heute hat in der Arbeiterklasse der Gedanke Wurzel gefaßt, daß ihr Unrecht geschieht, die Arbeiter wissen, was sie für Menschenrechte haben, und keine Reaktion ist mehr imstande, diesen Gedanken aus der Bevölkerung herauszubringen. Wenn man uns auf diese Weise niedertreten wollte, dann würden wir andere Mittel finden, um den Kampf erfolgreicher gegen die Reaktion zu führen. (Sehr richtig!) Wenn wir dafür sorgen, daß die Arbeiterorganisationen stärker und stärker werden, daß die Arbeiter zu klassenbewußten Kämpfern erzogen werden, dann können wir ruhigen Mutes der Zukunft entgegensehen, wir werden dann, wenn es einmal zu kämpfen gilt, am Platze sein und die Arbeiterschaft – das wird keiner verhindern können – sie wird siegen, sie wird das Ziel erreichen, das sie sich gesteckt hat. (Lebhafter Beifall, Händeklatschen.)

(Aus: Protokoll der Verhandlungen des Fünften Kongresses der Gewerkschaften Deutschlands, abgehalten zu Köln a. Rh. vom 22. bis 27. Mai 1905, Berlin o.J., S. 221 f.)

gleiche, direkte und geheime Wahlrecht oder auf das Koalitionsrecht es die Pflicht der gesamten Arbeiterklasse sein müsse, »jedes geeignet erscheinende Mittel zur Abwehr nachdrücklich anzuwenden.« Als eines der wirksamsten Mittel, so hieß es weiter, sei in diesem Fall der **Massenstreik** anzusehen.

Die schon seit Jahren **im Verhältnis von Freien Gewerkschaften und Sozialdemokratie eingetretene Verschiebung der Kräfteverhältnisse** zeigte sich darin, daß der SPD-Parteitag des nächsten Jahres diesen Beschluß zum Massenstreik faktisch zurücknahm. Es wurde nämlich ein Abkommen zwischen der Generalkommission der Freien Gewerkschaften und dem Parteivorstand der SPD bestätigt, wonach die Entscheidung für einen Massenstreik abhängig zu machen sei von der Zustimmung der Generalkommission (s. Dokument 12). Wie diese über solche Aktionen dachte, war kein Geheimnis.

Dokument 12

Resolution Bebel/Legien zum Massenstreik und zur Rolle der Gewerkschaften; Parteitag der SPD in Mannheim (1906)

I. Der Parteitag bestätigt den Jenaer Parteitagsbeschluß zum politischen Massenstreik und hält nach der Feststellung, daß der Beschluß des Kölner Gewerkschaftskongresses nicht im Widerspruch steht mit dem Jenaer Beschluß, allen Streit über den Sinn des Kölner Beschlusses für erledigt.

Der Parteitag empfiehlt nochmals besonders nachdrücklich die Beschlüsse zur Nachachtung, die die Stärkung und Ausbreitung der Parteiorganisation, die Verbreitung der Parteipresse und den Beitritt der Parteigenossen zu den Gewerkschaften und der Gewerkschaftsmitglieder zur Parteiorganisation fordern.

Sobald der Parteivorstand die Notwendigkeit eines politischen Massenstreiks für gegeben erachtet, hat derselbst sich mit der Generalkommission der Gewerkschaften in Verbindung zu setzen und alle Maßnahmen

zu ergreifen, die erforderlich sind, um die Aktion erfolgreich durchzuführen.
II. Die Gewerkschaften sind unumgänglich notwendig für die Hebung der Klassenlage der Arbeiter innerhalb der bürgerlichen Gesellschaft. Dieselben stehen an Wichtigkeit hinter der sozialdemokratischen Partei nicht zurück, die den Kampf für die Hebung der Arbeiterklasse und ihre Gleichberechtigung mit den anderen Klassen der Gesellschaft auf politischem Gebiet zu führen hat, im weiteren aber über diese ihre nächste Aufgabe hinaus die Befreiung der Arbeiterklasse von jeder Unterdrükkung und Ausbeutung durch Aufhebung des Lohnsystems und die Organisation einer auf der sozialen Gleichheit aller beruhenden Erzeugungs- und Austauschweise, also der sozialistischen Gesellschaft, erstrebt. Ein Ziel, das auch der klassenbewußte Arbeiter der Gewerkschaft notwendig erstreben muß. Beide Organisationen sind also in ihren Kämpfen auf gegenseitige Verständigung und Zusammenwirken angewiesen.
Um bei Aktionen, die die Interessen der Gewerkschaften und der Partei gleichmäßig berühren, ein einheitliches Vorgehen herbeizuführen, sollen die Zentralleitungen der beiden Organisationen sich zu verständigen suchen.

(Aus: Protokoll über die Verhandlungen des Parteitages der Sozialdemokratischen Partei Deutschlands, abgehalten zu Mannheim vom 23. bis 29. September 1906, Berlin 1906, S. 305.)

Es wäre ganz unsinnig, die Stellungnahme des Gewerkschaftskongresses und die Position der Gewerkschaftsvorstände in dieser Frage einem persönlichen Opportunismus, sozusagen der »Feigheit« der Gewerkschaftsführer anzulasten. Die Führung der Gewerkschaften folgte vielmehr einem politischen Konzept, in dem für Massenkämpfe kein Platz war, und sie konnte sich hierin der Zustimmung der Mehrheit der Gewerkschaftsmitglieder sicher sein. Dieses Konzept lief auf eine Art von **Korporativismus** im Industriekapitalismus hinaus. Im »Correspondenzblatt« der Generalkommission wurde eine solche Perspektive damals so umschrieben:

Die Schäden des sozialen Krieges können zum großen Teil durch Anerkennung der Gewerkschaften, durch gemeinsame korporative Regelung des Arbeitsverhältnisses und Einsetzung gemeinsamer Einigungsinstanzen erspart werden.

Damit war der radikale Flügel der Arbeiterschaft in der SPD zunehmend isoliert und hatte in der Gewerkschaftsbewegung kaum noch größeren Einfluß. Erst die kritische Situation im Weltkrieg ließ diese Kräfte nach 1916 wieder stärker werden und einen entscheidenden Einfluß auf die revolutionäre Entwicklung nehmen.
Neben den drei großen gewerkschaftlichen Richtungen gab es vor dem ersten Weltkrieg auch Gründungen sogenannter **nationaler oder vaterländischer Arbeitervereine**, die sich z.T. gewerkschaftlich gaben, dies aber nicht waren. Neben den sogenannten Gelben war es vor allem der 1893 gegründete **Deutschnationale Handlungsgehilfenverband (DHV)**, der sowohl hinsichtlich seines politischen Gewichts als auch hinsichtlich seiner Mitgliedschaft nicht unterschätzt werden darf. Ihm gelang es, größere Gruppen von Angestellten zu organisieren und an das konservativ-nationalistische Lager zu binden. Um die Jahrhundertwende hatte er 40000 Mitglieder und konnte im Jahre 1914 eine Zahl von 160000 organisierten Angestellten aufweisen.
Die sogenannten **»Gelben«** waren wirtschaftsfriedliche Organisationen, die in der Hauptsache von Unternehmern gegründet worden waren und deren Hauptzweck darin bestand, die Arbeiter von der gewerkschaftlichen Organisation fernzuhalten und bei Auseinandersetzungen Streikbrecher zu organisieren. Sie waren aus einer Initiative eines Augsburger Fabrikanten im Jahre 1905 hervorgegangen und hatten einige Verbreitung gefunden. Obwohl sie vor allem der Schwächung der Gewerkschaften dienen sollten und nicht die sozialen und wirtschaftlichen Belange der Arbeiter vertraten, waren sie in einigen Betrieben nicht unbedeutend. Allein der »gelbe« Werkverein der Siemens-Werke umfaßte zeitweise 26000 Arbeiter. Auf einer Tagung dieser Werkvereine kam es zum Bruch über die Frage, ob sozialdemokratische Wähler auszuschließen seien. Der Werkverein von Siemens, der dies abgelehnt hatte, spaltete sich daraufhin ab. Dessen Auffassungen waren zwar auch wirtschaftsfriedlich, aber hier bemühte man sich, das Bild eines parteipolitisch und konfessionell neutralen nationalen Arbeiterverbandes abzugeben, der die »Harmonie« von Arbeitern und Unternehmern vertrat.
All das änderte nichts daran, daß die »Gelben« der Arbeiterbewegung feindliche Organisationen waren, die auch von den christlichen Gewerkschaften abgelehnt wurden.
In der Zeit zwischen der Aufhebung des Sozialistengesetzes und dem Beginn des Ersten Weltkriegs hatten sich die verschiedenen Formationen

der organisierten Arbeiterbewegung in Deutschland zu gesellschaftlichen Masseninstitutionen entwickelt, die zunehmend die wilhelminische Gesellschaft – sei es integriert, sei es oppositionell – mitprägten.
Dieser Aufstieg der Arbeiterbewegung vollzog sich gleichzeitig mit einer rasanten Entwicklung der Wirtschaftskraft und einer schnellen Zunahme der Bevölkerungszahlen. Fast 68 Millionen Einwohner hatte das Deutsche Reich im Jahre 1914, das waren 60% mehr als bei der Reichsgründung 1871. Zudem lebten nun zwei Drittel der Bevölkerung in den Städten, während vierzig Jahre davor noch zwei Drittel auf dem Lande ansässig waren.

Verteilung der Bevölkerung Deutschlands nach Gemeindegrößenklassen

Gemeindegrößenklasse	1852	1871	1880	1890	1900	1910
bis unter 2.000	67,3	63,9	59,2	53,0	46,2	40,0
2.000 bis 5.000	13,1	12,4	11,9	19,1	11,5	11,3
5.000 bis 10.000	6,2	6,3	6,6	19,1	7,1	7,6
10.000 bis 20.000	4,8	4,9	5,4	6,0	6,3	6,5
20.000 bis 50.000	3,5	3,6	4,8	6,9	7,3	7,9
50.000 bis 100.000	2,5	4,1	3,3	2,9	4,5	5,4
100.000 und darüber	2,6	4,8	8,8	12,1	17,1	21,3

(Quelle W. G. Hoffmann, Das Wachstum der deutschen Wirtschaft; Berlin 1965)

Bevölkerungszunahme, Strukturveränderungen und die Entwicklung immer neuer Produktionsmethoden setzten in den nicht-industriellen Bereichen Arbeitskräfte frei. Die großen Wanderungsbewegungen führten vor allem in den Berliner Raum und in das Ruhrgebiet. Gleichzeitig verlagerten sich die Zentren der Industrie von den Gebieten Mitteldeutschlands in den Raum Berlin, nach Norddeutschland und ins Ruhrgebiet. Ursachen lagen in Umschichtungen innerhalb der Wirtschaftsbereiche. Schwerindustrie, Bergbau, Maschinenbau und Chemie- sowie Elektroindustrie lösten die Textilindustrie als führende Branchen ab.
Die Bevölkerungszunahme in industriell-städtischen Gebieten bedeutete vor allem ein Anwachsen der Arbeiterschaft. Zwischen 1882 und 1907 nahm die Zahl der Arbeiter in Deutschland um mehr als 5 Millionen zu. **In der Zeit zwischen 1887 und 1914 verdoppelte sich die Zahl der Industriearbeiter.** Gleichzeitig setzte sich ein Trend zur Konzentration der Arbeiter in den Großbetrieben durch, die sich ständig ausweiteten:

Zahl der Betriebe und Beschäftigten nach Größenklassen 1882, 1895 und 1907

Jahr	Betriebe mit: 1–5 Arbeitern	6–50 Arbeitern	51 bis 1.000 Arbeitern	mehr als 1.000 Arbeitern
1882				
Betriebe	2.882.768	112.715	9.847	127
Arbeiter	4.335.822	1.391.720	1.400.087	213.160
1895				
Betriebe	2.934.723	191.301	18.701	252
Arbeiter	4.770.669	2.454.333	2.595.536	448.731
1907				
Betriebe	3.124.198	267.410	31.501	506
Arbeiter	5.353.576	3.644.415	4.395.380	954.645

Rationalisierung der Arbeit und der Produktion bei gleichzeitiger Konzentration in großen Betrieben führte zwangsläufig auch zu einer Veränderung der inneren Zusammensetzung der Arbeiterschaft.
Wissenschaftliche Studien, die damals unter der Anleitung Max Webers vom Verein für Sozialpolitik durchgeführt wurden, ließen folgende Konsequenzen der großindustriellen Produktionsweise erkennen: Abnahme des Anteils der »gelernten« Arbeiter; Vordringen der Gruppe der »Angelernten«; Zunahme der Frauenarbeit in einigen großindustriellen Branchen; rascher Verschleiß der Arbeitskraft, Bevorzugung jüngerer Arbeiter oder Arbeiterinnen.
Die Facharbeiter, oft noch durch handwerkliche Ausbildung geprägt, versuchten in der Phase der Rationalisierung der ungewohnten Monotonie der Arbeitsvorgänge und der Entwertung ihrer Qualifikationen durch häufigen Stellenwechsel zu entkommen.
Die Fluktuation gerade dieser Arbeitergruppe war in den Großbetrieben ungewöhnlich hoch. Für einen Teil der Arbeiterschaft bedeutete die Anpassung an die Arbeitssituation in der rationalisierten Industrie keine geringere Umstellung als einst die Gewöhnung an die Arbeit mit Maschinen.
Die neue Form des Produktionsprozesses war begleitet von einer **zunehmenden Intensivierung der Arbeit** und vor allem in der Großindustrie vom Übergang vom Stunden- zum Akkordlohn. Die Folgen waren: schnellerer Verschleiß der Arbeitskraft, größere Arbeitshetze und Veränderung der Einstellung zur Arbeit sowie eine verstärkte Ausbeutung des einzelnen Arbeiters.

Die größere Belastung im Arbeitsprozeß wurde allerdings im Bewußtsein vieler Betroffener aufgefangen durch die **günstige Arbeitsmarkt- und Lohnentwicklung** der Jahre bis 1914, die trotz Preissteigerungen für Lebensmittel, Mieten etc. eine Anhebung des Lebensstandards mit sich brachte. Die Arbeitslosenzahlen, Lebenshaltungskosten und Reallöhne entwickelten sich zwischen 1900 und 1914 folgendermaßen:

Arbeitslose, Lebenshaltung und Reallöhne

Jahr	Arbeitslose (%)	Lebenshaltungskosten	Reallohn
1900	–	100	100
1901	6,7	98	101
1902	2,9	98	102
1903	2,7	99	102
1904	2,1	100	103
1905	1,6	99	107
1906	1,2	98	113
1907	1,6	101	114
1908	2,9	101	114
1909	2,8	100	117
1910	1,9	99	120
1911	1,9	99	124
1912	2,0	97	130
1913	2,9	101	130
1914	3,2	102	130

Die Durchsetzung der Großindustrie hatte eine völlige Veränderung in der Schichtung und inneren Zusammensetzung der Arbeiterschaft mit sich gebracht, gleichzeitig aber deuteten erste Anzeichen auf den Aufstieg einer neuen Gruppe von abhängig Arbeitenden hin, nämlich der **Angestellten**. Obwohl es arbeitsrechtlich (wenigstens bis 1911) noch keine Unterscheidung zwischen Arbeitern und Angestellten gab, machten Unterschiede des Arbeitsplatzes, der Arbeitssituation und höhere Einkommen diese zu einer privilegierten Schicht. Die Zahl der Angestellten erhöhte sich im Deutschen Reich von 1882 bis 1907 um etwa das Dreifache auf über 13 % der in Industrie und Handel Beschäftigten.
Versucht man, sich ein Gesamtbild von der sozial-ökonomischen Lage und dem Bewußtsein der Arbeiter (und Angestellten) in den Jahrzehnten vor dem Ersten Weltkrieg zu machen, so besteht jedenfalls kein Anlaß, eine objektive oder subjektive Homogenität der Arbeiterschaft oder gar aller abhängig Arbeitenden anzunehmen.

Denn auch innerhalb der Periode der Hochindustrialisierung blieben manche alten Differenzierungen innerhalb der Arbeiterschaft bestehen, und neue kamen hinzu, was Arbeits- und Einkommenssituation, Lebensumstände, soziale Herkunft und vorgestellte soziale Zukunft betrifft.
Obwohl ein Teil der Sozialdemokratie zu Beginn der neunziger Jahre geglaubt hatte, die Gewerkschaften hätten den Höhepunkt ihrer Entfaltung schon erreicht, wuchsen diese gerade in den Jahren nach 1896 stark an. Besonders gilt dies für die freien Gewerkschaften, die im Jahre 1900 erst 680427 Mitglieder verzeichneten, 1905 dann 1344803, 1910 2017298 und 1913 endlich fast 2600000 Mitglieder hatten.
Dieser Aufstieg bedeutete einen Zuwachs an Selbständigkeit der Gewerkschaften gegenüber der Sozialdemokratie. Dabei hatte sicherlich ein Gefühl innerhalb der Arbeiterschaft mitgewirkt, daß in der praktischen Auseinandersetzung um Arbeitszeitverkürzungen, Anhebung der Löhne und Sicherung der betrieblichen Rechte die Gewerkschaften das schlagkräftigere Instrument waren. Auch der Ausbau der Unterstützungskassen, des Genossenschaftswesens und die soziale Hilfe und Beratung in den örtlichen Arbeitersekretariaten trugen zu einem Vertrauensgewinn für die Gewerkschaften bei. Der »wirtschaftliche« Zweig der Arbeiterbewegung wurde nun mindestens so wichtig genommen wie der »politische«.
Der Schwerpunkt gewerkschaftlicher Bemühungen lag, nach z.T. schwierigen Arbeitskämpfen, die oftmals mit Niederlagen wie im Bergarbeiterstreik 1905 geendet hatten, im Bemühen, die kollektive Vertretungsmacht der Gewerkschaften gegenüber den Arbeitgebern und dem Staat abzusichern. Das bedeutete: Durchsetzung des Tarifvertragssystems und Ausbau der Position der Gewerkschaftsvertreter in den Gewerbegerichten, den Gremien der Sozialversicherungen, aber auch in den Betrieben selbst. Dies war mit ständigen Forderungen nach Ausbau der staatlichen Sozialgesetzgebung und Fortschritten im Arbeitsrecht verbunden.
Gegenüber den Entwicklungen in anderen Ländern war für Deutschland kennzeichnend, daß nicht die rechtlich ungebundene Auseinandersetzung mit den Unternehmern im Mittelpunkt gewerkschaftlicher Aktivitäten stand, sondern eher der Versuch, über Gesetzgebung und Anerkennung als Tarifkontrahent Fortschritte für die Arbeiter zu erzielen. Doch bewiesen viele Streiks und spontane Kampfmaßnahmen, daß die Arbeiter nicht nur an ihrer organisatorischen Vertretung und deren Sicherung interessiert waren, sondern auch selbständig – oft gegen den Willen von Gewerkschaftsführungen – für ihre Forderungen zu kämpfen bereit waren.

Es muß aber erwähnt werden, daß der seit Beginn des Jahrhunderts forcierte Ausbau der Arbeitgeberorganisationen und deren Weigerung, mit Gewerkschaftsvertretern über Arbeitsforderungen zu verhandeln, die Zweigleisigkeit der Kampfformen mitbedingte.
Beispielhaft für **Kämpfe der Arbeiter ohne und gegen ihre Organisation** ist der schon erwähnte Bergarbeiterstreik von 1905, an dem zeitweise mehr als 200 000 Bergleute des Ruhrreviers beteiligt waren. Der Anlaß des Streiks selbst war eher zufällig: es hatte sich viel Unmut über die Arbeitsbedingungen und -zeiten angesammelt. Trotz massiven Eingreifens der Gewerkschaftsführung, die eindringlich vor dem Streik warnte, weil er allein den Unternehmern nütze, legten Massen von Bergleuten die Arbeit nieder, deren Haltung, wie der Arnsberger Regierungspräsident berichtete, »wenn auch äußerlich verhältnismäßig ruhig, viel erbitterter und entschlossener ist als früher.«
Die Arbeiter waren solidarisch, diszipliniert und ruhig, mehr als 86 % der Ruhrzechenbelegschaften nehmen an diesem Streik teil, dennoch führte er zu keinem Erfolg. Die Entschlossenheit war nicht in zielgerichtete und koordinierte Aktionen umsetzbar. Die gewerkschaftliche Organisation war andererseits noch zu schwach, um diese Massen von Arbeitern lenken zu können. Die gewerkschaftliche Argumentation, erst die Organisation zu stärken, hatte so eine gewisse Berechtigung, aber es zeigte sich auch die Hilflosigkeit der Gewerkschaft, die Aktivität und den Willen der Arbeiter aufzunehmen und zu organisieren.
Parallel zu solchen Kämpfen der Arbeiter bemühten sich die Gewerkschaften um den **Ausbau des Tarifvertragssystems**, obwohl innerhalb der Organisationen umstritten war, ob Tarifverträge den Arbeiterinteressen eigentlich dienlich seien. Die Gegner solcher Verträge argumentierten, auf diese Weise würde sich die Arbeiterschaft selbst binden und ihren Handlungsspielraum in den Klassenkonflikten einschränken. Andererseits zeigten sich anfangs die Unternehmer keineswegs begeistert von solchen Vertragswerken. Nach längeren Auseinandersetzungen kam es auf dem Frankfurter Gewerkschaftskongreß der »Freien« von 1899 zu dem Beschluß, daß Tarifverträge anzustreben seien, da sie die Gleichberechtigung der Gewerkschaften institutionalisierten und gesicherte Regelungen von Arbeitsverhältnissen ermöglichten.
In der Folgezeit weiteten sich die Tarifverträge rasch aus. 1912 waren schon für 2 Millionen Beschäftigte die Arbeitsverhältnisse durch kollektive Vereinbarungen geregelt.

Dennoch kam es immer wieder zu Meinungsverschiedenheiten über das Vertragssystem; vor allem war strittig, ob staatliche Regelungen hinsichtlich der Abschlüsse und Überwachung der Verträge sowie Schlichtungen bei Streitfällen anzustreben seien. Eine endgültige Regelung des Tarifvertragswesens kam erst in der Weimarer Republik zustande.
Dafür aber war der **Ausbau sowohl des staatlichen als auch des gewerkschaftlichen Unterstützungswesens bzw. der Sozialversicherungen** zügig vorangegangen. Neben den Streikunterstützungen hatten die Gewerkschaften finanzielle Hilfen bei Entlassungen und beim Arbeitsplatzwechsel sowie individuellen Rechtsschutz entwickelt. Ebenso gab es Arbeitslosen-, Kranken- und Invalidenhilfskassen sowie Unterstützung in Not- und Sterbefällen.
Obwohl es auch hier Widerspruch innerhalb der Organisationen gab, da man glaubte, dem Kapital oder dem Staat nicht die Sozialkosten ersparen zu dürfen und um die Kampfbereitschaft der Arbeiter fürchtete, setzten sich die Befürworter dieses gewerkschaftlichen Unterstützungswesens schon früh durch.
In dem Zeitraum von 1891 bis 1914 zahlten die Freien Gewerkschaften Deutschlands insgesamt 389,9 Millionen Mark an Unterstützungen aus. Davon entfielen 143,5 Millionen Mark auf Streikunterstützung, 91 Millionen Mark auf die Krankenhilfe, 89,5 Millionen Mark auf Arbeitslosenunterstützung.
Eine ebenso große materielle Bedeutung für Teile der Arbeiterschaft hatten die **»Konsumvereine«**, die in enger Verbindung zu den freien Gewerkschaften standen, aber noch eindeutiger ihre parteipolitische Unabhängigkeit betonten. Im Jahre 1911 waren im »Zentralverband deutscher Konsumvereine« 1142 lokale Genossenschaften mit 1,3 Millionen Mitgliedern und 335 Millionen Mark Umsatz zusammengeschlossen.
Ebenso wie die gewerkschaftlichen und genossenschaftlichen Sozial- und Konsumeinrichtungen die materielle Lage der Arbeiter besserten, galt dies auch für den Ausbau der staatlichen Sozialversicherung, die im internationalen Maßstab damals einmalig war. Sie bot in vielen Notfällen für die Industriearbeiter, später auch die Landarbeiter, bis dahin nicht gekannte materielle Hilfe und trug sicher nicht unerheblich zu einer ökonomischen, wenn auch vorerst noch nicht politischen Integration des Arbeiters in die bestehende Gesellschaft bei.
Die folgenden Zahlen können einen Eindruck vom Ausmaß dieser Hilfe geben:

Mitglieder der Sozialversicherung, 1890 bis 1913 (Mill.)

Jahr	Unfall-versicherung	Kranken-versicherung	Alters- u. Invaliden-versicherung
1890	13,7	6,6	–
1895	18,4	7,5	11,8
1900	18,9	9,5	–
1905	18,7	11,9	13,9
1910	24,2	14,0	15,7
1913	25,8	14,6	16,3

Aus der Sozialversicherung Unterstützte, 1900

Krankenversicherung	4.023.421*
Unfallversicherung	594.889*
Alters- und Invalidenversicherung	862.218*
insgesamt	5.480.528*

* Fälle, nicht Personen
(nach: Statistisches Jahrbuch für das Deutsche Reich)

Wenn demnach die Entwicklung vor 1914 für die große Mehrheit der Arbeiterschaft alles andere als »Verelendung« bedeutete, so darf dabei allerdings nicht vergessen werden, daß dem Anstieg des Lebensniveaus eine – trotz einiger Rezessionen – insgesamt außergewöhnlich lange Phase wirtschaftlicher Prosperität und eine erhebliche Intensivierung der Arbeitsanforderungen zugrundelagen.
Die Krisen der Gründerzeit hatten keineswegs, wie mancher sozialdemokratische Politiker damals angenommen hatte, zum »Zusammenbruch« des Wirtschaftssystems geführt. Der deutsche Kapitalismus hatte sich als sehr lebens- und entwicklungsfähig erwiesen. Er hatte im internationalen Vergleich mächtige Schritte voran gemacht und auch diejenigen, deren Arbeitskraft dieses »Wunder« zuwege gebracht hatte, konnten ihre Lage verbessern. Gerade in Deutschland hatte sich unter der Regie des Staates die Entwicklung hin zum »organisierten« Kapitalismus vollzogen, und auch die Gewerkschaften waren zu einem nicht mehr wegzudenkenden Teil des wirtschaftlich-sozialen Systems geworden, organisatorisch und quantitativ stärker als irgendeine andere Gewerkschaftsbewegung in der Welt. Dennoch wäre es falsch, sich die Jahrzehnte vor dem ersten Weltkrieg als eine

für die Arbeiter und die Gewerkschaften problemlose, »goldene« Zeit vorzustellen.
Da war zunächst einmal die für die Gewerkschaften sehr nachhaltige Erfahrung, daß auch nach der Aufhebung des Sozialistengesetzes der Obrigkeitsstaat von dem Gedanken, notfalls die Arbeiterorganisationen wieder zu illegalisieren oder gar das Koalitionsrecht faktisch wieder zurückzunehmen, keineswegs abgekommen war. Ein überdeutliches Signal hierfür waren Reden des Kaisers 1897 in Bielefeld und 1898 in Bad Oeynhausen, wo »Seine Majestät« zum »Schutze der nationalen Arbeit« jedem schwerste Strafen androhte, der »einen deutschen Arbeiter, der willig ist, seine Arbeit zu vollführen, daran hindert oder gar zu einem Streik anreizt.« Die sogenannte »Zuchthausvorlage« der Reichsregierung im Jahre 1899 setzte diese Drohung dann in einen Gesetzentwurf um, wonach jede Streikinitiative mit Freiheitsstrafen, bei »Rädelsführern« sogar mit jahrelangem Zuchthaus bestraft werden sollte.
Eine Welle öffentlichen Protestes und die Besonnenheit der Reichstagsmehrheit ließen diesen Entwurf, der von einem Teil der Unternehmerschaft angeregt worden war, nicht zum Zuge kommen.
Die Gewerkschaften aber mußten noch eine weitere Erfahrung machen. Die Unternehmerschaft reagierte auf die Kampfkraft und -bereitschaft der Arbeiter und ihrer Organisationen, indem sie verstärkt von ihren Machtmitteln Gebrauch machte und sich zu diesem Zweck straff zu organisieren begann.
Vor allem die Unternehmer der Schwerindustrie, des Bergbaus, der Großchemie und des Maschinenbaus, die sich im »Centralverband deutscher Industrieller« zusammengeschlossen hatten, wurden zur treibenden Kraft. Unter Hinweis auf die Notwendigkeit, den Streikbewegungen eine geschlossene Front der Unternehmen entgegenzustellen, wurden 1904 die »Hauptstelle deutscher Arbeitgeberverbände« und der »Verein deutscher Arbeitgeberverbände« gegründet. Schon im folgenden Jahr bildeten diese beiden Organisationen eine Art Kartell, und 1913 schließlich verschmolzen sie zur »Vereinigung deutscher Arbeitgeberverbände«, womit eine zentrale und das Feld beherrschende Vertretung der Unternehmerseite gegenüber der Arbeiterschaft und den Gewerkschaften sich etabliert hatte.
Die Strategie der Unternehmerverbände lief vor allem darauf hinaus, den Streik der Arbeiter als Kampfmittel unwirksam zu machen. Diesem Zweck dienten Streikversicherungen bzw. Streikentschädigungsgesellschaften, schwarze Listen, hilfsweise Übernahme von Lieferaufträgen und vor

allem die planmäßige Organisation von großräumigen **Aussperrungen** als Reaktion auf Einzelstreiks. Hinzu trat ein weitverzweigtes System von Maßregelungen gegen in Streikbewegungen aktive Arbeiter; die meist obrigkeitsstaatlich orientierten Justiz- und Verwaltungsstellen gingen den Unternehmerinteressen durch extensive und sozial einseitige Auslegung der Gesetze und Polizeiverordnungen und des Vereins- und Gewerberechts zur Hand.

Die Zentralisation und das materielle Gewicht der Unternehmerschaft drängten die Gewerkschaften in den Jahren vor 1914 zumindest im Feld der Arbeitskämpfe in die Defensive. Allein von 1909 auf 1910 verzehnfachte sich die Zahl der Aussperrungen. Wurden 1909 noch 36870 Ausgesperrte gezählt, stieg deren Zahl 1910 sprunghaft auf 314988. Die Gewerkschaften mußten zu dieser Zeit durchweg Millionen Mark von Streikgeldern jährlich zahlen, oft genug ohne einen Streikerfolg erzielen zu können. Die offensive Taktik der Unternehmer war auch darauf berechnet, die Kassen der Gewerkschaften zu sprengen.

Bei den großen Streikbewegungen im Crimmitschauer Textilgebiet 1903/04, im Ruhrbergbau 1905/06 und in den Hamburger Werften 1910 zeigten die Gewerkschaften bereits eher Zurückhaltung als Initiative; die Unternehmer machten einige der Auseinandersetzungen zu regelrechten Kraftproben, und die materiellen Ergebnisse der Streikbewegungen blieben gering.

Es zeigte sich auch, daß die immer noch traditionelle Orientierung vieler gewerkschaftlicher Verbände am handwerklichen und Facharbeiterbewußtsein der Organisierung der neuen, vielfach ungelernten Arbeitermassen Grenzen setzte. Schwerpunkte gewerkschaftlicher Organisation waren so weiterhin die Gebiete Nord- und Mitteldeutschlands, die Standorte mittlerer und kleiner traditionsreicher Industrien. Das Ruhrgebiet, Oberschlesien, die Saar und das damals besetzte und Deutschland einverleibte Elsaß-Lothringen zeigten nur einen verhältnismäßig geringen Organisationsgrad. Bei Krupp in Essen waren bis 1910 von 70000 Arbeitern nicht mehr als 3000 organisiert. Gerade aber in den großindustriellen, von den Gewerkschaften noch nicht so erfaßten und oft auch schwer erfaßbaren Gebieten kam es zwischen 1900 und 1914 zu vielen spontanen Streiks oder regelrechten Arbeiterrebellionen, auf die die Gewerkschaften kaum Einfluß hatten.

Kapitel 5
Vom Krieg zur Revolution

Als im Juni und Juli 1914 die drohende Kriegsgefahr immer deutlicher wurde, hatte die Arbeiterbewegung mit eindrucksvollen Demonstrationen gezeigt, daß sie den Krieg nicht wollte. Noch im Juli veröffentlichte der Parteivorstand der SPD einen Aufruf, in dem die Arbeiter aufgefordert wurden, »in Massenversammlungen den unerschütterlichen Friedenswillen des klassenbewußten Proletariats« zum Ausdruck zu bringen. Am 26. und am 30. Juli fanden Massenveranstaltungen statt, an denen fast eine halbe Million Menschen teilnahmen. Der »Vorwärts« berichtet an den folgenden Tagen aus fast allen größeren Städten des Reiches von diesen Massenversammlungen, die unter Parolen wie »Wir wollen keinen Krieg!« durchgeführt wurden.

Aber am 4. August, der Krieg gegen Frankreich und Rußland stand fest, akzeptierte die sozialdemokratische Fraktion im Reichstag die »eherne Tatsache des Krieges« und bewilligte die von der Regierung beantragten **Kriegskredite**.

Zu diesem Zeitpunkt hatten die Gewerkschaften schon vor der Sozialdemokratie den ersten Schritt zum **»Burgfrieden«** gemacht. Die Vorständekonferenz der Gewerkschaftsverbände hatte am 2. August, einen Tag nach der Mobilmachung, beschlossen, für die Dauer des Krieges alle Lohnkämpfe abzubrechen sowie für den Fall von Streiks jede Streikunterstützung zu versagen. Zudem sicherte sie der Reichsregierung ihre Unterstützung bei der Vermittlung von Arbeitskräften zur Einbringung der Ernte und in der Frage des Arbeitslosenproblems zu. Mit Kriegsbeginn nämlich erhöhte sich innerhalb eines Monats die Arbeitslosenzahl allein unter den Gewerkschaftsmitgliedern von 2,9 % im Juli auf 22,4 % im August. Es sollte ein halbes Jahr dauern, bis die Arbeitslosigkeit wieder ein »normales« Niveau erreicht hatte – im Mai 1916 lag sie dann bei 2,9 %.

Der neunte Gewerkschaftskongreß der »Freien«, der nur wenige Wochen vor Kriegsbeginn im Juni 1914 in München getagt hatte, war noch von anderen Sorgen der Gewerkschaftsorganisation überschattet gewesen: die zunehmenden Angriffe des Staates auf das Koalitionsrecht, massive Aussperrungskampagnen der Unternehmer und gesetzliche Maßnahmen gegen Streikposten sowie Versuche, gewerkschaftliche Verbände durch Zusprechen eines politischen Charakters stärker reglementieren zu können, bedeuteten für die Gewerkschaften eine massive Einschränkung der Arbeiterrechte. Zudem hatte sich in den Jahren nach 1910 wieder deutlicher gezeigt, daß der unbegrenzt erscheinende Aufschwung der deutschen Wirtschaft gebremst war, die Lohnentwicklung langsam zurückfiel und damit der Spielraum für ökonomische Zugeständnisse an die Arbeiter kleiner wurde.

Die innenpolitische Lage war angesichts dieser Umstände und der drohenden Kriegsgefahr äußerst gespannt, so daß man in Gewerkschaftskreisen schon mit einer Auflösung der Gewerkschaften bei Kriegsbeginn rechnete. Die Fragestellung war für die Organisation also eher: Was wird man uns tun?, als: Was können wir tun? Auch die Beschlüsse der Gewerkschaftsvorstände am 2. August waren noch ganz von diesen Vorstellungen geprägt. Freilich zeigte diese Problemlage das ganze Dilemma auch der Gewerkschaften: Man verurteilte zwar den Militarismus und wurde propagandistisch nicht müde, vor einem »Weltenbrand« zu warnen, aber es gab keinerlei praktische Vorbereitungen für Aktionen im Kriegsfall. Während die sozialdemokratische Partei fatalistisch reagierte, zeigten die Gewerkschaften, daß sie nun auf einem Gebiet expandieren wollten, das ihnen neben der Führung von Arbeitskämpfen immer mehr zum eigentlichen Feld ihres Handeln geworden war: der Sozialpolitik. Die Versicherung, alle Arbeitskämpfe einzustellen und Lohnverhandlungen abzubrechen, war begleitet durch Angebote sowohl an den Staat als auch die Arbeitgeber, nun vor allem sozialpolitische Verantwortung übernehmen zu wollen (s. Dokument 13). Dazu gehörte der Vorschlag an die Arbeitgeber, zu sogenannten »Arbeitsgemeinschaften« zu kommen, in denen einvernehmlich Lohnfragen, Arbeitslosenprobleme und die Regelung von Rüstungsaufträgen abgesprochen werden sollten. Die Arbeitgeber lehnten fast durchweg ab, und erst in der revolutionären Situation des Jahres 1918 kamen sie auf diese Angebote der Gewerkschaften zurück, nun aber, um ihre eigene gesellschaftliche Stellung zu retten.

Die Gewerkschaftsvorstände beschlossen also, sich ruhig zu verhalten und verkündeten den »Burgfrieden« mit den herrschenden Klassen, um sich mit diesen in eine Front gegen den äußeren Feind zu stellen. Ihre erste Aufgabe sahen sie in der »politischen und organisatorischen Hebung und Stärkung der Widerstandskraft unseres Volkes gegen die Niederzwingung Deutschlands«, wie das »Correspondenzblatt«, das Organ der Generalkommission, schrieb. Leitende Gewerkschafter wie Paul Umbreit, Mitglied der Generalkommission, forderten dazu auf, »das Gelöbnis des

Dokument 13
Krieg und »sozialer Fortschritt«

Der uns frivol aufgezwungene Krieg nötigte vor allem die sonst im Leben einander fremd oder gar feindselig gegenüberstehenden Volksschichten zum solidarischen Zusammenarbeiten, zum gemeinsamen Tragen von Leid und Freud. Mit jeder Faser des Herzens verfolgen wir den Fortgang des völkergeschichtlichen Ringens auf den Kriegsschauplätzen. Eine neue Zeit ist angebrochen; andere Menschen hat der Krieg in kurzer Zeit aus uns allen gemacht. Das gilt unterschiedslos für Hoch und Niedrig, für Arm und Reich, für Privatpersonen und für Staatsdiener. Solidarität und Hilfeleistung aus unverschuldeter bitterer Not, die wir den Arbeitern als unvergängliche Richtschnur ihres Handelns eingeimpft und von den Reichen so oft vergeblich gefordert haben, ist über Nacht Gemeingut eines großen und leistungsfähigen Volkes geworden. Sozialismus, wohin wir blicken. (...)
Der starke Bedarf der Millionenheere im Osten und Westen hat uns die Militärverwaltung in einem neuen Lichte gezeigt. Einzelne Industrie- und Gewerbezweige, die durch die voraufgegangene Krisenzeit schwer daniederlagen, waren über Nacht mit Aufträgen für die Heeresverwaltung überhäuft. Die Ungunst der Verhältnisse auf dem Arbeitsmarkt ausnützend, wollten verschiedene Unternehmer die Löhne ihrer Arbeiter kürzen und in recht umfangreicher Weise Überzeitarbeit vornehmen lassen. Das ist durch dankenswerte und mit herzerfrischender Deutlichkeit abgefaßte soziale Erlasse der Militärbehörden verhindert worden. (...) Was soziale Gesetze und Verordnungen der Zivilbehörenden in Jahrzehnten nicht fertig brachten, das hat mit kühnem Griff die Militärverwaltung in kurzer Zeit durchgesetzt. Ist das nicht für die Gesetzgebung und Zivilverwaltung, die nach beendigtem Kriege wieder an die Stelle der Militärverwaltung zu treten hat, ein wertvoller Fingerzeig für die Zukunft!

(Aus: Metallarbeiter-Zeitung, Wochenblatt des Deutschen Metallarbeiter-Verbandes, Nr. 45, 7. 11. 1914) gemeinsamen Durchhaltens mit der gesamten Nation zu erneuern (und) auf die derzeitige Propaganda von Klassenkampfneigungen und Kriegsabscheu zu verzichten.«

Die »Burgfriedenspolitik« bedeutete also eine Unterstützung der Kriegsführung durch Kooperation mit dem Staat und ein Stillhalten gegenüber den Arbeitgebern bei gleichzeitiger Garantie der Weiterexistenz der eigenen Organisationen.

Ebenso wie die Freien Gewerkschaften reagierten die Vorstände der christlichen und der Hirsch-Dunckerschen Organisationen. Die Gewerkschaften gingen nun daran, sich im Rahmen der Kriegswirtschaft und des Belagerungszustandes einzurichten und sozialpolitische Aufgaben wahrzunehmen, zumal sie glaubten, daß ein erfolgreich verlaufender Krieg durchaus eine positive Entwicklung der deutschen Wirtschaft und damit eine Besserung der Lage des deutschen Arbeiters mit sich brächte. In der »Deutschen Metallarbeiter-Zeitung« vom 27. Mai 1916 hieß es:

Es wäre ein verhängnisvoller Irrtum, wollte man annehmen, nur für die Kapitalistenklasse habe der Kampf auf dem Weltmarkt Bedeutung. Dies wäre ebenso falsch, als wenn man meinte, der gegenwärtige Krieg sei eine Sache, die nur die herrschenden und besitzenden Klassen angehe. Jedes Volk, als Ganzes betrachtet, ist nun einmal ein soziales Gebilde, in dem das Wohl des einen Teils von dem des andern abhängig ist . . . Aus diesem Grunde hat die deutsche Arbeiterklasse alle Veranlassung, in jedem Falle ihren eigenen Vorteil zu wahren und sich nicht beiseite schieben zu lassen. Besonders bei dem Kampf auf dem Weltmarkt kommt es wesentlich darauf an, daß die Arbeiter Deutschlands ihre Sache vertreten, die allerdings in gewisser Beziehung mit dem Allgemeinwohl unseres Landes zusammenfällt. Es kann dem deutschen Proletariat nicht gleichgültig sein, welchen Ausgang dieser Kampf nimmt, ob er für Deutschland günstig oder ungünstig verläuft.

Die ersten Augustwochen des Jahres 1914 hatten ein durchaus problematisches Bild der wirtschaftlichen Lage ergeben; Betriebseinschränkungen und -auflösungen, Entlassungen und eine sprunghaft steigende Arbeitslosigkeit sowie eine schnelle Verschlechterung der allgemeinen Lebenslage, die in seltsamem Kontrast zur Kriegsbegeisterung standen, ließen es der Gewerkschaftsführung als unmöglich erscheinen, Lohnkämpfe zu führen, so daß am 17. August Beschlüsse gefaßt wurden, die die Einstellung jeglicher Lohnbewegung und nicht nur der Streikaktivitäten beinhalteten.

Die Zusicherung des Innenministeriums an die Gewerkschaften, man denke nicht daran, »ihnen zu Leibe zu gehen, falls sie uns keine Schwierigkeiten machen; denn wir sind froh, große Organisationen der Arbeiterklasse zu haben, auf die sich die Regierung bei den notwendigen Hilfsaktionen stützen kann«, gab den Vorständen die Sicherheit, sowohl die Organisationstätigkeit fortzusetzen als auch Aufgaben in der »Kriegsfürsorge«, die bis 1918 fast das gesamte Vermögen der Gewerkschaften aufgezehrt hat, zu übernehmen. Hinzu kam eine Abmachung zwischen den großen Gewerkschaftsrichtungen, die für die Dauer des Krieges den Übertritt von Mitgliedern der einen in die anderen Organisationen unterband.

1915 entstand eine der ersten größeren institutionalisierten Formen der Kooperation zwischen Gewerkschaften, Unternehmern und Militärbehörden mit dem »Kriegsausschuß für die Metallbetriebe Groß-Berlins«. Dieser Ausschuß, der in gewissem Sinne eine Reaktion auf selbständige Aktionen von Berliner Metallarbeitern war, die Lohnerhöhungen und bessere Arbeitsbedingungen gefordert hatten, war zustande gekommen, als die Gewerkschaften nach einer Verfügung der Militärbehörden gegen die streikenden Metallarbeiter in diesen Konflikt eingriffen. Sie erreichten in Verhandlungen die Einrichtung des **»Kriegsausschusses«**, der sich mit den verschiedenen Beschwerden von Arbeitern befassen sollte und diese auch zu entscheiden hatte. Er war paritätisch von Gewerkschaftern und Unternehmern unter Vorsitz eines Vertreters des Generalkommandos besetzt und galt als großer Erfolg der gewerkschaftlichen Organisation, da er die Anerkennung durch den Staat und eine erzwungene Akzeptanz durch die Unternehmer bedeutete.

Diese Form der Kooperation fand bald in vielen Städten des Reiches Verbreitung und bereitete die weitere Einbeziehung der Gewerkschaften in sozialpolitische und kriegswirtschaftliche Maßnahmen des Staates vor. So wurden die Gewerkschaftsleitungen als offizielle Vertretung der Arbeiterschaft auch zur Mitarbeit in dem 1916 gebildeten Kriegsamt herangezogen, das die wirtschaftliche Sicherung des Krieges zu gewährleisten hatte. Die Gewerkschafter saßen hier neben den Vertretern der Unternehmerverbände, um gemeinsam die Erreichung der Kriegsziele durch Garantie des »inneren Friedens« und der Produktion zu betreiben.

Die im ersten Kriegsjahr und in der Folgezeit günstige Lohnentwicklung vor allem in der Rüstungsindustrie führte vielfach zu »wilden« Streiks in anderen Industriezweigen, in die immer wieder die Generalkommandos, einzelne Abteilungen des Kriegsamtes und auch das Innenministerium eingriffen. Die Errichtung von vermittelnden Ausschüssen wie in der Berliner Metallindustrie war eine mögliche Reaktionsform, im ganzen aber zeigte sich die Neigung der staatlichen Stellen, zu einer generellen

Regelung zu kommen und damit zum ersten Mal in Deutschland eine behördliche Arbeitsreglementierung einzurichten. Das **»Gesetz über den vaterländischen Hilfsdienst«** vom Dezember 1916 war ein entscheidender Schritt in diese Richtung. Das Ziel des mit diesem Gesetz verbundenen »Hindenburg-Programms« war die Steigerung der Kriegsproduktion, nachdem der Plan einer schnellen Kriegsbeendigung durch überraschende Niederwerfung der Gegnerländer gescheitert war. Das Gesetz, das unter »tätiger Mitwirkung der Gewerkschaftsführer« zustandegekommen war, sah den Arbeitszwang für alle Männer zwischen dem 17. und dem 60. Lebensjahr vor. Es wurde im Reichstag gegen die Stimmen eines kleinen Teils der SPD-Fraktion angenommen. Die Folge dieses Gesetzes war, daß die Gewerkschaften noch stärker als schon vorher sich auf die Tätigkeit in den durch Gesetze und Verordnungen oder Abmachungen geschaffenen Institutionen beschränkten und den Organisationsapparat fast ausschließlich hierfür nutzten, sich aber kaum noch auf die originären Interessen der Arbeiter beziehen konnten. Sie waren ganz in die staatlich gelenkte Kriegsverwaltungswirtschaft einbezogen. Die Intention des »Hilfsdienst-Gesetzes« widersprach keineswegs der erklärten Politik der Gewerkschaften, da es »nur« die von den Gewerkschaften anerkannten »kriegsnotwendigen« Eingriffe in die Rechte der Arbeiter brachte. Durch ihre Mitarbeit erreichten die Gewerkschaftsvorstände eine Reihe von Zugeständnissen. Sie saßen nach dem Vorbild des Berliner Kriegsausschusses in den für die Durchführung des Gesetzes zuständigen Kommissionen gleichberechtigt neben den Unternehmern als Vertreter der Arbeiterschaft. Weiterhin sah das Gesetz die Einrichtung von »ständigen Arbeiterausschüssen« vor, die nun obligatorisch wurden, nachdem sie schon 1891 in der Gewerbeordnung als freiwillige Einrichtung vorgesehen waren. Sie sollten »das gute Einvernehmen innerhalb der Arbeiterschaft des Betriebes und zwischen Arbeiterschaft und Arbeitgeber fördern.« Für Streitfälle war eine staatliche Schlichtungsstelle vorgesehen. Auch diese Einrichtungen erschienen den Gewerkschaftsorganisationen durchaus als Fortschritt; es war nicht nur die Anerkennung als gleichberechtigte »Partner« der Unternehmer, sondern auch die Anerkennung durch die staatlichen Instanzen, die den Auffassungen der Gewerkschaftsvorstände entgegenkam.

Die partielle Beschränkung der Unternehmermacht im Betrieb und die Institutionalisierung von Arbeitervertretungen waren taktische Zugeständnisse des Staates an die Gewerkschaften, um von ihnen die Zustimmung zum staatlichen Zwang auf die Arbeiter, ihre Arbeitskraft für den Krieg

einzusetzen, zu erreichen. Wichtige Freiheiten wie die freie Wahl des Arbeitsplatzes, das Kampfrecht um die Arbeitsbedingungen und die Freizügigkeit wurden aufgehoben. Dies setzte die grundsätzliche Zustimmung der Gewerkschaften zur staatlichen und damit vermeintlich »neutralen« Regelung des aus dem Kapital-Arbeits-Verhältnis erwachsenden Gegensatzes zwischen den Interessen der Arbeiter und denen der Unternehmer voraus. Auf dieser Grundlage sind auch die vielen Einwirkungsversuche auf die Sozialdemokratie zu verstehen, die auf die gleiche politische Linie verpflichtet werden sollte. Freilich blieb die Politik der Gewerkschaftsvorstände bei den organisierten Arbeitern nicht ohne Widerspruch. Auch die zunehmenden Kontroversen innerhalb der SPD, sowie die mit dem Winter 1916/17 verstärkt sich ausweitenden Streiks der Arbeiter um besseren Lohn und bessere Lebensbedingungen führten zur Verunsicherung der Gewerkschaftsführungen.

Schon im Juni 1915 war in der Leipziger »Volksstimme« ein Aufruf erschienen, in dem der SPD-Parteivorstand aufgefordert wurde, mit der Politik des 4. August zu brechen. Dieser Aufruf war auch von Gewerkschaftsfunktionären mitunterzeichnet. Die Generalkommission antwortete scharf, und eine Konferenz der Verbandsvorstände faßte einen Beschluß, in dem es hieß:

> *Die Konferenz schließt sich der von der Generalkommission veröffentlichten Erklärung, die sich gegen die Sonderbündelei richtet, an. Sie weist mit Entschiedenheit die Versuche zurück, die Arbeiterschaft in dieser kritischen Zeit zu Handlungen zu veranlassen, die den Interessen der Arbeiterschaft zuwiderlaufen, Uneinigkeit und Zersplitterung in die Gewerkschaften tragen und die Einigkeit der sozialdemokratischen Partei zerstören können ... (...)*
>
> *Die Konferenz hält die Stellung, die von der übergroßen Mehrheit der sozialdemokratischen Fraktion und des Parteiausschusses sowie von dem Parteivorstand eingenommen ist, für diejenige, die allein in dieser schweren Zeit den Interessen der Arbeiterschaft und den Gewerkschaften im Besonderen dient.*
>
> *Die von den Sonderbündlern in der Partei vertretenen Ansichten widersprechen dem Wesen und Wirken der Gewerkschaften; ihre Durchsetzung wäre die Preisgabe all dessen, was die Gewerkschaften geschaffen haben und erstreben.*

Die Politik der Kooperation mit Staat und Unternehmern im Zeichen der Kriegswirtschaft aber konnte nur erfolgreich sein, wenn sie die materiellen Interessen der Gewerkschaftsmitglieder und der Arbeiterschaft zur Geltung brachte. Tatsächlich aber führte die Kriegswirtschaft – nach einem kurzen Zwischenspiel – zu einer massiven Verschlechterung der Lebensbedingungen für einen großen Teil der Arbeiterschaft. Den nominellen Lohnerhöhungen standen nicht in ausreichendem Maße Waren gegenüber, so daß es zu einer rasanten Erhöhung der Lebensmittelpreise, Rationierungen und ausgedehntem Schwarzhandel kam. Als im Frühjahr 1916 eine Ernährungskrise ausbrach, wurde die allgemeine Rationierung eingeführt. Wie radikal die Verschlechterung der Lage war, darüber gibt die untenstehende Übersicht Auskunft, deren Zahlen zwar auf die Stadt Bonn bezogen sind, die aber wohl als typisch für ganz Deutschland anzusehen sind.

Nahrungsmittelrationen in Prozent des Friedensverbrauchs 1916 bis 1918

Ware	Juli 1916 bis Juni 1917	Juli 1917 bis Juni 1918	Juli 1918 bis 28. Dezember 1918
Fleisch	31	20	12
Fisch	51	?	5
Eier	18	13	13
Schmalz	14	11	7
Butter	22	21	28
Käse	3	4	15
Reis	4	–	–
Hülsenfrüchte	14	1	7
Zucker	49	61	82
Kartoffeln	71	94	94
Pflanzenfette	39	41	17
Mühlenprodukte	53	47	48

Die Reallöhne der Arbeiter und Angestellten sanken nach Berechnungen von Kuczynski im Krieg um rund ein Viertel. Die Folgen waren Unterernährung, eine rapide Erhöhung der Sterblichkeitsrate, Krankheiten und Arbeitsunfähigkeit, Hunger und Verelendung (s. Dokument 14).

Die zunehmend schlimmer werdenden Lebensverhältnisse sollten sehr bald eine Unzufriedenheit hervorrufen, die eine der Ursachen für die revolutionäre Entwicklung der Arbeiterschaft wurde – zumal die Organisationen der Arbeiter, insbesondere aber die Gewerkschaften, der Protesthaltung keinen Ausdruck zu geben vermochten, es auch nicht wollten, sondern bis zum Schluß auf rein sozialpolitischen Maßnahmen beharrten und im übrigen bemüht waren, ihre organisatorische Position auszubauen.

Dokument 14
Bericht über die katastrophalen Lebensverhältnisse der Bevölkerung während des Krieges

Aus einem Bericht des Berliner Polizeipräsidenten vom Oktober 1918 an den Kaiser:

Diese Not ist tatsächlich vorhanden. Mit den zugemessenen Mengen kann hier niemand auf die Dauer auskommen, zumal abwechselnd die Brot-, die Fett-, die Kartoffel- und die Fleischmenge herabgesetzt wurde. Nur Gemüse war in der Berichtszeit reichlich vorhanden; Wild und Geflügel ist in Berlin fast gar nicht zu haben; Fische und Räucherwaren reichen bei weitem nicht aus, und das Obst ist trotz der guten Ernte hochbezahlte Seltenheit. Die städtischen Behörden haben sich in anerkennenswerter Weise die größte Mühe gegeben, die Reichshauptstadt vor dem Hunger zu bewahren. Aber ihre Mühe wäre vergeblich gewesen, wenn sich nicht als das Rettungsmittel, zu dem alle gegriffen haben, der gesetzlich untersagte Schleichhandel dargeboten hätte, der an sich unser ganzes amtliches Ernährungssystem über den Haufen wirft. Durch die mit ihm verbundene außerordentliche Erhöhung aller Preise – 1 Pfund Butter kostet jetzt hintenherum 24 M, 1 Ei 1,50 M – ist er auf die Dauer nur an den Reichbemittelten von Nutzen, während er die weniger Zahlungsfähigen, die ihn leider ebenfalls nicht entbehren können, schließlich doch nur an den Bettelstab bringt. (. . .)
Mit der Lebensmittelnot verbindet sich eine stetig steigende Knappheit an Bekleidung und an Schuhwerk. Beides ist im Preise fast unerschwinglich. Durch den Sommer hat man sich mit dem Vorhandenen recht und schlecht einigermaßen hindurchgeschleppt. Für den Winter stehen nun aber Hunderttausende vor der für sie unlösbaren Frage, wie sie mit ihren bescheidenen Mitteln sich kleiden und wie sie Schuhe und Stiefel beschaffen sollen, um derentwillen man nächtelang vor den Schuhgeschäften harren muß und die man auf andere Weise erhalten kann, wenn man für sie außer teurem Gelde auch noch begehrte Lebensmittel als Zahlung gibt. Dazu kommen außer den Mängeln in der Belieferung mit Kohlen die nicht zu unterschätzenden Schwierigkeiten in der Wohnungsfrage. Der allgemein durchgeführten Steigerung der Miete hat man sich wegen der Unmöglichkeit oder der sehr starken Verteuerung des Umzuges zumeist beugen müssen. An Gebrauchsmöbeln, die im Preise überaus

stark angezogen haben, herrscht ein ernstlicher Mangel, und nun sind auch die Wohnungen selbst so knapp geworden, daß jetzt überall die leerstehenden Läden zu Zimmern umgestaltet werden müssen.

Im Juni 1916 erreichten die Gewerkschaften so die Gründung eines Eisenbahnverbandes, nachdem sie zugestimmt hatten, in den Statuten nicht das Recht auf Streik, dafür aber die Einrichtung »obligatorischer Schiedsinstanzen« zu verankern, denn den Staatsarbeitern wurde immer noch das Koalitionsrecht vorenthalten.
Im November 1917 formulierten die Gewerkschaften »Sozialpolitische Forderungen der deutschen Gewerkschaften«. Dieses Programm umfaßte 18 Punkte, in denen sie ihre Vorstellungen von der Sozialpolitik, der Arbeitervertretung, dem Organisations- und Tarifrecht, über Schiedsgerichte, Arbeitsrecht und das Versicherungswesen sowie Rechtssprechung, Arbeitsvermittlung, Genossenschaftswesen bis hin zur Wohnungsfürsorge und Volkserziehung darlegten. Auf Betreiben der Gewerkschaften wurde das Vereinsgesetz geändert, so daß sie nicht mehr dem Risiko des »Politischerklärtwerdens« ausgesetzt waren; der berüchtigte § 153 der Gewerbeordnung, der immer wieder Grundlage für die Verfolgung von Gewerkschaften gewesen war, fiel im Mai 1918, als die Niederlage des Reiches absehbar war und den Arbeiterorganisationen weitere Zugeständnisse gemacht wurden, um die revolutionäre Entwicklung noch zu verhüten.
Krieg und Kriegswirtschaft hatten nachhaltige Folgen für die Struktur der Arbeiterschaft selbst. Durch die Einberufung auch der Facharbeiter wurde der Arbeitskräftebedarf der Industrie immer größer. Als Ersatz wurden zunehmend ungelernte Arbeiter, Frauen und Jugendliche in den Produktionsprozeß hineingezogen. Die Zahl der erwerbstätigen Frauen stieg um mehr als 700 000; der Prozentsatz weiblicher Arbeitskräfte lag für die Industrie und den Bergbau 1913 bei ca. 20 % und erreichte 1918 mehr als 33 %. Die absoluten Zahlen sahen hier folgendermaßen aus (sie beziehen sich auf Betriebe mit 10 und mehr Arbeitern):

	1913	1918
Männer	5.794.035	4.296.969
Frauen	1.592.138	2.319.674

Das hatte Wirkungen auch auf die gewerkschaftlichen Organisationen. Unmittelbar nach Kriegsbeginn verloren die Gewerkschaften über 1,5 Millionen Mitglieder, die zur Armee eingezogen wurden. Erst 1916 begannen die Mitgliederzahlen wieder zu steigen. Waren in diesem Jahr etwa 1 Million Arbeiter organisiert, so waren es 1918 1,6. Die neuen Mitglieder aber hatten weder die Erfahrungen des industriellen Arbeitsprozesses noch die traditionellen Denk- und Handlungsweisen der alten Gewerkschaftsmitglieder. Die damit verbundenen Umschichtungen innerhalb der gewerkschaftlichen Organisation hat v. Oertzen beschrieben:

> *Der Typ des durch Großstadt, Großbetrieb und mechanisierte Massenfertigung geprägten Industrieproletariers hat den durch alte Gesellentraditionen beeinflußten berufsstolzen Industriehandwerker in den Hintergrund treten lassen. Lokale und berufliche Verwurzelung, zünftiges Zusammengehörigkeitsgefühl und Verbandstreue, Bindung an herkömmliche Praktiken und Autoritäten sind gelockert oder sogar gelöst. Im Verhältnis der Gewerkschaften zueinander drängen die modernen Industriezweige und großstädtischen Organisationen die anderen zurück; der Kern der altorganisierten, in der Erfahrung regelmäßiger und bewährter Gewerkschaftsarbeit aufgewachsenen, nüchternen und verbandsstolzen Arbeiter handwerklicher Prägung befindet sich in seinen eigenen Organisationen in der Minderheit und wird selbst durch die um ihn herum sich vollziehenden sozialen Prozesse verändert. Der alte Gewerkschaftertyp behält seinen Stützpunkt vor allem in der Schicht der Verbandsbeamten und – damit zusammenhängend – hauptsächlich in den klein- und mittelbetrieblich strukturierten Branchen . . . und den klein- und mittelstädtischen Organisationen.*

Innerhalb der sozialdemokratischen Partei war es schon bald nach Kriegsbeginn zu ernsten Differenzen um den politischen Kurs gekommen. Es sollte sich zeigen, daß es hier Strömungen und Gruppen gab, die denen der Mehrheit völlig entgegenstanden. Die bisherige Einheit der Sozialdemokratie mußte sich unter den Bedingungen des Weltkrieges als fiktiv erweisen; die Entscheidung von Vorstand und Fraktion, unterstützt im Jahre 1914 sicherlich von der Mehrheit der Parteimitglieder und großen Teilen der Arbeiterschaft, mußte alle die zur Opposition herausfordern, die an sozialistischen Idealen festhielten. Schon wenige Monate nach dem August 1914 brachen die inneren Gegensätze in der SPD auf; verschiedene Gruppen, die die Unterstützung des Krieges als »Verrat an den elementarsten Grundsätzen des internationalen Sozialismus, an den Lebensinteressen der Arbeiterklasse, an allen demokratischen Interessen der Völker« betrachteten, versuchten nun, eigene Organisationen aufzubauen oder eine inner-

parteiliche Opposition herauszubilden. Radikale Gruppen waren der **»Spartakusbund«** mit **Rosa Luxemburg, Karl Liebknecht**, Franz Mehring und Clara Zetkin und die Gruppe »Internationale Sozialisten«.
Eine andere große Gruppe von Sozialdemokraten um **Kautsky, Bernstein** und **Haase** wollte so schnell wie möglich zu einem Frieden ohne Annexionen und ohne Entschädigungen kommen, denn sie schätzte im Gegensatz zur Fraktionsmehrheit und Parteiführung diesen Krieg keineswegs als Verteidigungskrieg ein. Seit dem Dezember 1915 stimmte dann eine Minderheit der Fraktion gegen die Kriegskredite, was gerade auch auf seiten der Gewerkschaftsvorstände schärfste Proteste hervorrief, die in der Forderung nach Disziplinierung und »Unschädlichmachung der beharrlichen Disziplinbrecher« gipfelten. Im Frühjahr 1916 wurde diese Gruppe aus der Fraktion ausgeschlossen und war so gezwungen, sich als selbständige Fraktion, als »Sozialdemokratische Arbeitsgemeinschaft« (SAG), zu konstituieren.
Die Partei reagierte massiv und versuchte die Opposition mit allen Mitteln mundtot zu machen. Im Januar 1917 kam es zum endgültigen Bruch; die SPD schloß die Minderheit nach einer Reichskonferenz der Opposition, an der auch der Spartakusbund und die Internationalen Sozialisten teilgenommen hatten, aus der Partei aus. Dadurch sah sich die Opposition gezwungen, zu Ostern 1917 eine eigene Partei, die **Unabhängige Sozialdemokratische Partei Deutschlands (USPD)**, zu gründen. Sie war und wurde keine programmatisch geschlossene Partei; gemeinsam war ihren Trägern die Ablehnung der Anpassung der SPD an die Kriegspolitik. Da die Gewerkschaften eine weitgehende Anpassung vollzogen hatten und unter den Bedingungen des Weltkrieges einen Statusgewinn ihrer Organisation ermöglicht sahen, nahmen die **Gegensätze zwischen der USPD und den Gewerkschaften** besonders scharfe Formen an, auch wenn es nicht zu regelrechten Ausschlüssen kam. **Die Spaltung der Sozialdemokratie hatte aber zur Folge, daß auch innerhalb der Gewerkschaften die politischen Auseinandersetzungen zunahmen.**
Richard Müller, Funktionär des Metallarbeiter-Verbandes, beschrieb später die Auseinandersetzungen innerhalb der Berliner Metallarbeiterschaft, die seit 1916/17 zu den treibenden revolutionären Kräften der deutschen Arbeiterbewegung gehörte.
Diese organisierte den Kampf gegen die Burgfriedenspolitik, als sich die Lebensbedingungen zunehmend verschlechterten:

Sofort nach Ausbruch des Krieges ergab sich ein Meinungsaustausch zwischen denjenigen Gewerkschaftsfunktionären, die getreu der alten Lehre der Sozialdemokratie ihre Aufgabe darin erblickten, die Arbeitermassen aufzuklären und für eine schnelle Beendigung des Weltkrieges zu mobilisieren. Dieser Kreis war verhältnismäßig klein; er beschränkte sich zunächst nur auf die Berliner Eisen-, Metall- und Revolverdreher. Dem Meinungsaustausch folgten bald bestimmte Handlungen, die der Erreichung des gesteckten Zieles dienen sollten.

Ansätze zur organisierten Opposition gab es seit 1915, als man teilweise begann, gegen die »nationalistische Schreibweise« der Metaller-Zeitung Stellung zu nehmen. Doch war die Opposition vorerst noch schwach, allerdings bekam sie durch die sich ständig verschlechternde Wirtschaftslage aus den Betrieben weiteren Zulauf. Das Streikverbot führte vielfach zu selbständigen Aktionen:

In der Regel legten einzelne im Produktionsprozeß wichtige Gruppen plötzlich die Arbeit nieder oder verharrten in passiver Resistenz. Sie ließen sich auch nicht durch die Drohung mit dem Schützengraben schrecken. In manchen Fällen bewirkte eine solche Drohung gerade das Gegenteil.

Durch die Einrichtung des »Kriegsausschusses«, der vermittelnd bei Forderungen der Arbeiter tätig werden sollte, gingen solche »wilden« Aktionen zunächst wieder zurück, allerdings waren alle Illusionen, auf solchen Wegen die Unruhe unter den Arbeitern auszuräumen, nach einem knappen Jahr hinfällig und die Bewegung unter den Berliner Metallarbeitern begann sich zu politisieren. Es bildete sich ein Kreis der betrieblichen **»Obleute«**, der entschlossen war, den Kampf gegen den Krieg und für eine Verbesserung der Lebensverhältnisse gleichzeitig zu führen. Dabei ging es den »Obleuten« nicht um eine Spaltung der Gewerkschaften oder um eine Konkurrenzorganisation; für sie waren die Gewerkschaften Plattform und Ausgangspunkt für ihre Aktionen, auch wenn sie bereit waren, Streiks notfalls ohne die Organisation durchzuführen. Aber nicht nur in Berlin, auch in anderen Städten wie Leipzig, Bremen, Duisburg, Stuttgart, Köln und Braunschweig kam es zur Herausbildung betrieblicher Opposition gegen die gewerkschaftliche Politik. Meistens waren die betrieblichen »Obleute« gleichzeitig Mitglieder im örtlichen Verband der Gewerkschaften und konnten so die gewerkschaftliche und die betriebliche Opposition verbinden. Solche Oppositionskerne waren wesentliche Voraussetzung für drei große Streikwellen, die einen eindeutig politischen Charakter trugen.

Der erste politische Massenstreik fand im Juni 1916 statt. Sein Ausgangspunkt war nicht die schlechte Ernährungslage, sondern die politische

Forderung nach der Freilassung Karl Liebknechts gewesen, der wegen seiner Antikriegsagitation verhaftet worden war. Am 28. Juni legten dann 55000 Metallarbeiter in Berlin die Arbeit nieder. Die Parolen lauteten: »Freiheit für Liebknecht! Nieder mit dem Krieg!«. Es war der erste politische Massenstreik in der Geschichte der deutschen Arbeiterbewegung.
Die Gewerkschaftsführung reagierte auf diese selbständige Aktion mit Panik. Sie sah ihren Einfluß auf die Arbeiter gefährdet und beteiligte sich an Strafmaßnahmen gegen die Streikführer, die von seiten der Militärbehörden Gestellungsbefehle erhielten. **Der Gegensatz zwischen Führung und oppositionellen Teilen der Arbeiterschaft wurde hier so deutlich, daß die Organisation es für richtig hielt, mit staatlichen Stellen gegen die eigenen Mitglieder zusammenzuarbeiten.**
Der zweite Streik im April 1917 kam zustande, nachdem im Winter 1916/17 die Lebensmittelversorgung immer schlechter geworden war, weitere Rationierungen durchgeführt wurden und das »Hilfsdienst-Gesetz« den Unternehmern – trotz der »Arbeiterausschüsse« – die Möglichkeit zur Verschlechterung der Arbeits- und Lohnbedingungen gegeben hatte. Auslösendes Moment war die im März 1917 verfügte erneute Senkung der Brotrationen. Es kam zu Plünderungen von Läden. Die Streikbewegung dehnte sich aus und dauerte bis in den August hinein (s. Dokument 15). In

Dokument 15
Auf zum Protest gegen die Volksaushungerung!

Arbeiter! Genossen!
Vom 16. April ab soll die Brotration für das bereits hungernde ausgemergelte Volk mehr als um ein Viertel gekürzt werden. Während unsere Söhne und Brüder in den Schützengräben und auf den Schlachtfeldern gemordet und zu Krüppeln geschossen werden, soll das arbeitende Volk am Hungertuche nagen, bis es seine Arbeitskraft vollends eingebüßt hat und an Erschöpfung elend zugrunde geht.
So erheischt es das Interesse der Kapitalisten- und Junkerklasse, das gebietet das Interesse des Klüngels, der den Krieg angezettelt und das Unheil über das deutsche Volk heraufbeschworen hat.
Arbeiter! Unsere Brüder, die russischen Proletarier, waren vor vier Wochen noch in derselben Lage. Wir wissen aber, was in Rußland

eingetreten ist. Das arbeitende Volk hat sich dort erhoben und nicht allein die Regelung der Lebensmittelfrage erzwungen. Es hat sich zugleich – was unendlich wichtiger – Freiheiten erobert, von denen der deutsche Arbeiter noch nicht zu träumen wagt.
Die russischen Arbeiter haben den Zarismus und die demokratische Republik gestürzt und haben die Einsetzung einer Volksregierung erkämpft!
Und wir?
Sollen wir auch weiterhin das alte Elend, die Auswucherung, den Hunger und den Völkermord – die Ursache all unser Qual und Pein – geduldig ertragen?!
Nein! Tausendmal nein!
Verlaßt die Werkstätten und Fabriken!
Laßt die Arbeit ruhen!
Mann der Arbeit, aufgewacht!
Und erkenne deine Macht!
Alle Räder stehen still.
Wenn dein starker Arm es will.
Nieder mit dem Krieg! Nieder mit der Regierung!
Friede! Freiheit! Brot!

(Flugblatt, Berlin, April 1917)

Berlin versuchte die Gewerkschaftsführung des Metallarbeiterverbandes den von ihr nicht mehr zu steuernden Streik auf eine reine »Ernährungsfrage« zu reduzieren; der Streik nahm ungeahnte Ausmaße an, so daß es für die Organisation der Gewerkschaften nicht möglich war, ihn in den gewünschten Bahnen zu halten. Es beteiligten sich annähernd 300 Betriebe und über 200 000 Arbeiter. Nachdem die gewählte Kommission in Verhandlungen einige vage Zusagen erhalten hatte, wurde in den meisten Betrieben der Streik abgebrochen. Dennoch streikten 50 000 Arbeiter weiter, gegen die die Militärbehörden mit äußerster Schärfe vorgingen, was z. T. zur »Militarisierung« von Betrieben, also einer Unterstellung unter militärische Aufsicht, führte.
In Leipzig hatten ca. 30 000 Arbeiter an den Aktionen teilgenommen und Forderungen nach Verbesserung der Arbeitsbedingungen sowie besserer Lebensmittelversorgung erhoben. Auch hier ging es zugleich um politische

Forderungen: Erklärung der Regierung zur Friedensbereitschaft und gegen Annexionen; Aufhebung des Belagerungszustandes und der Zensur; Aufhebung aller Schranken des Koalitions-, Vereins- und Versammlungsrechtes; Aufhebung des »Hilfsdienstgesetzes« und Freilassung der politischen Häftlinge sowie volle staatsbürgerliche Freiheiten.

Der Streik verlief hier insoweit erfolgreich, als die Leipziger Metall-Arbeitgeber einige Zugeständnisse machten: Arbeitszeitverkürzungen bei vollem Lohnausgleich, Teuerungszulagen und Verzicht auf Maßregelungen. In anderen Städten wie in Köln waren Streiks ebenfalls erfolgreich. Hier hatten die betrieblichen Vertrauensleute einen maßgebenden Einfluß auf die gewerkschaftliche Verhandlungsführung mit den Arbeitgebern. In Braunschweig dagegen war der Streik erfolglos. Er hatte unter Führung des Spartakusbundes gestanden, auf jede materielle Forderung verzichtet und allein politische Forderungen gestellt. Ein verschärfter Belagerungszustand und kriegsgerichtliche Verurteilung Hunderter von Streikenden waren die Reaktionen der Behörden.

Die letzten großen Streikbewegungen vor der Revolution hatten vorwiegend politischen Charakter und fanden ganz ohne die traditionellen Organisationen der Arbeiter statt:

Es war eine ungeheure Massenerhebung gegen die Militärdiktatur und gegen General Ludendorff. Wäre Deutschland damals wirklich von einem Staatsmann regiert worden, so hätte er erkannt, daß die Machthaber auf einem Pulverfaß saßen. Wer bürgte dafür, daß die Soldaten des deutschen Milizheeres die Ansichten der streikenden Million nicht teilten? Wie sollte man mitten im Kriege eine solche Volksbewegung einfach mit der militärischen Disziplin niederwerfen? (. . .) Der Januarstreik zeigte, daß der deutsche Staatsorganismus todkrank war,

schrieb später der Historiker Rosenberg.

Daß diese Bewegung des Januar 1918 ohne die Organisationen der Arbeiterbewegung verlief, war eine Folge der während des ganzen Krieges zunehmenden Entfremdung zwischen ihnen und den Arbeitern. Es sollte sich zeigen, daß die Arbeiterschaft im Laufe des Jahres 1918 und der revolutionären Ereignisse eigene neue Organisationsformen hervorbringen würde: die **Räte**.

Der Streik im Januar 1918 verwies noch einmal auf die unterschiedlichen Probleme, die im Verlaufe des Krieges und der sozialen und politischen Auseinandersetzungen sichtbar geworden waren. Der Krieg dauerte über dreieinhalb Jahre; ein Friedensschluß war, vor allem nach den deutsch-russischen Friedensverhandlungen, ferner denn je. Die Lebensmittelver-

sorgung verschlechterte sich weiter, und die Arbeitsbedingungen verschärften sich noch. Selbst die »Arbeiterausschüsse« konnten aufgrund des Widerstands der Unternehmer oft nicht mehr gewählt werden.
Die **russische Revolution** und die österreichischen Massenstreiks taten ein übriges, die Arbeiter von der Notwendigkeit, aber auch Möglichkeit eigenständiger Aktionen zu überzeugen, zumal die Gewerkschaften und die Mehrheitssozialdemokratie weiterhin untätig blieben oder gar beschwichtigend wirkten. Eine Friedensresolution des Reichstages, getragen von der SPD, dem Zentrum und den gemäßigten Liberalen, hatte keine Wirkung gezeigt.
In dieser Situation traten am 28. Januar die Arbeiter in Hamburg, Kiel, Nürnberg und Berlin in den Streik.
In Berlin wurde ein Aktionsausschuß aus 11 Obleuten, 3 USPD- und 3 SPD-Abgeordneten gewählt. Bald waren nahezu 500000 Arbeiter trotz verschärftem Belagerungszustand und hartem Vorgehen von Polizei und Militär im Ausstand. Die Aktionen führten in die Nähe bürgerkriegsähnlicher Zustände und hatten kaum noch den Charakter von Demonstrationsstreiks. Als die Generalkommission nach Vermittlung durch die SPD-Mitglieder im Aktionsausschuß die Gelegenheit erhalten sollte, mit dem Innenminister zu Gesprächen zusammenzukommen, brach die Leitung des Streiks, und das waren in der Hauptsache die Obleute, den Streik ab. Müller beschrieb diese Situation später so:

> *Um keinen Preis durfte der Generalkommission die Möglichkeit gegeben werden, als ›Retter in der Not‹ zu erscheinen. Es hatte einen langen, harten und zähen Kampf gekostet, um der Generalkommission das Vertrauen der Masse zu entziehen. Der gewaltige Generalstreik, auf den die ›berufenen‹ Gewerkschaftsführer nicht den geringsten Einfluß ausübten, war der beste Beweis für den Erfolg der letzten Jahre. (...) Die Arbeiter fühlten sich nicht geschlagen, sondern als Kämpfer, die den Rückzug antreten, um mit stärkerer Kraft vorzustoßen. Aus der geschaffenen Stimmung klang es überall heraus: Wir brauchen Waffen, wir müssen unsere Propaganda ins Heer tragen. Nur die Revolution bringt uns Rettung.*

Ob diese Beschreibung im einzelnen richtig ist, mag dahingestellt bleiben, aber sie läßt in jedem Fall erkennen, daß sich im Laufe der vier Jahre, die der Krieg nun fast dauerte, Veränderungen innerhalb der bewußten und organisierten Arbeiterschaft, auch an der Basis der Gewerkschaftsverbände, vollzogen hatten.
Der Politik der langsamen Veränderung und Reform durch Anpassung und Integration war eine revolutionäre Opposition erstanden. Der Krieg hatte

die Lage der Arbeiter nicht gebessert, er hatte sie verschlimmert. Er hatte manche Zugeständnisse an die gewerkschaftlichen Organisationen gebracht, aber es sollte sich erweisen, daß diese taktischer Natur waren und ein großer Teil der Arbeiterschaft damit nicht zufrieden war.
Hier lag nun der Beginn der Revolution in Deutschland und gleichzeitig der Beginn der Herausbildung neuer revolutionärer Arbeiterorganisationen. Durch die Streikerfahrungen war Massen von Arbeitern deutlich geworden, daß nur der Sturz der bisherigen politischen Herrschaft die Durchsetzung ihrer Forderungen bringen konnte und daß sie dies nur ohne, wenn nicht gar gegen einen Teil der alten Arbeiterorganisationen würden erreichen können. Die Wahl von Streikleitungen und Aktionsausschüssen, die betrieblichen Vertretungsformen der Obleute, all das nahm vorweg, was als »Rätebewegung« und »Rätedemokratie« die revolutionäre Bewegung des Jahres 1918/19 und die Umwälzung der politischen Verhältnisse in Deutschland bestimmen sollte.

Kapitel 6
Kämpfe um die neue Gesellschaftsverfassung

Noch vor dem November 1918 kam es zum **Zusammenbruch des alten politischen Systems**, nachdem die Sieges- und Annexionshoffnungen der traditionellen Führungsgruppen zerbrochen und die Ambitionen der Mehrheitssozialdemokratie und der Gewerkschaften auf eine allmähliche, nicht zuletzt durch die »kriegssozialistischen« Maßnahmen der Monarchie getragene Veränderung der sozialpolitischen Ordnung sich verflüchtigt hatten.

Im August 1918 hatte Ludendorff als der eigentliche militärische Führer intern die unvermeidliche militärische Niederlage bereits eingestanden und auf Zugeständnisse an die bürgerlichen Parteien und die Sozialdemokratie gedrängt, um die immer bedrohlicher werdende Unruhe unter der Bevölkerung einzudämmen. Hoffnungen, daß eine Veränderung des politischen Systems bei den alliierten Kriegsgegnern ihren Eindruck nicht verfehlen würde, aber auch die Vorstellung, damit die politische Verantwortung auf die bürgerliche Mitte und die Sozialdemokratie abschieben zu können, mögen eine nicht unerhebliche Rolle gespielt haben. In diesen Zusammenhang gehört auch die plötzliche Bereitschaft der Unternehmerverbände, sind nun doch mit den Gewerkschaften in einer »Arbeitsgemeinschaft« zu arrangieren und ihnen weitgehende Zugeständnisse zu machen, die von den Gewerkschaftsvorständen bald als »Sieg der Arbeiterschaft« gefeiert wurden. Dem Druck der unzufriedenen Teile der Arbeiterschaft, aber auch von Teilen des Bürgertums angesichts der sich nun ständig verschlechternden politischen, militärischen und ökonomischen Lage kamen die alten Führungsschichten der Kaiserzeit nun endlich mit Zugeständnissen entgegen. Diese sollten die Chancen eines Friedensschlusses verbessern und die sich anbahnende Volksbewegung aufhalten helfen.

Am 3. Oktober wurde deshalb unter dem Kanzler Prinz Max von Baden eine neue, von den Parteien der »Friedensresolution« getragene Regierung gebildet und am 28. Oktober das Deutsche Reich in einen parlamentarisch verfaßten Staat umgewandelt.

Sozialdemokraten zogen in die neue Regierung mit ein, und der stellvertretende Vorsitzende der Freien Gewerkschaften wurde als Leiter des Reichsarbeitsamtes mit einem umfassenden sozialpolitischen Programm in diesen Versuch der Rettung der bisherigen Ordnung miteinbezogen.

Die Arbeiterorganisationen hatten sich 1914 als unfähig erwiesen, dem Chauvinismus eine Alternative entgegenzuhalten; fast vorbehaltlos hatten sie sich organisatorisch und ideologisch der nationalen Kriegspolitik untergeordnet und zeitweise die kriegsbedingten militärisch-bürokratischen Herrschaftsformen sogar als »Kriegssozialismus« und damit als Schritt des Übergangs zu einer sozialistischen Gesellschaft gewertet.
Die schon vor dem Krieg vorhandenen Gegensätze über Ziele und Wege zur politischen und ökonomischen Befreiung der Arbeiterschaft mußten jetzt erneut aufbrechen.
Innerhalb der Arbeiterschaft selbst entwickelte sich in Laufe des Krieges eine selbständige Oppositionsbewegung, die in den traditionellen Organisationen keinen Rückhalt mehr hatte und sich stattdessen um USPD, Spartakusbund sowie betriebliche und gewerkschaftliche Gruppen zu organisieren begann, um vom November 1918 an in Form der **Arbeiter-und Soldatenräte** eine eigene neue Struktur zu finden. Aber trotz der harten Kritik an den »alten« Organisationen handelte es sich noch nicht um zwei scharf voneinander geschiedene oder gar feindliche Lager innerhalb der Arbeiterbewegung; vor allem die gewerkschaftliche Opposition machte kaum Versuche, konkurrierende Gewerkschaften zu gründen. **In ihrer Gesamtheit gewann die Arbeiterbewegung im Laufe des Jahres 1918 eine Schlüsselrolle für die weitere politische Entwicklung in Deutschland.** Gerade die Zugeständnisse von seiten des bürgerlichen Lagers bedeuteten für dieses auch einen realen Machtverlust: **Die Initiative lag bei den Arbeitern und in ihren Massenaktionen, während die Sozialdemokratie und die Gewerkschaften sich innerhalb der parlamentarischen und sozialpolitischen Strukturen unentbehrlich machten.**
Dennoch kam es im November 1918 zu der von den herrschenden Kreisen befürchteten und auch von der Sozialdemokratie mit Skepsis betrachteten Massenbewegung gegen den Krieg, gegen die Monarchie und für eine Demokratisierung. Obwohl einige Forderungen schon erfüllt waren, der Kaiser abgedankt und das Reich eine republikanische Verfassung bekommen hatte, war der Krieg immer noch nicht zu Ende. Das Zutrauen der Arbeiterschaft in die Möglichkeiten der neuen Regierung, auch mit sozialdemokratischer Beteiligung, war nicht groß; dafür war wahrscheinlich der Prozeß der Entfremdung zwischen der »alten« Partei und der Arbeiterschaft schon zu groß.
Ende Oktober revoltierten die Matrosen in Kiel und Wilhelmshaven. Als gegen sie vorgegangen werden sollte, verließen sie ihre Schiffe, wählten

Soldatenräte und übernahmen in den Hafenstädten die politische und militärische Gewalt. Einen Tag später folgten die Werftarbeiter ihrem Beispiel und wählten Arbeiterräte.

Am 9. November griff diese Bewegung auf Berlin über; ein Großteil der Berliner Arbeiterschaft trat in den Streik, und die meisten der in Berlin stationierten Truppen schlossen sich dieser Bewegung an. Noch am gleichen Tag verhandelten SPD und USPD über die Lage, nachdem Prinz Max von Baden sich gezwungen gesehen hatte, der SPD die Regierungsgewalt zu übertragen. Der Versuch der SPD, den Ausbruch der Revolution noch zu verhindern, indem sie **Gustav Noske** zur Beruhigung der Matrosen nach Kiel, ins Zentrum der Erhebung, schickte, war fehlgeschlagen; nun setzte sie sich an die Spitze dieser Volksbewegung und rief die Republik aus.

SPD und USPD bildeten eine neue paritätisch besetzte Regierung. Am 10. November wurde auf einer Vollversammlung der Berliner Arbeiter- und Soldatenräte ein »Vollzugsrat« gewählt und die Regierung aus SPD und USPD bestätigt. Damit aber hatte die Revolution zwei Machtorgane, deren Konkurrenz sich innerhalb kürzester Zeit zu der **Alternative Parlamentarismus oder Rätesystem** entwickeln sollte.

War die Übernahme der Regierungsgewalt durch die Sozialdemokratie ein logisches Resultat ihrer Haltung zur Rolle des Staates, so hatten die Arbeiter- und Soldatenräte, die innerhalb weniger Wochen sich über ganz Deutschland ausbreiteten, den Charakter einer spontanen demokratischen Volkserhebung. Und entsprechend zeigten sich die Unterschiede der beiden Machtorgane schon in ihren ersten Aufrufen (s. Dokument 16/16a).

An dieser Erhebung waren aber nicht nur die Arbeiterschaft beteiligt, sondern auch Anhänger der Zentrums- und der Fortschrittspartei. Für sie waren ihre Forderungen weitgehend mit dem Programm der neuen Regierung identisch, und sie stimmten denn auch schon bald in die Forderung nach der Wahl einer verfassungsgebenden Nationalversammlung und einer Parlamentarisierung der Ergebnisse des »Umsturzes« ein.

Ein großer Teil der Arbeiterschaft aber radikalisierte sich weiter und versuchte, die Forderungen nach direkter Demokratie und **Sozialisierung der Wirtschaft** durchzusetzen. Diese Bewegung war das Resultat des Verharrens der neuen Regierung in den alten politischen, sozialen und wirtschaftlichen Verhältnissen. Sie hielt weiterhin an der alten Autorität des Staates und dem überkommenen Beamten- und Verwaltungsapparat fest und war nicht bereit, den Grundsatz des freien Unternehmertums anzuta-

Dokument 16
Vollversammlung der Arbeiter- und Soldatenräte, Berlin, 11. 11. 1918
Resolution

An das werktätige Volk!
Das alte Deutschland ist nicht mehr. Das deutsche Volk hat erkannt, daß es jahrelang in Lug und Trug gehüllt war. Der vielgerühmte, der ganzen Welt zur Nachahmung empfohlene Militarismus ist zusammengebrochen. Die Revolution hat von Kiel ihren Siegesmarsch angetreten und hat sich siegreich durchgesetzt. *Die Dynastien haben ihre Existenz verwirkt.* Die Träger der Krone sind ihrer Macht entkleidet. *Deutschland* ist Republik geworden, *eine sozialistische Republik.* Sofort haben sich die Gefängnis-, Arrest- und Zuchthausmauern für die wegen politischer und militärischer Verbrechen Verurteilten und Verhafteten geöffnet. Die Träger der politischen Macht sind jetzt Arbeiter- und Soldatenräte. In allen Garnisonen, in denen keine Arbeiter- und Soldatenräte bestehen, wird sich die Bildung solcher Räte rasch vollziehen. *Auf dem flachen Lande* werden sich *Bauernräte* zu demselben Zwecke bilden.
Die Aufgabe der provisorischen Regierung, die von dem Arbeiter- und Soldatenrat Berlin bestätigt ist, wird in erster Linie sein, den *Waffenstillstand abzuschließen und dem blutigen Gemetzel ein Ende zu machen. Sofortiger Friede ist die Parole der Revolution.* Wie auch der Friede aussehen wird, er ist besser, als die Fortsetzung des ungeheuren Massenschlachtens.
Die rasche und konsequente *Vergesellschaftung der kapitalistischen Produktionsmittel* ist nach der sozialen Struktur Deutschlands und dem Reifegrad seiner wirtschaftlichen und politischen Organisation ohne starke Erschütterung *durchführbar* (. . .)
Der Arbeiter- und Soldatenrat ist von der Überzeugung durchdrungen, daß *in der ganzen Welt sich eine Umwälzung in der gleichen Richtung vorbereitet.* Er erwartet mit Zuversicht, daß das Proletariat der anderen Länder seine ganze Kraft einsetzen wird, um eine Vergewaltigung des deutschen Volkes bei Abschluß des Krieges zu verhindern.
Er gedenkt mit Bewunderung der *russischen Arbeiter* und Soldaten, die auf dem Wege der Revolution vorangeschritten sind, er ist stolz, daß die deutschen Arbeiter und Soldaten ihnen gefolgt sind, und damit den alten Ruhm, Vorkämpfer der Internationale zu sein, wahren. Er sendet der russischen Arbeiter- und Soldatenvereinigung sein brüderlichen Grüße

(...) Der Arbeiter- und Soldatenrat ist sich dessen bewußt, daß die revolutionäre Macht Verbrechen und Fehler des alten Regimes und der besitzenden Klassen nicht mit einem Schlage gutmachen, daß sie den Massen nicht sofort eine glänzende Lage verschaffen kann. Aber diese revolutionäre Macht ist die einzige, die noch retten kann, was zu retten ist. Die sozialistische Republik ist allein imstande, die Kräfte des internationalen Sozialismus zur Herbeiführung eines demokratischen Dauerfriedens auszulösen.
Es lebe die deutsche sozialistische Republik.

Dokument 16a
Rat der Volksbeauftragten
Aufruf vom 12. 11. 1918

An das deutsche Volk
Die aus der Revolution hervorgegangene Regierung, deren politische Leitung rein sozialistisch ist, setzt sich die Aufgabe, das sozialistische Programm zu verwirklichen. Sie verkündet schon jetzt mit Gesetzeskraft folgendes:
1. Der Belagerungszustand wird aufgehoben.
2. Das Vereins- und Versammlungsrecht unterliegt keiner Beschränkung, auch nicht für Beamte und Staatsarbeiter.
3. Eine Zensur findet nicht statt. Die Theaterzensur wird aufgehoben.
4. Meinungsäußerung in Wort und Schrift ist frei.
5. Die Freiheit der Religionsausübung wird gewährleistet. Niemand darf zu einer religiösen Handlung gezwungen werden.
6. Für alle politischen Straftaten wird Amnestie gewährt. Die wegen solcher Straftaten anhängigen Verfahren werden niedergeschlagen.
7. Das Gesetz über den vaterländischen Hilfsdienst wird aufgehoben, mit Ausnahme der sich auf die Schlichtung von Streitigkeiten beziehenden Bestimmungen.
8. Die Gesindeordnungen werden außer Kraft gesetzt, ebenso die Ausnahmegesetze gegen Landarbeiter.
Die bei Beginn des Krieges aufgehobenen Arbeiterschutzbestimmungen werden hiermit wieder in Kraft gesetzt. Weitere sozialpolitische Verord-

nungen werden binnen kurzem veröffentlicht werden. Spätestens am 1. Januar wird der achtstündige Maximalarbeitstag in Kraft treten. Die Regierung wird alles tun, um für Arbeitsgelegenheit zu sorgen. Eine Verordnung über die Unterstützung von Erwerbslosen ist fertiggestellt. Sie verteilt die Lasten auf Reich, Staat und Gemeinde.
Auf dem Gebiete der Krankenversicherung wird die Versicherungspflicht über die bisherige Höhe von 2500 M ausgedehnt. Die Wohnungsnot wird durch Bereitstellung von Wohnungen bekämpft werden.
Auf die Sicherung einer geregelten Volksernährung wird hingearbeitet werden.
Die Regierung wird die geordnete Produktion aufrechterhalten, das Eigentum gegen Eingriffe Privater sowie die Freiheit und Sicherheit der Personen schützen.
Alle Wahlen zu öffentlichen Körperschaften sind fortan nach dem gleichen, geheimen, direkten, allgemeinen Wahlrecht auf Grund des Proportionswahlsystems für alle mindestens 20 Jahre alten männlichen und weiblichen Personen zu vollziehen.
Auch für die konstituierende Versammlung, über die nähere Bestimmungen noch erfolgen werden, gilt dieses Wahlrecht.

Berlin, 12. November 1918
Ebert, Haase, Scheidemann, Landsberg, Dittmann, Barth

sten. Nach der Parlamentarisierung des Reiches schon im Oktober 1918 zögerte die Führung der Mehrheitssozialdemokratie, den alten Staatsapparat unter ihre Kontrolle zu bringen und suchte stattdessen mit seiner Hilfe »Ruhe und Ordnung« aufrechtzuerhalten. Von ähnlichen Motiven dürfte nicht zuletzt auch das Bestreben der Gewerkschaften getragen gewesen sein, mit den Arbeitgebern zu einem Abkommen zu gelangen, das in erster Linie eine Regelung der schwierigen wirtschaftlichen Verhältnisse beinhaltete.

Man geht nicht zu weit, wenn man sagt, daß es auch bei den alten Arbeiterorganisationen tief verwurzelte Überzeugungen von der Bedeutung der staatlichen Autorität und der Stabilität der wirtschaftlichen Verhältnisse waren, die ihr Handeln mitbestimmten. Die in Bewegung geratenen Arbeiter und Soldaten aber hatten nicht zuletzt durch die Kriegserfahrungen eine ebenso tiefe Abneigung gegen die überkommene militärisch-bürokratische Ordnung, die Unterdrückung in den Betrieben und die Vorenthaltung von Rechten; sie standen im November 1918 gegen die bestehende Ordnung und einen Machtapparat, der durch die Beteiligung der Sozialdemokratie an der Regierung in seinen wichtigsten Strukturen keineswegs verändert wurde.

Die Form, in der die Arbeiter und Soldaten gegen die bisherige Ordnung vorgingen, waren die Räte. Mit ihnen sollten das Militär, die Regierung und Verwaltung sowie die Unternehmer kontrolliert werden. Die Räte waren, wie Friedrich Stampfer dies später einmal kennzeichnete, »Organe einer primitiven Selbstverwaltung, die sich in dem Augenblick bilden mußte, in dem die alten Behörden ohne verfassungsrechtliche Legitimation (...) gleichsam in der Luft hingen.« Aber diese »primitive Selbstverwaltung« war noch mehr der Versuch, zu einer unmittelbaren und neuartigen Form der Demokratie zu kommen. Vor allem aber strebten große Teile der Arbeiterschaft ab dem Dezember 1918 zunehmend von der noch bestehenden Wirtschaftsordnung weg, auch wenn die gewerkschaftlichen Organisationen durch das »Abkommen über eine Zentralarbeitsgemeinschaft« – auch **»Stinnes-Legien-Abkommen«** genannt – vom 15. November sich eindeutig auf die bestehenden Verhältnisse festlegten und indirekt gegen jede Sozialisierung aussprachen.

Trotz dieses Charakters der Räte existierte eine enge Verschränkung der demokratischen und sozialdemokratischen Parteien mit der Rätebewegung; viele Räte wurden von Mitgliedern dieser Parteien gebildet. Die Gleichzeitigkeit von Aufbegehren und Ordnungsinteresse lag im spezifischen Charakter der Rätebewegung: ihre Stärke lag in der direkten Aktion und Kritik, ihre Schwäche im Erfolg, den sie nicht organisieren konnte.

Schon bald wurde deutlich, daß die Rätebewegung nicht die politische Vorherrschaft in Deutschland würde erlangen können. Ihr gemäßigter Teil forderte allgemeine Wahlen, weil er glaubte, nur so eine entsprechende Legitimation zu erhalten, während der radikale Teil, unterstützt vom linken Flügel der USPD und der sich im Januar 1919 überhastet gründenden **KPD**, weiterhin ein Rätesystem durchzusetzen versuchte, wie dies in den Räterepubliken von München bis Bremen und den Aufstandsversuchen des Januar 1919 in Berlin sowie den bis in die Mitte des Jahres andauernden Generalstreiks zum Ausdruck kam. Gegen all diese Versuche, aus den Volksbewegungen selbst zu einer neuen politischen Ordnung zu kommen, gingen die sich etablierenden Kräfte der bürgerlich-sozialdemokratischen Koalition mit Hilfe des alten Staatsapparates und des Militärs immer gewaltsamer vor. Die **»Januaraufstände«** und die regionalen Generalstreiks wurden durch sogenannte »Freiwilligen-Verbände« der reaktionärsten Teile des alten Militärs brutal niedergeschlagen; diese sammelten hier erste Erfahrungen für den nur ein Jahr später folgenden Versuch eines Militärputsches, um die alten Verhältnisse in Deutschland wiederherzustellen. Damit aber befestigte sich auch die **Teilung der deutschen Arbeiterschaft in zwei feindliche Lager**, was diese in den folgenden Jahren und vor allem in der politischen und ökonomischen Krise am Ende der zwanziger Jahre, die zum Aufstieg des Nationalsozialismus führte, ohnmächtig machen sollte, dem erneuten Machtgewinn der Reaktion eine Alternative entgegenzusetzen.

Waren die politischen Verhältnisse seit dem November 1918 noch vom Kampf um die politische Ordnung und die Staatsform gekennzeichnet, so zeigten die Gewerkschaften nun ihre Bereitschaft, inmitten des Umbruchs eine Sicherung und Kontinuität der wirtschaftlichen und sozialpolitischen Ordnung zu erreichen.

Mit dem Ergebnis des Ersten Rätekongresses vom 16.–21. Dezember 1918 in Berlin war insoweit eine Vorentscheidung über die politischen Verhältnisse gefallen, als sich eine überdeutliche Mehrheit für Wahlen zur verfassungsgebenden Nationalversammlung am 19. Januar des folgenden Jahres entschied; die Vereinbarung von Unternehmerverbänden und den Spitzen der drei großen Gewerkschaften über die Bildung einer »Zentral-Arbeitsgemeinschaft« gewann nun den Charakter einer Vorentscheidung über die künftige Wirtschaftsverfassung der neuen Republik (s. Dokument 17).

Das entscheidende Merkmal dieser Vereinbarung war die gegenseitige Anerkennung von Unternehmern und Gewerkschaften als gleichberech-

Dokument 17
Zentralarbeitsgemeinschafts-Vereinbarung zwischen Arbeitgeber- und Arbeitnehmerverbänden, 15. 11. 1918

Die großen Arbeitgeberverbände vereinbaren mit den Gewerkschaften der Arbeitnehmer das folgende:

1. Die Gewerkschaften werden als berufene Vertreter der Arbeiterschaft anerkannt.
2. Eine Beschränkung der Koalitionsfreiheit der Arbeiter und Arbeiterinnen ist unzulässig.

3. Die Arbeitgeber und Arbeitgeberverbände werden die Werkvereine (die sogenannten wirtschaftsfriedlichen Vereine) fortab vollkommen sich selbst überlassen und sie weder mittelbar noch unmittelbar unterstützen.
4. Sämtliche aus dem Heeresdienste zurückkehrenden Arbeitnehmer haben Anspruch darauf, in die Arbeitsstelle sofort nach Meldung wieder einzutreten, die sie vor dem Kriege innehatten. Die beteiligten Arbeitgeber- und Arbeitnehmerverbände werden dahin wirken, daß durch Beschaffung von Rohstoffen und Arbeitsaufträgen diese Verpflichtung in vollem Umfang durchgeführt werden kann.
5. Gemeinsame Regelung und paritätische Verwaltung des Arbeitsnachweises.
6. Die Arbeitsbedingungen für alle Arbeiter und Arbeiterinnen sind entsprechend den Verhältnissen des betreffenden Gewerbes durch Kollektivvereinbarungen mit den Berufsvereinigungen der Arbeitnehmer festzusetzen. Die Verhandlungen hierüber sind ohne Verzug aufzunehmen und schleunigst zum Abschluß zu bringen.
7. Für jeden Betrieb mit einer Arbeiterschaft von mindestens 50 Beschäftigten ist ein Arbeiterausschuß einzusetzen, der diese zu vertreten und in Gemeinschaft mit dem Betriebsunternehmer darüber zu wachen hat, daß die Verhältnisse des Betriebs nach Maßgabe der Kollektivvereinbarungen geregelt werden.
8. In den Kollektivvereinbarungen sind Schlichtungsausschüsse bzw. Einigungsämter vorzusehen, bestehend aus der gleichen Anzahl von Arbeitnehmer- und Arbeitgebervertretern.
9. Das Höchstmaß der täglichen regelmäßigen Arbeitszeit wird für alle Betriebe auf 8 Stunden festgesetzt. Verdienstschmälerungen aus Anlaß dieser Verkürzung der Arbeitszeit dürfen nicht stattfinden.
10. Zur Durchführung dieser Vereinbarungen sowie zur Regelung der zur Demobilisierung, zur Aufrechterhaltung des Wirtschaftslebens und zur Sicherung der Existenzmöglichkeit der Arbeitnehmerschaft, insbesondere der schwer Kriegsbeschädigten zu treffenden weiteren Maßnahmen wird von den beteiligten Arbeitgeber- und Arbeitnehmerorganisationen ein Zentralausschuß auf paritätischer Grundlage mit beruflich gegliedertem Unterbau errichtet. (...)

Berlin, den 15. November 1918

tigte Partner des Wirtschaftsprozesses. Bei dieser Vereinbarung konnten sich beide Seiten auf die Erfahrung einzelner Arbeitsgemeinschaften aus den vergangenen Jahren berufen. Es war die Durchsetzung des Gedankens der »Tarifgemeinschaft« und einer wirtschaftlich-sozialen Zusammenarbeit auf der Ebene der Gesamtwirtschaft und die logische Konsequenz der gewerkschaftlichen Politik seit Gründung der Zentralverbände.

Die »Arbeitsgemeinschaft« bedeutete aber auch die Durchsetzung langjähriger sozialpolitischer Forderungen der Gewerkschaften, wie sie ohne die veränderten politischen Rahmenbedingungen sicher nicht zustandegekommen wären: 8-Stunden-Tag, obligatorische Einrichtung von Arbeiterausschüssen und das Zugeständnis paritätischer Mitwirkung in der Gestaltung der Wirtschaftspolitik. Wenn auch die Arbeitgeber bald nach der »Beruhigung« der politischen Lage darangehen sollten, die Vereinbarungen aufzukündigen – 1924 wird die »Zentralarbeitsgemeinschaft« endgültig aufgelöst – so stellte die »Zentralarbeitsgemeinschaft« doch für die Gewerkschaften auf Jahre hinaus das ideale Modell der Vertretung der Arbeiterschaft in der Wirtschaft dar. Diese Haltung brachte es mit sich, daß die Gewerkschaften den nach Niederschlagung der politischen Rätebewegung sich ausbreitenden **Betriebsrätebewegungen** sehr skeptisch und anfangs grundsätzlich ablehnend gegenüberstanden. Demgegenüber galt den Gewerkschaftsvorständen die Politik der Arbeitsgemeinschaft als Erfüllung langgehegter Träume, zumal sie ihre staatliche Anerkennung durch die neue Regierung nach sich zog, und zwar durch die Tarifvertragsordnung des Rates der Volksbeauftragten vom 23. Dezember 1918. Allerdings wurde in dieser Verordnung die im »Hilfsdienstgesetz« geschaffene Position behördlich geleiteter Schlichtungsstellen aufrechterhalten. Die Funktionen des Staates im Tarifvertragswesen wurden noch wesentlich erweitert durch die Einrichtung der Verbindlichkeitserklärung, die mit Verordnung vom 4. 1. 1919 erfolgte und die dem Reichsarbeitsminister die Möglichkeit gab, Tarifverträge für allgemein verbindlich zu erklären. Damit war der Grundsatz der Tariffreiheit im Arbeitsrecht durchbrochen.

Die Anerkennung der Gewerkschaften als Arbeitnehmervertretung und die Anerkennung des Tarifvertrages durch die Grundsatzvereinbarung zwischen Arbeitgebern und Gewerkschaften wie auch durch die staatliche Tarifvertragsordnung hatten zur Folge, daß in den Jahren ab 1918 die überwiegende Mehrheit der industriellen Arbeitnehmer in Deutschland tarifvertraglich geregelte Arbeitsbedingungen erhielt.

Während zeitgenössische Gewerkschaftshistoriker eine »ganz neue Epoche der Beziehungen zwischen Arbeitgeber und Arbeitnehmer und damit unserer gesamten Volkswirtschaft« eingeleitet sahen, beurteilten die Arbeitgeber, so einer der Mitbegründer der Arbeitsgemeinschaft und damalige Leiter des Industrieverbandes der elektrotechnischen Industrie, H. von Raumer, diesen Schritt ganz anders:

> *Man geht nicht zu weit mit der Feststellung, daß die ZAG (das ist die Zentralarbeitsgemeinschaft) im ersten Jahre ihres Bestehens Deutschland vor dem Chaos und vor einer bolschewistischen Revolution bewahrt hat. Als alle Autoritäten zusammenbrachen: Monarchie, Staat, Militär und Bürokratie, schuf sie durch den Zusammenschluß der Unternehmer mit den Gewerkschaften eine Macht, die die Wirtschaft und die Betriebe in Ordnung hielt.*

Die besondere Rolle der Arbeitsgemeinschaft erwies sich aber in der Frage der Übergangswirtschaft und der Demobilmachung. Die Regierung Max von Badens hatte am 7. November 1918 ein Amt für Demobilmachung eingerichtet, und zwar auf Antrag von Unternehmerverbänden und Gewerkschaften. Die neue Regierung, der Rat der Volksbeauftragten, verordnete die Einrichtung dieses »Reichsamtes für die wirtschaftliche Demobilmachung« am 12. November noch einmal und stattete es mit weitgehenden Vollmachten aus. Leiter des Amtes wurde der ehemalige Leiter der Kriegsrohstoffabteilung, der, wie alle in den kriegswirtschaftlichen Staatsbehörden leitenden Personen, ein Vertrauensmann der Industrie war.

Mit der Verordnung vom 12. November war eine zentrale staatliche Stelle geschaffen, die die nationale Produktion reorganisierte. Ihr stand der gesamte Verwaltungsapparat des Staates zur Verfügung. Das Demobilmachungsamt selbst war sehr klein, die eigentliche Arbeit wurde von »Fachausschüssen« durchgeführt, die jeweils einen Industriezweig erfaßten. Diese Fachausschüsse wurden aus den jeweiligen Reichsarbeitsgemeinschaften der ZAG gebildet, waren also paritätisch mit Unternehmer- und Gewerkschaftsvertretern besetzt. Da die ZAG selbst zu diesem Zeitpunkt noch über keinen eigenen Apparat verfügte, war der Apparat des Demobilmachungsamtes das ausführende Organ der ZAG; die wesentliche Aufgabe der ZAG wiederum lag in der Durchführung der Demobilmachung. Die Gewerkschaften waren hier Gehilfen der Wirtschaft.

Begriffen sich die Gewerkschaften also nach wie vor als Vertreter der wirtschaftlichen Tagesinteressen der Arbeiter, so ging ein Teil der Arbeiterschaft, der sich zunehmend in Betriebsräten organisierte, mit seinen Forderungen nach Produktionskontrolle und Sozialisierung schon viel weiter. Das führte dazu, daß örtliche Gewerkschaftsstellen sich bereitfanden, Kollektivverträge mit den Unternehmern abzuschließen, während sich die Arbeiter selbst mit dem Hinweis auf die Notwendigkeit der Sozialisierung dem verweigerten.

Hier werden die Alternativen deutlich: Blieb die wirtschaftliche Ordnung Deutschlands auf der Grundlage des privaten Eigentums und der Verfügungsgewalt der Unternehmer bestehen, so blieb es auch die Funktion der Gewerkschaften, die Interessen der Arbeiter durch Kollektivabkommen zu vertreten; würde das Wirtschaftssystem durch Produktionskontrolle und Sozialisierung revolutioniert, so lägen die wesentlichen Aufgaben bei den Arbeiterräten. So war die Zurückhaltung der Gewerkschaftsführungen gegenüber jeder Sozialisierungspolitik wie auch gegenüber der betrieblichen Mitbestimmung der Arbeiter wohl auch in der Befürchtung begründet, daß auf solche Weise ein Funktionsverlust der eigenen Organisationen in Gang kommen könnte.

Doch zunächst brachte der politische Umschwung eher einen Positionsgewinn für die Gewerkschaften. Der Krieg und die Novemberrevolution als eine politische Massenbewegung hatten große Teile des Volkes aus politischer Passivität gerissen und zu einem demokratischen Engagement veranlaßt. Ein Moment dieser politischen Aktivierung war die Erfahrung, daß es innerhalb demokratischer Strukturen der Gesellschaft einer organisierten Vertretung der eigenen Interessen bedarf. Zudem wurden durch die Revolution Einschränkungen des Koalitionsrechts, wie z.B. die »Gesindeordnung« für die Landarbeiter und Hausbediensteten, aufgehoben, so daß einige Gruppen der Arbeiterklasse jetzt erst eine legale Interessenorganisation aufbauen konnten.

Die freien Gewerkschaften erlebten nach dem Kriegsende einen Zulauf neuer Mitglieder wie nie zuvor. Welche Rolle dabei die Umwälzung des Novembers 1918 spielte, zeigen die Zahlen dieses Jahres: im ersten Halbjahr wuchs die Mitgliedschaft um 100 000 auf 1 369 799, im zweiten Halbjahr verdoppelte sie sich auf 2 363 742 (Dezember 1918).

Da diese Angaben nicht nach den einzelnen Verbänden aufgeschlüsselt sind, müssen wir uns im folgenden an denen für 1921 orientieren. Der Zustrom neuer Mitglieder hielt bis dahin weiter an, die Gesamtzahl der freigewerkschaftlich Organisierten betrug 1921 7 720 172. Neben dem Anstieg des Organisationsgrades der traditionell gewerkschaftlich organisierten Teile der Arbeiterschaft waren es vor allem die Landarbeiter und Staatsarbeiter, die innerhalb kurzer Zeit große Organisationen aufbauten.

Das waren die Gruppen, die vor und im Krieg am meisten an gewerkschaftlicher Organisierung gehindert worden waren. Im Rechenschaftsbericht des ADGB-Vorstandes zum Kongreß der freien Gewerkschaften 1922 wurden die Vergleichszahlen von 1912 herangezogen, da in diesem Jahr der höchste Organisationsgrad vor dem Krieg erreicht worden war. Danach waren 1912 17 023 Landarbeiter organisiert, 1921 dagegen 600 098. Bei den Eisenbahnern lag der Grad der Organisierung vor dem Krieg praktisch bei Null, 1921 umfaßte ihre Organisation 450 503 Mitglieder.
Die **Angestellten**, die sich aufgrund objektiver und subjektiver Faktoren bis dahin oftmals als eine über den Arbeitern stehende soziale Gruppierung betrachtet hatten, die der kollektiven Vertretung ihrer Interessen nicht so sehr bedürfte, wurden ebenfalls durch Krieg und Revolution in die gewerkschaftlichen Zusammenhänge einbezogen. Bereits »die kurze Massenarbeitslosigkeit zu Kriegsbeginn führte den Angestellten die tatsächliche Unsicherheit und beamtenunähnliche Marktabhängigkeit ihrer Stellung, über die sie sich mit einem illusionären Privatbeamtenbewußtsein hinweggetäuscht hatten, handgreiflich vor Augen.« Von 1914 bis 1915 mußten sie darüber hinaus nicht nur reale, sondern auch nominelle Gehaltskürzungen hinnehmen. Diese Tendenz wurde zwar seit 1916 gestoppt, aber die Angestelltenverdienste blieben auch 1916 bis 1918 stark hinter dem steigenden Lebenshaltungsindex und auch hinter den Arbeiterlöhnen zurück. Zudem erfolgte der Abbau spezifischer Angestelltenprivilegien.
Die Ursachen dieser Entwicklung liegen in der besonderen Stellung der Angestellten: einerseits waren sie gegenüber ihrem Arbeitgeber loyaler eingestellt, verfügten demnach nicht über eigenständige und starke Organisationen, andererseits wurden – bedingt durch die Arbeitskräfteknappheit – Entlassungen, Umstellungen, Kriegsdienstverpflichtungen und Lohnkürzungen viel eher im unproduktiven Angestellten- als im Arbeiterbereich vorgenommen.
All das führte zu einer »Bedeutungszunahme der Arbeitnehmerkomponente (auf Kosten des traditionellen Berufs- und Privatbeamtenselbstverständnisses) im Bewußtsein der Angestellten, ließ auch subjektiv ihre Gemeinsamkeit mit anderen Arbeitnehmern, also vor allem mit den Lohnarbeitern, klarer hervortreten«. (J. Kocka)
Diese Bewegungen in den Schichten der Angestellten führten zu einem sprunghaften Anwachsen ihres Organisationsgrades. Allein innerhalb der Organisation der freien Gewerkschaften, also abgesehen von den selbstän-

digen Angestelltenverbänden, stieg die Zahl der organisierten Angestellten von 27673 im Jahre 1912 auf 312980 im Jahre 1921; die drei bisher selbständigen Verbände der Büroangestellten, Handlungsgehilfen und Lagerhalter schlossen sich zu einem großen Verband der Angestellten zusammen.

Vergleichsweise stärker noch als die Freien Gewerkschaften konnten **die Christlichen Gewerkschaften** in den Jahren 1918–1922 ihren Mitgliederbestand ausbauen; absolut betrachtet, blieben sie allerdings auch weiterhin in der Minderheit.

Die Mitgliederentwicklung der Gewerkschaften in Deutschland von 1913 bis 1931 zeigt folgende Tabelle:

Gewerkschaftsmitglieder 1913 bis 1931

Jahr	Freie Gewerkschaften		Christliche Gewerkschaften		Hirsch-Dunckersche Gewerkschaften	
	insgesamt	davon weiblich	insgesamt	davon weiblich	insgesamt	davon weiblich
1913	2.573.718	230.347	342.785	27.623	106.618	5.937
1916	966.705	185.810	174.300	28.764	57.766	5.351
1922	7.895.065	1.687.840	1.049.406	263.146	230.612	...
1924	4.618.353	921.140	605.392	160.819	147.280	12.540
1925	4.156.451	751.585	606.349	148.736	157.571	12.061
1926	3.977.309	659.499	541.092	115.507	163.451	12.124
1927	4.150.160	650.501	720.059	121.831	167.638	12.824
1928	4.653.586	712.430	647.364	124.129	168.726	12.700
1929	4.906.228	722.892	792.827	126.001	205.917	13.204
1930	4.821.832	684.978	778.863	113.090	198.175	11.956
1931	4.417.852	617.968	698.472	94.402	181.100	10.575

Die Politik der christlichen Gewerkschaften hatte sich dabei seit der Entscheidung für den »Burgfrieden« weitgehend der der Freien angeschlossen; sie trugen mit ihnen die Politik der »Landesverteidigung« und der »inneren Ruhe«. Sie zogen zwar deutlicher gegen alle Streikaktionen während des Krieges zu Felde, aber bemühten sich ebenso früh wie die Freien um das Zustandekommen der Arbeitsgemeinschaft mit den Arbeitgebern. Allerdings bekannten sich die Christlichen bis in die Revolution hinein noch zur Monarchie; als diese aber endgültig abgedankt hatte, drängten sie auf die baldige Einberufung einer Nationalversammlung. In der Frage der

Betriebsräte versuchten sie, ähnlich wie die Freien Gewerkschaften, diese an die Gewerkschaften zu binden, sahen sich aber in der Sozialisierungsdebatte genötigt, der Forderung nach Sozialisierung von Schlüsselindustrien zuzustimmen. Allerdings schwächten sie ihre Vorstellungen von einem Konzept der »Gemeinwirtschaft«, wie es auch in Teilen der SPD vertreten wurde, wieder ab, um nach 1920 das Privateigentum fast vorbehaltlos als Grundlage der Wirtschaftsordnung wieder anzuerkennen.

Innerhalb der Freien Gewerkschaften war die innerverbandliche Opposition noch stark. Der 10. Kongreß der Freien Gewerkschaften im Juli 1919, der erste Kongreß nach dem Ende des Krieges, war gekennzeichnet von Auseinandersetzungen über die Politik der Gewerkschaften im Krieg und ihre Haltung gegenüber der Revolution und der Rätebewegung. Hier erklärten sich die Gewerkschaften endgültig politisch neutral auch gegenüber der Sozialdemokratie (s. Dokument 18). Zu den schärfsten Kritikern der Haltung der Generalkommission gehörte wiederum der Deutsche Metallarbeiter-Verband und hier besonders die Berliner Organisation.

Teilweise ging es den oppositionellen Gewerkschaften darum, die Politik der Kooperation mit den Unternehmerverbänden (Zentralarbeitsgemeinschaft) zu verhindern und die Gewerkschaften auf eine Linie des konsequenten Klassenkonflikts festzulegen; zum anderen Teil vertrat die innergewerkschaftliche Opposition das Konzept des wirtschaftlichen Rätesystems.

Dieses wurde von den Gewerkschaftsleitungen deutlich abgelehnt. Schon im Dezember 1918 hatte Carl Legien als Vorsitzender der Generalkommission anläßlich der Verordnung der Revolutionsregierung, mit der den Betriebsausschüssen das soziale Mitbestimmungsrecht wieder entzogen worden war, die Räte als Organe bezeichnet, die nichts »Ersprießliches« leisteten, dafür aber die Einheitlichkeit des Vorgehens in den einzelnen Berufszweigen untergraben würden. Er hielt damals eine organisatorische Einfügung der Räte in die Gewerkschaftsorganisation für unmöglich. Ebenso scharf hatten die Gewerkschaften einen Aufruf der SPD vom März 1919 zurückgewiesen, in dem diese das Kontroll- und Mitbestimmungsrecht für die Arbeiterräte in der Produktion gefordert hatte. Das Korrespondenzblatt schrieb damals:

> *Die Arbeiterräte sind politische Organe der Revolution und können nur politisch wirken. Dazu bestimmt sie ihre Herkunft, ihre einseitige Zusammensetzung, ihre ganze Ideologie. Sie haben keine anderen als politische Organisationen hinter sich ... und die versagen völlig im Wirtschaftsprozeß.*

Dokument 18
Resolution zur politischen Neutralität der Gewerkschaften; Gewerkschaftskongreß in Nürnberg (1919)

Der 10. Kongreß der Gewerkschaften Deutschlands erklärt, daß die Gewerkschaften die Arbeitnehmer unbeschadet der politischen oder religiösen Überzeugung des einzelnen zu einheitlicher und geschlossener Aktion zwecks Wahrnehmung ihrer wirtschaftlichen Interessen vereinigen müssen.
Das Mannheimer Abkommen mit der Sozialdemokratischen Partei Deutschlands vom Jahre 1906, das eine Verständigung der beiden Zentralleitungen bei wichtigen, die Gesamtinteressen der Arbeiterklasse betreffenden Fragen verlangt, hatte den Zweck, diese Aktionskraft der Arbeiterschaft durch Vermeidung von Differenzen zwischen gewerkschaftlicher und politischer Arbeiterbewegung zu erhöhen. Die politische Neutralität der Gewerkschaften gegenüber ihren Mitgliedern wurde davon nicht berührt.
Aber dieses Abkommen hatte eine einheitliche politische Interessenvertretung der deutschen Arbeiter zur Voraussetzung. Diese Voraussetzung ist nicht mehr vorhanden. Die Spaltung der Sozialdemokratischen Partei gefährdet auch die Einheit und Geschlossenheit der deutschen Gewerkschaften. Der Gewerkschaftskongreß sieht sich daher genötigt, die Neutralität der Gewerkschaften gegenüber den politischen Parteien auszusprechen. Die politischen Meinungskämpfe der Arbeiter dürfen die Stoßkraft ihrer wirtschaftlichen Interessenvertretung, der Gewerkschaften, nicht schwächen.
Die Gewerkschaften dürfen sich jedoch nicht auf die enge, berufliche Interessenvertretung ihrer Mitglieder beschränken, sie müssen vielmehr zum Brennpunkt der Klassenbestrebungen des Proletariats werden, um den Kampf für den Sozialismus zum Siege führen zu helfen.
Fritz Paeplow und Genossen

(Aus: Protokoll der Verhandlungen des zehnten Kongresses der Gewerkschaften Deutschlands. Abgehalten zu Nürnberg vom 30. Juni bis 5. Juli 1919, Berlin o.J., S. 56.)

Den hartnäckigen Widerstand gegen die Räte gaben die Gewerkschaften erst auf, als die Regierung sich unter dem Druck der großen Streikwelle im Frühjahr 1919, die die Gewerkschaften mißbilligt und die Regierung mit Hilfe von Militär niedergeschlagen hatte, noch zu dem Zugeständnis wirtschaftlicher Räte, also zur Einrichtung von Betriebsräten, bereitfand. Infolge dieser Zugeständnisse breitete sich – auch als Ausweg nach der politischen Niederlage der Rätebewegung – die betriebliche Rätebewegung schnell aus, und die Gewerkschaften sahen sich genötigt, sich zu dieser Bewegung zu verhalten, die ihrem Anspruch, alleinige Vertreterin der Arbeiterschaft zu sein, ernsthaft Konkurrenz machte. Auf einer Vorständekonferenz der Freien Gewerkschaften im April 1919 verabschiedeten diese Richtlinien, aus denen deutlich wurde, daß man nun versuchen wollte, die nicht mehr wegzudiskutierenden Betriebsräte eng an die Gewerkschaften zu binden (s. Dokument 19b). Auf dem Gewerkschaftskongreß wurden dann trotz scharfer Kontroversen in der Frage der Betriebsräte Richtlinien über deren Aufgaben verabschiedet.

Dokument 19a
Wirtschaftliche Räteorganisation

Antrag Richard Müllers, Nürnberg 1919

Der zehnte deutsche Gewerkschaftskongreß verwirft die von der Konferenz der Verbandsvorstände aufgestellten Richtlinien für die künftige Wirksamkeit der Gewerkschaften wie auch die Bestimmungen über die Aufgaben der Betriebsräte. Diese Richtlinien sind geeignet, den proletarischen Klassenkampf abzuschwächen und die Aktionsfreiheit wie auch die Kampffähigkeit des Proletariats zu lähmen. Die Gewerkschaften würden durch Annahme dieser Richtlinien nicht mehr als Werkzeuge im Klassenkampf des Proletariats wirken können. Der Kongreß hält den Klassenkampf zur Verwirklichung des Sozialismus für unbedingt notwendig. Demgemäß müssen die Gewerkschaften ihre Tätigkeit ausüben.

Die Aufrichtung unseres Wirtschaftslebens erfordert die planmäßige Organisation der Produktion und den Aufbau einer wirtschaftlichen Räteorganisation. Durch sie soll die Selbstverwaltung aller Berufsarten, Industrie-, Gewerbe-, Handels- und Verkehrszweige gewährleistet wer-

den. Die Grundlage dieser Organisation sind die Betriebsstätten, die kleinsten gesellschaftlich produktiven Einheiten des Wirtschaftslebens. Aus den Betrieben werden die Vertrauensleute des werktätigen Volkes gewählt. Diese Räteorganisation erfaßt alle arbeitenden Kräfte des Volkes. Sie ist organisch auszubauen zu einer das ganze Volk und Wirtschaftsleben zusammenfassenden Zentralorganisation.
Der Kongreß erkennt diese Grundsätze an und erwartet von den deutschen Gewerkschaften, daß sie ihre Tätigkeit in diesem Sinne entfalten.
Der Kongreß lehnt alle Versuche ab, die geeignet sind, dem Kapital einen Einfluß auf unser Wirtschaftsleben zu sichern. Ein solcher Versuch sind die Arbeitsgemeinschaften, die gemeinsam von der Generalkommission und den Vertretern der Unternehmerorganisationen angestrebt werden. Desgleichen liegen diese Tendenzen auch der vom Reichswirtschaftsminister geplanten Gemeinwirtschaft zugrunde, die der Kongreß gleichfalls nicht billigen kann.
Richard Müller

(Der Antrag wurde durch die Annahme von Richtlinien über die künftige Wirksamkeit der Gewerkschaften – s. Dok. 19b –, die Zustimmung zur Arbeitsgemeinschaftspolitik und die Annahme der Bestimmungen über die Aufgaben der Betriebsräte als abgelehnt erklärt.)

Dokument 19b
Richtlinien über die künftige Wirksamkeit der Gewerkschaften

1. Die Gewerkschaften haben in der Periode der privatkapitalistischen Warenproduktion die Arbeiter zum Klassenkampf erzogen. Sie haben große Massen der Arbeiter in starken Verbänden gegen die Unternehmer vereinigt, sie in Lohnkämpfen geschult und durch wirtschaftliche Bildung zur Erkennung ihrer Lage und zum Verständnis der gesellschaftlichen Zusammenhänge gebracht. Die Gewerkschaften haben in jahrzehntelangem, systematischen Kampf den Unternehmern nicht nur Arbeitszeitverkürzungen und Lohnerhöhungen abgerungen, sondern auch die Stellung der Arbeitnehmer in den von den Gewerkschaften beeinflußten Betrieben der Arbeitgeberwillkür entzogen. Sie haben der Arbeiterschaft die Anerkennung ihrer Organisation als gleichberechtigten

Vertragsteil erkämpft und in beträchtlichem Umfange die gewerkschaftlichen Erfolge durch kollektive Arbeitsverträge sichergestellt. Sie haben ferner die Umwandlung des Arbeitsrechts, vordem ein einseitiges Herrenrecht des Unternehmers, zum paritätischen Recht angebahnt und gefördert sowie auf die Sozialpolitik und die Gesetzgebung einen steigenden Einfluß ausgeübt.

2. Am Vorabend der politischen Revolution hatten die Gewerkschaften die Unternehmer bereits zur Erfüllung der wesentlichsten Arbeiterforderungen gezwungen und sie auf den Weg der wirtschaftlichen Demokratie gedrängt durch Schaffung von Arbeitsgemeinschaften, in denen alle Fragen des Wirtschaftslebens und der Sozialpolitik in gleichberechtigter Vertretung von Unternehmern und Arbeitern gelöst werden sollen. Alle diese Erfolge der Gewerkschaften sind wertvolle Errungenschaften, haben aber die berechtigten Forderungen der Arbeiterschaft und somit die Aufgaben der Gewerkschaften erst zum Teil erfüllt. Der Kampf der Gewerkschaften muß deshalb fortgesetzt werden.

3. Die Revolution hat die politische Macht der Arbeiterklasse gestärkt und damit zugleich ihren Einfluß auf die Gestaltung der Volkswirtschaft vergrößert. Der Wiederaufbau des durch den Krieg zerrütteten Wirtschaftslebens wird sich in der Richtung der Gemeinwirtschaft, unter fortschreitendem Abbau der Privatwirtschaft vollziehen. Die Umwandlung muß planmäßig betrieben werden und wird von den Gewerkschaften gefördert.

4. Die Gewerkschaften erblicken im Sozialismus gegenüber der kapitalistischen Wirtschaft die höhere Form der volkswirtschaftlichen Organisation. Die von ihnen erstrebte Betriebsdemokratie und Umwandlung der Einzelarbeitsverträge in Kollektivverträge sind wichtige Vorarbeiten für die Sozialisierung. Die weitere Mitarbeit der Gewerkschaften auf diesem Gebiet ist unentbehrlich. (...)

7. Das Mitbestimmungsrecht der Arbeiter muß bei der gesamten Produktion, vom Einzelbetrieb beginnend bis in die höchsten Spitzen der zentralen Wirtschaftsorganisation, verwirklicht werden. Innerhalb der Betriebe sind frei gewählte Arbeitervertretungen (Betriebsräte) zu schaffen, die, im Einvernehmen mit den Gewerkschaften und auf deren Macht gestützt, in Gemeinschaft mit der Betriebsleitung die Betriebsdemokratie durchzuführen haben. Die Grundlage der Betriebsdemokratie ist der kollektive Arbeitsvertrag mit gesetzlicher Rechtsgültigkeit. Die Aufgaben der Betriebsräte im einzelnen, ihre Pflichten und Rechte, sind

in den Kollektivverträgen auf Grund gesetzlicher Mindestbestimmungen festzulegen.
8. Die Durchführung der in diesen Richtlinien aufgestellten Forderungen ist Aufgabe der gewerkschaftlichen Zentralorganisationen in den einzelnen Industrie- und Berufszweigen, die sich im Deutschen Gewerkschaftsbund zu einer Gesamtvertretung der Arbeit vereinigt haben. Den zum Deutschen Gewerkschaftsbund gehörigen Gewerkschaften kann jeder Arbeiter und jede Arbeiterin beitreten. Politische oder religiöse Überzeugung ist in diesen Organisationen kein Hinderungsgrund für den Beitritt.
9. In den Gemeindebezirken oder größeren Wirtschaftsgebieten übernehmen die aus Urwahlen mit beruflicher Gliederung hervorgehenden Arbeiterräte neben den innerhalb der allgemeinen Wirtschaftsorganisation ihnen gesetzlich zugewiesenen Pflichten und Rechten auch die sozialen und kommunalpolitischen Aufgaben der seitherigen örtlichen Gewerkschaftskartelle. An Stelle der letzteren treten Ortsausschüsse des Allgemeinen Deutschen Gewerkschaftsbundes, die ihre Tätigkeit auf die rein gewerkschaftlichen Aufgaben beschränken und daneben die Verbindung der Gewerkschaften mit den Arbeiterräten herstellen.
10. Außer diesen örtlichen Arbeiterräten sind Arbeitervertretungen für größere Bezirke und für das Reich auf Grund von Urwahlen nach dem Verhältniswahlsystem zu berufen. Dieselben können mit entsprechend zusammengesetzten Vertretungen der Betriebsleiter gemeinsam sozialpolitische und wirtschaftspolitische Angelegenheiten als Selbstverwaltungsorgane der Volkswirtschaft (Wirtschaftskammer) behandeln, Gesetzentwürfe ausarbeiten und begutachten sowie Vorschriften für die Organisation der Betriebe und Wirtschaftszweige zu deren Sozialisierung ausarbeiten und auf ihre Durchführung hinwirken.
11. Die Gewerkschaften können nach ihrem Charakter als Vertretung reiner Arbeiterinteressen nicht selber Träger der Produktion sein, als welche die Wirtschaftskammern zu gelten haben. Ihnen fällt aber die Führung einer zielbewußten Arbeiterpolitik innerhalb der Wirtschaftskammern zu. Sie haben grundsätzliche und praktische Richtlinien für die Arbeitervertreter aufzustellen und für dauernde Verbindung dieser Vertreter untereinander und mit den Gewerkschaften Sorge zu tragen. Sie müssen umfassende Maßnahmen treffen, um die Erkenntnis aller volkswirtschaftlichen Fragen und Produktionsbedingungen, der Technik und Betriebsverwaltung in der Arbeiterschaft zu verbreiten und damit bei

dieser die Kräfte auslösen, die zur Durchführung der sozialistischen Wirtschaftsweise nötig sind.

(Beschlossen auf der Vorständekonferenz der Freien Gewerkschaften, April 1919.)

Gleichzeitig versuchte ein Teil der Rätebewegung, weiterhin Einfluß auf die sich anbahnende gesetzliche Fixierung der Betriebsräte zu erlangen. Nachdem der Gedanke eines geschlossenen Rätesystems durch die politischen Entwicklungen zugunsten einer rein betrieblichen Räteverfassung zurückgedrängt war, erfuhren auch die weiteren Entwürfe seit April 1919 immer stärkere Einschränkungen der vorgesehenen Rechte der Betriebsräte. Der endgültige Entwurf, der schließlich in der Nationalversammlung beraten und verabschiedet wurde, entsprach denn auch den Vorstellungen der mehrheitssozialdemokratischen Partei und der Gewerkschaftsführer. Es gab kein einschneidendes Kontroll- und Mitbestimmungsrecht mehr, auch die Mitwirkung bei Einstellungen und bei Entlassungen wurde stark beschnitten, die Einblicksmöglichkeit in Betriebsvorgänge auf wenige Aspekte reduziert und die Verpflichtung des Arbeitgebers zur Vorlage einer Bilanz eingeschränkt. Was blieb, war die Entsendung von zwei Vertretern des Betriebsrates in den Aufsichtsrat. Hinzu kam die Bestimmung, daß die Arbeiter nicht das Recht erhalten sollten, den Betriebsrat oder einzelne Mitglieder desselben jederzeit abzuberufen; ebenso wurde die Trennung von Arbeiter- und Angestelltenvertretung verstärkt und ein Verbot für den Betriebsrat, eigene Beiträge für seine Belange zu kassieren, ausgesprochen.
In der am 11. August 1919 beschlossenen **Weimarer Reichsverfassung** waren nur noch in bescheidenem Umfang Einflüsse der Rätebewegung und der Bewegungen für Sozialisierung und Kontrollrechte der Arbeiter enthalten. Allerdings wurde **erstmals in einer deutschen Verfassung das Recht der Arbeit kodifiziert**. Gleichzeitig war damit der Rahmen für ein noch zu verabschiedendes Betriebsrätegesetz formuliert.
Artikel 157 der Weimarer Reichsverfassung stellte die Arbeitskraft unter den besonderen Schutz des Staates; Art. 159 sicherte das Koalitionsrecht; Art. 163 anerkannte das Recht auf Arbeit. Die wichtigsten Festlegungen in bezug auf das Verhältnis von Arbeitgebern, Arbeitnehmern und Staat traf Art. 165 der Weimarer Reichsverfassung:

Die Arbeiter und Angestellten sind dazu berufen, in gleichberechtigter Gemeinschaft mit den Unternehmern an der Regelung der Lohn- und Arbeitsbedingungen sowie an der gesamten wirtschaftlichen Entwicklung der produktiven Kräfte mitzuwirken. Die beiderseitigen Organisationen und ihre Vereinbarungen werden anerkannt.
Die Arbeiter und Angestellten erhalten zur Wahrung ihrer sozialen und wirtschaftlichen Interessen gesetzliche Vertretungen in Betriebsarbeiterräten sowie in nach Wirtschaftsgebieten gegliederten Bezirksarbeiterräten und in einem Reichsarbeiterrat.
Die Bezirksarbeiterräte und der Reichsarbeiterrat treten zur Erfüllung der genannten wirtschaftlichen Aufgaben und zur Mitwirkung bei der Ausführung der Sozialisierungsgesetze mit den Vertretungen der Unternehmer und sonst beteiligten Volkskreisen zu Bezirkswirtschaftsräten und zu einem Reichswirtschaftsrat zusammen. Die Bezirkswirtschaftsräte und der Reichswirtschaftsrat sind so zu gestalten, daß alle wichtigen Berufsgruppen entsprechend ihrer wirtschaftlichen und sozialen Bedeutung darin vertreten sind.
Sozialpolitische und wirtschaftspolitische Gesetzentwürfe von grundlegender Bedeutung sollen von der Reichsregierung vor ihrer Einbringung dem Reichswirtschaftsrat zur Begutachtung vorgelegt werden. Der Reichswirtschaftsrat hat das Recht, selbst solche Gesetzesvorlagen zu beantragen. Stimmt ihm die Reichsregierung nicht zu, so hat sie trotzdem die Vorlage unter Darlegung ihrer Standpunkte beim Reichstag einzubringen. Der Reichswirtschaftsrat kann die Vorlage durch eines seiner Mitglieder vor dem Reichstag vertreten lassen.
Den Arbeiter- und Wirtschaftsräten können auf den ihnen überwiesenen Gebieten Kontroll- und Verwaltungsbefugnisse übertragen werden. Aufbau und Aufgabe der Arbeiter- und Wirtschaftsräte sowie ihr Verhältnis zu anderen sozialen Selbstverwaltungskörperschaften zu regeln, ist ausschließlich Sache des Reiches.

Während die in diesem Verfassungsartikel formulierten weitgehenden betrieblichen und überbetrieblichen Mitbestimmungsrechte keineswegs verwirklicht wurden, stellte das 1920 verabschiedete **Betriebsrätegesetz** sozusagen den Rest durchgesetzter Arbeiterforderungen dar.
Der Kampf um dieses Gesetz von Ende 1919 bis März 1920 kann als letzter Versuch gewertet werden, Vorstellungen der Arbeiterbewegung doch noch zum Zuge zu bringen.
Programmatisch beharrte die Betriebsrätebewegung auf den Forderungen des Frühjahrs 1919. Die Betriebsräte sollten als »Träger der Sozialisierung« weitgehende Kontrollfunktionen gegenüber den Unternehmern erhalten und in allen sozialen und das Arbeitsverhältnis betreffenden Fragen volle Mitbestimmung ausüben können.

Obwohl die staatlich nicht anerkannten, sogenannten »wilden« Betriebsräte nur relativ kurze Zeit existierten und unter äußerst schwierigen Bedingungen arbeiten mußten, wurden doch einige praktische Versuche unternommen, die obengenannten Vorstellungen zu verwirklichen. Eingriffe in die Produktion betrafen fast immer die Abschaffung des Akkordsystems; oft wurden, um die Produktionsleistung dadurch nicht zu senken, von den Belegschaften bestimmte Planziele aufgestellt und zu erreichen versucht. Rationalisierungspläne für Betriebe wurden durch Verhandlungen zwischen Betriebsräten und Betriebsleitern vorbereitet, die Ergebnisse von Belegschaftsversammlungen diskutiert und verabschiedet. Bei Entlassungen oder Produktionseinschränkungen wurden die Entscheidungen fast immer nach sozialen Gesichtspunkten gefällt; es wurde also versucht, die Nachteile möglichst breit zu streuen und jedem Belegschaftsmitglied die Existenz zu sichern. Besonders großen Erfolg hatten die Betriebsräte der kommunalen und staatlichen Betriebe, da der Widerstand der übergeordneten Behörden nach der Revolution zunächst noch gering war und die Arbeiter besonders energisch auf ihren erkämpften Rechten beharrten. Zur Wahrnehmung der beiden Schwerpunkte »Produktionskontrolle« und »Mitbestimmung« in allen die Belegschaften betreffenden Fragen wurde organisatorisch arbeitsteilig vorgegangen: Die Betriebsräte kümmerten sich vor allem um die Kontrolle der Leitung und Verwaltung des Betriebes, während für die Belegschaftsfragen entweder die alten Ausschüsse des Hilfsdienstgesetzes beibehalten oder **Vertrauensleutekörper** aufgebaut wurden.
Die Betriebsräte mußten, wenn sie ihren Einfluß in den Betrieben nicht verlieren wollten, ihre wirtschaftliche Macht innerhalb des gegebenen politischen Rahmens zu konsolidieren versuchen. Dabei entwickelten sie zwei Strategien, die teils nebeneinander herliefen, teils miteinander in Konflikt gerieten. Während die SPD- und »gemäßigten« USPD-Räte versuchten, im Verein mit Gewerkschaftsvorsitzenden und in Verhandlungen mit der Regierung der Weimarer Koalition eine Legalisierung der Existenz und Tätigkeit der Betriebsräte zu erreichen, ging der linke Flügel daran, die von ihm geplante selbständige Räteorganisation aufzubauen. In Berlin und Halle entstanden »Rätevereinigungen« auf Vereinsgrundlage.
Auf einer in Halle einberufenen revolutionären Betriebsrätekonferenz, deren Initiatoren Führer des linken USPD-Flügel waren, setzte man sich mit den unterschiedlichen Vorstellungen von »Legalisierung« hier und »Räteorganisation« dort auseinander, formulierte aber auch eine Sozialisie-

rungskonzeption, gründete eine Zentralstelle der Betriebsräte Deutschlands und bestimmte die Aufgaben für die Betriebsräte in einer eher pragmatischen Erklärung. Allerdings setzten diese Richtlinien schon einen gesellschaftlichen Zustand voraus, in dem die Betriebsleitungen einer solch weitgehenden Kontrolle unterworfen gewesen wären, daß man praktisch von Enteignung oder Sozialisierung hätte sprechen können.
All diese Vorstellungen aber hatten kaum noch Chancen auf eine Realisierung, denn die Regierung ging im Verein mit den Gewerkschaften seit Mitte des Jahren 1919 dazu über, die Betriebsrätebewegung zu bändigen, indem sie, gesetzlich abgesichert, die Institution »Betriebsrat« in den neuen Staat und seine Wirtschaftsverfassung zu integrieren begann. Vor allem die Gewerkschaften und die SPD hatten ein Interesse an der »Zähmung« dieser Bewegung, da diese tief in ihre eigenen Organisationen eingedrungen war und die Basis ihrer politischen Macht – eben ihren Einfluß in der Arbeiterschaft – zu schmälern drohte. Demnach war die Entstehung eines Gesetzes über die Betriebsräte dem relativen Einfluß, den die Betriebsräte-Bewegung repräsentierte, geschuldet; auf die inhaltliche Ausgestaltung dieses Gesetzes hatte diese allerdings keinen Einfluß. Am 4. Februar, nur wenige Wochen vor dem Putschversuch reaktionärer Militärs, wurde das Betriebsräte-Gesetz dann erlassen.
Der § 1 lautete:

Zur Wahrnehmung der gemeinsamen wirtschaftlichen Interessen der Arbeitnehmer (...) dem Arbeitgeber gegenüber und zur Unterstützung des Arbeitgebers in der Erfüllung der Betriebszwecke sind in allen Betrieben, die in der Regel mindestens zwanzig Arbeitnehmer beschäftigen, Betriebsräte zu errichten.

Die genauen Aufgaben des Betriebsrates wurden im § 66 so fixiert:

Der Betriebsrat hat die Aufgabe:
1. In Betrieben mit wirtschaftlichen Zwecken die Betriebsleitung durch Rat zu unterstützen, um dadurch mit ihr für einen möglichst hohen Stand und für möglichste Wirtschaftlichkeit der Betriebsleistungen zu sorgen;
2. in Betrieben mit wirtschaftlichen Zwecken an der Einführung neuer Arbeitsmethoden fördernd mitzuarbeiten;
3. den Betrieb vor Erschütterungen zu bewahren ...

Der Abgeordnete Geyer, Mitglied der USPD, die ja die Partei war, in der gerade die oppositionelle Arbeiterschaft ihre politische Vertretung sah, kommentierte das Gesetz im Reichstag im Januar 1920 mit den Worten:

Die Geschichte des vorliegenden Betriebsrätegesetzes ist die Geschichte der Revolution in Deutschland. An der Wiege dieses Betriebsrätegesetzes standen jene gewalti-

gen Arbeiteraufstände vom Frühling vorigen Jahres, in denen die Regierung bereits ihren gegenrevolutionären Charakter zeigte, indem sie mit Maschinengewehren auf die Arbeiterschaft schießen ließ, die sich für die Sozialisierung einsetzte (...) Mehrere Monate nach den mitteldeutschen, westfälischen und Berliner Streiks, im August vorigen Jahres endlich, sah sich die Regierung genötigt, einen Gesetzentwurf über die Betriebsräte vorzulegen. Auch diesen Gesetzentwurf legte sie keineswegs vor, weil sie aus der fortschreitenden Zerstörung des Wirtschaftslebens den Schluß gezogen hätten, daß es nunmehr höchste Zeit sei, zu ernsthaften sozialistischen Maßnahmen zu greifen, sondern sie wollte diesen Gesetzentwurf ebenfalls nur vorlegen, um der sozialrevolutionären Bewegung der Arbeiterschaft eine Grenze zu ziehen.

Nunmehr erhielten die Arbeiter durch das Betriebsrätegesetz die Möglichkeit, sich in den Betrieben ein Organ zur Artikulation und Vertretung ihrer Interessen zu schaffen, das in vielfacher Hinsicht beschränkt und gefesselt war, aber trotzdem ein organisierendes Moment im betrieblichen Tageskampf der Belegschaften darstellen konnte.

Gemessen an den Hoffnungen, die sich mit der Bewegung für Arbeiter-Mitbestimmung und Produktionskontrolle verbunden hatten, war dieses Ergebnis allerdings bescheiden.

In der Folgezeit gliederten sich die Betriebsräte enger in die Politik der Gewerkschaften ein; alle Versuche, selbständige Betriebsräte-Organisationen zu schaffen, mußten bald aufgegeben werden. Die Schwerkraft der traditionellen Organisationsform war durchschlagend.

Auf dem Leipziger Kongreß der freien Gewerkschaften 1922 konnte die Betriebsrätezentrale beim ADGB feststellen, »daß das Betriebsrätegesetz mehr und mehr die Grundlage der Betriebsräte-Bewegung überhaupt bildet und daß die zuerst abseits stehenden Gruppen der Arbeitnehmer sich nach und nach unter dem Zwang der Verhältnisse bereitgefunden haben, das Betriebsrätegesetz anzuerkennen und ihre ganze Energie darauf zu richten, die Rechte aus diesem Gesetz für die Arbeitnehmer wahrzunehmen und zu verteidigen. Heute sind alle selbständigen Räteorganisationen verschwunden, und es wird innerhalb der Gewerkschaften ganz allgemein auf der Grundlage der von den Spitzenorganisationen herausgegebenen Richtlinien gearbeitet«. Allerdings glaubte der Leiter der gewerkschaftlichen »Betriebsräte-Zentrale«, sich auf diesem Kongreß über falsche Maßnahmen, Einzelaktionen, Teilstreiks usw. beklagen zu müssen, die von den Betriebsräten in »eigentümlicher Gedankenverwirrung« angezettelt würden. Tatsächlich hatte er für solche von den Gewerkschaften nicht legitimierten Aktionen nur die Erklärung, daß mit den Gewerkschaftern, kaum daß sie Betriebsräte seien, eine »besondere Veränderung« vorgehen müsse. Näher als diese liegt aber eine andere Erklärung, daß nämlich die Betriebsräte, auch wenn sie Gewerkschaftsmitglieder waren, doch nicht als angestellte Organe der Gewerkschaftsorganisation, sondern als Vertreter der Belegschaften fungierten und sich aus diesem Tatbestand durchaus Spannungen zwischen Betriebsräten und Gewerkschaften ergeben mußten, wenn die Arbeiter des jeweiligen Betriebes die gewerkschaftliche Interessenvertretung für nicht ausreichend hielten und mit Hilfe des Betriebsrates eigenständig handelten.

Will man die Rätebewegung in zeitlichen Phasen darstellen, so kann man sagen, daß die erste Phase vom November 1918 bis ins Frühjahr 1919 die Phase des Kampfes um die politische Macht war, der, begleitet durch Generalstreiks und Errichtung von Räterepubliken, eine Phase der Auseinandersetzung um Sozialisierung, Produktionskontrolle und um politische Autonomie folgte, die nur wenige Wochen des Frühjahrs bis zum April 1919 dauerte; die letzte Phase war die des Kampfes um die Rechte der Räte in den Betrieben und endete im Februar 1920 mit der Verabschiedung des Betriebsrätegesetzes. Als dieses Gesetz zustandegekommen war, wurde die Arbeiterbewegung durch einen Putschversuch von rechts überrascht. Nachdem dieser in wenigen Tagen zusammengebrochen war, setzte sich innerhalb der Betriebsrätebewegung die Auseinandersetzung zwischen den selbständigen Gruppen und der Gewerkschaftsführung um die Kontrolle der Räte fort. In dieser Zeit gewannen kurzfristig die »Arbeiter-Unionen« Einfluß, die von räte-kommunistischen und anarcho-syndikalistischen Ideen geprägt waren. Den Gewerkschaften aber gelang es schon im Laufe des Jahres 1921, ihren Einfluß auf die Betriebsrätebewegung vorherrschend zu machen, die »Arbeiter-Unionen« und andere selbständige Gruppen verloren wieder an Bedeutung und fielen in den Status von Randgruppen zurück. Anders als in den romanischen Ländern blieb der radikale Arbeiter-Syndikalismus für Deutschland untypisch, galt vielmehr als »einheitsfeindlich« und damit als Gefahr für den Einfluß der großen Gewerkschaftsorganisationen auf den Staat und die Aktionen der Arbeiterschaft.

Noch bevor mit dem Betriebsrätegesetz ein Schlußstrich unter der Rätebewegung gezogen worden war, hatten reaktionäre Militärs mit den Vorbereitungen zu jenem Putsch gegen die Republik begonnen. Es war der frühe Versuch, die Ergebnisse des November 1918 wieder rückgängig zu machen. Vorstöße dazu hatte es schon während der revolutionären Bewegung gegeben. Ihre Träger waren die alten Herrschafts- und Führungsgruppen des Kaiserreiches, aber im besonderen auch Teile der durch den Krieg erst mobilisierten militärischen Kräfte und jüngere Offizierskreise.

Da es der Mehrheitssozialdemokratie und den republikanischen Kräften nicht gelungen war, die alten Führungsschichten völlig zu entmachten und deren Herrschaftsapparat zu zerschlagen, sondern sie sich vielmehr auf diese Kräfte gegen die radikalen Teile der Arbeiterschaft stützten (s. Dokument 20), konnte es zu der Entwicklung des März 1920 kommen. Allerdings hatten sich zu diesem Zeitpunkt schon erhebliche Teile des Bürgertums von der Republik abgewandt, so daß das rechte Spektrum wieder über einen größeren Massenanhang verfügte.

Vergegenwärtigt man sich, daß die republikanische Regierung große Hypotheken übernommen hatte – einen verlorenen Krieg, eine ausgelaugte Wirtschaft, Auslandsschulden und Geldentwertung –, die ihre Startbedingungen äußerst ungünstig gestalteten, so stellt sich die Frage, wie diese Schwierigkeiten im Rahmen einer sozialen und demokratischen Politik gelöst werden sollten, wenn man sich weiterhin auf die Machtverhältnisse, Besitz- und Entscheidungsstrukturen stützte, die sie hervorgebracht hatten. Das Dilemma ist offensichtlich: Die gerade erst entstandene deutsche Demokratie und ihre Träger übernahmen die politische Verantwortung für die »Schulden« des alten Regimes, beließen aber diejenigen in ihren gesellschaftlichen Positionen, die sie gemacht hatten. Jede weitere »Verschuldung«, innen- oder außenpolitische Niederlage oder Krisensituation wurde nun propagandistisch auf das Konto der Weimarer Demokraten verbucht.

Der Angriff der alten Herrschaftsgruppen und ihrer militärischen Kräfte galt dabei in erster Linie den politischen und sozialen Errungenschaften der Arbeiter.

Einer der maßgeblichen militärischen Führer, auf die die sozialdemokratische Regierung sich stützte, General von Lüttwitz, schrieb bereits am 1. September 1919 an den Reichswehrminister:

> *Zwei Dinge tun uns not: Arbeit und Ordnung! Beide können wir haben, aber nicht mit Worten. Die Versuche, das Volk mit Milde und Zureden zur Aufnahme von Arbeit zu bewegen, sind vergeblich gewesen. Nur Zwang wird das Volk zur Arbeit bringen.*
>
> *Daraus ergeben sich folgende Notwendigkeiten:*

Dokument 20
Gustav Noske auf dem Parteitag der SPD 1919

Dieselben, die jetzt wieder in Berliner Versammlungen dicke Töne der Kritik reden, sind es gewesen, die damals zu mir gekommen sind, die zum Teil zum Ausdruck gebracht haben, daß meine Kollegen nicht genügend Courage haben, nicht den rechten Mut hätten, zuzupacken. Mir trauten sie das zu, ich sollte doch endlich einmal ein Ende machen. Was für mich dabei herauskommen würde, habe ich an jenem Montag, dem 6. Januar, in der Reichskanzlei, als mir der Zentralrat seine bekannten weitestgehenden Vollmachten erteilte, vollständig klar erkannt. Damals habe ich gesagt: einer muß ja die Geschichte machen, ich bin mir aber darüber klar, daß das für mich bedeutet, daß ich als Bluthund durch die Deutsche Revolution werde laufen müssen. (Bewegung.) Dessen war ich mir am ersten Tage bewußt, und nicht aus Vergnügen und nicht aus Herostratentum, sondern lediglich aus ernstem Pflichtbewußtsein habe ich mich veranlaßt gesehen, diese Blutarbeit im Interesse des deutschen Volkes zu leisten. (Bravo!) In größter Hast sind im Januar die Neuformationen tatsächlich aus dem Boden gestampft worden. Weil in Berlin keine Hand zu rühren war, mußte ich mich außerhalb Berlins hinsetzen. Von der Reichskanzlei, von den Berliner Parteigenossen wurde ich Tag für Tag bestürmt: Du mußt kommen, mußt rasch helfen, sonst geht alles in Berlin drunter und drüber. Dann ist geholfen worden. Nach dem Parteimitgliedsbuch der Leute, die damals mit mir nach Berlin einmarschierten, habe ich allerdings nicht fragen können. Ich mußte zufrieden sein, daß sie überhaupt ein Gewehr mitbrachten und sich mir zur Verfügung stellten. Natürlich hat es in Berlin im Januar und noch mehr im März Späne gegeben, hat es bedauernswerte Opfer gekostet. Aber wenn ich damals nicht hätte zuschlagen lassen, dann flog die Regierung und dann tagte die Nationalversammlung nicht, dann tagte auch dieser Parteitag heute nicht. (Lebhaftes Sehr wahr!)

(Aus: Protokoll der Verhandlungen des Parteitags der SPD, abgehalten in Weimar vom 10. bis 15. Juni 1919, S. 202 f.)

1. Vernünftiger Abbau der Arbeitslosenunterstützung. Der Grundsatz: Wer nicht arbeitet, soll auch nicht essen, muß wieder wie früher zur Geltung kommen. Gewiß ist Arbeitslosenunterstützung notwendig. Wirkt sie jetzt als Stütze der Faulheit, ist sie ein Verbrechen.
2. Unbedingtes Verbot aller politischen und wirtschaftlichen Streiks. Hand in Hand mit vorstehenden Maßnahmen muß die Frage der Arbeitsbeschaffung großzügig in die Hand genommen werden.
Wie aber wird die Regierung mit solchen im wahrsten Sinne des Wortes sozialen Maßnahmen durchdringen, wenn ihr Elemente ungestraft entgegentreten dürfen, deren einziges Streben darauf gerichtet ist, auf den Trümmern unserer staatlichen und wirtschaftlichen Ordnung ihre nur aus Ehrgeiz und Egoismus, im besten Falle aus utopischen Ideen erstrebte Herrschaft zu errichten. Diese Schädlinge müssen rücksichtslos vernichtet werden. Kampf bis aufs Messer gilt es diesen staatsfeindlichen Elementen gegenüber.
Rigorose Unterdrückung ihrer Presse und ihrer führenden Persönlichkeiten ist das einzig wirksame Mittel.
Auch heute ist die Armee Fundament der Staatsgewalt.

Im März 1920 glaubten dann einige der reaktionärsten Kräfte der gesamten antirepublikanischen Bewegung – militärische Führer der Freikorps, darunter v. Lüttwitz, ostelbische Junker und einige hohe Beamte –, es sei überaus leicht, die Regierung, die ohne solide Basis zu sein schien, zu stürzen und eine konservativ-ständische Ordnung zu errichten. Am 13. März putschten Freikorpstruppen gegen die Koalitionsregierung in Berlin (SPD, DDP, Zentrum), zwangen sie zur Flucht nach Stuttgart, besetzten das Regierungsviertel und bestimmten den Generallandschaftsdirektor von Ostpreußen, **Kapp**, zum neuen Reichskanzler. **Am 15. März setzte in Deutschland ein Generalstreik ein, wie er in der deutschen Arbeitergeschichte nie zuvor und nie danach organisiert und durchgeführt wurde.** Der ADGB und die größten Angestellten- und Beamtengewerkschaften AfA (Arbeitsgemeinschaft freier Angestelltenverbände) und DBB (Deutscher Beamtenbund) hatten zusammen zum Streik aufgerufen und eine gemeinsame zentrale Streikleitung eingerichtet. Am 17. 3. traten die Putschisten zurück, nachdem ihnen in Verhandlungen mit Regierungsvertretern bestimmte Zusagen wie Neuwahlen, Straffreiheit u. a. gemacht worden waren. Sie waren zum Rückzug gezwungen durch den Widerstand der Arbeiter, Angestellten und Beamten, der ihnen im Streik entgegenschlug.
Damit lag für einen Moment die politische Macht wieder bei der Arbeiterschaft und ihren Organisationen, da diese die Etablierung der Put-

schisten verhindert hatte. Aber die Motivation der streikteilnehmenden Massen ging über die Abwehr des Putsches hinaus: Viele Arbeiter und Angestellten waren sich durchaus klar darüber, daß die Ursache des Putsches in dem Zustand der Republik und der Labilität der demokratischen Strukturen selbst lag, daß es deshalb notwendig sei, diese gründlich zu ändern, um für die Zukunft ähnliche politische Entwicklungen zu verhindern.

Aber sowohl die Regierung als auch die Gewerkschaften standen dem Generalstreik skeptisch gegenüber; hatte man doch die Befürchtung, die Arbeiterschaft würde sich erneut radikalisieren. Allerdings gab es gerade in Gewerkschaftskreisen Tendenzen, nun wenigstens einen größeren Einfluß auf die Regierung zu bekommen. Das spiegelt im gewissen Sinne auch der Aufruf von ADGB, AfA und DBB vom 18. März wider, als der Putsch schon zusammengebrochen war:

> *Arbeiter, Angestellte und Beamte! Der Generalstreik hat bisher den Erfolg gezeitigt, daß ein Kapp und Lüttwitz beseitigt sind. Damit ist aber der Kampf noch nicht beendet.*
>
> *Die Soldateska beherrscht noch die Straßen Berlins. Die von verschiedenen Seiten gebrachte Nachricht, daß Noske als Oberbefehlshaber der Truppen nach Berlin zurückkehren soll, erscheint uns nach den bisherigen Verhandlungen mit der verfassungsmäßigen Regierung ausgeschlossen. Zunächst sind alle unzuverlässigen Truppen restlos zu entfernen und zu entwaffnen. Die Neuorganisation der Truppen muß so erfolgen, daß für die Zukunft jeder militärische Putsch unmöglich ist.*
>
> *Wir fordern entscheidende Mitwirkung bei der Neuordnung der Verhältnisse ...*
>
> *Diese Bedingungen sind der verfassungsmäßigen Regierung gestellt ... Der Generalstreik ist fortzusetzen, bis unsere Forderungen erfüllt sind.*

Der Generalstreik wurde fortgesetzt – aber es darf bezweifelt werden, ob dies wegen des Aufrufs oder schon völlig unabhängig von der Haltung der Gewerkschaften geschah. Die Regierung, die den Putschenden durch Amnestieversprechen und anderes entgegengekommen war und auf Drängen der »neutral« gebliebenen Militärs nun Seeckt zum neuen Chef der Reichswehr ernannt hatte, wollte unbedingt den Abbruch des Generalstreiks.

In dieser Situation sah sich Carl Legien, Vorsitzender des ADGB und vorher (seit 1892) Vorsitzender der Generalkommission, veranlaßt, der USPD ein **Angebot zur Bildung einer Arbeiterregierung** zu unterbreiten, die wesentlich von ADGB und USPD getragen und zu der die SPD hinzugezogen werden sollte. Die USPD lehnte ab. E. Lucas hat darauf hingewiesen,

daß dieses Angebot Legiens sozusagen außerhalb der Verfassung stand; die Regierung, die zu diesem Zeitpunkt noch in Stuttgart saß, wollte ja keinesfalls zurücktreten und so hätten sich zwei rivalisierende Arbeiterregierungen gegenübergestanden, ein Dilemma, das nur durch einen außerparlamentarischen Druck von seiten der Arbeiter zu lösen gewesen wäre. So mag es eher sein, daß dieses Angebot der Versuch war, Druck auf die alte Regierung auszuüben, um bestimmte Forderungen durchzusetzen. Zu beachten ist, daß Legien ein späteres Angebot des Reichspräsidenten, eine neue Regierung zu bilden, abgelehnt hat. Hierfür dürfte nicht zuletzt auch seine Stellung zur »Zentralarbeitsgemeinschaft« ausschlaggebend gewesen sein. Die Arbeitgeber hatten nämlich während des Putsches Verhandlungen zwischen beiden Regierungen vorgeschlagen und sich strikt gegen den Generalstreik ausgesprochen. Für den Vorsitzenden der Generalkommission aber war die Fortsetzung der Zusammenarbeit mit den Arbeitgeberverbänden in der ZAG zu wichtig, um sie aufs Spiel zu setzen.
Aus einer »Arbeiterregierung« war nichts geworden, aber **große Teile der Arbeiterschaft kämpften in den folgenden Wochen im Ruhrgebiet weiter für eine revolutionäre Umgestaltung der deutschen Verhältnisse** und für Garantien gegen die erneute Möglichkeit einer militärischen Erhebung der alten Kräfte.
Aber die Bewegung wurde im Ruhrgebiet isoliert und von Reichswehr und Freikorps eingeschlossen. Ein in Bielefeld nach Verhandlungen geschlossenes Abkommen zwischen Regierung und Aufständischen sah als Kompromiß die Selbstauflösung der Aufstandsbewegung, eine Legalisierung des Sicherheitswesens »aus Kreisen der republikanischen Bevölkerung« unter Aufsicht der Kommunalbehörden und den Verzicht der Regierung auf den Einmarsch von Truppen vor, der aber dann doch kam. Auch hier hatte sich gezeigt, daß ein regionaler Versuch, die bürgerliche Gesellschaft und den Staat anzugreifen, scheitern mußte. Nach der Niederlage der Arbeiter im Ruhrgebiet nahmen die Freikorps, die von den Arbeitern in den Tagen des Putsches besiegt worden waren, grausame Rache. Mit diesem Ausgang des Putsches war die Situation für die Armee und die rechtsstehenden Kräfte gerettet, man hatte sogar die Einwilligung der Regierung in Neuwahlen erreicht.
Diese Reichstags-Wahlen 1920 brachten eine Niederlage der SPD und führten zur Bildung einer rein bürgerlichen Regierung. Die sich in diesen Wahlen darstellende Kräftekonstellation zwischen der Linken und der republikfeindlichen Rechten sollte die politische Landschaft der Weimarer

Republik bis zu ihrem Ende prägen. Die Gewerkschaften, die nun ihren Einfluß auf die Regierungspolitik verloren hatten, mußten in der sich anbahnenden Wirtschaftskrise eine Strategie der Abwehr sozialer Not und sozialpolitische Hilfsmaßnahmen entwickeln. Es kam in den Jahren 1921–1923 zu ausgedehnten Streikkämpfen, die zum Teil mit, zum Teil aber auch ohne die Unterstützung der Gewerkschaften abliefen. In einigen Branchen erhielten sich oder bildeten sich oppositionelle Gruppen; **der Organisationsgrad der Gewerkschaften ging ruckartig zurück, und die gesellschaftliche Macht der Arbeiterbewegung begann zu sinken.**

Kapitel 7
Inflation, Stabilisierung und »Wirtschaftsdemokratie«

Noch bevor sich die wirtschaftlichen und politischen Verhältnisse zur **Inflationskrise** zuspitzten und die Auseinandersetzungen mit Frankreich und Belgien über die Reparationszahlungen zur Besetzung des Ruhrgebietes und zum sogenannten **»Ruhrkampf«** führten, gaben Streiks und Arbeiterkämpfe den Anlaß für die frühe Rücknahme von Errungenschaften des November 1918. So erließ die Reichsregierung aus Anlaß eines »putschähnlich« durchgeführten Streiks der Berliner Elektrizitätsarbeiter im November 1920 eine Verordnung gegen Streiks in lebenswichtigen Betrieben, die sogenannte Notschlichtungsverordnung, die auf scharfen Protest der Gewerkschaften stieß. Diese Verordnung bedeutete nämlich nichts weniger als die Einschränkung des Streik- und Koalitionsrechtes für die Arbeiter in öffentlichen Betrieben. Die Richtlinien zu den Schlichtungsverordnungen vom Dezember 1918 boten eine immer weiter fortschreitende staatliche Eingriffsmöglichkeit in das freie Tarifrecht. Die in diesen Jahren zwischen 1918 und 1923 ablaufenden Auseinandersetzungen sowie die gesetzlichen und staatlichen Regelungen der Beziehungen von Arbeitnehmern und Arbeitgebern führten in ihrer Summe zur **erneuten Einschränkung der Rechte der Arbeiterschaft**.

Die Einflußlosigkeit des »Reichs-Kohlerats«, der eine öffentliche Kontrolle des Bergbaus sichern sollte, und die Auflösung der »Sozialisierungskommission«, weil die Unternehmer in ihr schon Versuche der Erörterung des Problems sabotierten, waren erste empfindliche Schläge gegen die gewerkschaftlichen Vorstellungen einer »Gemeinwirtschaft«, deren Grundlage die »Parität« von Arbeitnehmern und Arbeitgebern sein sollte. Auch eine zweite »Sozialisierungskommission« nach den Kapp-Putsch mußte so scheitern. Die Unternehmer begannen ihre Offensive gegen die Arbeiterschaft. Im Oktober 1922, noch vor dem Höhepunkt der inflationären Geldentwertung, forderte Fritz Thyssen in einem Offenen Brief an den damaligen Reichskanzler Wirth die Rückkehr zum 10-Stunden-Tag. Hugo Stinnes machte in einer Rede vor dem Reichswirtschaftsrat deutlich, daß die Vorstellungen der Unternehmerschaft darauf hinausliefen, Streiks und Lohnkämpfe für eine lange Zeit überhaupt auszuschließen.

Das Jahr 1923 stellte dann den Gipfelpunkt der Geldentwertung und der innenpolitischen Konflikte dar.

Im Januar waren französische und belgische Truppen ins Ruhrgebiet einmarschiert, um Reparationszahlungen durch militärischen Druck zu erzwingen. Die Regierung in Berlin unter dem bürgerlichen Reichskanzler Cuno rief zum »passiven Widerstand« auf; SPD und Gewerkschaften unterstützten diesen Widerstand. Der »Ruhrkampf« aber war eine zwiespältige Auseinandersetzung: Sie rief zum einen eine erste nationale Hochstimmung, auch in Teilen der Arbeiterschaft, hervor; zum anderen wurde deutlich, daß diese Auseinandersetzungen in erster Linie für die deutsche Großindustrie geführt wurden.
Die Kämpfe, die als nationale Abwehr gegen Franzosen und Belgier begonnen hatten, gingen immer mehr in Konflikte zwischen Arbeiterschaft und Kapital über.
Schon im April 1923 hatte eine Konferenz der Bergarbeitergewerkschaft den Abbruch des »passiven Widerstandes« gefordert und war darin durch die SPD unterstützt worden. Im Mai mehrten sich große und spontane Streiks, in denen die Absetzung des Reichskanzlers Cuno und Schritte zu einer Stabilisierung der wirtschaftlichen Verhältnisse gefordert wurden.
Die Inflation hatte zu diesem Zeitpunkt eine enorme Verschlechterung der Lebensverhältnisse der Arbeiter und Angestellten gebracht. Es kam zu weiterem Lohnabbau, zu Kurzarbeit und Arbeitslosigkeit. Der Einfluß der Sozialdemokratie und der Gewerkschaften sank immer deutlicher. Durch die Inflation waren nicht nur die gewerkschaftlichen Kassen leer, auch jeder rein wirtschaftliche Kampf etwa um Lohnerhöhungen hatte angesichts der Wertlosigkeit des Geldes seinen Sinn verloren. **Ein Großteil der Arbeiter wandte sich der Kommunistischen Partei oder im gewerkschaftlichen Raum den »Arbeiter-Unionen« und anderen Gruppen zu, in denen radikale Stimmungen Ausdruck fanden.**
Im August 1923 beschloß die Vollversammlung der Berliner Betriebsräte (und es ist bezeichnend, daß es die Betriebsräte und nicht die gewerkschaftlichen Instanzen waren) einen **Generalstreik gegen die Regierung Cuno**. Sie forderte die Sicherung der Lebensmittelversorgung und die Bildung einer Arbeiterregierung. Als die Regierung Cuno, durch den Streik gezwungen, zurücktrat und die SPD unter dem neuen Kanzler Stresemann in die Regierung eintrat, wurde der Streik abgebrochen. Im Gegensatz zum Streik im März 1920 war der »Cuno-Streik« ohne die Gewerkschaften erfolgt; Betriebsräte und örtliche Gruppen hatten selbständig gehandelt, aber sie waren auch diesmal nicht in der Lage, ihre Möglichkeiten längerfristig zu nutzen. **Während die SPD in die Regierung eintrat, glaubte die**

KPD, eine revolutionäre Situation vorzufinden und machte im Oktober 1923, nachdem die Arbeiterregierungen aus SPD und KPD in Sachsen und Thüringen durch die Reichswehr mit Billigung des Reichspräsidenten Ebert abgesetzt wurden, in Hamburg einen Aufstandsversuch, der kläglich scheiterte. Die Bereitschaft großer Teile der Arbeiterklasse, ihre erworbenen Rechte und ihre Lebensverhältnisse zu sichern, hatte die KPD mit einer revolutionären Situation verwechselt. Nach dem Ende des Aufstands wurde die KPD bis Mitte 1924 verboten; ihr Einfluß in der Arbeiterschaft, vor allem in der Gewerkschaftsbewegung und in den Betrieben, ging beträchtlich zurück.

Die Situation, in der sich die deutsche Arbeiterbewegung Ende 1923 befand, war alles andere als »revolutionär«. Die letzte Möglichkeit eines gemeinsamen Vorgehens der Arbeiterschaft, um ihre politischen Ziele zu verwirklichen, bestand wahrscheinlich nach dem Kapp-Putsch 1920. Aber sie wurde nicht wahrgenommen, zumal die Polarisierung in der Arbeiterschaft und die indifferente Haltung der Gewerkschaften zu weitergehenden politischen Forderungen einen solchen Schritt schon damals recht unwahrscheinlich machten.

Seitdem sich die USPD teils wieder mit der SPD zusammengeschlossen hatte, teils (1920) zur KPD gegangen war, hatte sich die **Polarität zwischen den beiden Lagern der Arbeiterschaft** zusehends verschärft, so daß für die gesamte Zeit der Weimarer Republik keine Annäherung mehr möglich wurde. Die Gründe dafür lagen sicherlich in der Rolle der SPD, nach 1918 weitergehende sozialistische Bestrebungen blutig niedergeschlagen zu haben, aber auch in der Rolle der KPD, sozusagen eine »Fortführung« der russischen Revolution zur »Weltrevolution« leisten zu wollen, wobei sie die Lage der deutschen Arbeiterschaft aus den Augen verlor. In den Gewerkschaften bildete die KPD eine Opposition, die nach vielen Ausschlüssen später in den erfolglosen Versuch einer eigenen Gewerkschaftsbewegung, der **»Revolutionären Gewerkschaftsopposition« (RGO)** einmündete.

Am Ende des Jahres 1923 stand die Niederlage der linken Bewegungen in der Arbeiterschaft, aber auch der **Zusammenbruch des »Hitler-Putsches« in München**; die Große Koalition unter Stresemann, die von der SPD bis zur DVP reichte, brachte nun erstmals eine gewisse Stabilisierung sowohl der parlamentarischen Staatsform als auch, durch das Ende der Inflation, eine Stabilisierung der wirtschaftlichen Verhältnisse.

Doch wurde diese **wirtschaftliche Stabilisierung auf Kosten der Arbeiter** und Angestellten erreicht. Schon im September 1923 hatten die Bergbauunternehmen beschlossen, ohne Lohnerhöhung eine Heraufsetzung der Arbeitszeit von sieben auf achteinhalb unter Tage und von acht auf zehn Stunden über Tage durchzusetzen. Obwohl eine entsprechende Vorlage im Reichstag abgelehnt wurde, begannen die Unternehmer mit deren Umsetzung. Die Gewerkschaften versuchten, eine Abwehrfront gegen diese Versuche zu bilden; es kam zu heftigen Auseinandersetzungen, zu Streiks, aber auch zu Aussperrungen, denen die Arbeiter schon bald nachgeben mußten. Der Acht-Stunden-Tag war damit als verpflichtendes Arbeitszeitmaximum aufgehoben.

Als die Unternehmer nach Stabilisierung der Währung in Verhandlungen um die Löhne 20 Pfennig Durchschnittsstundenlohn anboten, weigerten sich die Gewerkschaften, auf dieser Basis zu verhandeln. Die Arbeitgeber gründeten nun den »Reichsbund vaterländischer Arbeiter- und Werksvereine« und verlangten deren Anerkennung als Gewerkschaft.

Da es sich bei dem Reichsbund um eine »gelbe Gewerkschaft« handelte, deren Auflösung die Unternehmerverbände im Arbeitsgemeinschaftsabkommen zugesagt hatten, war das ein weiterer Bruch dieses Abkommens. Die Freien Gewerkschaften, aber auch die Hirsch-Dunckerschen, kündigten daraufhin das Abkommen. Der Deutsche Metallarbeiter-Verband und andere Verbände wie die Bauarbeiter hatten die »Zentralarbeitsgemeinschaft« schon früher verlassen.

Allerdings war diese Aufkündigung seitens der Gewerkschaften als Druckmittel nicht mehr wirksam; die Arbeitgeber bedurften der Zentralarbeitsgemeinschaft nicht mehr, sie hatten die Auseinandersetzungen längst zu ihren Gunsten entschieden. Im Dezember 1923 wurde ein Gesetz verabschiedet, das weitgehende Ausnahmen vom Acht-Stunden-Tag ermöglichte, ferner fast alle Beschränkungen bei Entlassungen und Betriebsstillegungen aufhob, so daß man von einem Ende der meisten gewerkschaftspolitischen Errungenschaften des November 1918 sprechen kann.

Die Stabilisierung nach dem Ende der Inflation brachte dennoch hinsichtlich des Lebensstandards und des Lohnniveaus eine langsame Annäherung an den Vorkriegsstand, aber die Arbeitslosigkeit blieb in einer Höhe, die sie vor 1914 niemals gehabt hatte.

Die Ankurbelung der Wirtschaft ab 1924 war zum erheblichen Teil auf einen Rationalisierungsschub und eine »Bereinigung« der Struktur (d.h. weitgehend eine Kapitalkonzentration) in der Industrie zurückzuführen. Die Führung der Gewerkschaften wie auch die der SPD sahen in der »Modernisierung« den Beginn einer unaufhaltsamen Entwicklung hin zum

Arbeitslosigkeit, Nettolöhne, Lebenshaltungskosten und Reallohnindex im Deutschen Reich 1924–1930

Jahr	Arbeitlosen-rate[1]	Nettolöhne[2]	Lebenshaltungs-kosten[3]	Reallohnindex[2]
1924	11,4%	94	166	74
1925	8,3%	127	182	91
1926	17,9%	125	184	85
1927	8,8%	144	192	98
1928	9,7%	152	197	100
1929	14,6%	150	200	98
1930	22,7%	131	193	89

[1] Im Vergleich dazu: Von 1910 bis 1914 lag die Arbeitlosigkeit zwischen 1,9% und 3,2%.
[2] Basisindex 1913/14 = 100 [3] Basisindex 1900 = 100.
(Diese Angaben nach J. Kuczynski sind strittig, die Trends aber nicht zu bezweifeln.)

allgemeinen Volkswohlstand. Ökonomische Zuversicht breitete sich auch bei den sozialdemokratischen Wirtschaftstheoretikern aus.
Für die Arbeiter und (soweit davon erfaßt) die Angestellten bedeutete die Rationalisierung eine Verschärfung der Monotonie des Arbeitsprozesses (Fließbandarbeit), eine zunehmende Zerlegung der Arbeitsvorgänge, eine »wissenschaftliche« Planung und Kontrolle der Arbeitsleistungen – und damit insgesamt eine wesentliche Steigerung der Arbeitsintensität. Die Probleme, die sich damit verbanden, wurden vielfach sehr wohl gesehen; man ging aber davon aus, daß die weitere Erhöhung des Lebensstandards und auch die Entwicklung der Arbeitstechniken selbst die Folgen der Rationalisierung erträglich machen würden. Was von den Gewerkschaften weniger zur Kenntnis genommen wurde, waren die Auswirkungen der Rationalisierung auf die Qualifikationsstruktur der Arbeitnehmer, auf den Arbeitsmarkt und schließlich auf die allgemeine Wirtschaftslage.
Die Umstellung auf neue Arbeitsvorgänge bedeutete in manchen Branchen den Trend zu einem neuen »Typ« des Arbeiters, d.h. den steigenden Bedarf an rasch anlernbaren und umsetzbaren, zudem »frustrationsfähigen« Arbeitskräften, womit auf der anderen Seite bisherige Arbeitsqualifikationen nicht mehr gefragt, vorhandene Arbeitskräfte überflüssig waren. Gleichzeitig aber konnte mit der Wegrationalisierung von Arbeitskräften und der Stillegung veralteter Betriebsanlagen die Produktivität gesteigert werden. So sank in den letzten Jahren der Phase der »relativen Stabilität« der Anteil der Beschäftigten im Verhältnis zur Produktion.

Beschäftigte und Produktion

Jahr	Produktionsindex	Beschäftigung
1927	97,2	91,4
1928	100,0	90,7
1929	101,4	86,8

Die hohen Arbeitslosenzahlen bedeuteten nicht nur einen ständigen Mangel an Konsumkraft und damit die Gefahr industrieller Überkapazität, sondern schwächten auch die Gewerkschaften in ihren Möglichkeiten der freien Auseinandersetzung mit den Unternehmern.

Hinzu kam, daß die gravierenden **Umschichtungen in der Arbeitnehmerschaft und in der Beschäftigungsstruktur** gerade die Freien Gewerkschaften vor erhebliche Probleme stellten. In den Jahren ab 1923 wurde deutlich, daß der Anteil der im Dienstleistungssektor Beschäftigten gegenüber dem der in der Produktion Tätigen stetig anstieg und zugleich der Anteil der Angestellten gegenüber dem der Arbeiter rasch zunahm. Längerfristig betrachtet, ergibt sich folgender Trend: Von 1907 bis 1925 nahm die Zahl der in Deutschland in Industrie und Handwerk Beschäftigten um 29 % zu, im Bereich Handel-Verkehr-Dienstleistungen betrug die Zunahme im gleichen Zeitraum mehr als 42 %. Auch der Dienstleistungs- oder Verwaltungsanteil innerhalb der Produktion wurde immer umfangreicher. Für die Zeit vor dem Ersten Weltkrieg rechnete die offizielle Statistik mit 8 Angestellten auf 100 Arbeiter (in der Produktion); für 1925 ergab sich bereits ein Verhältnis von 15 Angestellten auf 100 Arbeiter. Zwischen 1907 und 1925 war die Zahl der Arbeiter in der Industrie um 34 %, die der Angestellten in der Industrie um 135 % angestiegen.

Nun war aber das traditionelle Organisationsfeld der Gewerkschaften (zumindest der Freien) die Arbeiterschaft in Industrie und Handwerk, in den Bereich der Angestellten und der Dienstleistungsberufe drangen sie nur langsam ein, weil hier berufsständische Organisationen dominierten.

Die Angestellten empfanden sich eher als eine Art »neuer Mittelstand«, obwohl die soziale und wirtschaftliche Entwicklung nach 1918 kaum noch Anlaß zu solcher Einschätzung der eigenen Lage bot. Besonders der Deutschnationale Handlungsgehilfen-Verband (DHV) betonte die christlichen, nationalen sowie völkischen »Aufgaben« der Angestellten noch vor deren wirtschaftlichen Belangen. Dennoch waren um 1930 im »Gesamtverband der Angestelltengewerkschaften« (Gedag), in dem der DHV die

Führung besaß und der 13 Verbände umfaßte, rund 600 000 Mitglieder organisiert.

Im Juli 1919 hatten sich auch die liberalen Angestelltenverbände im »Gewerkschaftsbund der Angestellten« (GdA) vereinigt. Er gehörte der Hirsch-Dunckerschen Gewerkschaftsrichtung an, bejahte also die kapitalistische Wirtschaftsordnung, wahrte aber die beruflichen Interessen seiner Mitglieder, setzte sich für sozialpolitische Ziele ein und zahlte Streikunterstützung. Um 1930 betrug seine Mitgliederzahl über 335 000.

Die den Freien Gewerkschaften nahestehenden Angestelltenverbände gründeten im Oktober 1921 in Düsseldorf auf ihrem ersten Kongreß den »Allgemeinen freien Angestelltenbund«. Schon 1925 hatte der **AfA-Bund** 500 000 Mitglieder. Zwischen AfA-Bund und dem ADGB wurde ein Organisationsvertrag geschlossen, der dem AfA-Bund völlige Autonomie gewährte. In der nach 1918 im ADGB aufflammenden Debatte über das Berufsverbands- oder Industrieverbandsprinzip wurde im AfA-Bund weitgehend das Prinzip des Berufsverbandes vertreten. Auch ging die Annäherung an die Auffassung, der Angestellte sei ebenso wie der Arbeiter in erster Linie Arbeitnehmer und Lohnempfänger, nur langsam vonstatten. Erst auf dem 3. Kongreß 1928 konnte sich der Standpunkt, die Angestellten als Teil der Arbeitnehmerschaft aufzufassen, durchsetzen und in ein Aktionsprogramm umgesetzt werden. Der AfA-Bund bekannte sich uneingeschränkt zur Möglichkeit der Anwendung »aller gewerkschaftlichen Kampfmittel«, aber außer während des Kapp-Putsches kam es kaum zu Arbeitsniederlegungen bei den Angestellten.

Anders als bei den Arbeitern aber hatten bei den Angestellten die Freien Gewerkschaften nicht die Mehrheit. Im Gegenteil: Gedag und GdA besaßen nicht nur einen größeren Anteil an organisierten Angestellten, ihre Mitgliederentwicklung, besonders die der Gedag und damit der »nationalen« Linie, zeigte eine deutlich steigende Tendenz.

Innerhalb des ADGB wurde Anfang der zwanziger Jahre die Frage nach der Organisationsform wieder aktuell; die Veränderungen innerhalb der Arbeiterschaft, vor allem in der Berufsstruktur, ließen die alte **Diskussion um Berufs- oder Industrieverbandsprinzip** neu aufleben. Schon 1892 auf dem Halberstädter Kongreß hatte es erste Anläufe zum Industrieverbandssystem gegeben, aber die Entwicklung der kapitalistischen Wirtschaft zu einer hochkonzentrierten und monopolisierten Struktur wurde noch kaum erkannt; einige wenige Verbände wie die Fabrik-, Transport- und Gemeindearbeiter hatten sich schon vor 1914 auf der Basis ihrer Industrien

Mitgliederstand der deutschen Angestelltenverbände von 1925 bis 1930

Jahr	AfA-Bund freigewerkschaftlich		Gedag, Christl. nationale Gewerkschaften für Angestellte		GdA, Gewerkschaftsring (Hirsch-Duncker)	
	Mitglieder	v.H. der Angest.	Mitglieder	v.H. der Angest.	Mitglieder	v.H. der Angest.
1925	448.277	39,8	403.763	35,9	273.016	24,3
1926	399.855	36,2	429.700	38,9	275.352	24,9
1927	395.756	34,4	465.880	40,5	288.134	25,1
1928	421.106	34,4	501.635	40,9	301.967	24,7
1929	453.233	34,1	557.420	41,9	320.117	24,0
1930	462.263	33,3	591.930	42,6	335.428	24,1

organisiert. Im übrigen hatten sich die Berufsverbände weiter ausgebreitet, aber jeder Gewerkschaftskongreß mußte sich mit der Organisationsfrage erneut auseinandersetzen.

Der Krieg unterbrach diese Debatte, obwohl er die objektiven Voraussetzungen für das Industrieverbandprinzip noch verstärkte. Gerade die vermehrte Hereinnahme von Ungelernten, Frauen und Jugendlichen in die Produktion ließ den Berufsverband immer anachronistischer erscheinen. Auf dem Leipziger ADGB-Kongreß 1922 wurden dann Beschlüsse zur Bildung von Industriegewerkschaften mit großer Mehrheit gefaßt. Drei Positionen standen sich auf dem Leipziger Kongreß gegenüber: **Fritz Tarnow** als Anhänger des Berufsverbandes, **Robert Dißmann**, der den Industrieverband wollte und **Jacob Walcher** für die kommunistische Opposition. Die Mehrheit im ADGB-Vorstand neigte zum Berufsverband, die stärkste Stütze für den Industrieverband waren die Metallarbeiter des DMV, während sich die Kommunisten auf die Betriebsräte zu stützen glaubten, die in der politischen Kampfsituation des Jahres 1922 noch keineswegs durch die gewerkschaftlichen Organisationen gezähmt waren. Es setzte sich auf dem Leipziger Kongreß die industrieverbandliche Richtung durch (s. Dokument 21), doch 1925, die revolutionäre Situation war vorbei und die Gewerkschaften waren geschwächt, wurde ein Kompromiß geschlossen, der keiner Seite etwas einbrachte. Bis 1933 blieb die Organisationsfrage damit ungelöst, beide Formen existierten weiterhin nebeneinander.

Tarnow hatte damals gemeint:

Ob sich jemals jene schon aus den Anfängen der Bewegung stammende und immer

Dokument 21
Industrieverband oder Berufsverband?

a) Antrag des Deutschen Metallarbeiterverbandes zum ADGB-Kongreß Leipzig 1922:
Im Kampfe der Gewerkschaften um bessere Lohn- und Arbeitsbedingungen muß (...) dem straff organisierten Unternehmertum eine in große, leistungsfähige Industrieorganisationen zusammengefaßte Arbeiterschaft entgegengestellt werden. Der Gewerkschaftskampf wird benachteiligt und ein einheitliches Arbeiten aufs äußerste erschwert, wenn mehrere Berufsorganisationen in einer Industriegruppe ihr Betätigungsfeld erblicken. Dasselbe trifft zu, wenn bei Tarifverhandlungen einem Unternehmer oder einer einheitlichen Unternehmergruppe eine Anzahl von Berufsorganisationen gegenüberstehen. Dies führt zu einem unnötigen Verbrauch an Kräften und Mitteln.
Die an die Gewerkschaften gestellten Anforderungen sind in den letzten Jahren gewaltig gestiegen. Die Aufgaben der Betriebsräte, sowie die Wirtschaftsfragen und die mit allen Kräften anzustrebende Sozialisierung können nicht genügend auf die Grundlage des einzelnen Berufs gefördert werden. Das kann erfolgreich nur durch Industrieorganisationen geschehen.
Aus allen diesen Gründen hält der 11. Deutsche Gewerkschaftskongreß eine grundlegende Änderung der bisherigen Gewerkschaftsformen und des damit verbundenen Gewerkschaftsrechts für notwendig. Für große zusammenhängende Industrien ... sind einheitliche Industrieverbände anzuerkennen oder zu schaffen. Dies geschieht durch den Zusammenschluß der heute noch vorhandenen Berufsorganisationen.

b) Argumentation von Fritz Tarnow, Vorsitzender des Holzarbeiterverbandes, für das Berufsverbandsprinzip:
Die gewichtigen Gründe, die zur Form der Berufsorganisation und im erweiterten Sinne zum Industrieverband führten, haben jedoch nach wie vor die überwiegende Bedeutung. Wie seither wird auch in Zukunft die Berufssolidarität ein wertvolles Mittel der gewerkschaftlichen Organisierung, Schulung und Disziplinierung sein. Die Schaffung und der Ausbau von Einrichtungen zur Pflege der beruflichen Fortbildung, sowie die gewerkschaftliche Einflußnahme auf das Lehrlingswesen können in der

Berufsorganisation am besten gefördert werden. Auch für die Erhaltung der Organisationstreue erweist sich die Form des Berufsverbandes als günstiger, weil für die meisten Arbeiter der Beruf das dauernde ist, während Arbeitsplatz und Industrie wechseln. Schließlich ist nicht zu verkennen, daß die Regelung der Arbeitsverhältnisse erheblich nach beruflichen Gesichtspunkten geordnet ist. Aus diesen und anderen Gründen sind die gemeinsamen gewerkschaftlichen Interessen zwischen den Angehörigen desselben Berufs, die sich auf verschiedene Industrien verteilen, vielfach stärker und dauerhafter als zwischen den Angehörigen verschiedener Berufe im gleichen Betriebe.

wieder aufgetauchte Idee verwirklichen wird, an Stelle der Einzelgewerkschaften den Allgemeinen Gewerkschaftsverband zu errichten, mag dahingestellt bleiben. Vorläufig spricht nichts dafür, daß in absehbarer Zeit ein solcher Plan überhaupt nur ernsthaft in Erwägung gezogen werden könnte.

Das damit angesprochene zweite Organisationsproblem, ob nämlich der ADGB eine lose Dachorganisation bleiben oder weitergehende Befugnisse erhalten sollte, blieb ebenfalls ungelöst. Auf dem Gewerkschaftskongreß in Nürnberg im Jahre 1919 war die seit 1892 bestehende Generalkommission zwar in den Allgemeinen Deutschen-Gewerkschaftsbund (ADGB) umgewandelt worden, aber das bedeutete noch keine »Einheitsorganisation«. Neben dem ADGB bestanden außerdem die Spitzenorganisationen der Angestelltenverbände, der AfA-Bund, und der Beamten, der Allgemeine Deutsche Beamtenbund (ADB). Alle freigewerkschaftlichen Dachverbände waren zwar durch Kartellvertrag untereinander verbunden, aber dennoch autonom. Dies galt auch für die einzelnen Gewerkschaftsverbände.

Unter den in der Weimarer Republik politisch und wirtschaftlich gegebenen Bedingungen setzten sowohl die Freien als auch die Christlichen Gewerkschaften den Schwerpunkt ihrer Tätigkeit nicht in die mit den eigenen Instrumenten geführte Austragung des sozialen Konflikts zwischen Kapital und Arbeit, sondern vielmehr in den Ausbau der staatlichen Sozialgesetzgebung und der sozialpolitischen Entscheidungsfunktion des Staates. Sie konnten einige Resultate erzielen, so etwa das Arbeitsgerichtsgesetz von 1926 und vor allem die Einführung einer staatlichen bzw. öffentlichen Arbeitsvermittlung und Arbeitslosenversicherung durch das entsprechende Gesetz von 1927. Bis dahin war das Risiko der Arbeitslosigkeit dem einzelnen zugewiesen oder, sofern der Staat oder die Kommunen eingriffen, nach dem Prinzip der »Bedürftigkeit« geregelt; nun gab es **erstmals einen gesetzlich gesicherten Rechtsanspruch auf materielle Hilfe für Arbeitslose**, versicherungsmäßig finanziert durch Beiträge von Arbeitgebern und Arbeitnehmern.

Die Gewerkschaften sahen hierin den Schritt in eine neue Gesellschaftsordnung, in der das liberal-individuelle Rechtsverhältnis zugunsten eines sozialen Rechtsprinzips abgelöst worden sei.

Eine immer größere Rolle gewann der Weimarer Staat in dieser Phase auch für die Festsetzung der Lohn- und Arbeitsbedingungen. **Das staatliche Schlichtungswesen als Entscheidungsinstanz rückte mehr und mehr an die Stelle der Tarifauseinandersetzungen und -vereinbarungen.** Die Schlichtungsordnung vom Dezember 1918 und eine Ergänzungsverordnung aus dem Jahre 1920 hatten die Zwangsschlichtung noch auf bestimmte Fälle beschränkt und an die Initiative eines Tarifkontrahenten gebunden; die Schlichtungsbestimmungen vom 30. Oktober 1923 hingegen gaben dem staatlichen Eingriff ein weites und von ihm selbst bestimmbares Betätigungsfeld; das Streikrecht war damit faktisch weitgehend eingeschränkt.

Die Tarifkontrahenten selbst waren es, die durch die häufige Anrufung der Schlichtungsstellen den politischen Instanzen die Verantwortung zuschoben. Obwohl die Gewerkschaften erkannten, daß die praktizierte Schlichtungsordnung den Lohnkampf hemmte, argumentierten sie doch, daß bei einer schlechten Konjunkturlage sich das staatliche Schlichtungswesen als Schutzvorrichtung für die Arbeiterinteressen erweisen müsse – was sich in der Weltwirtschaftskrise einige Jahre später als Illusion erweisen sollte.

Die **Verrechtlichung und Verstaatlichung sozialer Konflikte** bedeutete eine schleichende Aushöhlung der Tariffreiheit und einen Funktionszuwachs für die Justiz, deren Träger damals mehrheitlich eine autoritäre Staatsform befürworteten und staatsautoritäre Lösungen auch für das Verhältnis zwischen Arbeitern und Unternehmern als richtig ansahen.

Mitte der zwanziger Jahre breitete sich bei der Führung der Freien Gewerkschaften das Gefühl aus, daß es unter den, wie es schien, nun vergleichsweise stabilen, wenngleich für die Arbeitnehmerschaft nicht problemfreien wirtschaftlichen Verhältnissen einer neuen, auch emotional bindenden programmatischen Perspektive der Gewerkschaftspolitik bedürfe. Der Führer der Holzarbeitergewerkschaft, Fritz Tarnow, stellte 1925 die Frage,

... ob wir nicht in unserer Arbeiterbewegung und ganz besonders in unsere Gewerk-

schaftsbewegung eine Ideologie hineinbringen können, an die die Massen glauben können, ein Ideal – die Wirtschaftsdemokratie!

Die Grundannahme bei der dann entwickelten Konzeption der Freien Gewerkschaften war die, daß die kapitalistische Ökonomie strukturelle Krisen nicht mehr hervorbringen und die weitere gesellschaftliche Entwicklung ohne zugespitzte Kämpfe der sozialen Klassen verlaufen werde, eben deshalb, weil nun das Stadium des »organisierten« Kapitalismus erreicht sei. Schon 1924 formulierte **Rudolf Hilferding**, führender Wirtschaftsfachmann der SPD und kurzzeitiger Wirtschaftsminister unter Stresemann, das Konzept der Wirtschaftsdemokratie in der Zeitschrift »Die Gesellschaft«:

Die Vergesellschaftung des Arbeitsprozesses im Großbetrieb ist fortgeschritten zur Vergesellschaftung des Arbeitsprozesses ganzer Industriezweige und zur Vereinigung der vergesellschafteten Industriezweige untereinander. Damit wächst zugleich die bewußte Ordnung und Lenkung der Wirtschaft, die die immanente Anarchie des Kapitalismus der freien Konkurrenz auf kapitalistischer Basis zu überwinden strebt ... So stellt der Kapitalismus, gerade wenn er zu seiner höchsten Stufe einer von neuem organisierten Wirtschaft gelangt, das Problem der Wirtschaftsdemokratie.

Im Grunde kam hier, die spezifische militärische Prägung und nationalistische Ausdeutung einmal ausgeklammert, die Prognose wieder zur Geltung, die schon dem Konzept des »Kriegssozialismus« innewohnte: Die immer höhere Konzentration in der kapitalistischen Wirtschaft und die zunehmende Steuerungsfunktion des Staates würden »naturnotwendig« so etwas wie »Sozialismus« zur Folge haben, zumindest dann, wenn die Arbeitnehmerorganisationen in der staatlichen Politik ihr Wort mitzureden hätten.

Die Einbeziehung der Gewerkschaftsvertreter in wirtschaftliche und soziale Verwaltungskörperschaften sowie die Ausweitung der Sozialgesetzgebung und die Entfaltung eines eigenen Arbeitsrechts schienen den Gewerkschaftsführungen Belege für ihre Prognose. Der ADGB-Kongreß in Hamburg 1928 machte sich das Konzept der Wirtschaftsdemokratie zu eigen (s. Dokument 22).

Fritz Naphtali, der im Auftrag des ADGB dieses Konzept in seinem Buch »Wirtschaftsdemokratie. Ihr Wesen, Weg und Ziel« näher ausgeführt hat, sagte auf dem Hamburger Gewerkschaftskongreß:

Es ist der Gewerkschaftsbewegung gelungen, einer entscheidenden kapitalistischen Tendenz entgegenzutreten und sie zu überwinden, der Tendenz der Verelendung. Die Tendenz des wachsenden Elends des Proletariats ist durch die moderne Arbeiterbewegung und insbesondere durch die Gewerkschaftsbewegung überwunden worden. Ich

Dokument 22
Entschließung des ADGB zur Wirtschaftsdemokratie, September 1928

Die Verwirklichung der Wirtschaftsdemokratie.
Ausgehend von der Erkenntnis, daß das Wohl der Arbeiterklasse neben dem unverändert im Vordergrunde der gewerkschaftlichen Aufgaben stehenden Kampf um die Verbesserung der Lohn- und Arbeitsbedingungen entscheidend abhängig ist von der Umwandlung des Wirtschaftssystems, erhebt der 13. Kongreß der Gewerkschaften Deutschlands von neuem die Forderung der Demokratisierung der Wirtschaft.
Die Gewerkschaften erblicken, wie es der Nürnberger Kongreß im Jahre 1919 schon erklärt hat, im Sozialismus gegenüber der kapitalistischen Wirtschaft die höhere Form der volkswirtschaftlichen Organisation. Die Demokratisierung der Wirtschaft führt zum Sozialismus. Diesen Weg deutlich zu zeigen und die ökonomische und gesellschaftliche Entwicklung auf diesem Wege zu führen, ist eine Aufgabe, die in erster Linie den Gewerkschaften zufällt. Nicht als fernes Zukunftsziel, sondern als täglich fortschreitender Entwicklungsprozeß stellt sich die Umwandlung des Wirtschaftssystems dar. In diesem Entwicklungsprozeß sind der organisierten Arbeiterschaft vielfältige Einzelaufgaben erwachsen.
Die Demokratisierung der Wirtschaft bedeutet die schrittweise Beseitigung der Herrschaft, die sich auf dem Kapitalbesitz aufbaut, und die Umwandlung der leitenden Organe der Wirtschaft aus Organen der kapitalistischen Interessen in solche der Allgemeinheit. Die Demokratisierung der Wirtschaft erfolgt schrittweise mit der immer deutlicher sichtbaren Strukturwandlung des Kapitalismus. Deutlich führt die Entwicklung vom kapitalistischen Einzelbetrieb zum organisierten Monopol-Kapitalismus. Damit wurden auch die Gegenkräfte der organisierten Arbeiterschaft und der politisch-demokratisch organisierten Gesellschaft geweckt. Der Gegenstoß gegen die wirtschaftliche Autokratie des Unternehmertums ist bisher schon nicht erfolglos geblieben. Lebenswichtige Zweige der Wirtschaft werden bereits in der kapitalistischen Gegenwart in steigendem Maße von der privaten in die öffentliche Hand überführt. Die Arbeitsbedingungen hängen nicht mehr allein von der Freiheit des Marktes ab, die für die Arbeiter schlimmste Unfreiheit bedeutete. Sie werden gestaltet unter dem zunehmenden Einfluß der Gewerkschaften und mitgeformt von Gesetzen, die der demokratisierte Staat gegen die

Freiheit der Ausbeutung erlassen muß. Auch eine Wandlung des Eigentumsrechtes ist in ihren Anfängen sichtbar. (...)
Dieser Kampf für eine neue Wirtschaftsordnung wird um so erfolgreicher geführt werden können, je geschlossener die Arbeiterklasse zusammenhält, je einiger sie sich für die Erringung ihrer Ziele einsetzt. Den Rahmen für diesen Befreiungskampf bilden die Verbände, unter deren Banner die Arbeiterschaft schon bisher von Erfolg zu Erfolg geschritten ist, bilden die von der Arbeiterschaft für die Arbeiterschaft geschaffenen Gewerkschaften.
Bundesvorstand und Bundesausschuß
(Angenommen.)

(Aus: Protokoll der Verhandlungen des 13. Kongresses der Gewerkschaften Deutschlands – 3. Bundestag des ADGB – vom 3. bis 7. 9. 1928, Berlin 1928, S. 20)

will nicht darüber streiten, wieviel erreicht ist, wie man das Erreichte werten soll, aber die Verelendungstendenzen sind überwunden, und der Aufstieg der Arbeiterklasse ist vorhanden, mag man ihn auch für viel zu langsam halten.

Obwohl das Ergebnis der Reichstagswahl 1928 die »wirtschaftsdemokratischen« Hoffnungen der Gewerkschaften noch zu bestätigen schien – die SPD hatte erhebliche Stimmengewinne zu verzeichnen und konnte mit der DDP, der DVP und dem Zentrum eine Koalition unter Hermann Müller (SPD) als Kanzler bilden – erwies sich nur wenige Monate nach der Verkündigung der »Wirtschaftsdemokratie«, daß weder von einem Ende der »Verelendung« noch vom »sozialen Frieden« die Rede sein konnte.
Die Arbeitgeber in der rheinisch-westfälischen Eisenindustrie gaben das Signal für einen Angriff auf die Positionen der Gewerkschaften und die staatliche Sozialpolitik. Die Gewerkschaften hatten in diesem Industriebereich die Tarifabkommen gekündigt und eine Lohnerhöhung gefordert; die Schlichtungsstelle fällte einen Spruch, der die gewerkschaftlichen Forderungen nicht einmal zur Hälfte erfüllte; die Gewerkschaften fügten sich diesem Ergebnis. Soweit lief alles routinemäßig, aber dann lehnte der Arbeitgeberverband überraschend ab und blieb bei dieser Ablehnung auch, als der Reichsarbeitsminister den Schiedsspruch für verbindlich erklärte. Die Arbeitgeber gingen noch einen Schritt weiter und sperrten 200000 Metallarbeiter aus. Nach Einschaltung der Arbeitsgerichte und

nachdem der Innenminister Severing als neuer Schlichter eingesetzt war, hoben die Arbeitgeber die Aussperrung schließlich wieder auf; im Ergebnis des neuen Schiedsspruches wurde den Arbeitnehmern noch weniger zugestanden als mit dem ersten Spruch. Der ganze Vorgang machte deutlich, daß die Arbeitgeber eine Verschärfung des sozialen Konflikts zu riskieren bereit waren und daß die Kräfteverhältnisse sich zugunsten der Kapitalseite verschoben.

Nach dem Konflikt in der Eisenindustrie des Rhein-Ruhr-Gebiets mehrten sich rasch die Zeichen dafür, daß die relative Ruhelage der Zeit nach 1923 zu Ende gehen sollte. Im Winter 1928/29 stieg die Zahl der Arbeitslosen von 1,9 auf 3,2 Millionen. Aufgrund der Arbeitsmarktlage geriet die Reichsanstalt für Arbeitslosenversicherung immer tiefer ins Defizit. Der von der Reichsregierung für 1929 vorgelegte Haushalt war unausgeglichen, die Regierung hielt Steuererhöhungen für unumgänglich. Die Unternehmerverbände meldeten Protest dagegen an und forderten statt dessen einen Abbau der Sozialpolitik. Das Defizit der Arbeitslosenversicherung sollte nach ihrem Konzept durch Verringerung der Leistungen und Wiedereinführung des Bedürftigkeitsprinzips ausgeglichen werden; die Gewerkschaften und die Sozialdemokratie hingegen wollten die sozialen Leistungen durch Beitragserhöhungen halten.

Über diesen sozialen Konflikt stürzte im März 1930 die letzte parlamentarische Regierung der Weimarer Republik. Die Offensive der Unternehmer hatte dazu beigetragen, daß sich auch auf der politischen Seite alles zugunsten autoritärer Lösungen verschob.

Es folgten Präsidialkabinette, die mit Notverordnungen des Reichspräsidenten regierten; sie bildeten, was die Regierungsform angeht, den gleitenden Übergang in das Dritte Reich. In der historisch-politischen Diskussion ist später oft die Frage gestellt worden, ob die Kontroverse um ein halbes Prozent Beitragserhöhung zur Arbeitslosenversicherung bzw. die dementsprechenden Leistungsminderungen (denn das war die konkrete Differenz) es eigentlich verlohnt habe, die parlamentarische Demokratie aufs Spiel zu setzen. Aber hier werden Symptome mit Beweggründen verwechselt. Für die gewerkschaftlich-sozialdemokratische Seite war diese kleine Differenz der Punkt, wo der Hebel gegen die Weimarer Sozialstaatlichkeit angesetzt werden könnte, und für die Gegenseite sah dies, mit umgekehrter Zielsetzung, nicht anders aus.

Gleichzeitig breitete sich die **wirtschaftliche Rezession** weiter aus. Nachdem der **»Schwarze Freitag«** im Jahre 1929 an der New Yorker Börse einen

Massenzusammenbruch der Kurse gebracht hatte, wurden 1930 fast alle Industrieländer von einer bisher nicht gekannten Krise des kapitalistischen Weltwirtschaftssystems erfaßt, die besonders in Deutschland katastrophale Auswirkungen hatte. Innerhalb kürzester Zeit erwiesen sich alle Theorien vom stabil organisierten Kapitalismus und vom »Hinüberwachsen« in die Wirtschaftsdemokratie als Unsinn.

Kapitel 8
Arbeiterschaft und Gewerkschaften in der Krise

Als das Jahr 1928 zu Ende gegangen war, stellte die »Gewerkschafts-Zeitung«, das Organ des ADGB, fest, man könne nun von einer »schärferen Tonart im Verkehr zwischen Gewerkschaften und Arbeitgeberverbänden« sprechen; die Arbeitskämpfe des verflossenen Jahres hätten eine deutliche Tendenz zur »Versteifung« der Verhältnisse gezeigt, die Arbeitgeber griffen immer schneller und umfassender zu Aussperrungen und auch die staatlichen Schlichtungsstellen zeigten eine »zögernde Haltung« gegenüber den Forderungen der Arbeiter. Arbeitslosigkeit, Kurzarbeit und die Zahl der Unterstützungsempfänger seien weiter angestiegen, und die zukünftige Entwicklung könne keinesfalls positiv beurteilt werden, wenn die konjunkturelle Lage sich nicht bessere. Die Gewerkschaften aber hätten »mit Glück am Ausbau ihrer Einrichtungen und an der Pflege ihrer anderen Aufgaben« gearbeitet.
Man sah noch keinen Grund zu pessimistischer Sicht, es hieß vielmehr in der schon zitierten Bilanz:

> *Die Gewerkschaften sehen der weiteren Entwicklung dieser Kämpfe in der Region des Arbeitsverhältnisses und auf parteipolitischem Boden mit Gemütsruhe entgegen. Sie haben aus der Lage, die sich im Jahre 1928 herausgebildet hat, keine andere Schlußfolgerung zu ziehen als die, daß sie zu tun haben, was sie bisher taten: ihre Macht vermehren und ihre Macht unbeirrt und überlegen einsetzen für ihre klaren Ziele.*

Doch schon bald sollten die Gewerkschaften in eine Lage kommen, in der ihre Macht verfiel und ihre Ziele nicht mehr sicher waren. Wie sahen zu dieser Zeit die Lebensverhältnisse der arbeitenden Menschen aus, die Bedingungen ihrer Arbeit, ihre Aktivitäten und Perspektiven in den Gewerkschaften?
Der Textilarbeiter-Verband hatte im Jahre 1928 seine weiblichen Mitglieder – sie bildeten 61 % der Mitgliedschaft – aufgefordert, »von ihrem Leid und ihrer übergroßen Mühewaltung« zu erzählen. Das Ergebnis dieser Umfrage wurde zwei Jahre später in Buchform veröffentlicht und stellte, wie der Verband betonte, einen »tatsächlichen Querschnitt durch die Lebensverhältnisse der deutschen Textilarbeiterinnen« dar. Darüber hinaus gaben diese Berichte auch ein Bild von den vorherrschenden Verhältnissen in der Arbeiterschaft insgesamt, kurz bevor die große Krise der

Jahre nach 1930 die Lage radikal verschlimmerte. Wie beschrieben die Arbeiterinnen nun ihre Lage?
Stellvertretend für viele andere sollen zwei Berichte einen Einblick in die Lebensverhältnisse der Arbeiterschaft geben:

Durch Arbeitslosigkeit meines Mannes bin ich zu der Erwerbstätigkeit gezwungen. Um nicht in allzu große Notlage zu geraten, muß ich zum Haushalt meiner Familie, welche aus meinem Mann, drei Kindern im Alter von 3 bis 13 Jahren und mir besteht, beitragen. Mein Wohnort liegt im Kreise Zeitz, die Arbeitsstelle ist eine Wollkämmerei, in welcher ich Putzerin bin. Da ich fast eine Stunde Bahnfahrt habe, stehe ich früh um 4.30 auf. Der Zug fährt um 5.10 Uhr ab, kommt 5.55 Uhr am Arbeitsort an. Da unsere Arbeitszeit um 6 Uhr beginnt, muß ich vom Bahnhof bis zur Fabrik einen Dauerlauf machen, um zur rechten Zeit zur Stelle zu sein. Dort putze ich bis 14.15 Uhr Krempelmaschinen. Der Zug, mit welchem ich fahren kann, fährt erst 17.13 Uhr. Ich muß mich so lange auf dem Bahnhof aufhalten. Bin um 18 Uhr zu Hause. Nun gibt es noch daheim zu schaffen. Das Essen fertig zu kochen, für den nächsten Tag vorzubereiten, bei den Kindern die Sachen nachsehen, ob sie noch ganz und sauber sind. Wenn man den ganzen Tag nicht da ist, wird noch ein bißchen mehr gebraucht, weil die kleinen Schäden nicht so beachtet werden können. Am Abend ist man auch von der langen Zeit müde und abgespannt, und die Sachen, Wäsche und Strümpfe, müssen sonntags ausgebessert werden. Manchmal muß ich noch meinen Schlaf opfern, da ich Partei- und Arbeiterwohlfahrtsversammlungen besuche und letztere sogar als Vorsitzende leiten muß. Am Sonnabend bin ich um dieselbe Zeit zu Hause. Da gehe ich erst einmal in den Konsumverein einkaufen, um für die ganze Woche Lebensmittel zu haben. Alle vier Wochen habe ich große Wäsche für meine Familie allein zu waschen. Am Abend vorher mache ich dazu alles soweit fertig, um Sonntagmorgen beizeiten anfangen zu können. Sonst beginnt der Sonntag um 7 Uhr. Da gibt es zu tun mit dem Reinemachen der Wohnung und dem Ausbessern der Kleidungsstücke. Dabei wird das Mittagessen bereitet. Um 14 Uhr beginnt dann für mich der Sonntag. Er wird mit dem Besuch einer Arbeiterveranstaltung oder mit einem Spaziergang beendet. So geht es tagaus, tagein, Woche für Woche, der Tag der Arbeiterfrauen. Proletarierlos.
E. B., L., 48 Jahre

Mein Arbeitstag beginnt morgens um 5 Uhr. Fünf Minuten vor 5 Uhr rasselt der Wecker und Punkt 5 Uhr muß ich aufstehen. Zuerst muß ich meinen Mann für die Arbeit fertig machen, weil er kurz nach 5.30 Uhr fahren muß. Wenn ich das getan habe, geht's gleich an die nötigsten Hausarbeiten. Um 6 Uhr muß ich meine Kleine wecken, welche 14 Jahre alt ist, und dann muß ich mich zur Arbeitsstätte richten. An meiner Kleinen habe ich nicht extra viel zu tun, weil sie einen Bubikopf trägt, ein unbedingter Fortschritt der heutigen Zeit. Während ich mich richte und meinen Kaffee trinke, muß ich meiner Kleinen alles angeben, was sie tun und für den Abend zum Essen richten muß. (Auch schon ein Sklave des Kapitals.) Manchmal schreibe ich es ihr auch auf, wenn ich noch Zeit habe, weil sie es oft in ihrem schlaftrunkenen Zustand nicht recht erfaßt. Dann geht es fort zur Bahn; um 6.30 Uhr fährt mein Zug. Fünf Minuten vor 7 Uhr bin ich im Betrieb. Bis ich mich umziehe, wird's gerade Zeit, ins Arbeitsgeschirr zu fahren. Im Betriebe als Akkordspulerin wird heutzutage von einer Frau allerhand verlangt. Die Arbeitszeit von 7 bis 12 Uhr mit 20 Minuten Pause und bis 17 Uhr, somit 9 Stunden. Wenn ich Strümpfe zu stopfen habe, mache ich das in der Mittagspause. Außerdem bin ich noch Betriebsratsmitglied und muß mich neben meiner Arbeit im Betrieb noch um das Wohl und Wehe meiner Belegschaft kümmern. Es vergeht kaum ein Tag, wo nicht etwas kommt und es ist keine Kleinigkeit, sich mit den Unternehmern oder seinen Vertretern herumzustreiten. So wird es Abend und ich lauere wie die Katze auf die Maus, bis das Zeichen zum Feierabend ertönt.

Aber damit hat der Tag sein Ende noch nicht erreicht. Jetzt geht es tapfer zur Bahn, wo der Zug nach 5.30 Uhr wegfährt und ich um 6 Uhr zu Hause bin. Dort geht's natürlich nochmals frisch los. Erst muß ich mein Essen vollends fertig kochen, welches meine Kleine halbwegs zubereitet hat. Da ist natürlich auch nicht alles in Ordnung, wie man's gern haben möchte. Man kommt mal recht aufgeregt von der Arbeit und haucht auch das Kind an, was bei ruhigen Nerven nicht vorkommen würde.

Wir essen um 6.45 Uhr zur Nacht. Dann geht's wieder an die Arbeit. Zuerst muß ich meine Küche in Ordnung bringen und alles andere, was am Morgen zurückblieb. Wenn ich dann noch meine Zeitung lese, was für mich als Funktionär der Arbeiterklasse ein dringendes Bedürfnis ist, so ist es meistens so um 11 Uhr. Muß ich zu Funktionärssitzungen oder Versammlungen, dann wird's am anderen Tag immer noch etwas später. Am Freitag freue ich mich auf den kommenden Tag, weil er nur ein halber Arbeitstag im Betrieb ist und dann auf den Sonntag, an dem man so richtig seine Wirtschaft ordnen kann. Samstags ist mittags um 11.30 Uhr Schluß. Zu Hause wird die Haushaltung gründlich vorgenommen. Natürlich wird es abends immer spät – heute ist es schon 11.30 Uhr, wo ich noch sitze und schreibe. Selbstverständlich schafft man zu Hause die Arbeit lieber. Man ist in seinem eigenen Heim und steht nicht unter dem Zwang des Betriebes. Sonntags heißt es bei mir auch nicht: »Sechs Tage sollst du arbeiten und am siebenten Tage sollst du ruhen.« Nein, im Gegenteil, da habe ich meistens um 11 Uhr schon ein feuchtes Hemd auf dem Rücken, nur um Mann und Kind wenigstens ein einigermaßen behagliches Heim zu schaffen.

Das wäre so mein Arbeitstag und mein Wochenende. Nicht zu vergessen ist aber, daß alle fünf Wochen eine Änderung eintritt. Alle fünf Wochen habe ich Wäsche und den Sonntag zuvor muß ich die Wäsche sortieren, am Mittwoch wird sie abends eingeweicht. Freitag abend bürste ich sie ein. Samstag bleibe ich zu Hause und beginne in aller Frühe mit meiner Wäsche. Ich habe eine Waschmaschine; mein Mann muß auch früh aufstehen und mir ein paar Maschinen treiben. Am Sonntag steh ich dann um fünf Uhr auf und richte meine Wäsche zum Aufhängen, bis andere aufstehen, hängt meine Wäsche. Nachher gilt es noch im Haushalt zu schaffen.

Das wäre so der Hauptinhalt meines Lebens. Wenn hier eine Frau nicht einen guten Willen hat, so darf es einen nicht wundern, wenn sich so viel Frauen um nichts mehr kümmern, weil sie dann am Ende so müde und abgehetzt sind, daß ihnen alles für Erkämpfung besserer Lebensmöglichkeiten zuviel ist. Wenn man nun so ein Leben einer Betriebsarbeiterfrau zu dem Leben einer Bourgeoisdame stellt, so kann man die krassesten Gegensätze feststellen, die zu beseitigen man alles daransetzen muß. Auf der einen Seite trotz größter Arbeitsbelastung Not und Elend, auf der anderen Seite umgeben von dienstbaren Geistern und Müßiggang, ein Schlemmerleben.

B. H., S., 38 Jahre

Zwei Jahre später wanderte und reiste Alexander Stenbock-Fermor durch Deutschlands »proletarische Provinz«, um ein Bild des »Deutschland von unten« zu zeigen:

Die schwersten Eindrücke aus meiner Bergarbeiterzeit verblaßten, so schreibt er, *vor den Eindrücken dieser Reise. Überall, wohin ich kam, steigendes Elend, steigende Verbitterung, steigende Verzweiflung. Eine Welt der Armut und des Hungers und der Ausbeutung.* Und weiter: *So weit ist es nun: die selbstverständliche Forderung des Menschen auf Brot und Arbeit, auf ein menschenwürdiges Dasein, ist heute für Millionen Arbeiter ein phantastischer Wunsch, ein nie erreichbarer Zustand. Eine gesellschaftliche Ordnung, die nicht in der Lage ist, diese einfachsten Voraussetzungen des Lebens zu schaffen und zu sichern, wird reif zur Ablösung.*

Stichwortartig beschrieb er die Wohnverhältnisse im niederschlesischen Bergbaurevier:

Ein großes und ein kleines Zimmer. Ein Ehepaar mit 7 Kindern, dazu der Bräutigam einer Tochter. 3 Jahre lang wohnte hier noch ein Ehepaar mit 3 Kindern, das aber jetzt weggezogen ist. Mutter herzkrank. Mann arbeitslos. Die Kinder haben Ausschlag.

Zwei mittelgroße Räume und eine winzige Kammer. Ein Ehepaar mit 9 Kindern von 3 bis 16 Jahren (6 Knaben und 3 Mädchen). Zwei Kinder sind gestorben, das eine mit 6 Jahren, ein halbes Jahr nach der Geburt erblindet, das andere mit einem Vierteljahr.

Eine Mansarde. Decke beginnt abzufallen. Das Haus ist baufällig und verankert. Ehepaar mit 2 Kindern. In der »Dachkammer« schläft die Schwester der Frau. Hier sind Ratten.
Ein mittelgroßes und ein kleines Zimmer. Ein Ehepaar mit 9 Kindern von 1/2 bis 16 Jahren.
Eine mittelgroße Stube. Der Fußboden völlig schadhaft. Wanzen. Ein Ehepaar mit 5 Kindern von 1 bis 12 Jahren. Mann lungenkrank und arbeitslos.
Ein mittelgroßes Zimmer. Ein Ehepaar mit 5 Kindern von 6 Wochen bis 12 Jahren.
Eine kleine Stube und eine Kammer. Schlafraum feucht. Ein Ehepaar mit 5 Kindern. Für 7 Personen nur 3 Betten. Das Ehepaar wohnt hier seit 10 Jahren.
Ein mittelgroßes Zimmer. Zwei Ehepaare mit der verheirateten Tochter.
Eine winzige Stube, eine sehr kleine Küche. Ein Ehepaar mit 9 Kindern von 1/4 bis 16 Jahren. Die Stube dient diesen 11 Personen als Schlafraum mit 3 Betten und einem Sofa. Der Holzbelag des Fußbodens fehlt zum Teil. Sehr feucht. Viel Ungeziefer.
Eine kleine Stube und eine unbenutzbare Kammer. Die Balken der Stubendecke sind teilweise verfault, es regnet herein. Ein Ehepaar mit einem Kind.
Ein kleines Zimmer, Decke und Wände verfault und feucht. Mutter, Tochter, Sohn und zwei Enkel.
Zwei mittelgroße Zimmer, eine Dachkammer. Witwe mit 7 Kindern und 5 Logiergästen. Die Mutter schläft mit 2 Kindern in einem Bett. Zwei Töchter schlafen auf dem Sofa.
Eine kleine Stube. Ein Ehepaar mit 7 Kindern von 7 bis 21 Jahren.
Ein mittelgroßes Zimmer und eine Küche. Ein Ehepaar mit 9 Kindern von 9 Wochen bis zu 23 Jahren.
So kann die Liste beliebig fortgesetzt werden.
Das sind keine »krassen« Ausnahmen. Über 40 Prozent aller Wohnungen in Waldenburg sind Einzelzimmer, einschließlich Küche. In den benachbarten Gemeinden im Kreise sieht es noch schlimmer aus. In Weißenstein sind 44 Prozent Einzimmerwohnungen, in Oberwaldenburg 48 Prozent, in Ober-Hermsdorf 58 Prozent. Den Rekord schlägt die Textilgemeinde Zedlitzheide. Dort wohnen 78 Prozent aller Familien in einem einzigen Loch.
So herrscht im Waldenburger Industriegebiet das größte Wohnungselend in Deutschland. Die schlechten Wohnungsverhältnisse der Großstädte werden hier noch übertroffen. In Berlin sind 8,5 Prozent Einzimmerwohnungen, in Breslau 17 Prozent. Im ganzen Kreise Waldenburg sind durchschnittlich 41 Prozent aller bewohnten Räume Einraumwohnungen, 36 Prozent Zweiraumwohnungen, 13 Prozent Dreiraumwohnungen und nur 10% Mehrraumwohnungen.

Kein Stück Vieh, kein Schwein, kein Hund haust jämmerlicher als in Waldenburg der Mensch.
Aber die Not formte aus den Arbeitern keine Rebellen. Das jahrhundertelange Elend, die jahrhundertelange Ausbeutung sitzen in den Knochen, machen den Menschen mürbe und zerbrechen den Widerstand (. . .)
Nur die Arbeiter (besonders in der Jugend), die politisch und gewerkschaftlich organisiert sind, die aktiv in den Arbeiterorganisationen und Bünden stehen, wirken lebendig und aufgeweckt. Hier beginnt sich langsam das Klassenbewußtsein zu regen.

Sozialer Protest oder schon vorhandenes Klassenbewußtsein standen einer sich verschlechternden Situation gegenüber: Die 1930 mit aller Wucht einsetzende **Weltwirtschaftskrise**, die sich aufgrund der schon vorher schlechten Konjunkturlage und einer zusätzlichen Agrarkrise gerade in Deutschland besonders verheerend auswirkte, ließ die Industrieproduktion rapide sinken. Gemessen am Jahr 1928 sank die Produktionsgüterherstellung bis 1930 auf nahe 85 %, bis 1931 auf nahe 60 % und bis Mitte 1932 auf 58 %. Ähnlich verlief die Entwicklung im Bereich der Konsumgüterindustrie. Dies hatte den Ruin zahlreicher kleiner und mittlerer Betriebe und Geschäfte zur Folge und bedeutete die Verarmung großer Teile der Mittelschichten. Für die Arbeiter war es eine weitere Verschlechterung ihrer Lebens- und Arbeitsverhältnisse: Arbeitslosigkeit, Kurzarbeit, Reallohnsenkung und zum Teil drastische Reduzierung der Sozialleistungen, vor allem der Arbeitslosenhilfe.
Schildern die obigen Berichte eindringlich die Verhältnisse, so können Zahlen diese Eindrücke noch verstärken.
Im Jahre 1932, also auf dem Höhepunkt der Krise, war nur noch ein Drittel

Lebensverhältnisse 1928–1932

Jahr	Arbeitslosen-quote	Arbeitslose absolute Zahlen	Hauptunterstützungsempfänger[1]	Reallohnindex[2]
1928			1.029.694	100
1929			1.451.137	98
1930	22,7 %	3.140.000	2.158.049	89
1931	34,7 %	4.573.000	2.757.999	79
1932	44,4 %	5.575.000	2.535.601	64

[1] durch Arbeitslosenversicherung und Krisenfürsorge sowie unterstützte Kurzarbeiter
[2] 1913/14 = 100

der Arbeiter und Angestellten in Deutschland vollbeschäftigt und auch bei ihnen lagen die Durchschnittslöhne um etwa 45% unter dem amtlich festgelegten Existenzminimum. Je schärfer die Krise wurde, um so mehr wurden die Unterstützungssätze abgebaut und um so tiefer wurde für Massen von Arbeitern die soziale Abstufung: Erst kam die Arbeitslosenversicherung, dann die sogenannte »Krisenunterstützung« und am Ende die »Wohlfahrt« oder man fiel ganz aus der öffentlichen Hilfeleistung heraus. Wie schnell die Verelendung großer Teile der Bevölkerung vor sich ging, veranschaulicht die folgende Tabelle, die den »Weg« der Arbeitslosen von der Arbeitslosenversicherung bis zum Herausfallen aus jeglicher Unterstützung zwischen 1929 und 1932 zeigt.

Erwerbslosenunterstützung

	in der Arbeitslosenversicherung %	in der Krisenunterstützung %	Wohlfahrtserwerbslose bzw. Nichtunterstützte %
Januar 1929	81,0	5,0	14,0
Januar 1930	69,0	8,0	23,0
Januar 1931	52,0	17,0	31,0
Januar 1932	31,2	26,4	42,4[1]

[1] darunter in diesem Jahr 14,0% Nichtunterstützte

Das war auch ein Resultat der Notverordnungspolitik der damaligen Regierungen; zuerst eine Erhöhung der Beiträge zur Arbeitslosenversicherung, dann eine Reduzierung der Leistungen und Einengung des Kreises der Anspruchsberechtigten.

Diese Entwicklung zeitigte auch innerhalb der gewerkschaftlichen Organisationen verheerende Wirkungen; immer mehr Mitglieder der Gewerkschaften wurden arbeitslos. Gewerkschaftliche Kampfkraft, aber auch der Wille zur Auseinandersetzung mit den offensiv auftretenden Unternehmerverbänden nahmen ständig ab.

Der Reichsverband der Deutschen Industrie war schon im Dezember 1929 mit einer Denkschrift an die Öffentlichkeit getreten, in der Steuererleichterungen für die Industrie, eine Privatisierung bestimmter öffentlicher Betriebe, Verringerung der Sozialausgaben in den staatlichen Haushalten, eine Erhöhung »indirekter Steuern«, sogar eine Beseitigung des Tarifvertragswesens gefordert wurden.

Hier wurde unverhüllt auch die Einschränkung der Rechte des Parlaments

und eine Politik der **Notverordnungen** nach § 48 der Weimarer Verfassung gefordert.
Die Arbeiterbewegung, besonders die Gewerkschaften, sahen sich immer mehr in die Defensive gedrängt.
Ein zentraler Streitpunkt lag in der **Finanzierung der Arbeitslosenversicherung**, deren Zustand angesichts der steigenden Arbeitslosenzahlen immer desolater wurde. Eine Neuordnung wurde immer dringender. Die Regierung Hermann Müller hatte auf Drängen ihrer bürgerlichen Koalitionspartner und der Industrie vorgeschlagen, das Kapital der Rentenversicherung für die Gesundung der Arbeitslosenversicherung heranzuziehen und hatte die Arbeitslosenversicherungsbeiträge für die Arbeiter erhöht. Gleichzeitig wurde ein Programm umfassender Steuererleichterungen für die Unternehmen verabschiedet.
Gegen diese Pläne wandten sich die Gewerkschaften, ohne allerdings überzeugende Gegenvorschläge entwickeln zu können. Sie forderten eine Wirtschaftspolitik der Anhebung der Massenkaufkraft sowie ein Verbot der Mehrarbeit und die Einführung der 40-Stunden-Woche, um neue Arbeitsplätze zu schaffen. Diese unterschiedlichen Auffassungen zur Krisenbewältigung hatten aber keinen machtpolitischen Hintergrund mehr. An der Frage einer erneuten Erhöhung der Beiträge zur Arbeitslosenversicherung scheiterte das Kabinett Müller und mußte zurücktreten. Mit dem daraufhin ernannten Reichskanzler Brüning wurde erstmals eine Regierung gebildet, die sich nicht mehr auf eine Mehrheit im Parlament berufen konnte; es begann die Zeit der Präsidialkabinette und der Notverordnungspolitik.
Während das parlamentarische System und die Regierungen der Ausbreitung der Krise immer hilfloser gegenüberstanden, gingen die Unternehmen zu massiven Angriffen nicht nur auf die materiellen, sondern auch auf die sozialpolitischen Errungenschaften der Arbeiterbewegung über, die letzten Endes auf die Ausschaltung der organisierten Arbeiterschaft als politischen Machtfaktor abzielten.
Seit der Revolution 1918 war die politische Arbeiterbewegung stetig in die Defensive geraten und sah sich Anfang der dreißiger Jahre einem rapiden **Aufstieg der nationalsozialistischen Bewegung** und ihrer Partei, der NSDAP, gegenüber.
Diese Partei war bis 1929 eine relativ bedeutungslose Gruppe unter vielen anderen völkischen Vereinigungen gewesen, dann aber innerhalb eines Jahres zur Massenbewegung und nach nur weiteren anderthalb Jahren zur

stärksten Wählerpartei in Deutschland geworden. Bei den Reichtagswahlen des Jahres 1928 hatte sie 0,8 Millionen Wähler auf sich vereinigen können, aber schon 1930 wuchs ihre Stimmenzahl sprunghaft auf 6,4 Millionen an, bei den Wahlen im Juli 1932 konnte sie die Zahl ihrer Stimmen noch einmal verdoppeln und 13,8 Millionen Wähler an sich binden.
Was waren die Gründe für den Erfolg der NSDAP und die Hilflosigkeit der Arbeiterparteien und der Gewerkschaften ihr gegenüber?
Der sozialen Rekrutierung nach lag der Schwerpunkt der NSDAP, ihrer Mitglieder und Wähler, ohne Zweifel bei den Mittelschichten. Dies läßt sich auch daran ablesen, daß mit dem Aufschwung der NSDAP zeitlich parallel die bürgerlichen bzw. bürgerlich-nationalen Parteien (ausgenommen das Zentrum) und rechtsstehenden Parteien große Verluste an Wählern hinnehmen mußten und zum Teil in die Bedeutungslosigkeit absanken. Da gleichzeitig das Wählerpotential der Linksparteien insgesamt, bei internen Verschiebungen zugunsten der KPD und auf Kosten der SPD, in etwa konstant blieb, wird in Darstellungen der Geschichte der Arbeiterschaft oder der Arbeiterbewegung mitunter der Schluß gezogen, daß die Entwicklung und der Erfolg der NSDAP zwar bei der Frage nach den Gegnern der Arbeiterbewegung, nicht aber unter dem Aspekt der Binnenproblematik der Arbeiterschaft und ihrer Organisationen der Betrachtung wert sei.
Diese Auffassung ist aus mehreren Gründen nicht haltbar. Erstens geht dabei die Tatsache unter, daß die von der NSDAP angezogenen »Mittelschichten« nicht nur aus dem Kleinbürgertum (selbständige Handwerker, kleine und mittlere Geschäftsleute, Bauern, Freiberufliche, Beamte) bestanden, sondern zu einem größeren Anteil aus Lohnabhängigen, nämlich weiten Teilen der Angestelltenschaft; wenn aber für die dreißiger Jahre nach »Arbeiterbewegung« gefragt wird, dann müssen Massen von Angestellten als Teil ihres möglichen Aktions- und Organisationsfeldes begriffen werden.
Zweitens war es nicht so, als hätte die Anhängerschaft der NSDAP sich ausschließlich aus den Mittelschichten rekrutiert; die faschistische Partei in Deutschland erzielte auch – und quantitativ erheblich – Einbrüche in die Arbeiterschaft im engeren Sinne.
Drittens vollzog sich der Aufstieg der NSDAP nicht isoliert und aus sich heraus, sondern hatte seine Bedingungen im Verhalten und der Politik der anderen gesellschaftlichen Kräfte und Organisationen – nicht zuletzt der Arbeiterbewegung und der linken Parteien.

Was die Einbrüche in die Arbeiterschaft angeht, so lassen sich die Gruppen und die Situationen identifizieren, die für den Nationalsozialismus besonders günstige Voraussetzungen boten. Da waren erstens die Arbeiter in den staatlichen und öffentlichen Betrieben. Sie erwarteten von dem »Ordnungsstaat«, den die NSDAP ihnen versprach, Sicherheit ihrer Arbeitsplätze und bessere Entlohnung. Da waren zweitens die Landarbeiter, die Gutsknechte und Tagelöhner auf dem Lande; sie hatten auch vor 1930 kaum Kontakt zur Arbeiterbewegung und waren (soweit nicht als Katholiken in die Zentrumspartei eingebunden) oft völkisch-nationalistisch eingestellt; die Zugehörigkeit zu den NS-Formationen, vor allem zur SA, bot ihnen die Möglichkeit, auch einmal als »politisch gleichberechtigt« gegen ihre Herren aufzutrumpfen, die zumeist ebenfalls zur »nationalen Bewegung« gehörten, wenn auch eher zu den Deutschnationalen. Da waren drittens viele Jungarbeiter, die oft gar nicht erst in ihre Berufe hineingekommen waren; sie hatten, anders als ihre älteren Klassengenossen, keine längeren politischen Erfahrungen, keine über die Kollegen im Betrieb vermittelten emotionalen Bindungen an die traditionelle Arbeiterbewegung, und die SA bot ihnen »Gemeinschaft«, Selbstgefühl, aber auch Verpflegung, Taschengeld und teils auch Unterkunft. Und da waren viertens die Arbeitslosen, auch die älteren, vor allem diejenigen, die schon länger ohne Beschäftigung waren; für viele von ihnen kam die SPD nicht mehr in Betracht, weil sie keine rasche Änderung der Verhältnisse versprach und mit der herrschenden Gesellschaft verquickt schien; die meisten von ihnen setzten ihre Hoffnung auf die KPD, aber viele auch auf die NSDAP, und manche wechselten zwischen diesen beiden Lagern. Völlig verständlicherweise waren gerade die jungen und die Dauer-Arbeitslosen von Verzweiflung und Ungeduld bestimmt; ihnen konnte man nicht mit einer »langfristigen Perspektive« kommen, sondern sie wollten Arbeit und Brot, hier und jetzt. KPD wie NSDAP versprachen Abhilfe gegenüber ihrer Not in kürzester Frist, und bei den Nazis schien es noch zügiger zu gehen, wenn man sich die Wählerzahlen ansah: 13 gegen 4 Millionen im Sommer 1932.

So erklärt es sich auch, daß in der NSDAP, mehr noch in der SA, wo sich die »proletarischen« Elemente der NS-Bewegung konzentrierten, durchaus sozialrevolutionäre Strömungen auftraten, und daß ein Teil der Wählerschaft in Arbeiterquartieren offenbar zwischen Hitler und Thälmann schwankte. Der Prozeß des Aufstiegs des Nationalsozialismus zur Massenpartei, der in der Geschichte der modernen Parteien in seinem Umfang und Tempo keine Parallele hat, fand seine Voraussetzungen auch in der Unfähigkeit der traditionellen Parteien der Arbeiterbewegung, die Millionen von kleinen Leuten, die dem Faschismus zuliefen, für politische Alternativen zu gewinnen.

Die **Fehler der Arbeiterbewegung gegenüber der nationalsozialistischen Bewegung** aber lagen nicht zuletzt auch in Fehleinschätzungen des Charakters der NSDAP und ihrer Erfolgsbedingungen. Während die KPD im Nationalsozialismus ein bloßes Instrument des Monopolkapitals sah, das von anderen – auch der Sozialdemokratie (»Sozialfaschismus«) – kaum zu unterscheiden sei, war die vorherrschende Auffassung in der Sozialdemokratie, die faschistische Bewegung sei ein vorübergehender »Spuk« ohne Aussicht auf ein Bündnis mit den gesellschaftlichen Machteliten. Viele Sozialdemokraten nahmen mit an Naivität grenzender Gutgläubigkeit an, die Massen der Arbeiter und Angestellten, die vielen Millionen Arbeitslosen würden die ständig schlimmeren Verhältnisse auch weiterhin mit Geduld tragen. So schrieb der den Gewerkschaften nahestehende Arbeitsrechtler Heinz Potthoff Anfang 1932 zur Haltung der Arbeitnehmer angesichts der Notverordnungspolitik:

> *Ist es verantwortungsbewußte Staatsgesinnung oder nur Geduld des Herdentriebes, was den Notmaßnahmen allgemeine Anerkennung und Durchführung sichert? Bei den Arbeitern, Angestellten und Beamten, die uns hier angehen, möchte ich das erste annehmen und daraus erneut die Berechtigung herleiten, den Einfluß der organisierten Arbeitnehmer auf Arbeitsbedingungen und Wirtschaft zu verstärken. Ist es nicht wunderbar, wie die Millionen der Arbeitenden sich in die Verschlechterung ihrer Lage schicken? Mit welcher Treue sie an ihren Verbänden hängen, die ihnen Schlimmes zumuten müssen? Mit welcher Geduld sie sich Eingriffe in ihre »Rechte« gefallen lassen? Welche andere Berufsschicht (ausgenommen etwa Kleinbauern und Hausfrauen) ließe sich so schlecht behandeln, wie die Arbeitnehmer, ohne in ihrer Treue wankend zu werden? Wenn es nach den Erlebnissen von 1914–1924 noch eines Beweises bedürfte, daß die Arbeitnehmerschaft den deutschen Staat und seine Wirtschaft mit Willen und Opfer trägt, dann wurde dieser Beweis erbracht im Jahre der Notverordnungen.*

Wie verhielten sich die Freien Gewerkschaften angesichts der Krise, der staatlichen Maßnahmen, die die Rechte und Möglichkeiten der Arbeiterschaft weiter einschränkten, wie angesichts der nationalsozialistischen Bewegung?

Es liegt auf der Hand, daß die wirtschaftliche und politische Entwicklung ab 1929/30 die Gewerkschaften vor höchst ungewohnte Probleme stellte.

Eine Wirtschaftskrise von der Intensität, wie sie ab 1930 in Deutschland alle gesellschaftlichen Bereiche beherrschte, mußte die lohn- und sozialpolitische Tätigkeit der Gewerkschaften aufs äußerste erschweren; Krise und Massenarbeitslosigkeit gefährdeten aber auch das organisatorische Gefüge der Arbeitnehmerkoalitionen.
Unter der Kanzlerschaft Brünings entschieden sich die Gewerkschaften zunächst für dieselbe Politik, wie die SPD sie verfolgte, also für das Tolerieren dieser Regierung und zugleich die Bemühung, die Politik Brünings zugunsten der Arbeitnehmer zu »mildern«.
Dabei hatte die Notverordnungspolitik geradezu verheerende Folgen für die Arbeiterschaft und die Gewerkschaften. Nahezu in alle ihre Rechtspositionen wurde eingegriffen (s. Dokument 23), dennoch sahen die Gewerk-

Dokument 23
Die Zerstörung der Tarifautonomie durch die Notverordnungen 1930–1932

Die aufgezeigten Tendenzen, soweit sie vom Gedanken der Autonomie hinwegführen, haben in den Bestimmungen der seit Mitte des Jahres 1930 erlassenen Notverordnungen ihre Fortsetzung und Verstärkung erfahren. (. . .)
Durch die Vorschrift (. . .) der ersten Verordnung vom 1. Dez. 1930 griff der Staat zum erstenmal in laufende Tarifverträge ein. Um dem Reich, den Ländern, Gemeinden und sonstigen Körperschaften des öffentlichen Rechts die Möglichkeit einer Herabsetzung der Gehälter der Angestellten zu geben, die sich der Herabsetzung der Beamtengehälter anpaßte, wurde den sämtlichen beteiligten öffentlichen oder halböffentlichen Arbeitgebern die vorzeitige Kündigung nicht nur von Einzelarbeitsverträgen, sondern auch von Tarifverträgen gestattet, wobei allerdings nur eine Zweckkündigung, d. h. eine Kündigung mit dem Angebot des Abschlusses eines neuen Tarifvertrages zugelassen wurde.
Einen Schritt weiter in dem Eingriff in das Tarifsystem ging die zweite Verordnung vom 5. Juni 1931. Hier begnügte man sich nicht mit einem Kündigungsrecht zum Zwecke der Lohnsenkung, sondern man bestimmte, daß für den Fall des Ablaufs der bestehenden Tarifverträge auch bei Nichtzustandekommen einer neuen Vereinbarung ohne Schlich-

tungsverfahren die bisher bestehenden Lohnbestimmungen mit bestimmten Kürzungen weiter als tariflich vereinbart gelten sollten.
Einen vorläufigen Schlußstrich unter diese Entwicklung bedeutete die Vierte Notverordnung vom 8. Dez. 1931. Die bisherigen Maßnahmen hatten sich nur auf die Arbeitnehmer öffentlicher und halböffentlicher Körperschaften und Unternehmungen bezogen. Die Lohnsenkungspolitik der Reichsregierung gegenüber den Arbeitnehmern im Privatdienst vollzog sich bis dahin auf dem Gebiet des Schlichtungswesens. Nunmehr aber ging die Reichsregierung (...) dazu über, unter Ausschaltung der Tarifverträge und auch des Schlichtungsverfahrens, auch für Privatbetriebe die Lohnhöhe zu dekretieren. Alle Tariflöhne (...) werden mit Wirkung vom 1. Jan. 1932 auf den Stand des entsprechenden Tarifvertrages vom 10. Jan. 1927 gesenkt, maximal jedoch um einen Satz von 10% oder ausnahmsweise 15%. Den Tarifvertragsparteien bleibt es nur überlassen, in einem Nachtrag zum Tarifvertrag die zahlenmäßige Auswirkung des Eingreifens der Notverordnung schriftlich festzulegen. (...) Besonders wichtig ist es, daß die Notverordnung nur die tariflich, aber nicht die einzelvertraglich vereinbarten Löhne und Gehälter erfaßt. In Zeiten der Konjunktur gewährleistet die Einrichtung des Schlichtungswesens eine gleichmäßige Lohnsteigerung auch für die Arbeitnehmergruppen, die an sich zu ihrer Erkämpfung nicht in der Lage sind; in Zeiten der Krise wirken sich die kollektivrechtlichen Institute so aus, daß die durch freie oder erzwungene Kollektivvereinbarungen betroffenen Arbeitnehmergruppen am ehesten von der Lohnkürzung betroffen werden. Gleichzeitig erfolgt durch die Notverordnung ein weiterer nicht minder schwerer Eingriff in die Vertrags- und Kampffreiheit der Beteiligten, indem alle am 1. Jan. 1932 laufenden Tarifverträge, wenn sie nicht auf längere Dauer abgeschlossen sind oder wenn die Tarifvertragsparteien nicht später eine andere Laufzeit vereinbaren, erst mit dem 30. April 1932 ablaufen. Hier bindet also der Staat die Tarifvertragsparteien an ihren eigenen Willen unter Umständen länger, als es von ihnen selbst beabsichtigt gewesen ist. (...)
Schritt für Schritt entwickelt sich das Recht der Notverordnungen von dem Grundgedanken des Kollektivismus hinweg. Es fing an mit einem außerordentlichen Kündigungsrecht für einzelne Tarifbestimmungen bei öffentlichen Arbeitnehmern und ging über die fiktive Verlängerung von Tarifverträgen öffentlicher Arbeitnehmer zur staatlichen Anordnung von Lohnsätzen und zum Eingriff in sämtliche Kollektivvereinba-

rungen der gesamten Wirtschaft. Im Rahmen dessen, was oben dargestellt worden ist, erscheinen diese Maßnahmen der Notverordnungen nicht nur als ein Ausdruck der augenblicklichen Krisenlagen, sondern als die konsequente Fortsetzung auf einem Wege, der durch die Schlichtungspraxis und durch die Rechtsprechung vorbereitet war. Diese Entwicklung läßt sich dahin kennzeichnen, daß die Arbeitsbedingungen nicht, wie es das kollektivistische System ursprünglich wollte, Ergebnis der autonomen Vereinbarung der Beteiligten sind, sondern Produkt der jeweiligen staatlichen Sozialpolitik.

(Otto Kahn-Freund, Der Funktionswandel des Arbeitsrechts. In: Kollektives Arbeitsrecht, Quellentexte zur Geschichte des Arbeitsrechts in Deutschland, hrsg. von Th. Blanke u. a., Bd. 1. 1840–1932, S. 281 ff.)

schaften in dieser Politik paradoxerweise gleichzeitig einen »Angriff auf die Grundlagen des Kapitalismus«. Die »Gewerkschafts-Zeitung« schrieb im Dezember 1931 anläßlich der 4. Notverordnung:

Der Kapitalismus ist so brüchig geworden, seine Anhänger kranken so stark an ihrer eigenen inneren Unsicherheit, daß sie der Regierung mit erleichtertem Aufatmen die Verantwortung für die Führung der Wirtschaft überlassen und dankbar die Entlastungen des Augenblicks annehmen, die ihnen die Notverordnung bietet. Auf der anderen Seite kann freilich der Sozialismus nicht triumphieren. Sein großer Gegner hat zwar einen schweren Schlag erlitten; aber an seine Stelle tritt eine Zwangswirtschaft, ähnlich der verflossenen Kriegswirtschaft ... Wer also die Notverordnung unter dem Gesichtspunkte kapitalistischer oder sozialistischer Grundanschauungen beurteilen will, wird in ihr einen tieferen Sinn nicht finden können.

Der Staat erscheint in diesem Artikel als ein »neutraler Dritter«, der ganz eigenen, sozusagen allgemeinen Interessen folgt. Und so ist es vielleicht logisch, wenn die Gewerkschaften glaubten, die Lasten auch dieser Notverordnung noch hinnehmen zu müssen, um die Bedrohung durch den »faschistischen Ansturm« durch Tolerierung abzuwehren (s. Dokument 24).
Doch sollte sich schon bald zeigen, daß in der Tolerierungspolitik keine Chance mehr zur Abwehr des Faschismus lag. Diejenigen, die dort toleriert wurden, waren schon Wegbereiter der nationalsozialistischen Machtübernahme.
Auch die Versuche, in der **»Eisernen Front«** mit der SPD zusammen eine Bastion gegen den Faschismus aufzubauen, scheiterten kläglich. Als der

Dokument 24
Gemeinsame Abwehr

Die vierte Notverordnung und der faschistische Ansturm gegen die Republik haben die Gewerkschaften der Arbeiter, Angestellten und Beamten mit der Sozialdemokratischen Partei, den Arbeitersportorganisationen und mit dem überparteilichen Reichsbanner Schwarz-Rot-Gold zu einer gemeinsamen Abwehrfront zusammengeschweißt. In einer großen Kundgebung, die am 16. Dezember im Plenarsaale des Reichswirtschaftsrats vor die Öffentlichkeit trat, wurde der eiserne Ring um die Sicherheit der Republik geschlossen. Es war eine ernste Stunde und eine ernste Aufgabe, in der sich diese Vertreter des arbeitenden Volkes zusammenfanden. Die Bundesvorstände und -ausschüsse der gewerkschaftlichen Spitzenverbände, des Arbeitersports und Vertreter des Reichsbanners, dazu starke Vertretungen der sozialdemokratischen Reichstags- und Landtagsfraktionen waren erschienen, um das Gelöbnis zur Abwehr der faschistischen Gefahr abzulegen.
Die neue Notverordnung legt dem deutschen Volke ungeheure Lasten auf. Trotz aller Bemühungen, diese Lasten nach verschiedenen Seiten hin zu verteilen, ist die Arbeiterklasse von der schwersten Belastung betroffen worden. Und gerade jetzt muß auf die letzte Möglichkeit, diese Notverordnung abzuwehren, verzichtet werden, weil die noch größere Gefahr des Sturzes der Republik und der Zerschlagung der Verteidigungskräfte des arbeitenden Volkes dahinter lauert. Mit Zähneknirschen muß das Ärgste hingenommen werden, um das Allerärgste zu verhüten. Es sei aber dann auch wirklicher Ernst mit der Bekämpfung des Faschismus, des ewigen Ruhestörers der Republik! So gut die Rede des Reichskanzlers war – schöne Reden genügen nicht mehr, jetzt muß man Taten verlangen. Das war der große Impuls dieser Kundgebung! (...)
Gegen die Notverordnung kämpfen wir. Aber eine faschistische Diktatur würde dem Volke mit blutiger Gewalt noch schlimmere Opfer auferlegen. Wir wollen den Bürgerkrieg nicht heraufbeschwören. Es liegt deshalb im Interesse der Arbeiterschaft, die Schlacht, die wir in den letzten Wochen gegen die Notverordnung geführt haben, jetzt abzubrechen, eine Schlacht, in der es weder Sieger noch Besiegte gibt. Denn auch die Unternehmer werden sich kaum als Sieger fühlen. Aber selbst wenn

wir in der Frage der Lohnsenkung die Geschlagenen wären, dann wäre auch das nur eine Bestätigung des Wortes von Friedrich Engels, daß sich die ganze Geschichte der Arbeiterklasse darstellt als eine Reihe von Niederlagen, unterbrochen von wenigen Siegen.
Unsere Bewegung ist trotzdem groß und stark geworden. Was wir jetzt in bitterer Not ertragen müssen, kann unseren Glauben an die Zukunft nicht schwächen, kann das Vertrauen zur Stärke unserer Organisation nicht erschüttern, die dann eingesetzt werden muß, wenn nach dem vorübergehenden Druck und Zwang der Weg zur Freiheit und zum Fortschritt wieder offen liegt!

(Aus: Gewerkschafts-Zeitung, Organ des ADGB, vom 26. 12. 1931, S. 817)

Reichskanzler Papen am 20. Juli 1932 die preußische Regierung unter dem SPD-Ministerpräsidenten Braun absetzte und sich vom Reichspräsidenten zum Reichskommisar für Preußen ernennen ließ, beließen es die Gewerkschaften bei einem verbalen Protest:

An die deutsche Arbeitnehmerschaft!
Die neuesten politischen Vorgänge haben die deutschen Arbeiter, Angestellten und Beamten in große Erregung versetzt. Sie müssen trotzdem ihre Besonnenheit bewahren. Noch ist die Lage in Preußen nicht endgültig entschieden. Der Staatsgerichtshof ist angerufen.
Die entscheidende Antwort wird das deutsche Volk, insbesondere die deutsche Arbeitnehmerschaft, am 31. Juli geben.
Es ist die Pflicht aller gewerkschaftlichen Organisationen und aller Volksschichten, die auf dem Boden der Verfassung und des Rechtes stehen, mit allen zur Verfügung stehenden Mitteln dafür zu sorgen, daß diese Reichstagswahl stattfindet.
Weder der Terror der Straße noch irgendeine verfassungswidrige Diktatur darf verhindern, daß am 31. Juli das Volk von seinem höchsten Rechte Gebrauch macht. Die vorbildliche Disziplin der deutschen Arbeiter, Angestellten und Beamten ist auch in diesen schweren Tagen unter allen Umständen aufrechtzuerhalten. Wir lassen uns die Stunde des Handelns von Gegnern der Gewerkschaften nicht vorschreiben.
Allgemeiner Deutscher Gewerkschaftsbund. Allgemeiner freier Angestelltenbund.
Gesamtverband der christlichen Gewerkschaften Deutschlands.
Gesamtverband deutscher Verkehrs- und Staatsbediensteter.
Gewerkschaftsring deutscher Arbeiter-, Angestellten- und Beamtenverbände.

Allgemeiner Deutscher Beamtenbund. Deutscher Beamtenbund. (Berlin, 21. 7. 1932)

Es gab keine Streiks oder andere größere Demonstrationen; die Eiserne Front rief vielmehr die Arbeiter zur »Disziplin« auf; an eine ähnliche Reaktion wie 1920 auf den Kapp-Putsch dachte niemand.

Aber auch Versuche der Gewerkschaften, den Staat zu krisenlindernden Maßnahmen arbeits- und sozialpolitischer Art zu »überreden«, waren fehlgeschlagen. Nicht zuletzt der seit 1930 massiv einsetzende **Mitgliederverlust**, der am Ende des Jahres 1931 schon 12,5% betrug, und die wachsende Arbeitslosigkeit der Gewerkschaftsmitglieder gerade auch in den starken Verbänden – sie betrug Ende 1931 schon 64% – machten die Organisationen immer unbeweglicher und schwächer. Auf ihrem außerordentlichen Gewerkschaftskongreß im April 1932 – dem sogenannten **»Krisenkongreß«** – nahmen die Freien Gewerkschaften Abstand von der bisher verfolgten Abwartehaltung und forderten planendes Eingreifen des Staates zur Beseitigung der Arbeitslosigkeit. Dazu legten sie ein Arbeitsbeschaffungsprogramm vor, mit dem sie die weitere Zuspitzung der Krise aufhalten zu können glaubten. Das von Woytinski, Tarnow und Baade formulierte Konzept sah den Ausbau öffentlicher Arbeitsplätze durch die Regierung sowie die Vergabe öffentlicher Aufträge vor, die zu einer spürbaren Entlastung des Arbeitsmarktes führen sollten und lohnintensiv sein müßten.

Die Regierung allerdings ging in keiner Weise auf die Vorschläge der Gewerkschaften ein, vielmehr wurde die Politik der Notverordnungen nach dem Sturz Brünings durch den neuen Kanzler von Papen noch verschärft; für die Arbeiterschaft ging es nun an die materielle und rechtliche Substanz. Im Juni 1932 wurde die Arbeitslosenunterstützung um weitere 23% gekürzt, die Wohlfahrtsunterstützung um 15% und die Invaliden-, Witwen- und Waisenrenten ebenfalls um 15 bis 24%. Hinzu kamen weitere Belastungen der stark geschrumpften Löhne durch neue Steuern. Gegen all diese Maßnahmen konnten die Gewerkschaften keine ihrer konventionellen Kampfmittel, am wenigsten wohl den wirtschaftlichen Streik, einsetzen; sie beließen es bei einer resignativen Feststellung der Tatsachen. In einer gemeinsamen Erklärung von ADGB, Christlichen und Hirsch-Dunckerschen Gewerkschaften hieß es:

Die Spitzenverbände stellen einmütig fest, daß die in der Notverordnung enthaltenen Abbaumaßnahmen die schlimmsten Befürchtungen weit übertreffen. Damit hat die Regierung den Kampf aufgenommen gegen die sozialen Einrichtungen des Staates, den sie als Wohlfahrtsstaat bezeichnete. Die unter größten Opfern von den Arbeitnehmern aufgebauten sozialen Versicherungseinrichtungen sind in ihren Grundlagen bedroht. Die Arbeitslosenversicherung ist praktisch beseitigt (. . .) Ein Staat, der sich in erster Linie zum Schutz des Besitzes bereit findet, verkennt seine vornehmste nationale Aufgabe.

Diese Erklärung der großen deutschen Gewerkschaftsverbände im Jahre 1932 offenbarte eine Tendenz zur Vereinheitlichung der Gewerkschaftsbewegung, der auch das vorsichtige Abrücken des ADGB von seiner engen Bindung an die SPD entsprach. In allen Gewerkschaftsverbänden glaubte man – unabhängig von ihrer politischen Ausrichtung – nur durch gemeinsames Handeln den endgültigen Zusammenbruch der wirtschaftlichen und sozialen Interessenpositionen der Arbeiter und Angestellten aufhalten zu können. Schon gegen Ende des Jahres 1931 hatte es Verhandlungen zwischen den christlichen und freien Metallarbeiterverbänden zur Vorbereitung einer gemeinsamen Organisation gegeben.

In der Zeitschrift der Hirsch-Dunckerschen Metaller war diese Diskussion aufgenommen worden und in diese wiederum griff der Vorsitzende des ADGB, **Leipart**, ein. Er formulierte Bedingungen für eine gemeinsame Organisation, die der Verbesserung der Arbeitsbedingungen und der Steigerung der gesellschaftlichen Geltung der Arbeiterschaft, aber auch der Bekämpfung der »kommunistisch-bolschewistischen Revolutionstreiberei« dienen sollte (s. Dokument 24a).

Wie unterschiedlich aber die politischen Hintergründe dieser Einheitsbestrebungen waren, zeigt sich an der Christlichen Gewerkschaftsbewegung. Sie hatte, im Unterschied zur freigewerkschaftlichen Tolerierungspolitik, den Regierungsantritt Brünings als lang erwarteten »Neubeginn« begrüßt; war im Laufe des Jahres 1931 aber doch in vorsichtige Distanz gegangen, denn auch die christlichen Gewerkschaften litten unter dem krisenbedingten Mitgliederrückgang und mußten weiteren Vertrauensverlust riskieren, wenn sie Brünings Notverordnungspolitik guthießen.

Andererseits aber neigten weite Kreise innerhalb der christlichen Gewerkschaftsbewegung zu einer autoritären Lösung der politischen Krise, was bei ihrem traditionellen Konzept einer ständestaatlichen Integration der Arbeiterschaft in die »Volksgemeinschaft« nicht verwundern durfte. Auf dem Kongreß des »Volksvereins« im September 1932 wurde der Weg zur »autoritären Demokratie« begrüßt: die päpstliche Enzyklika »Quadragesimo anno« hatte 1931 eine »berufsständische« Gesellschaftsordnung empfohlen. Auf dieser Grundlage fochten die christlichen Organisationen –

Dokument 24a
Über die Einheit der Gewerkschaftsbewegung.
Eine Antwort auf drei Fragen, von Theodor Leipart (Auszug)

1. Soll die Gewerkschaftsbewegung der Zukunft Arbeiter aller Parteien umfassen ohne Unterschied ihrer politischen Meinungsverschiedenheiten? Haben zum Beispiel auch Arbeiter, die nicht sozialistisch denken, Raum und Arbeitsmöglichkeit? Die Mitgliedschaft zur Gewerkschaft darf nicht auch zur Mitgliedschaft zu bestimmten Parteien verpflichten! Daß die Gewerkschaften mit den Parteien arbeiten, die ihnen vermöge Programm und Zusammensetzung nahestehen, ist in jahrzehntelanger Übung allgemein klargestellt und anerkannt. Aber es gibt doch auch für jeden einzelnen ein Recht zur Meinungsfreiheit, und dies muß gesichert sein.
2. Schärfer noch gilt die Frage für religiöse Meinungsfreiheit. In den Gewerkvereinen gibt es gute Katholiken, Protestanten, Juden usw. neben Atheisten oder Angehörigen vieler Freikirchen. Die religiöse Glaubensfreiheit ist eine der empfindlichsten Gefühlsfragen in jedem Organisationsleben. Wenn auch vielleicht die Einigung aller Arbeiter auf eine gemeinsame Organisation nur erst allmählich und schrittweise erfolgen kann, so würde jede Entscheidung leichter sein, wenn die religiöse und kulturpolitische Meinungsfreiheit für alle Mitglieder ganz sichergestellt wäre.
3. Die Gewerkschaftsbewegung muß einen entschlossenen Kampf gegen die kommunistisch-bolschewistische Revolutionstreiberei führen. Sie muß in aller Entschiedenheit, ohne Rücksicht, den Kampf führen für eine Steigerung der Lebenshaltung der Arbeiter, für gesteigerte Anteilnahme an den Gütern der Kultur und Zivilisation. Sie muß dem Staate, der Nation, der Republik, der Demokratie dienen. Dazu gehört der entschiedene Kampf gegen ein klassenkämpferisches, reaktionäres Unternehmertum. Die positiven Forderungen der Gewerkschaften nach Wirtschaftsdemokratie, Tarifvertrag und Tarifgemeinschaft bleiben natürlich unverändert.

(Aus: Gewerkschafts-Zeitung, Organ des ADGB, 5. 12. 1931)

trotz ihrer Proteste gegen Maßnahmen wie den »Preußenschlag« 1932 oder Hitlers Machtantritt am 30. Januar 1933 – dann im Frühjahr 1933 um den Zusammenschluß der großen Gewerkschaften, nicht allein, um ihre Organisationen zu retten, sondern auch, um den »Neuaufbau« eines »gesunden Staates und Volkes« abseits von »Liberalismus« oder »Klassenkampf« zu betreiben – und waren darin bestimmten Grundgedanken der »nationalen Revolution« gar nicht so fern.

Die Freien Gewerkschaften rückten in den Monaten nach dem Schlag gegen die preußische Regierung mehr und mehr von der SPD ab. Die Reichstagswahlen vom Juli 1932 hatten einen großen Wahlerfolg der NSDAP gebracht, der vor allem auf Kosten der anderen bürgerlichen Parteien – außer dem Zentrum – ging und gleichzeitig neue Wählerschichten für die faschistische Bewegung erschlossen hatte.

Die SPD hatte Verluste ungefähr in der Höhe zu verzeichnen gehabt wie die KPD Gewinne. Das Wählerpotential der Arbeiterparteien veränderte sich nicht wesentlich, es gab eine Binnenverschiebung nach links, die allerdings bei der KPD nicht in eine konstruktive Politik einmündete. Ständige Aufrufe zur »Einheitsfront von unten« gegen die verhaßten SPD-Führer, gleichzeitige Generalstreikangebote an SPD und Gewerkschaften, wiederum gleichzeitige Bekämpfung aller »reformistischen« Bemühungen, die Krisenwirkungen für die Arbeiterschaft zu mindern, ließen die Politik der KPD nicht gerade als bündnisfähig erscheinen. Zudem litt die Aktivität dieser Partei unter der hohen Fluktuation des Mitgliederbestandes und dem immer größer werdenden Anteil von Arbeitslosen. Revolutionseuphorien und Parolen vom kommenden »Sowjetdeutschland« boten keine realistische Alternative gegenüber dem Prozeß der Durchsetzung des deutschen Faschismus.

In diese Zeit fiel auch der **Berliner Verkehrsarbeiterstreik vom November 1932**. Er bildete den Höhepunkt einer größeren Streikwelle vom September und Ende Oktober des Jahres. Welche Widersprüche und welche Ausweglosigkeit angesichts der katastrophalen wirtschaftlichen und politischen Situation in diesem Spätherbst des Jahres 1932 herrschten und wie wenig noch die freien Gewerkschaften zu »richtigen« Reaktionen in der Lage waren, beschrieb Lore Seligmann, eine nach England emigrierte Linkssozialistin, in ihrem 1945 in London unter dem Pseudonym Evelyn Anderson erschienenen Buch »Hammer or Anvil – The Story of the German Working Class Movement« (deutsch »Hammer oder Amboß«, 1949):

Die Geschichte des Berliner Verkehrsarbeiterstreiks ist vielleicht die trostloseste Illustration der Agonie, der Uneinigkeit und des Zerfalls der deutschen Arbeiterbewegung. Es war das letzte Mal vor Hitlers Machtergreifung, daß die Arbeiterklasse aktiv wurde. Der Streik war erklärt worden, um eine drohende Lohnherabsetzung abzuwehren. Bei der Abstimmung hatte sich eine große Mehrheit der Arbeiter für den Streik erklärt. Aber die notwendige 75prozentige Majorität war nicht ganz erreicht worden. Die Gewerkschaften bestanden auf strikter Beachtung der Bestimmungen und verweigerten die Anerkennung des Streiks, während die Kommunisten die Arbeiter zum Streik aufriefen. Von ihrem Gesichtspunkt aus war die Aktion äußerst erfolgreich. Praktisch sämtliche Verkehrsarbeiter folgten der Streikparole, und für eine Zeit wurde das Berliner Transportsystem vollkommen lahmgelegt. Die Streikenden erfreuten sich allgemeiner Sympathien und der aktiven Unterstützung der Berliner Bevölkerung, die umso beachtenswerter war, da ein Streik von Autobus-Fahrern, von Straßenbahn- und Untergrundbahnführern unvermeidlicherweise für alle Bewohner große Unbequemlichkeiten mit sich brachte.

Trotz alledem war der Streik zum Scheitern verurteilt, da die Gewerkschaften sich weigerten, Streikunterstützung zu bezahlen und ihn anzuerkennen. Die Nazis sahen hier eine einmalige Gelegenheit, ihrer Sache zu nützen. Und so kamen sie, zu jedermanns Überraschung, mit der Bekanntgabe heraus, den Streik unterstützen zu wollen. Straßen-Sammlungen für die Streikkasse wurden organisiert; in einigen Stadtteilen Berlins bot sich das groteske Schauspiel, daß Kommunisten und Nationalsozialisten Arm in Arm standen und unter dem Klappern ihrer Sammelbüchsen die vereinbarte Parole ausriefen: »Für den Streikfonds der R.G.O!« – »Für den Streikfonds der NSBO!« Der Anblick dieser perversen Einheitsfront war für die meisten Gewerkschaftler, Sozialisten und sogar für viele Kommunisten so abstoßend, daß sich die ursprüngliche Sympathie für den Streik und die Streikenden in Abscheu und Feindseligkeit verwandelte.

Der Naziversuch, durch eine Teilnahme am Streik die Stimmen der Arbeiterschaft für sich zu gewinnen, erwies sich als Fehlschlag. Sie haben einen solchen Versuch auch niemals wiederholt.

Als Franz von Papen im Amt des Reichskanzlers durch den General von Schleicher abgelöst wurde, kamen bei maßgeblichen Repräsentanten der Freien Gewerkschaften neue Hoffnungen auf; man erwartete vom neuen Reichskanzler offenbar eine Art »sozialstaatlicher« Militärdiktatur. Auch die christlichen Gewerkschaften unter Adam Stegerwald standen einer solchen Lösung positiv gegenüber. Ende 1932 erklärte der ADGB-Vorsitzende Leipart, das Kabinett von Schleicher versuche, einen Teil gewerkschaftlicher Forderungen zu erfüllen; die Gewerkschaftsfunktionäre wurden angehalten, die organisierten Arbeiter in diesem Sinne aufzuklären (s. Dokument 25).

Dokument 25
Theodor Leipart an die deutsche Arbeiterschaft

Kolleginnen und Kollegen!
Als ich mich Ende September an Euch wandte, hatte die Regierung von Papen jene Notverordnungen erlassen, die einen unerhörten Eingriff in die Rechte der Arbeiterschaft bedeuteten. Der Bundesvorstand rief Euch zum Kampfe gegen diese Notverordnung auf. Ihr seid diesem Kampfruf gefolgt. Wenn später die neue Regierung die drückendsten Bestimmungen der Notverordnung vom 5. September zurücknehmen mußte, so ist das Eurer festen und entschlossenen Haltung zu verdanken. Die ganze deutsche Öffentlichkeit hat von neuem erkennen müssen, daß die Gewerkschaften Deutschlands den großen machtvollen Block bilden, durch den sich der Wille der Arbeiterschaft immer wieder durchzusetzen vermag.
Gerade deshalb aber bricht von allen Seiten eine Flut von Verleumdungen, Entstellungen und Verdächtigungen über die Gewerkschaften herein. Es sind Kräfte am Werk, die fortgesetzt neue Uneinigkeit in die Masse der organisierten Arbeiterschaft hineintragen wollen. Man wirft uns vor, daß wir mit dem Reichskanzler von Schleicher verhandelt haben. Man verdächtigt uns der Zusammenarbeit mit reaktionären Gruppen. Man glaubt, daß wir unser großes Ziel, die Verwirklichung einer sozialistischen Wirtschaft, aufgegeben haben.
Wer diese Meinung vertritt, der kennt nicht das Wesen und die Aufgaben der Gewerkschaftsbewegung. Mit der Sozialdemokratischen Partei, mit der wir seit Jahrzehnten zusammenarbeiten, sind wir uns darüber einig, daß das letzte Ziel der Arbeiterschaft die Verwirklichung des Sozialismus ist. Aber Ihr wißt, daß die Gewerkschaften gegründet sind, um die Lage der Arbeiterschaft *im Rahmen der heutigen Wirtschaftsordnung* zu verbessern. In stetigem Kampf, in unermüdlicher Kleinarbeit haben wir gemeinsam diese Aufgabe zu erfüllen gesucht. In der jetzigen Weltwirtschaftskrise, die nicht die Gewerkschaften verschulden, haben wir unsere ganze Kraft besonders dafür eingesetzt, die Lage der Arbeitslosen zu bessern. Wir haben die Forderung nach der *vierzigstündigen Arbeitswoche*

erhoben, um die Zahl der Arbeitsplätze zu vermehren. Wir haben seit einem Jahr immer wieder die Forderung nach *Arbeitsbeschaffung* gestellt. Unsere Ideen haben sich in der Öffentlichkeit mehr und mehr durchgesetzt. Heute versucht die Regierung von Schleicher, einen Teil unserer Forderungen zu erfüllen. Den Sozialismus wird diese Regierung nicht verwirklichen. Das wissen wir wohl. Sie will im Gegenteil, ebenso wie die Regierung von Papen, die kapitalistische Wirtschaft befestigen. Aber können wir in dieser Situation die Aufforderung der Regierung ablehnen, an der Durchführung der Arbeitsbeschaffung mitzuarbeiten? Wenn wir als die berufene Vertretung der Arbeiterschaft zu dieser Mitarbeit bei der Durchführung der Arbeitsbeschaffung bereit sind, so geben wir von unseren letzten großen Zielen kein Jota auf. Die Verantwortung für die Arbeiterschaft, die auf uns lastet, ist aber zu groß, als daß wir es ablehnen können, mit diesem oder jenem zu verhandeln, der uns auf Grund seiner Vergangenheit nicht angenehm ist.

Ich weiß, daß die Funktionäre der Gewerkschaften diese Haltung verstehen. Um so mehr erwarte ich, daß sie der Masse der Mitglieder und den Massen der Unorganisierten gegenüber mit aller Entschlossenheit diese Haltung verteidigen, daß sie sich durch alles Geschrei von Verrat nicht erschüttern lassen.

Ich bin überzeugt, daß uns im neuen Jahre neue schwere Kämpfe bevorstehen. Wir gehen ihnen mit Zuversicht entgegen, weil in den Gewerkschaften die ungebrochene Kraft und der sozialistische Wille der deutschen Arbeiterschaft lebendig sind.

Theodor Leipart

(Aus: Gewerkschafts-Zeitung, Organ des ADGB, 31. 12. 1932)

Auch diese Strategie fiel schnell in sich zusammen, obwohl einige Maßnahmen der Regierung Schleicher, wie die Streichung der Notverordnung vom 5. September 1932, die einen rigorosen Eingriff in die Lohnpolitik bedeutet hatte, und die Ankurbelung eines Arbeitsbeschaffungsprogramms auf der Basis eines Freiwilligen Arbeitsdienstes die Zustimmung der Gewerkschaften gefunden hatten. Aber nicht die Unterstützung seitens der Gewerkschaften war bei den herrschenden Machtgruppen zu diesem Zeitpunkt noch gefragt, sondern gerade die Beseitigung jeden sozialpolitischen und organisatorischen Einflusses der Gewerkschaften wie auch der politischen Parteien der Arbeiterbewegung standen auf ihrem Programm. Nicht zuletzt deshalb war dem Kabinett Schleicher auch nur eine kurze Regierungszeit gegönnt. Zwei Monate nach seiner Ernennung wurde Schleicher zugunsten des Machtantritts Hitlers gestürzt.

Versucht man, sich ein abwägendes Urteil über die Politik des ADGB in der Schlußphase der Weimarer Republik zu bilden, so bleibt das Ergebnis zwiespältig: **Einerseits stellte die größere politische und programmatische Beweglichkeit, die die Führung der Freien Gewerkschaften 1932 entwikkelte, gegenüber der Vogel-Strauß-Politik der Sozialdemokraten immerhin einen achtenswerten Versuch dar, noch einmal in den Lauf der Dinge einzugreifen; andererseits trugen die Freien Gewerkschaften durch ihre Hinwendung zum »Nationalen« und die Spekulationen um eine autoritär-national-soziale Lösung der Krise zweifellos dazu bei, die Arbeiterschaft nun auch ideologisch in Wehrlosigkeit gegenüber dem Faschismus zu versetzen**, und Unterscheidungen zwischen »Hitler« und »Schleicher« blieben allzusehr im Bereich der Kabinettspolitik und der Konspiration von Verbandsspitzen.

Es liegt nahe, daß die hier skizzierten politischen Versuche der ADGB-Führung die Entfremdung von Gewerkschaften und SPD verschärften; angelegt war der allmähliche Zerfall der überkommenen Verschränkung von Partei und Gewerkschaften schon im Scheitern der letzten gemeinsamen Versuche, »Weimar« zu retten.

Nach der Einsetzung des Kabinetts Hitler durch den Reichspräsidenten von Hindenburg wurde für die Freien Gewerkschaften aus der Strategie des »kleineren Übels« die Taktik der Galgenfrist.

Kapitel 9
Ausschaltung der Gewerkschaften 1933 – die Arbeiterschaft unter nationalsozialistischer Herrschaft

Wenige Tage nur vor dem 30. Januar 1933 hatten die Vorsitzenden von ADGB und AfA-Bund wieder einmal ihre Konzepte für Maßnahmen zur Beseitigung der wirtschaftlichen Krise vorgestellt. Sie hatten erklärt, daß die erste Maßnahme zur Linderung der Not eine großzügige öffentliche Arbeitsbeschaffung sein müsse, daß die Arbeitszeit gesetzlich verkürzt und die Kaufkraft der Massen angehoben werden sollten, um einen umsatzfähigen Binnenmarkt zu schaffen. Diese Vorstellungen wurden zu einem Zeitpunkt vorgetragen, als es nicht mehr um die wirtschaftliche »Gesundung«, sondern um die politische »Neuordnung« im Sinne der gesellschaftlichen Herrschaftsgruppen ging.

Auch wenn die zum Auftakt des Betriebsrätewahlkampfes 1933 am 22. Januar in Berlin organisierte Betriebsrätekonferenz die Parole von der »Einigung der Arbeiterklasse in den Gewerkschaften« ausgab und allen gewerkschaftsfeindlichen Kräften, womit Nationalsozialisten, aber auch Kommunisten gemeint waren, den Kampf ansagte, so konnte dies nicht darüber hinwegtäuschen, daß die Gewerkschaftsbewegung den Kampf gegen den Machtanspruch des Faschismus schon aufgegeben hatte und sich praktisch auf eine Anpassung einzurichten begann, wie dies in der Annäherung an den »sozialen General« Schleicher und der ersten Distanzierung von der SPD schon vorbereitet war.

Auf die Berufung Hitlers zum Reichskanzler reagierte die ADGB-Führung ähnlich wie auf den Preußen-Putsch im Juli 1932. Während Teile der organisierten Arbeiterschaft bei den angelaufenen Betriebsrätewahlen und Massenversammlungen gegen den Faschismus noch Entschlossenheit demonstrierten, versprachen die Führungen der Gewerkschaften, »im rechten Moment« das Signal zum »Losschlagen« geben zu wollen. Auf beiden Seiten machte man sich Illusionen: Was die Macht der Arbeiterschaft, aber auch die Entschlossenheit der Organisationsführungen anging, bestanden Fehleinschätzungen. Die Kraft der Arbeiterbewegung reichte noch zu Versammlungen und Demonstrationen, aber Streiks, gar der von der KPD inflatorisch beschworene Generalstreik, hatten keine Massenbasis mehr. Die Gewerkschaftsführungen vertrauten auf die »Notwendigkeit« von freien Arbeiterorganisationen, die auch ein diktatorisches Regime benötige und versuchten, durch Anpassung an den »nationalen« Kurs und Zugeständnisse an die staatliche Kompetenz, in die Arbeitsbeziehungen einzugreifen, die Organisation zu bewahren.

Als Hitler Kanzler geworden war, hieß es in einem Aufruf der ADGB, die Arbeiter sollten »kühles Blut« bewahren; nun sei »Besonnenheit erstes Gebot«: »Laßt Euch nicht zu voreiligen und darum schädlichen Einzelaktionen verleiten.« Diese Art von Mahnung schien dem ADGB notwendig, denn nicht nur in den Arbeiterparteien, sondern auch in den Gewerkschaften und in den Betrieben gab es Kräfte, die zum sofortigen Widerstand gegen das Hitler-Kabinett neigten. Die rasch nach dem 30. Januar einsetzende Verfolgung auch von Gewerkschaftern, einzelne Besetzungen von Gewerkschaftshäusern und erzwungene Rücktritte von Betriebsräten waren sehr deutliche Zeichen, daß die Nationalsozialisten mit Widerstand rechneten und ihm zuvorkommen wollten. Die Gewerkschaftsführungen reagierten fast durchweg »auf dem Rechtsweg«, um eine »ordentliche Weiterführung der notwendigen Geschäfte« zu sichern. In vielen Fällen ging dies mit einer weiteren Distanzierung von der Sozialdemokratischen Partei einher. Die Gewerkschaften setzten auf die »Verfassungsmäßigkeit« der neuen Regierung. Als die schon unter terroristischen Umständen abgelaufene Reichstagswahl am 5. März den Parteien der »Nationalen Erneuerung« zusammen mehr als 50% Stimmen gebracht hatte, zeigten sich die Gewerkschaften bereit, diesen Umstand ohne Protest zu akzeptieren. Vor der Wahl hieß es noch, daß es bei diesen Wahlen darum gehe, ob der Staat »der Diktatur einer Partei«, der »Einheitsfront der sozialen Reaktion« überantwortet werden solle, oder ob »das Volk wieder souverän im Staat werden« könne. Die Entscheidung müsse »für Volksherrschaft gegen Diktatur, für ein freies sozialistisches Deutschland« fallen.

Auf den **Reichstagsbrand** und seine Folgen, nämlich die Steigerung der Diktaturstaatlichkeit, reagierte die ADGB-Führung wiederum mit dem Aufruf, »kühles Blut« zu bewahren und distanzierte sich von »Terrorakten jeglicher Art«, womit neben dem Terror des Faschismus auch der »Terror« von Teilen der Arbeiterschaft gemeint war. Die eigene Entwaffnung ging weiter. Nach den Wahlen wiesen die Gewerkschaften die neue Regierung auf die »Verantwortung« der nunmehrigen parlamentarischen Mehrheit hin und erhofften eine baldige »Beruhigung der politischen Sphäre, (...) deren die Wirtschaft so dringend bedarf, um zu bestehen und zu gedeihen«. Zur gleichen Zeit gingen Besetzungen von Gewerkschaftshäusern, so auch vorübergehend der Bundesschule des ADGB in Bernau, weiter.

Man protestierte und glaubte immer noch, diese Angriffe würden ohne Wissen der »verantwortlichen Stellen« geschehen und könnten also wieder abgestellt werden. Die Systematik der Machtdurchsetzung der Nationalsozialisten entging den Führungsgremien der Gewerkschaften offensichtlich (s. Dokument 26).

Dokument 26
Das Ende des Rechtsstaats

Sehr geehrter Herr Reichspräsident!
Wir nehmen Bezug auf wiederholte Äußerungen des Herrn Reichskanzlers Adolf Hitler und auf eine Erklärung des Herrn Ministers Göring vor der gesamten ausländischen Presse, wonach die Reichsregierung und die Preußische Regierung bestrebt sind, jedes Mittel zu ergreifen, um Disziplin, Ruhe und Ordnung aufrecht zu erhalten. Als Beweis dafür, daß die Rechtsunsicherheit in Deutschland, insbesondere gegenüber unseren Gewerkschaften und ihren Beauftragten, nach wie vor weiter besteht, teilen wir Ihnen eine Anzahl weiterer Übertretungen mit, die uns seit dem 21. März durch unsere Ortsausschüsse und Verbandsvorstände der einzelnen Gewerkschaften gemeldet wurden.
Nach dem Stande vom 25. März waren unsere Verwaltungsgebäude und Büros durch S.A. und S.S. oder durch Polizei besetzt und zwar in: (Es folgt Aufzählung von 39 Städten.)
Die Beschlagnahme der Gewerkschaftsbüros bzw. -Häuser wurde uns gemeldet aus Goslar, Kiel, Königsberg, Lörrach, Liegnitz und Oberndorf. (. . .)
Wir beschränken uns auf diese wesentlichen Feststellungen und machen darauf aufmerksam, daß durch die Besetzung, Beschlagnahme und Versiegelung der Gewerkschaftshäuser bzw. der Büros die Arbeit im Interesse Hunderttausender unserer Mitglieder stillgelegt ist. (. . .)
Hinzu kommt der ungeheure Terror, der sich insbesondere in der Zeit nach den abgeschlossenen politischen Wahlen in fast allen Gebieten Deutschlands gegen die hauptamtlichen und ehrenamtlichen Funktionäre der Gewerkschaften auswirkt. Die Zahl der ohne Angabe von Gründen Verhafteten geht in die Hunderte. Wir fügen als Beweismittel für die vorgekommenen Terrorakte einige Abschriften bei, in denen die Betroffenen selbst berichten. Zahlreiche Fälle sind uns gemeldet worden,

wo die Betroffenen in der Regel nachts aus ihren Wohnungen verschleppt und teilweise unmenschlich verprügelt wurden, die sich aber aus Angst vor weiteren Strafexpeditionen hüten, schriftliche Angaben zu machen. Die Polizei lehnt in der Regel ein Eingreifen ab.
Wir halten uns als Sachwalter unserer Mitglieder für verpflichtet, Ihnen, Herr Reichspräsident, von diesen Vorkommnissen Kenntnis zu geben, weil wir annehmen dürfen, daß alle verantwortlichen Stellen des Reiches und der Länder von diesen Zuständen keinerlei Kenntnis erhalten und infolgedessen die Ungesetzlichkeiten gegen die Gewerkschaften und ihre Mitglieder nur deshalb fortgeführt werden können.
Wir bitten Sie, Herr Reichspräsident, auch unter Bezugnahme auf unsere früheren Zuschriften vom 8., 11., 13. und 15. und 20. März alles einzusetzen, um Recht und Gerechtigkeit in Deutschland wieder zur Geltung zu bringen.

Berlin, 5. April 1933

Mit vorzüglicher Hochachtung
Der Vorstand des Allgemeinen
Deutschen Gewerkschafts-Bundes

(Aus: Gerhard Beier, Das Lehrstück vom 1. und 2. Mai 1933, Frankfurt/Main 1975, S. 54–63)

Warum man glaubte, sich noch in Hoffnungen wiegen zu können, zeigen vielleicht Betriebsratswahlen, die in dieser Zeit durchgeführt wurden. Bei der Hamburger Straßenbahn, Hochbahn und Alsterschiffahrt konnten z. B. die Freien Gewerkschaften hohe Wahlsiege verzeichnen; sie erhielten hier z. T. über 90% der Stimmen, mindestens aber 70%. Die Kommunisten verloren Stimmen, was allerdings angesichts der scharfen Unterdrükkungsmaßnahmen gegen die KPD nicht verwundern kann; die Nationalsozialisten blieben durchweg unbedeutend.
Auch das **Ermächtigungsgesetz** ging ohne Reaktionen der Gewerkschaftsführungen über die Bühne. Die **Verbote von Eiserner Front und Reichsbanner** wurden kampflos hingenommen. Am 21. und am 29. März richtete der erste Vorsitzende des ADGB, Theodor Leipart, Briefe an Hitler, in denen

die Entpolitisierung der Gewerkschaften und eine Zusammenarbeit mit den Unternehmern im neuen Staat angeboten wurden. Auf die Unruhe bei der eigenen Mitgliedschaft, aber auch gegenüber den nun herrschenden politischen Kräften reagierte man mit ständig neuen Erklärungen: Die Gewerkschaften seien ein »unerläßlicher Bestandteil der sozialen Ordnung« und ihnen obliege es, »in freier Vereinbarung mit den Unternehmern« die Interessen ihrer Mitglieder wahrzunehmen. Die ADGB-Führung anerkannte das »Recht des Staates«, in diese Beziehungen einzugreifen, »wenn es das Allgemeininteresse notwendig macht«. Gleichzeitig wurde die Bereitschaft signalisiert, zu dauerhaftem Zusammenwirken mit der Unternehmerschaft zu kommen und auch die Organisationsform der Gewerkschaften zur Disposition zu stellen. Noch war dies ein Taktieren nach allen Seiten. Um den Willen zur Anpassung und Einfügung in den »neuen Staat« noch deutlicher zu machen, gleichzeitig aber auch die Organisationsform selbst zu bestimmen, wurde der **»Führerkreis der vereinigten Gewerkschaften«** gegründet. Man diskutierte nun ernsthaft die »Verstaatlichung« der Gewerkschaften, während man gleichzeitig die Mitglieder weiter vertröstete und zur »Stärkung« der Gewerkschaften aufrief.

Im März hatte der »Führerkreis« einen Beschluß gefaßt, die Freien, die Christlichen und die Hirsch-Dunckerschen Gewerkschaften zu vereinigen (s. Dokument 27). Dieser Beschluß zeigt den ganzen Zwiespalt von Anpassung an den »nationalen Staat« und Beharren auf der gewerkschaftlichen Organisationsform, seine Diktion ist völkisch-national und enthält ein Bekenntnis zu ständischen politischen Strukturen. So war es nur folgerich-

Dokument 27

Der »Beschluß« des Führerkreises der vereinigten Gewerkschaften (März 1933)

Führerkreis der vereinigten Gewerkschaften

Die *nationale Revolution* hat einen neuen Staat geschaffen. Dieser Staat will die gesamte deutsche Volkskraft einheitlich zusammenfassen und machtvoll zur Geltung bringen. Aus diesem volklichen Einheits- und Machtwillen heraus kennt er weder *klassenmäßige Trennung* noch *volksabgewandte Internationalität.* Diese Tatsache stellt das gesamte deutsche Volk, jeden seiner Stände und jeden einzelnen vor die Notwendigkeit, seine Haltung zu diesem Staat festzulegen.

Die deutschen Gewerkschaften sind des Glaubens, daß sie der großen Aufgabe des neuen Staates, alle Kräfte des deutschen Volkes zu einer stärkeren Einheit zusammenzufassen, am besten dienen, wenn sie sich über alle Trennungen der Vergangenheit hinweg zu einer einzigen umfassenden, nationalen Organisation der Arbeit vereinigen.
Deshalb bekunden der Bundesvorstand des *Allgemeinen Deutschen Gewerkschaftsbundes*, der Hauptvorstand des *Gesamtverbandes der christlichen Gewerkschaften* Deutschlands und der Hauptvorstand des *Verbandes der Deutschen Gewerkvereine (HD)* die Absicht, die bestehenden Spitzen- und Berufsverbände mit dem Ziel der Umformung und Vereinheitlichung zusammenzuschließen.
Zur Vorbereitung und Durchführung dieses Zieles bestimmen die Vorstände einen *Führerkreis, für den jede Gewerkschaftsrichtung drei Personen stellt.*
Der Führerkreis hat folgende Aufgaben:
1. Die geistige Grundlage der Einheitsgewerkschaften zu klären und festzulegen; (...)
4. die praktischen Zielsetzungen der Einheitsgewerkschaften festzulegen. Dabei ist zu beachten, daß
a) die Gewerkschaften die berufenen Vereinigungen zur Vertretung der sozialen und wirtschaftlichen Interessen der Arbeiter und Arbeiterinnen sind;
b) das höchste Ziel ihrer Arbeit die Förderung eines gesunden Staates und Volkes als Voraussetzung zur Sicherung der sittlichen, kulturellen, staatlichen und wirtschaftlich-sozialen Lebensrechte des deutschen Arbeiterstandes ist;
c) die religiösen Grundkräfte in ihrer staats- und gesellschaftsaufbauenden Bedeutung geachtet und anerkannt werden;
d) die Gewerkschaften parteipolitisch völlig ungebunden sein müssen.
(...)
Der Führerkreis handelt im Auftrag der gesamten Vorstände selbständig und bindend. Er kann zu seinen Beratungen Sachverständige zuziehen und sie gutachtend hören. Er kann für Spezialgebiete Unterausschüsse einsetzen.

(Aus: Gerhard Beier: Das Lehrstück vom 1. und 2. Mai 1933, Frankfurt am Main 1975, S. 40ff.)

tig, daß der ADGB-Bundesvorstand am 9. April der Regierung seine Mitarbeit an der Gestaltung des sozialen und wirtschaftlichen Lebens anbot und die Einsetzung eines Reichskommissars für die Gewerkschaften empfahl:

Getreu seiner Aufgabe, am Aufbau einer sozialen Ordnung des deutschen Volkes mitzuwirken, in der die Lebensrechte der Arbeiterschaft entsprechend ihrer Bedeutung für das Volksganze in Staat und Wirtschaft gesichert sind, erklärt sich der Allgemeine Deutsche Gewerkschaftsbund bereit, die von den Gewerkschaften in jahrzehntelanger Wirksamkeit geschaffene Selbstverwaltungsorganisation der Arbeitskraft in den Dienst des neuen Staates zu stellen.

Die Gewerkschaften erkennen nach wie vor an, daß ihre eigene Bewegungsfreiheit ihre Grenzen finden muß an dem höheren Recht des Staates als Repräsentanten der gesamten Volksgemeinschaft. Der Staat muß das Recht haben, ordnend und regelnd in die Wirtschaft einzugreifen; es ist seine Aufgabe, eine Wirtschaftsverfassung zu schaffen, die die Wirtschaftsführung an gesamtwirtschaftliche Verpflichtungen bindet, weil nur auf diesem Wege die Einheit von Staats- und Wirtschaftsführung möglich ist . . .

(Aus der Erklärung des Bundesvorstandes des ADGB an die Reichsregierung vom 9. 4. 1933).

Am 28. April beschlossen die Vertreter der drei großen Gewerkschaftsrichtungen die Einheit ihrer Organisationen, aber dies war ein Schritt, der schon abseits der Realität geschah; er war durch die Mitglieder weder diskutiert noch legitimiert und er hatte keine Folgen. Wenn in der Literatur über die Wege zur Einheitsgewerkschaft diese damalige Entscheidung als »grundlegend wichtiges Datum« beschrieben wird, so geht das an der Tatsache vorbei, daß dieser Schritt zur Einheit unter Verzicht auf entscheidende Grundforderungen und Interessen der Arbeiterschaft erfolgte. Es wurde nicht nur der Diktaturstaat akzeptiert, sondern auch die Einsicht aufgegeben, daß zwischen Arbeitgebern und Arbeitnehmern ein grundsätzlicher Interessenwiderspruch besteht; es war eben der erste Schritt in die staatliche Arbeitsorganisation. Mitte April schließlich riefen die Gewerkschaften ihre Mitglieder zur Beteiligung an den nationalsozialistischen Maifeiern auf und begrüßten es, daß der 1. Mai zum »Feiertag der nationalen Arbeit« erklärt worden war (s. Dokument 28a).

Damit war vor aller Welt die **Kapitulation der Freien Gewerkschaften** in Deutschland besiegelt. Demokratisch standfeste Mitglieder des ADGB resignierten oder beteiligten sich nun an illegalen Widerstandsgruppen. **Der Internationale Gewerkschaftsbund brach mit dem ADGB.** Daß der

Dokument 28a
Tag der »nationalen Arbeit«

An die Mitglieder der Gewerkschaften!

Kollegen und Kolleginnen!
Im Zeichen des 1. Mai habt ihr alljährlich euch zu der großen Aufgabe bekannt, in der deutschen Arbeiterschaft den hohen Gedanken der gegenseitigen Hilfe durch Erziehung zu Standesbewußtsein, Gemeinschaftswillen und Kameradschaftsgeist unermüdlich zu wecken, zu pflegen und zu fördern, wie er in unseren Gewerkschaften seinen organisatorischen Ausdruck gefunden hat.
Am Tage des 1. Mai erglühte stets erneut das Bekenntnis der von leidenschaftlichem Kulturwillen beseelten deutschen Arbeiter, den werktätigen Menschen einem dumpfen Arbeitsdasein zu entreißen und ihn als freie, selbstbewußte Persönlichkeit in die Gemeinschaft des Volkes einzuordnen.
So habt ihr im Zeichen des 1. Mai euch den gesetzlichen Achtstundentag, das Recht auf menschenwürdige Existenz erobert.
Wir begrüßen es, daß die Reichsregierung diesen unseren Tag zum gesetzlichen Feiertag der nationalen Arbeit, zum deutschen Volksfeiertag erklärt hat.
An diesem Tage soll nach der amtlichen Ankündigung der deutsche Arbeiter im Mittelpunkt der Feier stehen.
Der deutsche Arbeiter soll am 1. Mai standesbewußt demonstrieren, soll ein vollberechtigtes Mitglied der deutschen Volksgemeinschaft werden.
Das deutsche Volk soll an diesem Tage seine unbedingte Solidarität mit der Arbeiterschaft bekunden.
Kollegen und Kolleginnen in Stadt und Land! Ihr seid die Pioniere des Maigedankens. Denkt immer daran und seid stolz darauf.
In herzlicher Kameradschaft mit euch allen unerschütterlich verbunden, senden wir euch zu diesem Tage unseren gewerkschaftlichen Gruß.
Berlin, 15. April 1933

Der Bundesvorstand des Allgemeinen Deutschen Gewerkschaftsbundes

(Aus: Gewerkschafts-Zeitung, Organ des ADGB, 22. April 1933)

nationalsozialistische Staat um seiner im Bündnis mit der Industrie durchzusetzenden politischen Ziele willen wirklich freie Gewerkschaften nicht dulden konnte, war auch den Gewerkschaftsführern bewußt. So enthielt denn auch die Erklärung des ADGB-Vorstandes vom 9. April 1933 bereits den Satz, in dem die ADGB-Führung sich mit dem »von der Regierung geplanten berufsständischen Aufbau der deutschen Wirtschaft« einverstanden erklärte. Viele Gewerkschaftsführer hegten jedoch, gefördert durch die geschickte Überrumpelungstaktik der NS-Regierung, die Illusion, wenigstens die Organisationsform der Gewerkschaften und damit auch ihren personellen Bestand und ihr Eigentum weitgehend aufrechterhalten zu können. So wird ihr Versuch, durch politischen Selbstmord den organisatorischen Tod zu vermeiden, erklärbar.

Am 1. Mai 1933 überwog in der sozialdemokratisch-freigewerkschaftlich orientierten Arbeiterschaft das Gefühl der Ohnmacht. Die Mehrheit der gewerkschaftlich geschulten Arbeiter hielt sich, so sie konnte, den Maifeiern fern. Örtlich gab es mutige Versuche, Gegendemonstrationen zu organisieren. Zu geschlossenen Gegenmaßnahmen reichte das Selbstbewußtsein der Arbeiterschaft nicht mehr hin, ließ aber auch das Verhalten der Gewerkschaftsführung keinen Raum.

Einen Tag später wurden die Illusionen der Gewerkschaftsführer, soweit sie die geschilderte Kapitulationstaktik mitgemacht hatten, zerschlagen: Eben diese Kapitulation gab den Nationalsozialisten die Möglichkeit, auch die gewerkschaftliche Organisation ohne nennenswerten Widerstand aufzulösen. **Am 2. Mai 1933, vormittags 10 Uhr, besetzen SA- und SS-Trupps, verstärkt durch »Stahlhelm«-Mitglieder, die Gewerkschaftshäuser, die Arbeiterbanken, die Gewerkschaftszeitungen.** Führende Gewerkschaftsfunktionäre wurden »in Schutzhaft« genommen, jede Fortführung freier Gewerkschaften verboten. Intern hatte die NSDAP dies schon vor dem 1. Mai befohlen (Dokument 28b).

Die Christlichen Gewerkschaften bestanden nur wenig länger; nach der Zerschlagung der Freien Gewerkschaften hatten sie versucht, durch noch weitere Anpassung (so traten sie dem »Aktionskomitee zum Schutz der deutschen Arbeit« bei) wenigstens ihre Organisation zu retten. Namhafte Führer der Christlichen Gewerkschaften hatten sich in die »Deutsche Arbeitsfront« berufen lassen, doch auch das nutzte nichts mehr: Am 24. Juni, nur wenige Tage nach dem endgültigen Verbot der SPD und der Selbstauflösung der bürgerlichen Parteien, wurden die christlichen Gewerkschaftshäuser durch die NSBO (NS-Betriebsorganisation) übernom-

Dokument 28b
»Gleichschaltung« der Freien Gewerkschaften zum 2. Mai 1933

NSDAP
Die Oberste Leitung der PO
Der Stabsleiter
München, den 21. 4. 1933

Rundschreiben Nr. 6/33
Dienstag, den 2. Mai 1933, vormittags 10 Uhr, beginnt die Gleichschaltungsaktion gegen die Freien Gewerkschaften. Die Leitung der gesamten Aktion liegt in den Händen des Aktionskomitees. Vorsitzender ist Dr. Robert Ley.
Im wesentlichen richtet sich die Aktion gegen den Allgemeinen Deutschen Gewerkschaftsbund (ADGB) und den Allgemeinen Freien Angestelltenbund (Afa-Bund). Was darüber hinaus von den Freien Gewerkschaften abhängig ist, ist dem Ermessen der Gauleiter anheimgestellt.
Verantwortlich für die Durchführung der Gleichschaltungsaktion sind die Gauleiter. SA bzw. SS ist zur Besetzung der Gewerkschaftshäuser und der Inschutzhaftnahme der in Frage kommenden Persönlichkeiten einzusetzen.
Im Reich werden besetzt:
Die Leitung der Verbände;
die Gewerkschaftshäuser und Büros der Freien Gewerkschaften;
die Parteihäuser der SPD, soweit Gewerkschaften dort untergebracht sind;
die Filialen und Zahlstellen der »Bank der Arbeiter, Angestellten und Beamten«;
die Bezirksausschüsse des ADGB und des Afa-Bundes;
die Ortsausschüsse des ADGB und des Afa-Bundes.

In Schutzhaft werden genommen:
alle Verbandsvorsitzenden;
alle Bezirkssekretäre und
die Filialleiter der »Bank d. A., A. u. B . . .«

men. Damit hatte die deutsche Gewerkschaftsbewegung aufgehört zu bestehen. Die am 10. Mai gegründete **Deutsche Arbeitsfront (DAF)** trat als Zwangsorganisation des Arbeitnehmer an ihre Stelle. **Heute fragt man sich: Hätten die Gewerkschaften, vor allem die Freien Gewerkschaften, nicht innerhalb der Krise und gegenüber der wachsenden faschistischen Massenbewegung, sogar gegenüber der Machtergreifung im Januar 1933 unter den Organisationen der deutschen Arbeiterbewegung am ehesten eine Chance gehabt, die politische Entwicklung aufzuhalten?** Bei der Diskussion dieser Frage kommt oft der Hinweis auf die Massenarbeitslosigkeit, die das traditionelle Mittel des Streiks, das beim Kapp-Putsch den Sieg über die Reaktion gebracht hatte, den Gewerkschaften aus der Hand genommen habe. Dieses Argument überzeugt nicht ganz, denn immerhin war auch die deutsche Gesellschaft in der Krise auf Produktion und Reproduktion durch Arbeit angewiesen, und der Einfluß der Gewerkschaften bei den Beschäftigten war trotz allem immer noch groß, größer jedenfalls als der der KPD oder der NSDAP. Insofern ist es auch nicht recht einleuchtend, wenn gesagt wird, die Freien Gewerkschaften seien durch das »Anwachsen radikaler Richtungen« innerhalb der Arbeiterschaft so »eingezwängt« gewesen, daß ihnen kein Handlungsspielraum mehr verblieb. Die Gewerkschaftsopposition der KPD, die RGO, hatte in den Betrieben kaum größeren Anhang gewinnen können, und in den Gewerkschaftsverbänden selbst blieb sie ohne Wirkung. Andererseits hatte auch die Betriebsorganisation der NSDAP, die NSBO, im angestammten Aktivitätsfeld der Freien Gewerkschaften keinen Fuß an den Boden bekommen.

Eher bildeten da schon die christlich-nationalen Gewerkschaftsverbände ein Problem für den politischen Spielraum der Freien Gewerkschaften; zumindest im Bereich der Angestelltenorganisationen gab es hier so viele politisch-ideologische Berührungspunkte zur NSDAP und ihrem Umfeld, daß eine gemeinsame antifaschistische Aktion auf große Schwierigkeiten gestoßen wäre; andererseits legten die Freien Gewerkschaften bei ihren sozialpolitischen Bemühungen großen Wert auf das Bündnis mit den christlich-nationalen Gewerkschaften. Hier stoßen wir auf den eigentlichen Grund für die weitgehende Passivität der Freien Gewerkschaften gegenüber der Gefahr des Faschismus: Ohne eine Ausweitung des eigenen politischen Potentials oder zumindest eine Aktionseinheit mit anderen Kräften war an eine erfolgreiche Auseinandersetzung mit der faschistischen Bewegung und den ihr verbündeten gesellschaftlichen Machtgruppen kaum zu denken. Die Freien Gewerkschaften hätten also entweder in den Bereich der Mittelschichten, vor allem der Angestelltenschaft, hinein vorstoßen müssen; als sie so etwas mit der zunehmenden »Nationalisierung« ihrer Agitation versuchten, war dieses Potential jedoch längst unter der ideologischen Herrschaft der Deutschnationalen und Nationalsozialisten, und der »neue Kurs« der Freien Gewerkschaften war eher Anpassung an die Rechtskräfte, als daß er diesen Terrain weggenommen hätte. Oder die Freien Gewerkschaften hätten sich für ein Bündnis nach links hin öffnen, also die Aktionseinheit auch mit den Anhängern der KPD suchen müssen. Die Abneigung gegenüber jeder sozialrevolutionären Strömung war aber in der Funktionärsschicht der Gewerkschaften tief verwurzelt. Hinzu kam, daß die Politik der KPD durchaus dazu angetan war, ein solches Ressentiment zu bestätigen.

Wenn also die gewerkschaftlichen Organisationen gegenüber dem Aufstieg des Faschismus ohnmächtig blieben, bedeutete das aber keinesfalls, daß es dem Nationalsozialismus gelungen wäre, bis zur Zerschlagung der Gewerkschaften und der anderen Arbeiterorganisationen große Teile der Arbeiterschaft für sich zu gewinnen. Die Integration erheblicher Schichten der Arbeiterschaft in den Nationalsozialismus beginnt erst nach der Konsolidierung der Macht des nationalsozialistischen Staates und der endgültigen Aufreibung des organisierten Arbeiterwiderstandes. Ein Beleg dafür sind die Betriebsrätewahlen des Jahres 1933: Selbst bei dem Teil der Wahlen, der erst nach dem Reichstagsbrand und dem Ermächtigungsgesetz durchführt wurde, erhielten die nationalsozialistischen und deutschnationalen Listen nur etwa 25 % der Stimmen der Arbeiter und Angestellten, wobei der größte Anteil von den Angestellten gekommen sein dürfte, da diese stark nationalistisch geprägt gewesen waren. Auch das Ergebnis der Vertrauensleutewahlen von 1934 war für die Nationalsozialisten trotz Zerschlagung der Freien Gewerkschaften so schlecht, daß eine statistische Zusammenfassung und Veröffentlichung nicht erfolgte.

Die realen Vertretungsrechte der Arbeiter wurden nun Zug um Zug abgebaut.

Das »Gesetz über die Betriebsvertretungen« vom 4. April 1933 schuf eine rechtliche Handhabe, um Betriebsräte, die »in staats- und wirtschaftsfeindlichem Sinne eingestellt« waren, aus den betrieblichen Vertretungsorganen zu entfernen und durch Nationalsozialisten zu ersetzen. Am 19. Mai wurden Tarifautonomie, Streikrecht und bisheriges Schlichtungswesen beiseitegeräumt; das »Gesetz über die Treuhänder der Arbeit« unterwarf die Regelung von Lohn- und Arbeitsbedingungen vom Staat eingesetzten

Beamten; personell handelte es sich dabei durchweg um ehemalige juristische Berater der Arbeitgeberverbände. Die **DAF**, die immer noch einen gewerkschaftsähnlichen, also potentiell riskanten Charakter hatte, wurde ab Ende 1933 von einer Arbeitnehmerorganisation in einen Verband »aller Schaffenden« umgewandelt (d.h. auch die Unternehmer gehörten ihr nun an) und der Partei unterstellt. Zum Trost der Arbeitnehmer gründete die DAF gleichzeitig mit großer Propaganda eine Unterorganisation »Nach der Arbeit«, später in **»Kraft durch Freude«** umbenannt, die Arbeiter und Angestellte mit einem Standardprogramm der Freizeitindustrie bediente und den Massentourismus einführte. Die DAF kannte keine demokratische Entscheidungsstruktur, sondern wurde nach dem Führer-Gefolgschaftsprinzip organisiert.

Die von der DAF verbreitete Ideologie der »Kampfgemeinschaft der deutschen Arbeit« hatte die Funktion, unter dem Anschein der gleichberechtigten Mitgliedschaft von Arbeitnehmern wie Arbeitgebern jede selbständige Artikulationsmöglichkeit der Interessen der Arbeiter und Angestellten auszuschließen.

Den Endpunkt dieser Entwicklung setzte das »Gesetz zur Ordnung der nationalen Arbeit« vom 20. 1. 1934. Es sollte den Arbeitnehmern das Weiterbestehen betrieblicher Interessenvertretungen vorspiegeln (»Vertrauensräte« an Stelle der Betriebsräte), faktisch aber der Partei und der Unternehmerschaft gemeinsam die absolute Kontrolle über die Beschäftigten verschaffen; das Vehikel hierfür war die Durchsetzung des **»Führerprinzips«** nun auch für die innerbetrieblichen Verhältnisse:

. . . § 1 Im Betriebe arbeiten der Unternehmer als Führer des Betriebes, die Angestellten und Arbeiter als Gefolgschaft gemeinsam zur Förderung der Betriebszwecke und zum gemeinsamen Nutzen von Volk und Staat.

§ 2 (1) Der Führer des Betriebes entscheidet der Gefolgschaft gegenüber in allen betrieblichen Angelegenheiten, soweit sie durch dieses Gesetz geregelt werden.

(2) Er hat für das Wohl der Gefolgschaft zu sorgen. Diese hat ihm die in der Betriebsgemeinschaft begründete Treue zu halten . . .

Innerbetrieblich war damit der Unternehmer Herr im Hause; den Einfluß des Staates sicherten die Treuhänder der Arbeit, die das Gesetz als zuständig für alle Konflikte und für die Überwachung der Vertrauensräte erklärte.

Die Vertrauensleutewahlen wurden nur 1934 und 1935 durchgeführt; danach wurde die Besetzung dieser Positionen auf dem Verordnungswege verlängert bzw. über die DAF ergänzt oder korrigiert. Alle diese Maßnahmen lagen im Interesse der Unternehmerschaft, die nun von jedem legalen oder organisierten Druck des sozialen Kontrahenten befreit war – wofür sie eine stärkere Regulierung der sozialen Beziehungen und der wirtschaftlichen Abläufe durch den NS-Staat in Kauf zu nehmen hatten.

Im weiteren wurden die Arbeitsbeziehungen sowohl ideologisch als auch rechtlich immer stärker militarisiert und damit für den geplanten Krieg funktionalisiert. »Soldaten der Arbeit« schlugen nun »Arbeitsschlachten«; 1935 wurden der **»Reichsarbeitsdienst«** (sechsmonatige Dienstpflicht) für männliche Jugendliche (später auf junge Frauen ausgedehnt) und ein allgemeines »Arbeitsbuch« eingeführt; für bestimmte Branchen wurde 1936 der Arbeitsplatzwechsel genehmigungspflichtig; 1938 schließlich wurde mit der Einführung der Arbeitsverpflichtung die freie Wahl des Arbeitsplatzes generell aufgehoben.

Obwohl die Auffassungen über die Opposition von Arbeitern im Dritten Reich auseinandergehen – die einen sehen für die Jahre nach 1936 Integrationsverluste des Regimes bei der Arbeiterschaft und die Entwicklung von neuen Solidarstrukturen, die anderen verneinen dies mit dem Hinweis auf die wachsende Produktivität der deutschen Wirtschaft in jenen Jahren, die nur auf der Grundlage eines weitgehenden Konsenses möglich gewesen sei –, ist anzunehmen, daß die Arbeiterinteressen auch in dieser Zeit ihren Ausdruck fanden und nicht ohne Einfluß blieben. Dies geschah zum einen durch gewisse »Rücksichtnahmen« des Regimes gegenüber diesen Interessen, aber auch durch spontane Formen der Interessenvertretung, die sich mitunter auch der Reste von Interessenartikulation in den NS-Organisationen bedienten. In vielen Branchen und Betrieben gab es Streikaktionen, die aber isoliert bleiben mußten.

T. W. Mason schrieb zu solchen Vorgängen:

> *Interessanter (. . .) sind aber Aktionen, die auf Gruppensolidarität unter den Arbeitern beruhten. Ab 1936 wurde von allen Seiten berichtet, daß Arbeiter gemeinsam vorgingen, um ihren Forderungen Nachdruck zu verleihen. Unter den Bedingungen des sich verschärfenden Arbeitskräftemangels war die Kündigung nicht mehr ein Disziplinierungsinstrument des Arbeitgebers, sondern ein Hebel für diejenigen Arbeiter, die sich auf die eine oder andere Weise im Betrieb zusammenschließen konnten. Lohnforderungen, die von der durchaus realistischen Drohung einer kollektiven Kündigung begleitet waren, kamen häufig vor.*

Wollte das Regime seine politischen Ziele erreichen, war es auf eine gewisse Loyalität der Masse der Arbeiter und Angestellten angewiesen. Neben dem Terror, der Unterdrückung der Organisationen und der

Zerschlagung jeden organisierten Arbeiterwiderstandes waren es wirtschaftlich-soziale »Angebote«, die am ehesten eine Chance für die Integration der Arbeiterschaft boten. Es mußten also die Grundbedürfnisse wie ausreichende Ernährung und angemessene Wohnraumversorgung auf der Basis der Vollbeschäftigung befriedigt werden.

Wenn die Entwicklung der Lage der abhängig Arbeitenden im Dritten Reich in manchen Darstellungen so charakterisiert wird, daß hier verschärfte Ausbeutung stattgefunden habe, dann ist dies einerseits richtig, weil in der Tat nach 1933 bei immens gesteigertem Arbeitsaufwand der Arbeitnehmerschaft insgesamt die Lohnquote, also der Anteil der Löhne und Gehälter am Volkseinkommen, kontinuierlich abnahm, während die Gewinnquote der Großunternehmen steil anstieg. Die Lohnquote lag 1933 bei 64 %, 1938 bei 57 % des Volkseinkommens; die Durchschnittsdividende der Aktiengesellschaften hingegen erhöhte sich im gleichen Zeitraum von 2,9 auf 6,4 %. Auch das durchschnittliche Lohnniveau der Beschäftigten bei Ansetzung einer Normalarbeitszeit stieg, gemessen an den Ausgangsbedingungen um 1933, keineswegs an.

Das ist aber nur eine Seite; auf der anderen ergibt sich ein Bild, das man auch zur Kenntnis nehmen muß, wenn man die Geschichte der Arbeiter und Angestellten unter dem Nationalsozialismus wirklich verstehen will: Durch Abbau der Arbeitslosigkeit, durch Wegfall von Kurzarbeit, durch Überstunden und Einbeziehung zusätzlicher Kräfte in den Arbeitsprozeß erhöhten sich die Realeinkommen der meisten Arbeitnehmerfamilien. Nach den Jahren der Krise konnten viele Arbeitnehmer nun überhaupt erst einmal wieder einen erträglichen Lebensstandard erreichen – und sie hatten bald keine Sorge mehr um ihren Arbeitsplatz.

Durch den forcierten Ausbau gerade der für einen Krieg wichtigen Industrien sanken die Arbeitslosenzahlen ständig: waren es 1933 noch 4,8 Millionen, so 1934 nur noch 2,7 Millionen, 1935 dann 2,2 Millionen, 1936 reduzierte sich die Zahl auf 1,6 Millionen, um erstmals 1937 unter die Millionengrenze zu sinken. Erst 1939, kurz vor Beginn des Krieges, konnte aber nach kapitalistischen Maßstäben von einer Vollbeschäftigung gesprochen werden: Es gab nur noch etwas mehr als 100 000 Arbeitslose.

Der **Vollbeschäftigung durch Kriegsvorbereitung** entsprach auf der anderen Seite eine zunehmende Verschärfung der Arbeitsdisziplin; das Arbeitsrecht war fast nur noch Strafrecht. Die Aufrechterhaltung der Produktion war die wesentliche Voraussetzung für eine gesicherte Durchführung kriegerischer Expansion, und so mußten zu den Disziplinierungsmaßnahmen auch Zugeständnisse gehören. T. W. Mason meint, daß die oppositionelle Haltung weiter Teile der Arbeiterschaft dem NS-Regime größere Sorgen bereitet habe als der politische Widerstand:

> *Auf den »getarnten Streik« mußte die Diktatur Rücksicht nehmen, denn ohne Rüstungsproduktion konnte es keinen Expansionskrieg geben. Daß die Diktatur im Herbst 1939 der Arbeiteropposition in wesentlichen Punkten nachgab, bewahrte sie im ersten Winter des Zweiten Weltkrieges wahrscheinlich vor schweren innenpolitischen Erschütterungen.*

Dennoch waren es wohl zwei Erfahrungen, die auch erhebliche Teile der Industriearbeiterschaft, des traditionellen Potentials der Arbeiterbewegung, zur »Einpassung« in das NS-System bewegten: die negative Erfahrung mit den alten Arbeiterparteien, die Enttäuschung über deren Ohnmacht gegenüber Krise und faschistischer Machtergreifung, und die positive Erfahrung, daß das Dritte Reich in der Lage war, Arbeit für alle zu schaffen. Hinzu kam, daß sich in den Jahren nach 1933 eine erneute Umschichtung in der Arbeitnehmerschaft vollzog, die es zunehmend schwieriger machte, an die Traditionen und die Bewußtseinslage der sozialdemokratisch und kommunistisch oder gewerkschaftlich geprägten Arbeiterschaft vor 1933 anzuknüpfen.

Entgegen propagandistischen Leitbildern der NS-Bewegung, die vorindustriell-ständisch, antimonopolistisch-handwerklich und auf »Blut und Boden« ausgerichtet waren, wurde die tatsächliche wirtschaftlich-soziale Entwicklung im Dritten Reich durch eine forcierte Industrialisierung und Verstädterung, durch beschleunigte Konzentration des Kapitals und das hieß auch: durch weiteren Abbau der wirtschaftlich Selbständigen beherrscht. Vielleicht war diese verschärfte Durchsetzung des Industriekapitalismus emotional gerade deshalb leichter erträglich, weil sie sich mit einer »anti-industriekapitalistischen« Ideologie verband und als »Wehrhaftmachung der Nation« begriffen wurde. Für die Sozialstruktur bedeuteten diese Vorgänge den Zustrom bisheriger Handwerker, Händler und kleiner Bauern (bzw. ihrer nachwachsenden Generation) in die Majorität der abhängig Beschäftigten. Doch durch den massiven Ausbau des Militärs und des Personals in NS-Verbänden und parastaatlichen Institutionen, der im Dritten Reich sowohl durch die Aufrüstung als auch durch die spezifische Staats- und Herrschaftsform bedingt war, boten sich berufliche Möglichkeiten an, die für ehemals wirtschaftlich Selbständige keineswegs als Deklassierung erschienen und die auch denjenigen, die aus pauperisierten Teilen der Arbeiter- und privaten Angestelltenschaft hierhin überwechselten, das Gefühl eines sozialen Aufstiegs vermittelten. Berufspositionen im »Öffentlichen Dienst« waren aber insgesamt durch hierarchische Status- und Aufstiegsmuster geprägt, was die Differenzierungen innerhalb der abhängig Beschäftigten verstärkte und zu einem sozialen Bewußtsein beitrug, das nicht auf solidarisches Verhalten oder kollektive Vertretung der eigenen Interessen hinauslief. Intensivere Abstufungen der Lohngruppen und ausgedehnte Prämiensysteme in der industriellen Arbeit wirkten in dieselbe Richtung.

Zusammensetzung und Bewußtseinslage der Arbeitnehmerschaft wurden im Dritten Reich noch durch andere Faktoren verändert: Der Anteil der Frauenarbeit in der Industrie und im Dienstleistungssektor stieg an; größere Teile der männlichen Arbeitnehmerschaft wurden ganz oder zeitweise dem produktiven und betrieblichen Sozialzusammenhang entzogen und in militärische oder paramilitärische Formen des Zusammenlebens und der sozialen Erfahrung eingeordnet, vor allem durch Arbeitsdienst- und Wehrpflicht; die junge Generation der Arbeiterschaft, die jetzt nachrückte, hatte kaum noch die organisierte Arbeiterbewegung erlebt.

Die mutigen Bemühungen derjenigen, die nicht vor dem Faschismus kapituliert hatten oder die nach dem Januar 1933 eingesehen hatten, daß Widerstand und nicht Anpassung das einzig richtige Mittel gegen den Nationalsozialismus sein konnte, können hier nicht im einzelnen geschildert werden. Versuche, im Inland die Massenorganisationen illegal fortzusetzen oder aus der Emigration heraus neu aufzubauen, sind bis auf einige wenige Ansätze nicht gelungen oder haben sich nicht lange halten können. In Deutschland selbst bildeten die Kommunisten das größte Widerstandspotential. Zehntausende von ihnen wurden wegen aktiver illegaler Tätigkeit schon in der Anfangsphase des Dritten Reiches, als die Gewerkschaften sich noch durch Anpassung zu retten versuchten, verhaftet, verurteilt, und viele von ihnen mußte ihr Leben lassen. Ihr Widerstand war von »revolutionärem Heroismus« geprägt, dem allerdings die tragische Fehleinschätzung zugrunde lag, daß die Herrschaft des Faschismus direkt und in kurzer Zeit zerschlagen werden könne. Spätestens 1936 war dieser Widerstand, der auch von kleineren Teilen der Sozialdemokratie, von Linkssozialisten und Gewerkschaftern mitgetragen worden war, im wörtlichen Sinne »ausgeblutet«. Neben den weiterexistierenden kleinen Widerstandszirkeln der ehemaligen Arbeiterorganisationen bildete sich so etwas wie eine spontane »Arbeiteropposition«. Sie hatte kaum Zusammenhang mit den alten politischen Gruppierungen, auch wenn sie wohl zu einem

nicht unerheblichen Teil von der Aktivität ehemaliger Gewerkschafter und Angehöriger der Arbeiterparteien gelebt haben dürfte.
Auf der Seite der illegalen Gewerkschafter konnten Organisationsversuche bei Eisenbahnern, Transport- und Hafenarbeitern und Seeleuten, die sich auf die Hilfe der »Internationalen Transportarbeiter-Föderation« stützten und, gewissermaßen syndikalistisch vorgehend, von den parteipolitischen illegalen Gruppen wie von den Emigrationsrepräsentanten der alten Freien Gewerkschaften gleichermaßen Abstand hielten, zeitweise einigen Erfolg erzielen.
Manche der alten Repräsentanten der Freien Gewerkschaften versuchten nach dem Scheitern des Anpassungskurses den **Aufbau sogenannter »illegaler Reichsleitungen«** für die Gewerkschaften und hielten Kontakt mit der internationalen Gewerkschaftsbewegung sowie den in die Emigration gegangenen ehemaligen Gewerkschaftsführern. Aber weder die »illegalen Reichsleitungen« noch ähnliche Versuche kamen über das Stadium eines Informationsnetzes hinaus. Im Juli 1935 kam es auf einer Konferenz in Reichenberg, in der Tschechoslowakei, zur Gründung der »Auslandsvertretung Deutscher Gewerkschaften« (ADG). An dieser Konferenz hatten auf Initiative von Hinrich Schliestedt, einem ehemaligen Vorstandsmitglied des DMV, Vertreter der in Deutschland verbliebenen Gewerkschaftsführer, der Emigration und der internationalen Gewerkschaftsverbände IGB und ITF teilgenommen (s. Dokument 28c). Diese Gruppe wurde in Kopenhagen von Fritz Tarnow geleitet, der später Vorstellungen über eine nach dem Ende des Faschismus durchzuführende Umwandlung der DAF in eine zentralistische Einheitsgewerkschaft entwickelte, doch bei der Mehrheit der gewerkschaftlichen Emigranten auf Ablehnung stieß.
Die wichtigste Gruppe ehemaliger Gewerkschaftsfunktionäre saß in London, von wo auch über Stockholm Kontakte zu **Wilhelm Leuschner** in Berlin gehalten wurden. Dieser arbeitete in dem Widerstandskreis um Stauffenberg und Goerdeler mit und befürwortete ein enges Zusammengehen von Gewerkschaftsführern mit dem militärischen Widerstand. Nach dem Scheitern des Attentats auf Hitler am 20. Juli 1944 wurde Leuschner verhaftet und hingerichtet.
Seit Mitte 1942 wurden innerhalb der Emigration Pläne, wie etwa der von Tarnow, zum Wiederaufbau der deutschen Gewerkschaften entwickelt. Wie sehr aber manche emigrierte Gewerkschafter an Vorstellungen von einer vereinheitlichten Organisation mit zum Teil staatsgewerkschaftlichen Zügen festhielten, zeigten die Pläne einer Umwandlung der DAF. Später

Dokument 28c
Illegale Gewerkschaftsarbeit in Deutschland

Die Bekämpfung der Hitlerdiktatur ist nicht nur eine Notwendigkeit für die deutsche Bevölkerung, insbesondere die deutsche Arbeiterklasse, sondern auch für ganz Europa, ja für die ganze Welt. Die Gefahr der Ausbreitung des Faschismus ist durch das deutsche Beispiel erheblich vergrößert; die Kriegsgefahr ist erhöht durch die deutsche gewaltige und stürmische Aufrüstung als äußerstes Zeichen des wiedererwachten Imperialismus; das von Deutschland betriebene soziale Dumping bedroht die Arbeiterschaft aller Länder. In diesem Kampf stehen auch die deutschen Gewerkschafter in höchster Aktivität und steigender Zahl, wie die täglichen Opfer beweisen. Für den Außenstehenden ist allerdings nicht erkenntlich, wie der Staat und seine Organe gegen die illegal arbeitenden Gewerkschafter wüten, denn die in den Kellern der Gestapo gefolterten, zu Strafen verurteilten und in Konzentrationslagern gequälten Gewerkschafter werden eines politischen Vergehens beschuldigt, auch wenn es sich um gewerkschaftliche Tätigkeit gehandelt hat. Ganz richtig empfindet die Diktatur, daß jede wirkliche Gewerkschaftsarbeit ein Kampf um die Freiheit ist. (...)
Die legale Organisationsbildung ist in Deutschland verboten und unter Strafe gestellt, die bis zur Todesstrafe geht. Deshalb gibt es auch kein Versammlungsrecht und keine Pressefreiheit. Die Bildung illegaler Organisationen mit beitragszahlenden Mitgliedern ist noch unmöglich und die gewerkschaftliche Arbeit baut sich in der Form der Vertrauensleute auf. Daß die Arbeit wirksam ist, zeigt sich an der steigenden sozialen Unruhe in den Betrieben. Gewiß hat sie ihre Ursache in den Betriebs- und sozialen Zuständen, aber die Form, in der sich die Unruhen äußern, zeigen die gewerkschaftlichen Einflüsse. Die Bestätigung erfolgt jedesmal durch die Verhaftung der »Rädelsführer«, denn als solche gelten bezeichnenderweise die früheren gewerkschaftlichen Funktionäre. (...)
Noch fehlt allerdings die Planmäßigkeit der gewerkschaftlichen Arbeit, aber die spontanen Ausbrüche sind die Vorläufer derselben (...)
Bei dem Stande der heutigen politischen, wirtschaftlichen und gewerkschaftlichen Entwicklung muß sich jedes Regime mit der Gewerkschaftsfrage auseinandersetzen. Auch der Nationalsozialismus mußte das und er tat es auf seine Weise. Aber wie diese Frage gelöst wird, ist mit

entscheidend für die Lebensdauer des Regimes. Das hat auch Hitler erkannt und deshalb die dauernden Experimente mit der Arbeitsfront. Um der Zukunft willen ist es notwendig, daß in der Illegalität die gewerkschaftlichen Ideen gepflegt und weiter entwickelt werden. Die Formen der künftigen Gewerkschaftsbewegung sind herauszuarbeiten unter Berücksichtigung der eingetretenen sozialen Veränderungen und die notwendigen Funktionäre müssen bereitstehen, vertraut mit den zu lösenden Aufgaben. Werden diese Arbeiten versäumt oder nicht rechtzeitig genug vorgenommen, dann könnte bei einer Änderung des politischen Systems in Deutschland die Lösung der Gewerkschaftsfrage leicht ohne und gegen die Arbeiterschaft gesucht und noch eine längere Zeit durchgeführt werden. Die künftige neue Gewerkschaftsbewegung in Deutschland setzt die selbständige illegale Gewerkschaftsarbeit voraus.

18. September 1935
H. Schliestedt

aber rückte man vor allem unter dem Eindruck der ersten Neuordnungspläne der Alliierten von solchen Vorstellungen wieder ab.
All diese Organisationsversuche und Konzepte in der Emigration aber hatten keine Wirkung auf den Arbeiterwiderstand innerhalb Deutschlands. Entweder erreichten sie die Arbeiter gar nicht, oder sie waren so weit von deren Lebens- und Arbeitsbedingungen entfernt, daß sie einflußlos blieben. Zwangsläufig waren die in die Emigration gegangenen Gewerkschafter in Distanz zur Arbeiterrealität in Deutschland geraten. Denn gewerkschaftliche Arbeit war ohne den Betrieb als Basis gar nicht denkbar. **Der betriebliche Widerstand, die »Arbeiteropposition«**, blieb auf die einzelnen Arbeitsstätten beschränkt; er bildete sich neu und spontan aus der Erfahrung und Kritik der Arbeits- und Lebensverhältnisse heraus. Dieser Umstand sollte nach dem Zusammenbruch des deutschen Faschismus noch von Bedeutung sein.
Der Krieg und die veränderten Lebensbedingungen der Arbeiterschaft in diesen Jahren brachten für die Opposition und für den Widerstand aus den Reihen der Arbeiterschaft neue und in sich recht widersprüchliche Bedingungen hervor.
Anders als 1914 weckte der Kriegsausbruch bei der Masse der Arbeiter und Angestellten keineswegs Begeisterung. Die direkte oder überlieferte

Erfahrung der Not und der Niederlage im Ersten Weltkrieg hatte wohl eher die dumpfe Ahnung zur Folge, daß auch diesmal die Millionen von kleinen Leuten am Ende die Verlierer sein könnten. Die Warnung der Arbeiterbewegung vor 1933 und der Illegalen, daß der Erfolg Hitlers notwendig in den Krieg hineinführe, war bestätigt; und so erhielt die Opposition gegen den NS-Staat im Krieg neuen Boden in der Arbeiterschaft, auch schon zu Zeiten, als die militärische Niederlage sich noch nicht abzeichnete. Einen zusätzlichen Unruheherd stellte die **Masse der »Fremdarbeiter« und Kriegsgefangenen** dar, die nun zur Tätigkeit in der deutschen Industrie gezwungen wurden und schließlich etwa ein Viertel der Gesamtarbeiterschaft ausmachten. Andererseits wurde durch die Rekrutierung von Millionen von Männern zum Militär die noch vorhandene Kommunikationsstruktur in der Arbeiterschaft weitgehend aufgelöst; Arbeitskräfte in der Industrie wurden hin- und herverlegt, Frauen rückten in bisher von Männern besetzte Stellen ein; das Gefühl eines gemeinsamen Interesses zwischen ausländischen Zwangsarbeitern und deutschen Arbeitskräften konnte aus den verschiedensten Gründen sich nur schwer entwickeln.

Unter diesen Umständen gelang es den zerstreuten Resten der illegalen Arbeiterbewegung, die vor allem in den Industriegebieten nach wie vor existierten, ihre Aktivitäten auszuweiten und auch neue Gruppen zu bilden, aber dennoch kam es nicht zu einer Massenbewegung von Arbeitern gegen das Regime und den Krieg, wie sie in der zweiten Hälfte des Ersten Weltkrieges entstanden war.

Mit dem konservativen Widerstand, der in das Attentat auf Hitler mündete, hatte diese Opposition kaum Kontakt; aber im Gegensatz zu diesem bildete die Arbeiteropposition eine breite Strömung, ohne allerdings sich organisieren zu können. Sie blieb ein spontanes Aufbegehren gegen den alltäglichen Faschismus, nahm besonders im Krieg breite Ausmaße an und äußerte sich in kritischen Bemerkungen über die NS-Führung und über die Erfolgsaussichten des Krieges, im Abhören ausländischer Sender, in der versteckten oder offenen Arbeitsverweigerung, in freundschaftlichen Kontakten zu »Fremdarbeitern« und ähnlichem mehr.

Die Zehntausende von Arbeitern und Angestellten, die wegen »Heimtücke«, »Wirtschaftsvergehen«, »Feindbegünstigung«, »Zersetzung der Wehrkraft« usw. verhaftet, verurteilt und oft mit der Todesstrafe belegt wurden, waren zumeist keine »politischen Widerstandskämpfer« in einem »ideologischen« Sinne. Manchmal spielten Erinnerungen an die freie Arbeiterbewegung vor 1933 eine Rolle, aber das leitende Motiv war meist der simple Zorn über das sinnlose Menschenopfer im Krieg, über die Arbeitshetze, mit der die NS-Führung ihre Überlebenschance verbessern wollte, über die »Untermenschen«-Behandlung, die das System »Fremdarbeitern« angedeihen ließ, über die ständigen Schikanen eines totalitären Regimes. Auch die Durchhalteparolen büßten in der Arbeiterschaft allmählich an Wirksamkeit ein – schlimmer als im »totalen Krieg« konnte es wohl nicht mehr werden.

Doch weder die illegalen Gruppen noch die spontane Arbeiteropposition vermochten die Macht des Faschismus von innen her zu brechen. **Es waren keine »revolutionären Massen«, wie manche Aktivisten des Widerstandes gehofft hatten, die den Faschismus beseitigten, sondern die »Revolution von außen«, die militärische Niederlage und die Besetzung Deutschlands durch die Alliierten.**

Kapitel 10
Reorganisation der deutschen Gewerkschaften nach 1945 – Konflikt und Kooperation in der Zeit bis 1952

Bei der Erörterung der Geschichte gewerkschaftlicher Organisation und Politik in den Westzonen bzw. in der Bundesrepublik ist zunächst an die Bedingungen zu erinnern, unter denen sich die Rekonstruktion von Organisationen der Arbeiterbewegung nach 1945 in Deutschland vollzog: Die Linksparteien und die Gewerkschaften in Deutschland hatten 1933 dem Faschismus ohne geschlossene Widerstandsversuche das Feld geräumt; eine in der Masse der Arbeiterschaft verankerte Widerstandsbewegung hatte es in Deutschland selbst in der zweiten Kriegshälfte nicht gegeben; **die Niederlage des deutschen Faschismus war allein dem militärischen Eingriff von außen her zu verdanken**. Insofern handelte es sich 1945 nicht einmal ansatzweise um eine revolutionäre Situation deutscherseits; die Revolution, wenn man den historischen Vorgang so nennen will, kam gewissermaßen »stellvertretend« durch die Alliierten. Hier liegen auch die qualitativen Differenzen sowohl gegenüber der Lage in Deutschland im Jahre 1918 als auch gegenüber der Konstellation in anderen europäischen, vom Faschismus befreiten Ländern 1945.

Die Versuche zur Neu- oder Wiedergründung von Organisationen der Arbeiterbewegung im besetzten Deutschland nach dem Ende des Zweiten Weltkrieges fanden in einem Wirkungs- und Spannungsfeld widersprüchlicher politischer Faktoren und Problemzusammenhänge statt.

Da waren zunächst einmal die vier Besatzungsmächte, mit jeweils mehr oder weniger unterschiedlichen oder gegensätzlichen Vorstellungen über die Deutschlandpolitik im allgemeinen und die Arbeiterbewegung im besonderen. Der Konflikt zwischen den westlichen Besatzungsmächten und der sowjetischen Besatzungsmacht beherrschte hier schon bald die Szene. Immerhin gab es aber etliche Jahre hindurch auch eine Teilübereinstimmung aller Besatzungsmächte, die für die Wiederbelebung der Arbeiterorganisationen und der Interessenvertretungen der Arbeitnehmerschaft auch rechtlich bindende Auswirkungen hatte, nämlich in der Politik und den Rechtsnormen des Alliierten Kontrollrates. Die Besatzungsmächte wiederum unterhielten unterschiedlich gute und intensive Beziehungen zu den verschiedenen politischen Richtungen auf deutscher Seite, und es lag nahe, daß die Alliierten im Zuge ihrer sich steigernden Auseinandersetzungen dazu neigten, deutsche gesellschaftspolitische Kräfte und eben auch

Organisationen der Arbeiterbewegung als Hilfstruppen für die Verfolgung ihrer eigenen Ziele einzuspannen. Die Personengruppen, auf die sich die Rekonstruktion von Arbeiterorganisationen deutscherseits stützen konnte, waren nicht nur ihrer politischen Herkunft, sondern auch ihrem Erfahrungszusammenhang während des Dritten Reiches nach durchaus heterogen. Vielfach waren die **Emigrantengruppen** den jeweiligen Aufnahmeländern in ihrem politischen Denken, oft aber auch unmittelbar organisatorisch verbunden; hier konnten die Besatzungsmächte am ehesten auf einen Gleichklang der politischen Vorstellungen hoffen, und sie halfen dabei ein wenig nach, indem sie zunächst nur diejenigen deutschen Emigranten wieder in ihr Heimatland zurückkehren ließen, von denen sie ungebrochene Loyalität gegenüber der eigenen Politik erwarteten. Weniger kalkulierbar waren die Widerstandskämpfer und Verfolgten aus der alten Arbeiterbewegung, die in Deutschland selbst die Illegalität oder die Konzentrationslager überdauert hatten; hier hatten sich zum Teil politische Orientierungen herausgebildet, die weder mit den Richtungen in der Arbeiterbewegung vor 1933 noch mit der politischen Frontenbildung in der Emigration übereinstimmten. Schließlich gab es Deutsche, vor allem jüngere, die aufgrund ihrer Erlebnisse im Dritten Reich oder im Krieg neu zur Arbeiterbewegung kamen; auch deren politische Vorstellungen waren, von der Warte der Besatzungsmächte her gesehen, nicht so leicht überschaubar oder lenkbar.

In dieser Lage tendierten alle Besatzungsmächte dahin, die politisch-organisatorische Entwicklung auch der antifaschistischen Kräfte im besetzten Deutschland, mithin auch der Arbeiterbewegung als der wichtigsten Richtung innerhalb des demokratischen Potentials, strikt unter ihre Kontrolle zu nehmen und dabei personell vor allem auf Führungsgruppen aus der jeweiligen Emigration zurückzugreifen. Diese Verfahrensweise war nicht etwa eine Besonderheit der sowjetischen Besatzungspolitik, wo sie durch die späteren Berichte über den Einflug und Einsatz der **»Gruppe Ulbricht«** hinreichend bekannt wurde, sondern sie wurde auch von den Westmächten praktiziert, bei denen deutsche Emigranten nicht selten vom Dienst bei Organisationen des Exillandes unmittelbar in Positionen der neu zu gründenden sozialdemokratischen und gewerkschaftlichen Verbände hinüberwechselten – mit Hilfe der Besatzungsverwaltung. Alle Besatzungsmächte sorgten dafür, daß in ihren Zonen das wiederaufkommende politische Leben in den traditionellen Formen verblieb, also – soweit es um die Arbeiterbewegung geht – in der Arbeitsteilung zwischen Parteien und

Gewerkschaften. Das Spektrum der parteipolitischen Richtungen wurde von den Besatzungsmächten durch ein Lizenzverfahren so reglementiert, daß in allen Zonen eine kommunistische, eine sozialdemokratische, eine liberale und eine christliche oder christlich-konservative Partei zugelassen wurden. Auf der deutschen Seite in den ersten Monaten nach dem Zusammenbruch des Faschismus spontan zustandegekommene, alternative Formen politischer Aktivität und Organisation, also sowohl **»Einheitsausschüsse« der Arbeiterschaft**, die nicht zwischen parteipolitischer und gewerkschaftlicher Tätigkeit trennen wollten (wie etwa in Hamburg und in Bremen), als auch **Experimente einer einheitlichen Arbeiterpartei**, fanden nicht die Duldung der Besatzungsmächte, auch nicht der sowjetischen. Für die weitere Entwicklung der Arbeiterbewegung in Deutschland hat dieser frühe und massive Eingriff der Besatzungsmächte zugunsten eines Vierparteien- und zugleich Parteien/Gewerkschaften-Modells schwerwiegende Folgen gehabt; der politisch-organisatorische Traditionalismus war damit, entgegen einigen andersgelagerten Hoffnungen in der Zeit der Illegalität, von oben her etabliert; um so leichter hatten es diejenigen, die ihm unten den Vorzug gaben.

Die Rekonstruktion der organisierten Interessenvertretung der Arbeitnehmer auf wirtschaftlichem und sozialem Gebiet vollzog sich unmittelbar nach dem Zusammenbruch des deutschen Faschismus auf zwei Ebenen: Im lokalen Rahmen bildeten sich Betriebsausschüsse, Betriebsräte, kommunale Arbeiter- und Antifa-Komitees oder örtliche Gewerkschaftsgruppen, deren Aktivität vor allem darauf gerichtet war, die Produktion und Versorgung wieder in Gang zu setzen, Funktionäre des Dritten Reiches aus ihren Positionen zu verdrängen und Mitbestimmungsrechte der Arbeitnehmer in den Betrieben und Verwaltungen durchzusetzen. Oberhalb der lokalen Geschehnisse bemühten sich Funktionärskreise der 1933 unterdrückten Gewerkschaften und emigrierte, nun zurückkehrende Gewerkschaftsrepräsentanten um die Reorganisation der Gewerkschaftsverbände, wobei es hier bereits einige konzeptionelle Vorarbeit aus Emigrations- oder illegalen Gesprächskreisen gab.

Erstaunlich ist die **allgemeine und zügige Wiederherstellung betrieblich-gewerkschaftlicher Vertretungen in allen möglichen Varianten auf der lokalen Ebene**. Hier zeigte sich, daß die Tradition der Arbeiterbewegung zumindest im Hinblick auf eine unmittelbar soziale Interessenorganisation den Faschismus sehr wohl überdauert hatte. Die Besatzungsmächte waren bestrebt, die Aktivitäten betrieblicher und lokaler Arbeiterausschüsse rasch

und nachhaltig unter ihre Kontrolle zu bringen und in Richtung auf die herkömmliche Trennung von betrieblichen, gewerkschaftlichen und parteipolitischen Vertretungsformen zu kanalisieren.
Lokale »Einheitsorganisationen« wurden aufgelöst oder auf reine Hilfsfunktionen für die politische Verwaltung reduziert.
Die Besatzungsmächte konnten sich schon bald nicht mehr der Notwendigkeit verschließen, dem Verlangen nach Betriebsvertretungen der Arbeiter und Angestellten Raum zu geben, die faktisch überall vorhandenen Betriebsräte zu legalisieren und dafür einen einheitlichen rechtlichen Rahmen zu schaffen. Im Frühjahr 1946 regelte der Alliierte Kontrollrat einheitlich für alle Besatzungszonen die **Einrichtung von Betriebsräten** auf der Basis demokratischer Wahlverfahren durch ein Gesetz, das sich in der Funktionszuschreibung der Betriebsräte deutlich von der harmonistischen Linie des Betriebsrätegesetzes der Weimarer Republik (und des späteren Betriebsverfassungsgesetzes der Bundesrepublik) unterschied und diese Organe klar an die Interessen der Arbeitnehmer band.
Komplizierter und weniger einheitlich war die Politik der Besatzungsmächte gegenüber der **Neugründung der Gewerkschaften**. Auf der deutschen Seite war ganz unbestritten, daß die Aufspaltung in weltanschaulich-politische Richtungsgewerkschaften, wie sie bis 1933 für die deutsche Gewerkschaftsbewegung kennzeichnend gewesen war, nicht weitergetragen werden, sondern eine **Einheitsgewerkschaft** zustande kommen sollte, die als parteipolitisch und konfessionell-weltanschaulich unabhängig definiert wurde. Diesem Konzept folgte auch eine Direktive des Alliierten Kontrollrats vom 3. 6. 1946. Ansonsten aber gab es über die Struktur der Gewerkschaften und die Methode ihres organisatorischen Aufbaus Kontroversen unter den deutschen Gewerkschaftsgruppen und Differenzen zwischen den Besatzungsmächten. In der Sowjetischen Besatzungszone wurde die gewerkschaftliche Organisation mit Hilfe der Besatzungsmacht rasch vorangetrieben; der dortige **»Freie Deutsche Gewerkschaftsbund« (FDGB)** war eindeutig nach dem Industrieverbandsprinzip gegliedert (d.h. »ein Betrieb – eine Gewerkschaft«, keine konkurrierenden Gewerkschaften in demselben Bereich und keine Sonderorganisationen für Angestellte oder Beamte) und hatte eine vergleichsweise zentralistische innerverbandliche Struktur. In den Westzonen intervenierten die Besatzungsmächte gegen einen schnellen Organisationsaufbau der Gewerkschaften und gegen eine zentralistische Organisationsstruktur; **eine einheitliche Gewerkschaftsorganisation für das gesamte westdeutsche Gebiet kam erst im**

Oktober 1949 mit der Gründung des DGB zustande; bis dahin hatten im amerikanischen und französischen Besatzungsgebiet nicht einmal Zonenverbände der Gewerkschaften, sondern nur Landesverbände existiert. Das industrieverbandliche Organisationsprinzip konnte sich in den Westzonen nicht voll durchsetzen; in einigen Bereichen – so vor allem im Öffentlichen Dienst – konkurrierten verschiedene Einzelgewerkschaften miteinander, und mit der **Deutschen Angestelltengewerkschaft (DAG)** bildete sich die Organisation einer spezifischen sozialen Gruppe, zunächst im Verbund der DGB-Gewerkschaften, später unabhängig von ihnen. Für die Beamtenschaft wurden hier auch bald bereits wieder **ständische Organisationen** neben den Gewerkschaften (wie der **Deutsche Beamtenbund**) gegründet.
Zwischen den Gewerkschaften der Westzonen und dem FDGB in der Sowjetischen Besatzungszone bestanden lockere Formen der Kooperation, die sich um einiges länger aufrechterhalten ließen als die Kontakte zwischen den Linksparteien hüben und drüben.
Im Mai 1947 noch beschloß die Interzonenkonferenz der Gewerkschaften in München eine gemeinsame programmatische Erklärung zur »Neugestaltung der Wirtschaft« mit folgenden Forderungen:

1. Die Wiederherstellung der wirtschaftlichen Einheit Deutschlands, der baldigst die politische folgen muß.

2. Aufbau eines Systems geplanter und gelenkter Wirtschaft. Vergesellschaftung der für die Lenkung der Gesamtwirtschaft wichtigen Schlüsselindustrien, Kredit- und Versicherungsinstitute.

3. Errichtung eines zentralen deutschen Amtes für Wirtschaftsplanung und -lenkung und Aufbau eines Systems von Organen der wirtschaftlichen Selbstverwaltung. In diesen Organen sowie bei der Kontrolle des zentralen Amtes müssen die Gewerkschaften in voller Gleichberechtigung vertreten sein.

4. Die Erhöhung der Industrieproduktion Deutschlands für den friedlichen Bedarf über den vom Kontrollrat vorgesehenen Umfang hinaus, um die Versorgung des deutschen Volkes zu verbessern und die Wiedergutmachungsansprüche erfüllen zu können. Die Demontage von Industrieanlagen, die hierzu dienen können, muß eingestellt werden.

5. Die Aufstellung und Durchführung eines Export- und Importplanes sowie die Eingliederung Deutschlands in die Weltwirtschaft mit dem Ziele, die wirtschaftliche Selbständigkeit Deutschlands wieder herzustellen. Größere Auslandskredite für Rohstoffe und Lebensmittel sind auf absehbare Zeit dazu notwendig.

6. Die Durchführung einer Bodenreform in Verbindung mit der Aufstellung eines einheitlichen Landwirtschaftsplanes zur restlosen Bebauung und besseren Ausnützung der landwirtschaftlichen Nutzflächen. Die Mitwirkung von Selbstverwaltungsorganen der Landwirtschaft unter angemessener Beteiligung der Gewerkschaften ist dabei sicherzustellen. Die Erfassung der für die Volksernährung notwendigen Agrarprodukte muß nach einem einheitlichen Ablieferungsplan mit einer durchgreifenden Kontrolle der Durchführung gewährleistet werden.

7. Die Durchführung einer einheitlichen Währungs- und Finanzreform für ganz Deutschland nach erfolgter wirtschaftlicher Einheit. Mit der Reform muß ein gerechter Lastenausgleich unter besonderer Berücksichtigung der wirtschaftlich Schwachen sowie eine tiefgreifende progressive Vermögensabgabe verbunden werden. Sachwerte und Geldvermögen sind dabei gleichzustellen . . .

Die Einigung auf solche Forderungen fiel damals den Gewerkschaften in allen Zonen des besetzten Deutschlands noch nicht schwer. Ein Jahr später zerbrach allerdings auch die Gewerkschaftskooperation. Die Interzonenkonferenz der Gewerkschaften im August 1948 blieb die letzte derartige Veranstaltung. Anlaß für die Trennung war die Frage, ob die **»Unabhängige Gewerkschaftsopposition« (UGO)**, die sich in den Westsektoren Berlins als Alternative zum FDGB gebildet hatte, zur Konferenz zugelassen werden sollte. (Die UGO wurde später der Westberliner Landesbezirk des DGB.)

Mit der Gründung des DGB war die Einheitsgewerkschaft durchgesetzt, auch wenn dieses Prinzip durch die Existenz einer eigenen Angestelltengewerkschaft, der DAG, und dann durch den 1955 nach Konflikten im DGB wiedergegründeten Christlichen Gewerkschaftsbund (CGB) durchbrochen war. Anders als vor 1933 konnten aber die christlichen Gewerkschaften innerhalb der bundesdeutschen Gewerkschaftsbewegung keine größere Bedeutung erlangen.

Das erste Grundsatzprogramm der Gewerkschaftsbewegung in Westdeutschland, nämlich das Wirtschaftsprogramm des DGB-Gründungskongresses vom Oktober 1949, unterschied sich in den ökonomischen Vorstellungen kaum von der zitierten Erklärung der Interzonenkonferenz 1947 (Dokument 29). Dieses **DGB-Programm von 1949**, obwohl formal erst nach Gründung der Bundesrepublik zustande gekommen, gibt einen Eindruck von den Konzeptionen, wie sie für die westdeutschen Gewerkschaften in den Jahren vor 1949 typisch waren: Im Mittelpunkt standen Forderungen nach **Mitbestimmung**, nach **Sozialisierung** der Schlüsselindustrien und der Banken und nach gesamtwirtschaftlicher **Planung**. Begründet wurden diese Forderungen mit den sozialen Interessen der Arbeitnehmer und der histo-

Dokument 29
Aus dem Wirtschaftsprogramm des Deutschen Gewerkschaftsbundes von 1949:

Die Gewerkschaften als Organisationen der Arbeiter, Angestellten und Beamten nehmen die wirtschaftlichen, sozialen und kulturellen Interessen aller Werktätigen wahr. Sie setzen sich für eine Wirtschaftsordnung ein, in der soziale Ungerechtigkeit und wirtschaftliche Not beseitigt und jedem Arbeitswilligen Arbeit und Existenz gesichert sind. Die Wirtschaftspolitik ist eines der wichtigsten Mittel zur Steigerung der wirtschaftlichen Gesamtleistung. Sie ist zugleich ein Kampfplatz, auf dem sich entscheidet, wieviel die einzelnen Interessengruppen an Arbeit und Leistung für die Gesamtheit aufzubringen haben und in welchem Umfang sie am volkswirtschaftlichen Ertrag beteiligt werden. Von diesen Tatsachen ausgehend erheben die Gewerkschaften die folgenden *Grundsatzforderungen:*

1. Eine Volkswirtschaft, die unter Wahrung der Würde freier Menschen die volle Beschäftigung aller Arbeitswilligen, den zweckmäßigen Einsatz aller volkswirtschaftlichen Produktivkräfte und die Deckung des volkswirtschaftlichen Bedarfs sichert.
2. Mitbestimmung der organisierten Arbeitnehmer in allen personellen, wirtschaftlichen und sozialen Fragen der Wirtschaftsführung und Wirtschaftsgestaltung.
3. Überführung der Schlüsselindustrien in Gemeineigentum, insbesondere des Bergbaues, der Eisen- und Stahlindustrie, der Großchemie, der Energiewirtschaft, der wichtigen Verkehrseinrichtungen und der Kreditinstitute.
4. Soziale Gerechtigkeit durch angemessene Beteiligung aller Werktätigen am volkswirtschaftlichen Gesamtertrag und Gewährung eines ausreichenden Lebensunterhaltes für die infolge Alters, Invalidität oder Krankheit nicht Arbeitsfähigen.

Eine solche wirtschaftspolitische Willensbildung und Wirtschaftsführung verlangt eine zentrale volkswirtschaftliche Planung, damit nicht private Selbstsucht über die Notwendigkeit der Gesamtwirtschaft triumphiert.

Volkswirtschaftliche Planung hat nichts gemein mit der Zwangswirtschaft der vergangenen Jahre. Die kriegswirtschaftliche Zielsetzung verhinderte nach dem Motto »Kanonen statt Butter« die Erzeugung wichtiger Konsumgüter und führte durch die Bevorzugung der unproduktiven Rüstungspolitik trotz Anspannung aller Kapazitäten zwangsläufig zur Bewirtschaftung aller knappen Wirtschaftsgüter. Die nach dem Kriege verbliebene Zwangswirtschaft vermochte an diesem Notstand zunächst nichts zu ändern, da alle produktiven Kräfte erschöpft, die staatlichen Zusammenhänge zerrissen waren und die deutsche Währung vernichtet war.

Die Zwangswirtschaft der vergangenen Jahre war nicht mehr als eine Notstandsmaßnahme zur Verteilung lebenswichtiger Güter, die zur Vollversorgung nicht ausreichte und ohne Zwangswirtschaft zum Untergang der nicht zahlungsfähigen Bevölkerung geführt hätte. (...)

Volkswirtschaftliche Planung steht aber auch im Gegensatz zu der chaotischen Marktwirtschaft, die in Deutschland seit der Währungsreform herrscht und zu ungeheurer Kapitalverschwendung durch Fehlinvestitionen und Erzeugen von Luxusgütern, zur Ausbeutung der Verbraucher durch ungerechtfertigt hohe Preise, zu Kurzarbeit und Arbeitslosigkeit und sozialer Unsicherheit sowie zu einem weitgehenden Verfall der Wirtschaftseinheit geführt hat.

Als die Wirtschaftswissenschaft die Gesetze der freien Marktwirtschaft niederschrieb, rechnete sie nicht mit der immer stärkeren Entwicklung jener Großunternehmungen, Trusts, Konzerne und Kartelle, die die Gesetze der freien Marktwirtschaft aufhoben. Heute ist die Marktwirtschaft weder frei noch sozial. Heute verhindert sie die freie Entfaltung; sie verschärft die immerhin schon großen Gegensätze zwischen reich und arm. Sie ist unsozial und durch ihre Planlosigkeit unfähig, den schwierigen Aufgaben des Wiederaufbaues in Deutschland gerecht zu werden.

Volkswirtschaftliche Planung ist durchaus vereinbar mit den Grundrechten der menschlichen Freiheit. Die für die Mehrzahl der Menschen wichtigste Freiheit, die von Not und der Furcht vor Not, wird durch sie erst erreicht werden. Volkswirtschaftliche Planung und die freie Konsumwahl, das Recht auf den Wechsel des Arbeitsplatzes und die Freiheit der Berufswahl sind keine Gegensätze. Der privaten Initiative und dem Leistungswettbewerb der Betriebsleitungen verbleibt im Rahmen der Lenkungsmaßnahmen ein weiter Spielraum. (...)

Lenkungsmaßnahmen allein reichen zur Sicherung einer einheitlichen Wirtschaftspolitik nicht aus, nachdem die Entwicklung der modernen

Industriestaaten – insbesondere im Kohlenbergbau, in der Eisen- und Stahlindustrie sowie in der Großchemie – zur Zusammenballung von Großunternehmungen und damit zur Schaffung von Machtgebilden geführt hat, die das gesamte gesellschaftliche Leben durchdringen und unter bestimmten Voraussetzungen in der Lage sind, Parteien, Parlamente und Regierungen unter ihre Botmäßigkeit zu zwingen. Die Gewerkschaften fordern daher, gestützt auf die Artikel 14 und 15 des Grundgesetzes, die Vergesellschaftung der gewerblichen Urproduktion (Kohle-, Erz- und Ölgewinnung), der Basisindustrien (Eisen- und Stahlerzeugung, Industrien chemischer Grundstoffe), der Energiewirtschaft, der Versorgungsbetriebe, der wichtigen Verkehrseinrichtungen und der Kreditinstitute. Die Überführung in Gemeineigentum soll nur in Ausnahmefällen, in denen dies besonders zweckmäßig erscheint, durch Verstaatlichung erfolgen. Im allgemeinen sind besondere Körperschaften der wirtschaftlichen Selbstverwaltung zu bilden. In allen Aufsichts- und Verwaltungsorganen ist den Gewerkschaften ein maßgeblicher Einfluß einzuräumen. (. . .)
Die Erfahrungen der Jahre 1918 bis 1933 haben gelehrt, daß die formale politische Demokratie nicht ausreicht, eine echte demokratische Gesellschaftsordnung zu verwirklichen. Die Demokratisierung des politischen Lebens muß deshalb durch die Demokratisierung der Wirtschaft ergänzt werden. Soweit der Staat im Interesse einer vernünftigen Dezentralisierung öffentliche Funktionen auf Organe der Selbstverwaltung der Wirtschaft überträgt, dürfen dies nur paritätisch besetzte Organe sein, in denen Arbeitgeber und Arbeitnehmer gleichberechtigt sind.
Die Betriebe als Zellen der Volkswirtschaft arbeiten nicht zum Selbstzweck, sondern müssen auf das gemeinsame Wohl der gesamten Bevölkerung abgestellt sein. Ihre Existenz ist nicht in erster Linie eine Frage des vorhandenen Kapitals, sondern entscheidend abhängig vom Faktor Arbeit. Das Kapital kann nur durch die Arbeit des Menschen eine nützliche und wirksame Rolle spielen; es kann deshalb in den Betrieben nicht allein bestimmend sein. Wir fordern daher die verantwortliche soziale, personelle und wirtschaftliche Mitbestimmung der Arbeitnehmer in den Betrieben der Wirtschaft . . .

rischen Erfahrung, daß die politische Demokratie nicht abgesichert sei, wenn sie nicht durch **Demokratisierung der Wirtschaft** ergänzt werde.

Zusätzlich wurde das Argument herangezogen, daß die kapitalistische Marktwirtschaft die materiellen Bedürfnisse der Masse der Bevölkerung nicht befriedigen könne. Bis zur Gründung der Bundesrepublik haben die westdeutschen Gewerkschaften von ihren zentralen Forderungen nur eine, und diese nur sehr begrenzt, realisieren können, nämlich die nach Mitbestimmung im Unternehmen.
Die Großunternehmen der Montanindustrie des Rhein-Ruhrgebiets galten der Arbeiterschaft wie der britischen Labour-Regierung als extreme Ausformungen einer kapitalistischen Machtkonzentration, geprägt durch Rüstungswirtschaft und enge Verbindungen zum Faschismus, wobei es sein kann, daß in Großbritannien auch weniger politische, sondern vielmehr wirtschaftliche Konkurrenz-Motive im Hintergrund mitspielten.
Die britische Besatzungspolitik hegte zeitweise den Gedanken, diese wirtschaftlichen Machtzentren an Rhein und Ruhr durch **Demontage** zu zerschlagen; daran konnten auf deutscher Seite auch die Arbeiter nicht interessiert sein. In der Arbeiterschaft war die Forderung nach Sozialisierung dieser Großunternehmen populär; hier wären aber die Briten mit der amerikanischen Deutschlandpolitik in Konflikt gekommen, die eindeutig von dem Willen zur Erhaltung des privaten Großbesitzes und überhaupt der kapitalistischen Ökonomie bestimmt war. Die deutschen Unternehmer wiederum waren zu dieser Zeit geneigt, der Arbeiterschaft teilweise entgegenzukommen, um »Schlimmeres zu verhüten«. So kam als Kompromiß für die Montangroßunternehmen eine Lösung zustande, die eine Entflechtung der Konzerne mit der Mitbestimmung für Arbeitnehmervertreter in den Aufsichtsräten verband. Die eigentumsrechtlichen Verhältnisse blieben zunächst ungeklärt; 1950 wurde diese Frage endgültig zugunsten der Altbesitzer entschieden.
Unternehmersprecher begrüßten die Mitbestimmung der Arbeitnehmer in den Jahren 1947/48 noch als »Schritt zur Wirtschaftsdemokratie«; etliche Jahre später sahen sie die Dinge ganz anders und erklärten, diese Mitbestimmungsrechte seien ihnen damals abgepreßt worden ...

Über die Mitbestimmung in den Montangroßunternehmen hinaus konnten die Gewerkschaften keinen ihrer Programmpunkte politisch durchsetzen.

Zwar kamen in etlichen Ländern der westlichen Besatzungszonen Verfassungsbestimmungen oder Landtagsbeschlüsse zustande, die eine Sozialisierung von Schlüsselindustrien oder eine generelle Mitbestimmung der Arbeitnehmervertreter in den Unternehmen vorsahen, aber praktische Schritte in diese Richtung scheiterten am Einspruch der Besatzungsmächte, wobei meist das formale Argument eingesetzt wurde, daß solch schwerwiegende Fragen nur übergreifend von einer deutschen Regierung und nicht von einzelnen Ländern entschieden werden dürften. Faktisch bedeutete das eine Befestigung der alten wirtschaftlichen Herrschaftsverhältnisse. Die Politik des Wirtschaftsrats der Bi-Zone, der **Marshall-Plan** und die **Währungsreform** drängten ebenfalls auf die Rehabilitierung der kapitalistischen Wirtschaftsordnung hin. Die Gewerkschaften setzten dem keinen massiven Widerstand entgegen, sie stimmten dem Marshall-Plan sogar ausdrücklich zu. Ausschlaggebend war dabei die Meinung, daß die wirtschaftliche Notlage nur durch Anpassung an die Vorstellungen der materiell mächtigen USA überwunden werden könne. Der damalige Repräsentant der Gewerkschaften der britischen Zone und spätere Vorsitzende des DGB, **Hans Böckler**, nannte die Dinge beim Kongreß der Gewerkschaften der britischen Zone im Juni 1948 beim Namen: »Sollte aber das Leben unseres Volkes von amerikanischer Hilfe abhängen, dann wären wir bereit, die Sozialisierungsforderung vorerst zu vertagen.« Innergewerkschaftliche Kritiker wiesen darauf hin, daß durch ein solches Vorgehen die Arbeiterschaft »sich selbst entwaffne«, blieben aber klar in der Minderheit.

Die Gewerkschaften fanden in dieser für sie ungünstigen Lage Trost in der Hoffnung, daß die eigentlichen Strukturentscheidungen ohnehin erst später fallen würden – und daß dann die Sozialdemokratie, die ihre Forderungen am ehesten vertrat, die Mehrheit erobert haben würde.

Tatsächlich übernahm aber nach Gründung der Bundesrepublik die **CDU/CSU** in Koalition mit kleineren »bürgerlichen« Parteien die politische Führungsrolle in der Regierung – und dies für eine lange Periode.

Die soziale und wirtschaftliche Struktur der Arbeitnehmerschaft im Nachkriegsdeutschland bot übrigens für eine geschlossene Vertretung der eigenen Interessen keineswegs günstige Voraussetzungen.

Nach der amtlichen Statistik lebten im Herbst 1946 in den westlichen Besatzungszonen rund 7 Millionen **Flüchtlinge**. Durch diesen Zustrom stieg die Einwohnerzahl im Gebiet der späteren Bundesrepublik gegenüber 1939 – trotz der Kriegsverluste – von 39,4 auf 43,7 Millionen an. Weil bei den Kriegsgefallenen und den (immer noch) Kriegsgefangenen (im März 1947 waren noch 2,2 Millionen in Kriegsgefangenschaft) der Anteil der jüngeren und mittleren Jahrgänge der Männer am höchsten war, verschob sich die Bevölkerungszusammensetzung hin zu einem sehr viel höheren Anteil von Versorgungsbedürftigen. Angestiegen war durch den Krieg der

Anteil der erwerbstätigen Frauen. Durch den Zustrom der Vertriebenen und Flüchtlinge war das Arbeitskräfteangebot trotz der eben genannten Veränderungen in der Bevölkerungszusammensetzung hoch. Vertreibung und Flucht bedeuteten für einen Teil der Betroffenen auch den sozialen Abstieg in die Klasse der abhängig Arbeitenden; für andere brachten sie eine zeitweilige, sozusagen künstliche Selbständigkeit der wirtschaftlichen Existenz mit sich.

Gerade durch die Vertriebenen und Flüchtlinge stand in Westdeutschland dem Kapital so eine preiswerte industrielle Reservearmee zur Verfügung, wobei die Arbeitslosigkeit durch zeitweilige und wenig produktive Tätigkeiten in der Land- und Forstwirtschaft oder im Dienstleistungssektor zum Teil verdeckt war.

Katastrophal war für weite Teile der Arbeitnehmerschaft in der Nachkriegszeit die Wohnungs- und Ernährungslage. Für 1947 wurde im Gebiet der Westzonen ein Bedarf von 18,2 Millionen Wohnungen errechnet, dem lediglich 9,8 Millionen erhalten gebliebene Wohnungen (jeweils auf durchschnittliche Größenordnung hin berechnet) gegenüberstanden. Die Versorgung mit Nahrungsmitteln verschlechterte sich gerade 1947/48 in extremer Weise, zumindest für diejenigen, die nicht »Selbstversorger« waren oder Sachgüter für den Äquivalententausch anzubieten hatten. Die Gründe dafür lagen auch im Wegfall von landwirtschaftlichen Nutzflächen in den früheren deutschen Ostgebieten, im mangelnden Wirtschaftsverkehr, in schlechten Ernten, aber auch in Hortungen und Verteilungsmängeln. Im Jahre 1947 kam es wegen dieser Nahrungsmittelkrise zu großen Protestaktionen vor allem im Ruhrgebiet, die sich zusehends politisierten.

Versammlungen der Belegschaften oder der Belegschaftsvertreter großer Betriebe verlangten Umbesetzungen in der Wirtschaftsverwaltung, Kontrollausschüsse der Arbeitnehmer und – um die eigene Position in den Tagesauseinandersetzungen zu stärken – Sozialisierung der Unternehmen, vor allem des Bergbaus. Die Parole »Die Gruben in des Volkes Hand« war damals im Ruhrgebiet weit verbreitet und keineswegs eine künstliche Kreation der KPD. Die Militärregierung drohte mit Truppeneinsatz und Kürzung der Nahrungsmittelrationen und versprach gleichzeitig eine Verbesserung der Rationen bei Wohlverhalten der Arbeiter. Die Gewerkschaften unterstützten die Protestbewegungen und Streiks nur zum Teil. Nach der Währungsreform kam es infolge der Preissteigerungen erneut zu einer Verschlechterung der Lebenslage der Arbeiterschaft. Nun riefen die Gewerkschaftsleitungen der britischen und der amerikanischen Besatzungszone zu einem eintägigen Proteststreik auf, an dem sich 11,7 Millionen Arbeitnehmer beteiligten.

Diese Bewegungen in der Arbeiterschaft trugen zu aktuellen Verbesserungen der sozialen Lage bei, und sie übten auch Druck aus auf die Verankerung der Mitbestimmung in den Montan-Großunternehmen sowie auf die arbeitnehmerfreundliche Ausgestaltung einiger Länderverfassungen. Aber eine Durchsetzung der wirtschaftlichen Programmatik der Gewerkschaften war von solchen vereinzelten oder momentanen Aktionen nicht zu erwarten. Wenn in der linken Literatur zu diesem Thema gelegentlich die These vertreten wird, nur durch die Passivität der Gewerkschaftsführungen seien die Möglichkeiten einer gesellschaftlichen Umwälzung, die in den Protestbewegungen gelegen hätten, versäumt worden, so steckt darin eine Überschätzung des »revolutionären« Potentials in der Arbeiterschaft. Zu bedenken ist, daß deren reale Lage und Bewußtsein damals durch vielfältige Aufspaltungen und Ungleichzeitigkeiten bestimmt waren.

Um solche Differenzierungen wenigstens anzudeuten: Da gab es einen Stamm von älteren Industriearbeitern, die noch durch die Verhaltensmuster der traditionellen Arbeiterbewegung vor der Weltwirtschaftskrise geprägt, politisch geschult und organisatorisch geübt waren – aber gerade diese Gruppe war durch die Verfolgung im Faschismus dezimiert und zum Teil auch durch die Fehler und Mißerfolge der alten Arbeiterorganisationen in Resignation getrieben; was hier an politischer Energie übrig geblieben war, konzentrierte sich oft auf unmittelbar betriebliche Aktivitäten. Da waren jüngere Arbeiter, die die Agonie der Weimarer Demokratie gerade noch mitbekommen hatten, damals arbeitslos waren, nationalsozialistisch oder kommunistisch gewählt hatten und dann erst im Dritten Reich dauerhaft in den Arbeitsprozeß eingegliedert worden waren. Ihr politisches Denken schwankte vielfach zwischen einem Radikalismus, der nach 1945 zeitweise der KPD zugute kam, und Restbeständen nationalsozialistischer Volksgemeinschaftsideologie. Das galt insbesondere für diejenigen unter ihnen, die Jahre hindurch als Soldaten oder dann als Kriegsgefangene dem sozialen Zusammenhang des Arbeitslebens entrissen und in eine ganz andere Form des Zusammenlebens hineingezwängt waren, mit anderen Problemen, weitab von den Konflikterfahrungen der sozialen Klassen. Ferner gab es Jungarbeiter, die politisch bewußt nie etwas anderes kennengelernt hatten als den Faschismus, die Hitlerjugend, den Arbeitsdienst und das Militär. Für sie waren die politischen Orientierungen und die Aktionsformen der Arbeiterbewegung Neuland. In derselben Generation gab es

auch sozial aufbegehrende, mit dem Faschismus spontan in Konflikt gekommene junge Leute. Aber ihrer Mentalität entsprachen die ideologisch überhöhten und traditionell strukturierten Formen der Arbeiterorganisationen nach 1945 wohl wenig. Hinzu kamen: die Differenzierung, die in den spezifischen, sich auch politisch auswirkenden Erfahrungen von Kriegsgefangenschaft oder Vertreibung begründet lag; die verständliche Fixierung darauf, erst einmal die individuelle Existenz wieder zu konsolidieren; die Konkurrenz zwischen einheimischen und zugeströmten Arbeitnehmern. Schließlich gab es nicht nur die Ost-West-Wanderung, sondern durch Evakuierung in Kriegszeiten und Flucht aufs Land nach dem Kriege auch große »Binnenwanderungen« in Westdeutschland. Eine solche geographische Mobilität brachte im allgemeinen auch die Auflösung sozialer Zusammenhänge und kollektiver Handlungsformen mit sich.
Insofern sind Lage und Bewußtsein der Arbeitnehmerschaft nach 1945 durch eine ganz außergewöhnliche Zersplitterung, fast Atomisierung gekennzeichnet, die es ungeheuer erschwerte, gemeinsame Interessen der sozialen Klasse dauerhaft und solidarisch zu vertreten. Überdies war für das Bewußtsein der Arbeitnehmer der soziale Gegensatz von Lohnarbeit und Kapital, also die »Klassenfront«, vielfach durch ganz andere Frontbildungen überdeckt, so etwa durch den Gegensatz zur Besatzungspolitik oder durch den Gegensatz zu der privilegierten ländlich-bäuerlichen Bevölkerung. Aufspaltung des Klassenbewußtseins verband sich dabei oft auf widerspruchsvolle Weise mit einer großen sozialen Hilfsbereitschaft im Einzelfall und mit dem Wunsch nach »Gerechtigkeit« (als »gerechter« Verteilung des materiellen Mangels) oder »wirklicher Volksgemeinschaft« – ein Begriff, der damals weithin noch positiv besetzt war und in dem sich Sentiments in Richtung auf einen »besseren« Nationalsozialismus mit Erinnerungen an alte Formen der Arbeitersolidarität mischten. Diese damalige Situation, letztlich beherrscht durch das Faktum, daß der deutsche Faschismus nicht von innen her an sein Ende gekommen war, machte es also recht unwahrscheinlich, daß die Arbeitnehmerschaft in der Auseinandersetzung mit den Besatzungsmächten und gegenläufigen sozialökonomischen Kräften in der eigenen Gesellschaft so etwas wie eine »sozialistische Gesellschaft« hätte erreichen können.

Die **erneute Befestigung der alten ökonomischen Verhältnisse** und die Verschiebungen in der Konstellation der gesellschaftlichen Kräfte zuungunsten der Gewerkschaften fanden auch ihren verfassungspolitischen Ausdruck.

In der Nähe der gewerkschaftlichen Programmatik befanden sich noch die gesellschaftspolitischen Festlegungen der meisten Länderverfassungen in der Bundesrepublik, die – ausgenommen die Landesverfassung von Nordrhein-Westfalen – schon vor der Gründung des westdeutschen Staates beschlossen wurden und weitgehend noch die Reformstimmung der ersten Nachkriegsjahre widerspiegeln.
Viele dieser Verfassungen enthalten ausdrücklich die Anerkennung der wirtschaftlichen Mitbestimmungsrechte der Arbeitnehmer und ihrer Koalitionen; in etlichen Verfassungen wird übermäßige Konzentration von Kapitalmacht für unzulässig, Sozialisierungspolitik für ein geeignetes Gegenmittel erklärt.
Selbst die erst 1950 verabschiedete nordrhein-westfälische Landesverfassung bekennt sich zu einer gemeinwirtschaftlichen Politik. Artikel 26 bestimmt:

> *... wird das Recht der Arbeitnehmer auf gleichberechtigte Mitbestimmung bei der Gestaltung der wirtschaftlichen und sozialen Ordnung anerkannt und gewährleistet.*

Und in Artikel 27 heißt es:

> *Großbetriebe der Grundstoffindustrie und Unternehmungen, die wegen ihrer monopolartigen Stellung besondere Bedeutung haben, sollen in Gemeineigentum überführt werden.*

Das **Grundgesetz der Bundesrepublik** ist bereits von anderen gesellschaftspolitischen Kräfteverhältnissen geprägt.
Bei den Beratungen des Parlamentarischen Rates über ein Grundgesetz der Bundesrepublik Deutschland zwischen September 1948 und Mai 1949 war eine Mitwirkung der Arbeitnehmerkoalitionen nicht gegeben. Der Gewerkschaftsrat der Westzonen verlangte in einer Stellungnahme zu den Verfassungsberatungen die Verankerung des Rechts auf Arbeit und des Streikrechts in der Verfassung. Der Parlamentarische Rat ist diesem Vorschlag jedoch nicht nachgekommen. Die Gewerkschaften verfolgten die Beratungen des Parlamentarischen Rates und auch die Ablehnung ihrer Vorschläge nicht mit besonderer Intensität. Hierzu mag beigetragen haben, daß die dort beratene Verfassung ohnehin nur als ein relativ kurzfristiges Provisorium gewertet wurde.
Im übrigen hofften die Gewerkschaften auf eine parlamentarische Mehrheit der SPD nach den ersten Bundestagswahlen; dann – so meinten sie – könnte eine Veränderung der Wirtschafts- und Sozialstruktur im Sinne der gewerkschaftlichen Programmatik auf dem Wege der einfachen Gesetzgebung angebahnt werden.

Das Grundgesetz der Bundesrepublik Deutschland vom 23. Mai 1949 erbrachte nur wenig Festlegungen zur Sozial- und Wirtschaftsordnung. Es enthält in den Artikeln 20 und 28 eine Festlegung auf den »Sozialstaat« als Prinzip der Verfassungsordnung. Da nähere Ausführungen zu diesem Leitbegriff fehlen, war und ist er Definitionsproblemen und höchst kontroversen Auslegungsmöglichkeiten ausgesetzt. Im übrigen machen zwei Artikel des Grundgesetzes Aussagen zur Wirtschaftsordnung:

Artikel 14

(1) Das Eigentum und das Erbrecht werden gewährleistet. Inhalt und Schranken werden durch die Gesetze bestimmt.

(2) Eigentum verpflichtet, sein Gebrauch soll zugleich dem Wohle der Allgemeinheit dienen.

(3) Eine Enteignung ist nur zum Wohle der Allgemeinheit zulässig. Sie darf nur durch Gesetze oder auf Grund eines Gesetzes erfolgen, das Art und Ausmaß der Entschädigung regelt. Die Entschädigung ist unter gerechter Abwägung der Interessen der Allgemeinheit und der Beteiligten zu bestimmen. Wegen der Höhe der Entschädigung steht im Streitfalle der Rechtsweg offen.

Artikel 15

Grund und Boden, Naturschätze und Produktionsmittel können zum Zwecke der Vergesellschaftung durch ein Gesetz, das Art und Ausmaß der Entschädigungen regelt, in Gemeineigentum oder in andere Formen der Gemeinwirtschaft überführt werden. Für die Entschädigung gilt Artikel 14 Absatz 3, Satz 3 und 4 entsprechend.

Auch diese Artikel sind sehr interpretationsfähig. Keinesfalls entsprachen sie den Vorstellungen der westdeutschen Gewerkschaften über eine Neuordnung von Wirtschaft und Gesellschaft.

Das **Ergebnis der ersten Bundestagswahl** enttäuschte die Erwartungen der Gewerkschaften. Die parlamentarische Mehrheit und die Regierungsbildung lag bei politischen Kräften, die nicht an die sozialen Interessen der Arbeitnehmerschaft gebunden waren. Zwar enthielt die erste Regierungserklärung des Bundeskanzlers Konrad Adenauer noch die Andeutung, daß »die sozial- und gesellschaftspolitische Anerkennung der Arbeitnehmerschaft eine Neuordnung der Besitzverhältnisse in den Grundstoffindustrien notwendig« mache. Aber dieser Satz war wohl als ein verbales Zugeständnis an den Arbeitnehmerflügel der CDU gedacht; faktisch enthielt er vermutlich den Hinweis auf die persönliche Bereitschaft Adenauers, die bereits praktizierte Mitbestimmung in den Großunternehmen der Montanindustrie zu erhalten. Die Unternehmerschaft trat bald nach Gründung der Bundesrepublik offen gegen die Mitbestimmung von Ar-

beitnehmervertretern in den Aufsichtsräten auf. Durch die Androhung von Massenstreiks seitens der Gewerkschaften und das Verständigungsbemühen des Bundeskanzlers (der allerdings gleichzeitig die geplanten gewerkschaftlichen Kampfmaßnahmen als verfassungswidrig hinstellte), gelang es, die Montanmitbestimmung zu retten und durch das **Mitbestimmungsgesetz vom 10. April 1951** auf eine Rechtsgrundlage zu stellen.
Wie wenig damit den Gewerkschaften »das Tor zur Verwirklichung einer neuen Sozialordnung« geöffnet war, wie mancher ihrer Repräsentanten damals euphorisch kundtat, zeigte sich schon bald. Das **Betriebsverfassungsgesetz vom 11. 8. 1952**, das die Arbeitnehmervertretung in allen Unternehmen außerhalb des Geltungsbereichs der Montanmitbestimmung regelte, kam gegen alle Proteste der Gewerkschaften zustande und widersprach in krasser Form den gewerkschaftlichen Forderungen und Hoffnungen (Dokumente 30a, b). Die Gewerkschaften riskierten in der Schlußphase der Auseinandersetzungen um dieses Gesetz keine Kampfmaßnahmen. Nach der Verabschiedung des Gesetzes begnügten sie sich mit dem Aufruf: »Wählt einen besseren Bundestag!«
Für die Gewerkschaften war dies die **entscheidende Niederlage** bei dem Versuch, das Wirtschafts- und Sozialsystem auf dem Wege über die staatlichen Ordnungsfunktionen zu verändern.
Weshalb hatten die westdeutschen Gewerkschaften trotz ihres starken Organisationspotentials und des für ihre Forderungen zeitweise günstigen Klimas in der öffentlichen Meinung zwischen 1946 und 1952 so wenig Erfolge zu verzeichnen? Weshalb mußten sie in der »Rekonstruktionsperiode« Strukturentscheidungen hinnehmen, die bis heute das wirtschaftliche und soziale Leben in der Bundesrepublik prägen? E. Schmidt meint, daß die Gewerkschaften die ihnen immerhin möglichen Handlungschancen nicht voll wahrgenommen hätten, weil die Form, in der sie die Auseinandersetzungen führten, die Aktivität und Energie der Mitglieder eher eindämmte; am Beispiel des Konflikts um das Betriebsverfassungsgesetz charakterisiert er die gewerkschaftliche Vorgehensweise: Es war eine Kampfführung ...

ohne echte Beteiligung der Funktionäre auf den unteren Ebenen, geschweige denn der Mitgliedschaft an der Formulierung der Ziele des Kampfes und ohne Mitsprache über dessen Verlauf. Bloße Anordnungen von oben und willkürliches Abstoppen der Kampfmaßnahmen, wann immer ein kleines Gremium der Gewerkschaftsführung es für richtig hielt, ohne gemeinsame Beschlußfassung über Urabstimmung oder ähnliche Willensbildungsformen lähmten die Kampfkraft der Oganisation. Diese Taktik

Dokument 30a
Aufruf des Deutschen Gewerkschaftsbundes

Arbeiter, Angestellte, Beamte!

1945 lag die deutsche Wirtschaft in Trümmern.

Während Ihr in Fabriken, Kontoren und Verwaltungen am Wiederaufbau Deutschlands unter größten Entbehrungen gearbeitet habt, waren diejenigen, die den Zusammenbruch Deutschlands verschuldeten, von der Bildfläche verschwunden.

Ihr allein habt das vollbracht, was andere als das »deutsche Wirtschaftswunder« bezeichnen.

Eure Leistung wurde damals anerkannt und in höchsten Tönen gepriesen. Maßgebliche Unternehmer, Vertreter der Verwaltungen und aller politischen Parteien bekannten sich einmütig zu einer neuen Wirtschaftsordnung auf der Grundlage der völligen Gleichberechtigung der Arbeitnehmer. Aus dieser Erkenntnis geschichtlicher Notwendigkeiten entstanden neben den wirtschaftspolitischen Grundsätzen des Deutschen Gewerkschaftsbundes das Ahlener Programm, zustimmende Erklärungen der Regierungen und verantwortlicher Persönlichkeiten in Wirtschaft und Staat.

Was aber geschieht heute?

Man sperrt sich immer mehr dagegen, diese Versprechen einzulösen!

In der Montanindustrie konnte das Mitbestimmungsrecht nur unter größten Schwierigkeiten durchgesetzt werden.

Seitdem ist der Widerstand noch mehr gewachsen.

Die echte Mitbestimmung der Arbeitnehmerschaft in der übrigen Wirtschaft und in der Verwaltung soll verhindert werden.

Das zeigt besonders das beabsichtigte Betriebsverfassungsgesetz.

Es beweist die klare Absicht, ein wirkliches Mitbestimmungsrecht der Arbeitnehmerschaft zu vereiteln. Es bestätigt die überlebten Vorrechte der Arbeitgeber.

Es beläßt die Arbeitnehmer in ihrer Stellung als Wirtschaftsuntertan!

Darüber hinaus nimmt der Entwurf des Betriebsverfassungsgesetzes Euch Rechte, die Ihr vor 1933 gehabt habt, die Euch nach 1945 durch Länderverfassungen, Ländergesetze oder betriebliche Vereinbarungen gesichert waren und in der schwierigen Zeit des Wiederaufbaues ihre Bewährungsprobe bestanden haben.

Dazu kommt die Absicht, die gewerkschaftliche Einheit von Arbeitern, Angestellten und Beamten zu untergraben und durch ein Ausnahmerecht für den öffentlichen Dienst die verschiedenen Gruppen gegeneinander auszuspielen.

Der Deutsche Gewerkschaftsbund vermag die Verantwortung für diese Entwicklung nicht mehr zu tragen!

Dieser Entwurf darf nicht Gesetz werden!

Der Deutsche Gewerkschaftsbund und die ihm angeschlossenen Gewerkschaften rufen Euch auf zum Kampf für ein fortschrittliches Betriebsverfassungsrecht als Grundlage der demokratischen Ordnung in Wirtschaft und Verwaltung.

Es geht hier nicht um gewerkschaftliches »Machtstreben«.
Es geht um eine gerechte Ordnung.
Es geht um den Bestand der Demokratie.
Es geht um die Stabilität der Wirtschaft.
Es geht um die Sicherung Deines Arbeitsplatzes.
Es geht um das Wohl der gesamten Nation.

Haltet Euch bereit! Übt Disziplin!
Folgt den Weisungen Eurer Gewerkschaften!

Deutscher Gewerkschaftsbund
Der Bundesvorstand
Christian Fette, Vorsitzender

Düsseldorf, den 12. Mai 1952

Dokument 30b
Aus dem Betriebsverfassungsgesetz vom 11. 10. 1952

§ 49 (Zusammenarbeit von Arbeitgeber und Betriebsrat) (1) Arbeitgeber und Betriebsrat arbeiten im Rahmen der geltenden Tarifverträge vertrauensvoll und im Zusammenwirken mit den im Betrieb vertretenen Gewerkschaften und Arbeitgebervereinigungen zum Wohle des Betriebs und seiner Arbeitnehmer unter Berücksichtigung des Gemeinwohls zusammen. (2) Arbeitgeber und Betriebsrat haben alles zu unterlassen, was geeignet ist, die Arbeit und den Frieden des Betriebs zu gefährden.

Insbesondere dürfen Arbeitgeber und Betriebsrat keine Maßnahmen des Arbeitskampfes gegeneinander durchführen. Arbeitskämpfe tariffähiger Parteien werden hierdurch nicht berührt. (...)
§ 55 (Schweigepflicht) (1) Alle Mitglieder oder Ersatzmitglieder des Betriebsrats sind verpflichtet, über vertrauliche Angaben oder Betriebs- und Geschäftsgeheimnisse, die ihnen wegen ihrer Zugehörigkeit zum Betriebsrat bekanntgeworden und vom Arbeitgeber ausdrücklich als geheimzuhalten bezeichnet worden sind, Stillschweigen auch nach dem Ausscheiden aus dem Betriebsrat zu wahren. Diese Schweigepflicht gilt nicht gegenüber Mitgliedern des Betriebsrats. (...)
§ 56 (Mitbestimmung des Betriebsrats) (1) Der Betriebsrat hat, soweit eine gesetzliche oder tarifliche Regelung nicht besteht, in folgenden Angelegenheiten mitzubestimmen: a) Beginn und Ende der täglichen Arbeitszeit und der Pausen; b) Zeit und Ort der Auszahlung der Arbeitsentgelte; c) Aufstellung des Urlaubsplans; d) Durchführung der Berufsausbildung; e) Verwaltung von Wohlfahrtseinrichtungen, deren Wirkungsbereich auf den Betrieb oder das Unternehmen beschränkt ist, ohne Rücksicht auf ihre Rechtsform; f) Fragen der Ordnung des Betriebs und des Verhaltens der Arbeitnehmer im Betrieb; g) Regelung von Akkord- und Stücklohnsätzen; h) Aufstellung von Entlohnungsgrundsätzen und Einführung von neuen Entlohnungsmethoden. (...)
§ 60 (Mitbestimmung des Betriebsrats) (1) In Betrieben mit in der Regel mehr als zwanzig wahlberechtigten Arbeitnehmern hat der Betriebsrat nach Maßgabe der Vorschriften dieses Abschnitts in personellen Angelegenheiten mitzuwirken und mitzubestimmen. (2) Personelle Angelegenheiten im Sinne dieses Gesetzes sind: Einstellungen, Umgruppierungen, Versetzungen und Entlassungen. (...)
§ 61 (Einstellungen) (1) Der Arbeitgeber hat bei jeder geplanten Einstellung dem Betriebsrat rechtzeitig den für den Bewerber in Aussicht genommenen Arbeitsplatz mitzuteilen und Auskunft über die Person des Bewerbers zu geben. (...)
§ 66 (Entlassungen) (1) Der Betriebsrat ist vor jeder Kündigung zu hören. (...)
§ 67 (Wirtschaftsausschuß) (1) Um eine vertrauensvolle Zusammenarbeit zwischen Betriebsrat und Unternehmer zu fördern und eine gegenseitige Unterrichtung in wirtschaftlichen Angelegenheiten sicherzustellen, wird in allen Unternehmen mit in der Regel mehr als einhundert ständigen Arbeitnehmern ein Wirtschaftsausschuß gebildet. (2) Der Wirtschafts-

ausschuß hat Anspruch auf Unterrichtung über die wirtschaftlichen Angelegenheiten des Unternehmens an Hand der Unterlagen, soweit dadurch nicht die Betriebs- und Geschäftsgeheimnisse des Unternehmens gefährdet werden. Die Mitglieder des Wirtschaftsausschusses haben über Angelegenheiten, die die Wettbewerbsfähigkeit des Unternehmens berühren können, Stillschweigen zu bewahren. (...)

leistete der zunehmenden Entpolitisierung der Mitglieder Vorschub und verhinderte, daß die Spitzenfunktionäre einer Kontrolle ihrer Maßnahmen unterworfen wurden, die ihnen isolierte Entscheidungen erschwert hätte. Zwar waren große Massen der organisierten Arbeitnehmerschaft, wie sich gezeigt hatte, zur Demonstration ihrer Interessen noch zu veranlassen, aber der Erfolg der Aktionen beruhte mehr auf der traditionellen Disziplin der Gewerkschaftsmitglieder und dem teilweise noch vorhandenen geschärften politischen Bewußtsein kleiner Funktionärsgruppen, die sich nicht widerstandslos der restaurativen Entwicklung fügen wollten ...

Folgt man dieser Interpretation, so ist zu ergänzen, daß die Zurückhaltung der Gewerkschaftsführungen gegenüber mehr spontanen Formen der Auseinandersetzung sicherlich auch durch die Furcht bedingt war, die Kommunisten könnten im Verlauf solcher Bewegungen Boden gewinnen.

Die Erfolglosigkeit der Gewerkschaften bei ihrem Anspruch auf »Neuordnung von Wirtschaft und Gesellschaft« in Westdeutschland nach 1945 hatte aber noch andere und tieferliegende Gründe.

Auf die historischen Grundtatbestände (Zusammenbruch des deutschen Faschismus nur durch Eingriff von außen her, politische Macht bei den Besatzungsadministrationen), die einer weiterreichenden Einflußnahme der Gewerkschaftsbewegung in Westdeutschland nicht günstig waren, wurde schon hingewiesen, ebenso auf die »atomisierenden« Wirkungen der sozialen Situation der Arbeitnehmerschaft in der Nachkriegszeit.

Hinzu kamen die ersten Anzeichen dafür, daß der westdeutsche Kapitalismus wirtschaftlich zu Erfolg kommen und darüber die materielle Lage der Bevölkerungsmassen sich verbessern werde. Die Argumentation auch der Gewerkschaften, die kapitalistische Wirtschaftsform sei nicht mehr in der Lage, Not und Elend zu beseitigen, erwies sich als unzutreffend – jedenfalls für die nächsten Jahrzehnte.

Kapitel 11
Gewerkschaftliche Politik für den Wohlfahrtsstaat – die Phase der Wachstumsökonomie

Die in der Grundtendenz eher »wirtschaftsfriedliche« Verlaufsform und Institutionalisierung der Auseinandersetzung von Kapital und Arbeit in der Bundesrepublik nach 1952, die in der Arbeitnehmerschaft dominierenden sozialen und politischen Orientierungen und die Entwicklung der Gewerkschaften in der »sozialstaatlichen« Periode der westdeutschen Politik hatten ihren realen Grund vor allem in dem ungewöhnlich raschen und breitangelegten wirtschaftlichen Aufschwung Westdeutschlands, in jenem **»Wirtschaftswunder«** also, dessen Auswirkungen auch auf die Lage der Arbeitnehmerschaft ohne Zweifel imponierend waren. Das Bruttosozialprodukt in der Bundesrepublik stieg von 98 Milliarden DM im Jahre 1950 auf 384 DM im Jahre 1963 an, der Index der industriellen Nettoproduktion im gleichen Zeitraum von 36,4 auf 108,5; der Index des Produktionsergebnisses je Beschäftigtenstunde steigerte sich von 51,0 im Jahre 1950 auf 119,6 im Jahre 1965. An diesem Jahre hindurch nahezu stetigen Zuwachs von Produktivität und Sozialprodukt partizipierte auch die Masse der Arbeitnehmer. Der durchschnittliche Monatsverdienst des Arbeitnehmers in der Bundesrepublik stieg von 243 DM im Jahre 1950 auf 653 DM im Jahre 1963 an; nimmt man den Zeitraum von 1950 bis 1971, so steigerten sich die Bruttolöhne der Arbeitnehmer in diesen Jahren auf nahezu das Fünffache; die Reallohnerhöhung im gleichen Zeitraum weist immerhin das Dreifache aus, und selbst wenn man die Steigerung der Steuern, der Sozialversicherungsbeiträge und ähnlicher Aufwendungen, die ja auch zu besserer sozialer Versorgung führten, in die Rechnung miteinbezieht, bleibt eine Steigerung der dem Arbeitnehmer durchschnittlich zur Verfügung stehenden Mittel um das Zweieinhalbfache. Dieser **Aufschwung auch der Arbeitnehmereinkommen** ging übrigens nicht mit einem Anstieg des Anteils der Löhne insgesamt am Volkseinkommen einher. Der Anteil der abhängig Arbeitenden in der Bundesrepublik hat von 1950 bis 1970 um 16,5 % zugenommen, der Anteil derselben Gruppe am Volkseinkommen hat sich in demselben Zeitraum nur um 11,4 % erhöht. **Der wirtschaftliche Erfolg der Arbeitnehmerschaft war also nicht einer anderen Verteilung des Sozialprodukts zuzuschreiben, sondern Resultat der Steigerung von Produktion und Produktivität.** Dabei konnte gleichzeitig die durchschnittliche

tarifliche Wochenarbeitszeit des Arbeitnehmers von 48 Stunden im Jahre 1953 auf 41 Stunden im Jahre 1970 herabgesetzt werden.
Wenn das Verhältnis von Kapital und Arbeit in der Bundesrepublik in den Zeiten des wirtschaftlichen Aufschwungs als vergleichsweise »wirtschaftsfriedlich« beschrieben wird, so ist dies nicht so zu verstehen, als sei die Arbeitnehmerschaft ohne das Mittel des Arbeitskampfes ausgekommen. So gab es z.B. 1957 und 1963 große Streikbewegungen in der Metallindustrie. Im Vergleich zu anderen industriell-kapitalistischen Demokratien lag die Streikaktivität in der Bundesrepublik jedoch niedrig.
Der zügige und unerwartete Anstieg des Lebensstandards und der sozialen Versorgung der Majorität der Arbeitnehmerschaft in den Jahren nach Gründung der Bundesrepublik blieb selbstverständlich nicht ohne Folgen für das Gesellschaftsbewußtsein der Arbeiter und Angestellten. Die Warnungen der Gewerkschaften vor einem Desaster der »Marktwirtschaft« waren durch die reale Entwicklung widerlegt; jeder Forderung nach einer »grundsätzlichen Umgestaltung von Wirtschaft und Gesellschaft« im gemeinwirtschaftlichen und sozialistischen Sinne war nun vorerst der Antrieb aus der unmittelbaren wirtschaftlichen und sozialen Lage heraus entzogen. Die große Masse der Arbeitnehmer konzentrierte sich darauf, im Zuge der allgemeinen wirtschaftlichen Konjunktur auch die eigene materielle Situation zu verbessern. Das bedeutete übrigens nicht, wie oft interpretiert wird, die völlige »Privatisierung« der gesellschaftlichen Perspektiven der Arbeitnehmer. Die Entwicklung der Gewerkschaftsorganisationen und der stetige Anstieg der Stimmenanteile der Sozialdemokratie bis 1972, und zwar schon vor dem Godesberger Programm (von dem einmaligen Abfall bei den Wahlen 1953 hier abgesehen), deuten darauf hin, daß **große Teile der Arbeitnehmerschaft sehr wohl von der Notwendigkeit kollektiver Interessenvertretung auch weiterhin überzeugt waren**, also davon ausgingen, daß die Beteiligung der Arbeiter und Angestellten an den Früchten der Wirtschaftskonjunktur den Druck organisierter Interessen zur Voraussetzung hatte.
Allerdings schwand in diesem Zeitraum und unter seinen spezifischen historisch-politischen und wirtschaftlichen Bedingungen das Interesse an einer gegen den Kapitalismus gerichteten sozialen Utopie in der Arbeitnehmerschaft rapide dahin. Die tradierte und organisierte Sonderkultur der Arbeiterbewegung konnte gegen die Faszination des Wirtschaftswunders nicht aufrecht erhalten werden. Hinzu kam, daß der **sozialstrukturelle Wandel** dem traditionellen proletarischen Milieu den Boden entzog.

Der Anteil der abhängig Arbeitenden an der Gesamtheit der Erwerbsbevölkerung nahm gerade nach der wirtschaftlichen Rekonstruktion in Westdeutschland weiterhin und in beschleunigtem Tempo zu; während 1950 in der Bundesrepublik noch fast 30% der Erwerbsbevölkerung »wirtschaftlich selbständig« (oder in selbständigen Familienbetrieben) tätig waren, lag dieser Anteil 1976 nur noch bei ca. 13%. Lohn- und Gehaltsabhängigkeit ist insofern zum wirtschaftlichen und sozialen Bestimmungsmerkmal der weitaus überwiegenden Mehrheit der Bevölkerung geworden: Unsere Gesellschaft ist dem durchschnittlichen sozialen Verhältnis nach eine »Arbeitnehmergesellschaft«. Der Rückgang wirtschaftlicher Selbständigkeit resultierte dabei vor allem aus dem Abbau von Arbeitspotential und Existenzmöglichkeiten in der Landwirtschaft und in der Kleinproduktion. Bei der Verteilung der abhängig Arbeitenden auf die Kategorien »Arbeiter«, »Angestellte« und »Beamte« ist aber ein wachsender Anteil der Angestellten und Beamten und ein deutliches Abnehmen des Anteils der Arbeiter feststellbar. Auch wenn man einberechnet, daß die arbeitsrechtliche Unterscheidung von Arbeitern und Angestellten nicht in jedem Falle eine Abstufung im Hinblick auf Qualifikation, Arbeitssituation und Einkommensniveau bedeutet, so ist die sozialstrukturelle Entwicklung insgesamt doch ganz offensichtlich durch einen Bedeutungsverlust der Gruppe der »klassischen« Industriearbeiterschaft und einen Bedeutungsgewinn jener Gruppen von abhängig Arbeitenden geprägt, die man gemeinhin als **»neue Mittelschichten«** bezeichnet. Bei der Aufgliederung der abhängig Arbeitenden nach Wirtschaftsbereichen zeigt sich diese Tendenz im prozentualen Rückgang im produzierenden Gewerbe zugunsten eines Anstiegs im Bereich Dienstleistungen, Handel und Verkehr, wobei hier vor allem die Ausweitung der im Öffentlichen Dienst Beschäftigten wirksam wird.

Stellt man nun, einem gängigen Interpretationsmuster folgend, das Gros der Angestellten und die Beamten als »neue Mittelschicht« den Arbeitern als »Unterschicht« gegenüber, wobei ungeklärt bleibt, ob es sich hier um zwei »Fraktionen« ein und derselben sozialen Klasse oder um zwei getrennte soziale Klassen handelt, so ergibt sich bei näherer Betrachtung ein recht widersprüchliches Bild der Entwicklung: Einerseits sind deutliche Unterschiede im Hinblick auf soziale Herkunft, Charakter der Arbeit, Einkommenshöhe und soziale Mentalität nach wie vor erkennbar, zumindest bei »Kerngruppen« der beiden Schichten oder Klassen. Andererseits findet sich in dieser Gegenüberstellung die soziale Realität keineswegs vollständig wieder, und gerade dem Entwicklungstrend nach bilden sich

neue soziale Abstufungen heraus. So ist z. B. ein Teil der Angestelltenschaft durch Einführung von technischen Neuerungen und Rationalisierung in zunehmendem Umfange ähnlich fremdbestimmten Arbeitssituationen unterworfen, wie sie für die Arbeiterschaft überwiegend schon seit langem bestehen; bei der Arbeiterschaft wiederum war im Hinblick auf Bewußtsein und Lebensgewohnheiten gerade seit der Nachkriegszeit eine Tendenz zur Angleichung an die »neuen Mittelschichten« unverkennbar.
Muß man deshalb bezogen auf die Entwicklung der westdeutschen Gesellschaft der These von der »nivellierten Mittelstandsgesellschaft« zwar nicht für die gesellschaftliche Gesamtheit (in der es ja sehr wohl »Oberschichten« gibt), aber doch für die große Mehrheit, die abhängig Arbeitenden, zustimmen? Dieser Annahme ist zunächst kritisch entgegenzuhalten, daß der Begriff »Nivellierung« leicht in das Mißverständnis hineinführt, als seien durch eine partielle Angleichung von Lebensverhältnissen auch bereits die Probleme der Macht- und Entscheidungsstruktur einer Gesellschaft verschwunden. Aber davon einmal abgesehen, ist zu prüfen, ob sich nicht auch unter den abhängig Arbeitenden neue Formen sozialer Ungleichheit herausbilden, so etwa eine qualitative Differenz zwischen einheimischen Arbeitern und »Gastarbeitern«, eine spezifische Benachteiligung von jugendlichen Erwerbstätigen (oder Erwerbssuchenden), eine andauernde Benachteiligung berufstätiger Frauen und schließlich eine krasse soziale Ungleichheit zwischen Beschäftigten und Arbeitslosen.
Ferner ist zu untersuchen, ob möglicherweise die Entwicklung der Qualifikations- bzw. Berufsstruktur dahin führt, daß zwar die »obere« Lage der Arbeiterschaft und die »untere« Lage der Mittelschicht sich angleichen, gleichzeitig aber andere Teile der Arbeiterschaft nach unten absinken und Teile der Mittelschicht nach oben aufsteigen, so daß am Ende eine neue Hierarchie der sozialen Chancen innerhalb der abhängig arbeitenden Bevölkerung sich herausbildet.
Festzuhalten bleibt hier, daß die Sozialstruktur unserer Gesellschaft durch das Gegenüber von Kapital und »Lohnarbeit« (im Sinne abhängiger Erwerbstätigkeit) und zugleich durch Differenzen der materiellen Lage und der Interessen innerhalb der Arbeitnehmerschaft bestimmt ist, die zum Teil aus neueren sozialökonomischen Entwicklungen resultieren, auf die sich die traditionellen kollektiven Organisationen und Vertretungsformen der abhängig Arbeitenden noch kaum eingestellt haben. Zugleich aber ist diese Gesellschaft im ökonomischen Sinne, der übergroßen Majorität nach, »Lohnarbeitergesellschaft«. Die Gewerkschaften, ihrer Herkunft nach

vorwiegend Organisationen der industriellen Arbeiterschaft, hatten sich in den Jahren nach 1955 auf die Veränderungen in der Struktur der abhängigen Arbeit einzustellen (so lag z.B. der Anteil der Angestellten an der Gesamtheit der abhängig Arbeitenden in der Bundesrepublik 1950 bei 16 v.H., 1976 bereits bei 35 v.H.).
Sobald abhängige Arbeit und Trennung von den Produktionsmitteln zum Schicksal der übergroßen Majorität der Bevölkerung geworden sind und Produktivvermögen sich in der Verfügungsgewalt einer immer kleineren Minderheit konzentriert hat, ist damit eine der Voraussetzungen dafür gegeben, gesellschaftliche Produktion und Reproduktion von dem zur Fessel gewordenen Gesetz privater Kapitalverwertung und Gewinnmaximierung zu befreien. Ob diese Voraussetzung genutzt werden kann, ob die große Mehrheit der Lohn- und Gehaltsabhängigen aktuelle Rivalitäten um den besseren Platz innerhalb des abhängigen Arbeitsverhältnisses zu überwinden vermag, das entscheidet sich daran, ob sie (nach einer Formulierung von Friedrich Engels) ein Bewußtsein davon gewinnt, daß ihr insgesamt die »Bedingungen der Kapitalverwertung feindlich gegenüberstehen« und damit interne Rivalitäten zweitrangig werden. Gewerkschaftliche Politik greift aber wiederum – so oder so – in den Prozeß der Willensbildung der verschiedenen Gruppen der Lohnarbeit ein ...
Die Gewerkschaften in der Bundesrepublik sind in den Jahren nach 1952 zu den traditionellen Schwerpunkten gewerkschaftlicher Aktivität zurückgekehrt, also zur Lohn- und Tarifpolitik und zur Beeinflussung der sozialpolitischen Maßnahmen des Staates. **Das Scheitern der gewerkschaftlichen Konzeption von der »Neuordnung« der Gesellschaft und des Wirtschaftssystems** (mit dem Betriebsverfassungsgesetz von 1952 endgültig offenbar geworden) **hat das Interesse der gewerkschaftlichen Organisationen wieder auf die unmittelbare Vertretung von Arbeitnehmerinteressen im Kapitalismus gerichtet.** Zugleich bot aber auch die langandauernde Prosperität der westdeutschen Wirtschaft nach 1952 die Chance, dem allgemeinen Produktivitätsanstieg **materielle Verbesserungen für die große Mehrheit der Arbeitnehmerschaft** abzugewinnen. Auf dem DGB-Kongreß 1954 enthielt diese **pragmatische Wende der Gewerkschaftspolitik** noch Anklänge an gesellschaftsreformerische Hoffnungen; das Konzept der »expansiven Lohnpolitik«, das dort unter maßgeblichem Einfluß des linken Gewerkschaftstheoretikers **Viktor Agartz** propagiert wurde, stellte den Anspruch, über lohnpolitische Fortschritte die gesellschaftspolitischen Kräfteverhältnisse zu verändern. Das **DGB-Aktionsprogramm von 1955** nahm diesen

Gedanken aber schon nicht mehr auf, sondern konzentrierte sich auf Forderungen nach kürzerer Arbeitszeit, nach höheren Löhnen und Gehältern, nach Ausbau der sozialen Sicherungen und verbessertem Arbeitsschutz. Das DGB-Aktionsprogramm wurde in den Jahren 1965, 1972 und 1979 erneuert. Der Katalog der Forderungen blieb im Kern der von 1955, neu hinzu kamen Zielsetzungen zur Vermögenspolitik, zur Ausbildung, zur Reform des Arbeits- und Dienstrechts und zum Umweltschutz. Diese Aktionsprogramme entsprachen im wesentlichen durchaus den jeweiligen aktuellen Interessen der Arbeitnehmer im Bereich der Wirtschafts- und Sozialpolitik. Kritiker merkten allerdings zu Recht an, daß die gewerkschaftlichen Zielsetzungen nicht mit Aussagen oder Vorstellungen darüber verknüpft wurden, auf welchen politischen Wegen, durch welche gesellschaftlichen Kräfte und mit welchen gewerkschaftlichen Aktivitäten die jeweiligen Programmpunkte einer Realisierung nähergebracht werden sollten. Im Jahre 1963 beschloß der DGB auf einem Kongreß in Düsseldorf ein neues Grundsatzprogramm, das die wirtschaftspolitischen Leitsätze von 1949 ablöste. In der Präambel dieses Programms finden sich durchaus Sätze, die an den »systemverändernden« Tenor der gewerkschaftlichen Konzeptionen vor und um 1949 erinnern:

> *... Zwar hat die allgemeine Anhebung des Lebensstandards, die vor allem der Schaffenskraft und dem Fleiß der Arbeitnehmer und nicht zuletzt dem ständigen Drängen der Gewerkschaften zu verdanken ist, vielen Arbeitnehmern neue Möglichkeiten der Lebensgestaltung eröffnet. Aber die Ungerechtigkeit der Einkommens- und Vermögensverteilung, die Abhängigkeit vom Marktgeschehen, von privater Wirtschaftsmacht und die Ungleichheit der Bildungschancen sind nicht überwunden.*
> *Die Entwicklung in der Bundesrepublik hat zu einer Wiederherstellung alter Besitz- und Machtverhältnisse geführt. Die Großunternehmen sind erstarkt, die Konzentration des Kapitals schreitet ständig fort. Die Kleinunternehmen werden zurückgedrängt oder den Großunternehmen wirtschaftlich untergeordnet. Die Arbeitnehmer, d.h. die übergroße Mehrheit der Bevölkerung, sind nach wie vor von der Verfügungsgewalt über die Produktionsmittel ausgeschlossen. Ihre Arbeitskraft ist auch heute noch ihre einzige Einkommensquelle ...*
> *Die Gewerkschaften kämpfen um die Ausweitung der Mitbestimmung der Arbeitnehmer. Damit wollen sie eine Umgestaltung von Wirtschaft und Gesellschaft einleiten, die darauf abzielt, alle Bürger an der wirtschaftlichen, kulturellen und politischen Willensbildung gleichberechtigt teilnehmen zu lassen ...*

In seinem konkreten Gehalt zielte das **DGB-Grundsatzprogramm von 1963** aber nicht mehr, wie die Leitsätze von 1949, eine grundlegend neue, zum

Kapitalismus alternative Wirtschaftsverfassung an, sondern es zeichnete das Bild einer Wirtschaftsstruktur, in der Kapitalinteressen und arbeitnehmerorientierte Faktoren gewissermaßen ausbalanciert sind. Der »Wettbewerb« wurde als regulierendes Prinzip der Wirtschaft grundsätzlich akzeptiert; »Planung« sollte die Wettbewerbswirtschaft ergänzen oder sozial korrigieren. Als Ziele der Wirtschaftspolitik wurden definiert: Vollbeschäftigung und stetiges Wirtschaftswachstum; Stabilität des Geldwertes; »gerechte« Einkommens- und Vermögensverteilung; Verhinderung des »Mißbrauchs wirtschaftlicher Macht«. Als Mittel der Korrektur privatwirtschaftlicher oder wettbewerbswirtschaftlicher Vorgänge (also nicht als deren Ersetzung) wurden aufgeführt: Volkswirtschaftliche Gesamtrechnung und Rahmenplanung; staatliche Investitionssteuerung; Ausbau öffentlicher oder freier gemeinwirtschaftlicher Unternehmen; betriebliche und überbetriebliche Mitbestimmungsrechte der Arbeitnehmer. Dieses DGB-Grundsatzprogramm von 1963 hatte in mehrfacher Hinsicht Kompromißcharakter. Zunächst einmal bot dieses Dokument eine Möglichkeit, die Unterschiede und zum Teil Gegensätze zwischen verschiedenen »Flügeln« im DGB zu überbrücken; damals vertrat z.B. die Industriegewerkschaft Bau-Steine-Erden eine Politik der Kooperation, die Industriegewerkschaft Metall hingegen ein Konzept der Konfliktbereitschaft gegenüber den Unternehmern. Zum anderen bedeutete das Programm eine Art Kompromiß mit dem bestehenden Wirtschaftssystem. Es legitimierte einen gewerkschaftspolitischen Kurs der Begrenzung auf materielle Tagesinteressen im leistungsfähigen, prosperierenden Kapitalismus, aber es verzichtete nicht auf grundsätzliche Vorbehalte und hielt für den Fall krisenhafter Entwicklungen auch andere wirtschaftspolitische Methoden programmatisch in Reserve (Dokument 31).

In der Auffassung von den wirtschaftspolitischen Möglichkeiten des Staates orientierte sich das DGB-Grundsatzprogramm von 1963 offensichtlich an der Theorie von Keynes; es stand damit im Gegensatz zu den neoliberalen Formeln der Erhardschen Wirtschaftspolitik und nahm den »interventionistischen« Schwenk konzeptionell vorweg, den einige Jahre später Karl Schiller als SPD-Wirtschaftspolitiker und Bundeswirtschaftsminister vollzog. Mitte der sechziger Jahre nahm sich die Bilanz der gewerkschaftlichen Lohn- und Sozialpolitik recht erfreulich aus: **Seit Gründung der Bundesrepublik lag der reale durchschnittliche Einkommenszuwachs der Arbeitnehmer in der langfristigen Tendenz bei etwa 5 % jährlich; die Arbeitszeit hatte stetig verkürzt werden können**; in der Renten- und Krankenversicherung

Dokument 31
Aus dem Grundsatzprogramm des DGB von 1963

... Die von den Gewerkschaften erstrebte Ordnung unserer Wirtschaft wird jedem Arbeitnehmer ein Höchstmaß an Freiheit und Selbstverantwortung gewährleisten, ihn an der Gestaltung der Wirtschaft gleichberechtigt beteiligen, ihm eine seiner Persönlichkeit entsprechende dauerhafte Tätigkeit sichern, eine gerechte Einkommens- und Vermögensverteilung herbeiführen, ein optimales Wachstum der Wirtschaft ermöglichen, den Mißbrauch wirtschaftlicher Macht verhindern, Planung und Wettbewerb zur Erreichung der volkswirtschaftlichen Ziele einsetzen, die Erkenntnis wirtschaftlicher Zusammenhänge durch Offenlegung aller Daten ermöglichen (...)
Eines der Grundrechte des Menschen ist das Recht auf Arbeit. Es kann nur durch Vollbeschäftigung verwirklicht werden. Für die soziale und politische Entwicklung der freien Welt ist die Sicherung der Vollbeschäftigung und eines optimalen Wachstums der Wirtschaft und des Lebensstandards in allen Ländern von entscheidender Bedeutung (...)
Die Gewerkschaften bejahen den technischen Fortschritt als einen ausschlaggebenden Faktor für die Hebung des allgemeinen Lebensstandards und die Erleichterung der menschlichen Arbeit. Der technische Fortschritt muß jedoch dem Gesamtwohl dienen. Er darf nicht zu sozialen Härten für die Arbeitnehmer führen. Die wirtschaftlichen und sozialen Gefahren, die sich aus der Technisierung, insbesondere der Rationalisierung und der Automation ergeben können, müssen ständig beobachtet und geprüft werden. Gefährlichen Entwicklungstendenzen ist rechtzeitig mit wirksamen Maßnahmen zu begegnen (...)
Eines der charakteristischen Merkmale der modernen Industriegesellschaft ist der fortschreitende Konzentrationsprozeß in der Wirtschaft, der in den Großunternehmen und Unternehmensgruppen zu einer Machtzusammenballung ungewöhnlichen Ausmaßes führt. Damit wächst die Gefahr des Mißbrauchs wirtschaftlicher Macht – zu wirtschaftlichen, aber auch zu politischen Zwecken – ständig. Der demokratische Staat hat die Pflicht, diesen Mißbrauch zu verhindern (...)
Die Sicherung von Vollbeschäftigung und stetigem Wirtschaftswachstum sowie die Stabilisierung des Geldwertes setzen in der modernen dynamischen Wirtschaft eine Koordinierung aller wirtschaftspolitischen

Maßnahmen voraus. Die wirtschaftliche Entwicklung darf nicht sich selbst überlassen bleiben. Der Wirtschaftsprozeß ist durch eine differenzierte volkswirtschaftliche Gesamtrechnung überschaubar zu machen, so daß die Geld- und Güterströme innerhalb der Wirtschaft und zwischen dem In- und Ausland sichtbar werden und die voraussichtlichen Auswirkungen bestimmter Einkommens- und Ausgabenänderungen beurteilt werden können. Aus der volkswirtschaftlichen Gesamtrechnung ist der Rahmenplan in der Form eines Nationalbudgets zu entwickeln. Es enthält die Zielsetzung für die Entwicklung der Volkswirtschaft in einem bestimmten Zeitraum. An seiner Vorbereitung ist der Deutsche Gewerkschaftsbund zu beteiligen (...) Die Richtlinien des Nationalbudgets sind für die Organe der staatlichen Wirtschaftspolitik verbindlich. Sie geben die notwendigen Orientierungsdaten für die eigenen freien Entscheidungen in den Wirtschaftsbereichen und den Einzelwirtschaften (...)
Umfang und Art der Investitionstätigkeit bestimmen maßgeblich die Konjunkturlage und die zukünftige Entwicklung einer Volkswirtschaft. Fehlleitungen von Kapital und Arbeitskraft sind ebenso wie Arbeitslosigkeit und Nichtausschöpfung der wirtschaftlichen Wachstumsmöglichkeiten eine Belastung des Lebensstandards. Deshalb müssen im privatwirtschaftlichen wie im öffentlichen Bereich die Investitionen und strukturellen Erfordernisse der Gesamtwirtschaft abgestimmt sein. Die in konjunktureller und struktureller Hinsicht notwendige Steuerung der privaten Investitionstätigkeit erfordert zusätzlich zu der global wirkenden Kreditpolitik einzelwirtschaftliche, auf bestimmte Wirtschaftszweige oder auf regionale Bereiche gerichtete Maßnahmen (...)
Das Gemeineigentum in seinen verschiedenen Formen hat in der modernen Industriegesellschaft entscheidende Bedeutung, besonders auch als Lenkungs- und Steuerungsmittel der Wirtschaft. Die Gewerkschaften fordern die Erhaltung und Ausweitung des öffentlichen Besitzes an wirtschaftlichen Unternehmen und seine Weiterentwicklung zu einem sinnvollen System öffentlicher und öffentlich gebundener Unternehmen.
Die freie Gemeinwirtschaft ist Bestandteil einer am Gemeinwohl ausgerichteten Wirtschaftsordnung. Ihr Bestand, ihr Wirkungsbereich und ihre Stellung im Wettbewerb mit erwerbswirtschaftlichen Unternehmen dürfen nicht durch staatliche Maßnahmen eingeschränkt oder behindert werden (...)
Zur Kontrolle der wirtschaftlichen Macht in ihren vielfältigen Formen

sind – je nach Ausmaß und Bedeutung – verschiedene Methoden anzuwenden. Entscheidend ist, daß der Mißbrauch wirtschaftlicher Macht verhindert und eine soziale Gestaltung der Wirtschaft gesichert wird.
Insbesondere fordern die Gewerkschaften:
fortlaufende Erhebungen über den Umfang der Konzentrationsbewegung und ihre Veröffentlichung,
die Beseitigung konzentrationsfördernder Rechtsvorschriften (z.B. auch der entsprechenden Steuervorschriften),
die Mitbestimmung der Arbeitnehmer und ihrer Gewerkschaften,
die Demokratisierung und Neuordnung der Unternehmensverfassung,
die Erweiterung der Publizität,
die wirkungsvolle Ausgestaltung der Monopol- und Kartellkontrolle,
die Mobilisierung des Wettbewerbs u.a. durch öffentliche und gemeinwirtschaftliche Unternehmen,
den Ausbau des Systems öffentlich gebundener Unternehmen,
die Überführung von Schlüsselindustrien und anderen markt- und wirtschaftsbeherrschenden Unternehmen in Gemeineigentum.
Die paritätische Mitbestimmung der Arbeitnehmer muß bei allen wirtschaftlichen, sozialen und personellen Entscheidungen gesichert sein. Sie muß in privaten, öffentlichen und gemeinwirtschaftlichen Unternehmen gelten.
Zu ihrer Sicherung
sind die betrieblichen Mitbestimmungsrechte auszubauen,
sind bei allen Großunternehmen – unabhängig von ihrer Rechtsform – Aufsichtsräte zu bilden, die paritätisch aus Vertretern der Anteilseigner und der Arbeitnehmer zusammengesetzt sind,
ist in die Vorstände und Geschäftsführungen aller Großunternehmen mindestens ein Mitglied zu berufen, das nicht gegen die Mehrheit der Stimmen der Arbeitnehmervertreter im Aufsichtsrat bestellt werden kann.
Die überbetriebliche Mitbestimmung muß in paritätisch aus Arbeitnehmervertretern und Unternehmensvertretern besetzten Organen verwirklicht werden ...

waren Leistungsverbesserungen und Gleichstellung der Arbeiter gegenüber den Angestellten erreicht worden; die durchschnittliche Ausbildungszeit der nachwachsenden Arbeitnehmergeneration war ausgedehnt, der

Ausbildungsstand angehoben worden. Im Hinblick auf Lebensstandard und soziale Absicherung waren die Arbeitnehmer der Bundesrepublik im internationalen Vergleich an die Spitze gerückt. Dies alles war unter den Bedingungen einer kapitalistischen Wirtschaft zustandegekommen und unter der Regierungsführung der CDU/CSU; Konflikte der Gewerkschaften mit der damaligen staatlichen Politik ergaben sich nach 1952 am ehesten dort, wo Teile der Gewerkschaftsbewegung in **Opposition zur Wehrpolitik der Bundesregierung** gingen (Bewegungen gegen die Bewaffnung der Bundesrepublik und später gegen die atomare Rüstung). Lohn- und tarifpolitisch gab es in dieser Schönwetterperiode der westdeutschen Wirtschaft keine massiven Auseinandersetzungen mit der Regierungspolitik, wenngleich stetige Konflikte mit den Unternehmerinteressen selbstverständlich blieben. Wesentlich beigetragen haben die Gewerkschaften zweifellos zum Ausbau sozialer Sicherungssysteme, wie er in den sechziger und siebziger Jahren in der Bundesrepublik zunächst durchgesetzt werden konnte - sicherlich erleichtert durch die **Regierungsbeteiligung und dann Regierungsführung der SPD** (Jugendarbeitsschutz, Sozialhilfe, Arbeitsförderung, Lohnfortzahlung im Krankheitsfall, Rentenreform etc.).
Diese Fortschritte in der Sozialpolitik blieben aber, wie sich inzwischen deutlich gezeigt hat, von Wirtschaftskonjunkturen abhängig und sind durch veränderte politische Mehrheiten revidierbar. Der Ausbau »autonomer« Machtpositionen der Gewerkschaften blieb auch in Zeiten des Wirtschaftswachstums recht begrenzt.

Die verfassungsrechtliche Grundlage der Tätigkeit der Gewerkschaften in der Bundesrepublik bietet der zu den Grundrechtsartikeln gehörende Art. 9 Abs. 3 des Grundgesetzes. In der Rechtsordnung der Bundesrepublik stellt dieser Artikel eine besondere Konkretisierung des in Art. 20 festgelegten Verfassungsprinzips der Sozialstaatlichkeit dar. Er ist das einzige ausdrücklich anerkannte soziale Grundrecht.

Der Art. 9 Abs. 3 GG legt fest:

> *Das Recht, zur Wahrung und Förderung der Arbeits- und Wirtschaftsbedingungen Vereinigungen zu bilden, ist für jedermann und für alle Berufe gewährleistet. Abreden, die dieses Recht einschränken oder zu behindern suchen, sind nichtig, hierauf gerichtete Maßnahmen sind rechtswidrig.*

Auch dieses Grundrecht bindet gemäß Art. 1 Abs. 3 GG Gesetzgebung, vollziehende Gewalt und Rechtssprechung als unmittelbar geltendes Recht. Dieses Grundrecht wird als **Koalitionsfreiheit** bezeichnet.

Die **Tarifhoheit** als das autonome Recht der Wirtschaftsverbände, durch

Tarifvertrag kollektive Regelungen für die Lohn- und Arbeitsbedingungen zu schaffen, gehört zum Inhalt der Koalitionsfreiheit. In der Konsequenz der Tarifautonomie liegt auch das **Recht auf den Arbeitskampf**.
Da die sozialen Beziehungen in der Bundesrepublik – der deutschen Gesellschaftstradition entsprechend – in hohem Maße verrechtlicht sind, andererseits aber das Grundgesetz diese Materie nicht näher behandelt und auch die Gesetzgebung kein geschlossenes System des Arbeitsrechts entwickelt hat, **haben Rechtssprechung und Rechtslehre einen ungewöhnlich intensiven Einfluß auf die Handlungsmöglichkeiten der Arbeitnehmer und ihrer Koalitionen gewonnen**.
Was das **Arbeitskampfrecht** angeht, so überwiegt in der westdeutschen Rechtslehre die Ansicht, daß mit der grundgesetzlichen Anerkennung der Koalitionsfreiheit auch das Mittel des Streiks legalisiert sei; im Unterschied zu vielen anderen kapitalistischen Ländern wird aber die Rechtmäßigkeit des Streiks im einzelnen, der herrschenden Rechtssprechung und Rechtslehre nach, von ganz bestimmten, restriktiven Voraussetzungen abhängig gemacht. Maßgeblich sind hier die Leitsätze von der »Sozialadäquanz« des Streiks und vom Arbeitskampf als »ultima ratio«. Sie fanden ihren Niederschlag in der Rechtssprechung des Bundesarbeitsgerichts und gelten als herrschende Lehre. Das Bundesarbeitsgericht hat 1955 entschieden:

> *Arbeitskämpfe sind im allgemeinen unerwünscht, da sie volkswirtschaftliche Schäden mit sich bringen und den im Interesse der Gesamtheit liegenden sozialen Frieden beeinträchtigen; aber sie sind in bestimmten Grenzen erlaubt, sie sind in der freiheitlichen, sozialen Grundordnung der Deutschen Bundesrepublik zugelassen. Unterbrechungen der betrieblichen Arbeitstätigkeit durch einen solchen Arbeitskampf sind sozialadäquat, da die beteiligten Arbeitnehmer und Arbeitgeber mit solchen kampfweisen Störungen auf Veranlassung und unter der Leitung der Sozialpartner von jeher rechnen müssen und die deutsche freiheitliche Rechtsordnung derartige Arbeitskämpfe als ultima ratio anerkennt. (Entscheidung vom 28. 1. 1955)*

Nun ist allerdings der Begriff der »Sozialadäquanz« recht unpräzise und auslegungsfähig. Zu fragen ist, welchem Gesellschaftsbild er entstammt. Ein Kritiker der herrschenden Arbeitsrechtslehre, O. Radke, hat seinerzeit darauf aufmerksam gemacht, daß der Begriff der »Sozialadäquanz« vielfach aus der Hypothese einer »Gemeinschaft« von Arbeitgebern und Arbeitnehmern abgeleitet wird, die eine gewisse Verwandtschaft zur nationalsozialistischen Ideologie von »Volks«- und »Betriebsgemeinschaft« aufweist. Die Leugnung des tatsächlich gegebenen Interessengegensatzes von Unternehmern und Arbeitnehmern und die sozial-ökonomische »Gemeinschaftsideologie« könnten nur zu leicht der Koalitions- und Tarifvertragsfreiheit den Boden entziehen. Im Hinblick auf die sozialen und ökonomischen Interessen sei »Harmonie« nicht vorgegeben, sondern erst die Austragung und der Ausgleich von Interessengegensätzen in freier Entscheidung der beteiligten Gruppen schaffe eine relative und temporäre Übereinstimmung im Sinne des Kompromisses.

Harmonistisch sind auch die Interpretationen, die sich in der Arbeitsrechtssprechung der Bundesrepublik mit dem »ultima-ratio«-Prinzip verbinden.

Danach ist ein Arbeitskampf unzulässig, wenn nicht alle Verhandlungsmöglichkeiten »ausgeschöpft« sind. Insgesamt wird den Arbeitnehmern und den Gewerkschaften in der Bundesrepublik bei der Vertretung ihrer Interessen gegenüber der Kapitalseite durch die Arbeitsrechtsprechung nur ein sehr enger Handlungsraum zugebilligt. Umfangreicher ist hingegen die rechtliche und faktische Einbeziehung von Arbeitnehmervertretern oder Gewerkschaften in die betriebliche oder Unternehmens-Verwaltung bzw. in die »vorstaatliche« öffentliche Sozialverwaltung, also die institutionalisierte Beteiligung von Arbeitnehmerrepräsentanten an Organen des Arbeits- und Wirtschaftslebens.

Der Tradition der deutschen Sozialpolitik und des Sozialrechts entsprechend finden wir in der Bundesrepublik eine Fülle von Institutionen der »Sozialen Selbstverwaltung«, in denen die Arbeitnehmer bzw. die Gewerkschaften in irgendeiner Form vertreten sind. Dabei handelt es sich im einzelnen um recht unterschiedliche Konstruktionen sowohl im Hinblick auf den Grad der Selbständigkeit solcher Einrichtungen gegenüber dem Staat (insofern trifft der Begriff »Selbstverwaltung« hier überwiegend nicht exakt zu), als auch unter dem Aspekt der Verteilung der Repräsentationsrechte auf verschiedene soziale Gruppen und deren jeweilige Anteile. Durchgängig sind diese Institutionen aber, soweit kapitalorientierte und arbeitsorientierte Interessen vertreten sind, durch das Konzept einer »partnerschaftlichen« Zusammenarbeit beider Faktoren bestimmt.

Ungleich gewichtiger als die Beteiligung der Gewerkschaften oder Arbeitnehmerrepräsentanten an Organen der sozialen »Selbstverwaltung« oder an anderen öffentlichen oder staatlichen Institutionen sind für die Arbeitnehmerschaft die Vertretungsrechte in den Betrieben und Unternehmen. Für die überwiegende Majorität der Betriebe in der Bundesrepublik gelten hier die Regelungen des **Betriebsverfassungsgesetzes von 1972**, das in seinen Grundlinien jenem Gesetz entspricht, das 1952 gegen den erklärten Willen der Gewerkschaften zustande gekommen war. Der Leitgedanke des Betriebsverfassungsrechts der Bundesrepublik liegt darin, die Arbeitnehmervertreter auf eine **»vertrauensvolle Zusammenarbeit«** mit den Arbeitgebern »zum Wohle des Betriebes und seiner Unternehmer und unter Berücksichtigung des Gemeinwohls« zu verpflichten. Darin liegt eine schwerwiegende Einschränkung der Handlungsmöglichkeiten der Betriebsräte. Der Betriebszweck ist ja, vom Unternehmerinteresse her ganz selbstverständlich, auf einen möglichst hohen Gewinn gerichtet. Das Interesse der Arbeitnehmer hingegen ist auf möglichst hohen Lohn und möglichst günstige Arbeitsbedingungen gerichtet. Beide Interessen liegen notwendigerweise in Konflikt miteinander. Das Gesetz aber überdeckt diesen Konflikt durch die Bezugnahme auf das »Wohl des Betriebes« und das »Gemeinwohl«; es geht von einem harmonistischen Verständnis der industriellen Beziehungen aus. **Der Betriebsrat, der die Interessen der Arbeiter und Angestellten vertreten soll, wird durch das Gesetz gleichzeitig an die Interessen der Unternehmer gebunden – eine Regelung, die wir in Westeuropa sonst kaum irgendwo finden.**

Problematisch sind auch einige weitere Vorschriften des Betriebsverfassungsgesetzes: Der Betriebsrat darf keine Arbeitskämpfe führen, sondern unterliegt in dieser Hinsicht einer **»Friedenspflicht«**; »parteipolitische Betätigung« (ein dehnbarer Begriff . . .) ist im Betrieb verboten; die Betriebsräte können vom Arbeitgeber zur Geheimhaltung wirtschaftlicher Informationen gegenüber der Belegschaft verpflichtet werden.

Das Betriebsverfassungsgesetz räumt den Betriebsräten Mitbestimmungs-, Mitwirkungs- und Informationsrechte in einem abgestuften System auf der Betriebs- und zum Teil auch auf der Unternehmensebene ein.

Für Unternehmen in der Form von Kapitalgesellschaften, soweit diese nicht dem Mitbestimmungsgesetz unterliegen, gibt das Betriebsverfassungsgesetz den Arbeitnehmern auch in den Aufsichtsräten Vertretungsrechte, dies allerdings nur zu einem Drittel der Aufsichtsratssitze. Hierin liegt also eine Mitwirkungs-, aber keine Mitbestimmungschance, da die Vertreter der Arbeiter und Angestellten ja ohne Schwierigkeiten von den Anteilseignern überstimmt werden können. Den Mitbestimmungsrechten im Betrieb sind dadurch wiederum enge Grenzen gezogen, denn betriebliche Probleme sind vielfach durch Entscheidungen auf der Ebene der Unternehmen (etwa über Investitionen oder technische Umstellungen) bedingt und auch nur auf dieser Ebene lösbar.

Fragt man nach der Reichweite der Vertretungsrechte der Arbeitnehmer auf der betrieblichen Ebene, so ist zu bedenken, daß zu Fragen der Gestaltung des Arbeitsplatzes, des Arbeitsablaufs und der strukturellen Veränderung im Betrieb nur begrenzte Mitwirkungschancen bestehen, und daß bei den Mitbestimmungsmöglichkeiten in Konfliktfällen eine Kompetenzabtretung an Einigungsstellen oder Arbeitsgerichte vorgeschrieben ist. Die Vertretung der Beschäftigten in den Betrieben der öffentlichen Hand und in den öffentlichen Verwaltungen ist, mit Sonderregelungen für die hier tätigen Beamten, durch das Personalvertretungsprinzip weitgehend ähnlich wie im Betriebsverfassungsgesetz geregelt. Beim Betriebsverfassungsgesetz von 1972 ist es den Gewerkschaften gelungen, gegenüber dem Gesetz von 1952 eine bessere Präsenz der gewerkschaftlichen Organisationen in den Betrieben zu erreichen. Die Gewerkschaften haben ein Zutrittsrecht zu den Betrieben – allerdings: nach vorheriger Unterrichtung des Arbeitgebers und soweit dem nicht »unumgängliche Notwendigkeiten des Betriebsablaufs«, zwingende Sicherheitsvorschriften u. a. entgegenstehen. Außerdem ist das Teilnahmerecht von Gewerkschaftsbeauftragten an Betriebsratssitzungen sowie ihr Initiativrecht bei der Bildung von Betriebsräten – die notfalls gegen den Willen uneinsichtiger Arbeitgeber erzwungen werden können – verstärkt worden. Darüber hinaus kann der Betriebsrat bei der Durchführung seiner Aufgaben nach Vereinbarung mit dem Arbeitgeber Sachverständige (Fachleute der Gewerkschaften) hinzuziehen. An dieser Stelle ist darauf hinzuweisen, daß es zumindest in den größeren Betrieben neben den Betriebsräten, die ja Vertreter aller Beschäftigten sind, noch **»Vertrauensleute«** gibt, die vielfach nur von den gewerkschaftlich organisierten Arbeitnehmern gewählt sind. Die Funktionen und die rechtliche und gewerkschaftlich-satzungsmäßige Position sind uneinheitlich. Teilweise wirken diese mehr als Verbindungsleute zwischen der Gewerkschaftsorganisation und den Belegschaften; teilweise stellen die Vertrauensleute eher eine Kontrollinstanz der betrieblichen »Basis« gegenüber den Betriebsräten dar, die in Großbetrieben oft den Sorgen und Wünschen der einzelnen Arbeitnehmer schon relativ weit entrückt sein können.

Für die Gewerkschaften in der Bundesrepublik stand seit dem Scheitern ihrer Neuordnungs-Konzeption die Durchsetzung einer **paritätischen Mitbestimmung** in den Großunternehmen im Mittelpunkt ihrer Reformbemühungen. Ein erster Schritt war hier die rechtliche Absicherung der Arbeitnehmervertretung in den Organen der Montan-Großunternehmen durch das **Montan-Mitbestimmungsgesetz von 1951**.

Sein Geltungsbereich ist auf solche Großunternehmen beschränkt, die in der Form von Kapitalgesellschaften überwiegend in der Montanindustrie (Bergbau, Kohle- und Stahlerzeugung) tätig sind. Dieses Mitbestimmungsrecht – als erstes Gesetz zu Fragen der Betriebsverfassung noch unter dem Eindruck der vergleichsweise starken Position der Gewerkschaften in der Nachkriegszeit zustande gekommen – schreibt für die Kapitalgesellschaften der Montanindustrie vor, daß die Arbeitnehmerschaft im Aufsichtsrat paritätisch zu den Vertretern der Kapitaleigner vertreten sein muß und daß ein Arbeitsdirektor im Vorstand bestellt wird, der nicht gegen die Stimmen der Arbeitnehmervertreter im Aufsichtsrat gewählt werden kann. Die Arbeitnehmervertreter im Aufsichtsrat müssen zum Teil Betriebsangehörige sein, zum anderen Teil werden sie von den Gewerkschaften vorgeschlagen. Dieses Mitbestimmungsgesetz entsprach weitgehend den Forderungen der Gewerkschaften, die es als Beginn einer Strukturreform mit dem Ziel der »Gleichberechtigung von Kapital und Arbeit« werteten.
Nach 1951 ergaben sich freilich wirtschaftliche Entwicklungen, die den faktischen Geltungsbereich dieser Mitbestimmungsregelung wie auch die relative gesamtwirtschaftliche Bedeutung derselben mehr und mehr abbauten. Die zunehmende Konzernierung von Grundstoffindustrien des Montanbereiches mit weiterverarbeitenden Unternehmen oder Unternehmen anderer Branchen machte Stück um Stück die gesetzliche Grundlage für die Mitbestimmungsrechte hinfällig. Zusätzlich wurde die Montanmitbestimmung durch supranationale Konzernierung in Frage gestellt. Hinzu kommt, daß der Anteil der Montanindustrie an der Gesamtwirtschaft stetig abnahm. Der Montanbereich kann längst nicht mehr als Schlüssel zum Zentrum wirtschaftlicher Macht angesehen werden. Unter diesen Umständen wurde, da die Gewerkschaften nicht neue Regelungen durchsetzen konnten, die qualifizierte Mitbestimmung, die immer noch den Angelpunkt ganzer Sozialtheorien abgab, in der Realität zu einem wirtschaftspolitisch nicht allzu relevanten Randphänomen.
Der Deutsche Gewerkschaftsbund forderte daher stets die Ausdehnung der Mitbestimmung über die Kapitalgesellschaften der Montanindustrie hinaus auf alle Großunternehmen gleich welcher Rechtsform und gleich welchen Wirtschaftszweiges.
Nach langen Auseinandersetzungen zwischen den Parteien und innerhalb der Regierungskoalition kam im Frühjahr **1976 ein neues Mitbestimmungsgesetz** zustande, das für Kapitalgesellschaften mit mindestens 2000 Beschäftigten gilt und nicht mehr auf einen bestimmten Wirtschaftszweig

beschränkt ist. Das Montan-Mitbestimmungsgesetz blieb daneben für seinen Geltungsbereich bestehen. Die wichtigsten Unterschiede gegenüber der Montanmitbestimmung liegen in folgenden Punkten: Das neue Mitbestimmungsgesetz schreibt im Aufsichtsrat, der paritätisch durch Kapitalvertreter und Arbeitnehmervertreter besetzt wird, auf der Arbeitnehmerseite zwingend mindestens einen Repräsentanten der leitenden Angestellten vor – also einen »Arbeitnehmer«, der laut Bundesarbeitsgericht eher unternehmerische Aufgaben wahrnimmt. Kommt bei der Wahl des Aufsichtsratsvorsitzenden die vom Gesetz vorgesehene Zweidrittelmehrheit nicht zustande, so wählen im nächsten Gang die Kapitalvertreter allein den Vorsitzenden. Den Arbeitnehmervertretern bleibt dann nur der Posten des Stellvertreters. Ergeben Abstimmungen im Aufsichtsrat ein Patt, so hat der Aufsichtsratsvorsitzende bei der endgültigen Abstimmung zwei Stimmen und setzt damit die Entscheidung. Ein Arbeitsdirektor im Unternehmensvorstand ist bei seiner Bestellung nicht zwingend auf die Stimmen der Arbeitnehmervertreter im Aufsichtsrat angewiesen.

Von seiten der Gewerkschaften wurden gerade diese Bestimmungen mit dem Argument kritisiert, auf diese Weise sei eine wirkliche Parität von Kapital und Arbeit unterlaufen worden. Kritik übten die Gewerkschaften ferner an den vorgesehenen Wahlverfahren für die Arbeitnehmervertreter (Gruppenwahl), durch die eine Aufspaltung der Arbeitnehmerschaft begünstigt werde. Zum Teil monierten die Gewerkschaften auch, daß sie für die in den Aufsichtsräten auf der Arbeitnehmerseite vorgesehenen Gewerkschaftsvertreter nur ein Vorschlagsrecht haben.

Zusammenfassend läßt sich für die Entwicklung der Gewerkschaften in der Bundesrepublik in der Phase der Wachstumsökonomie sagen, daß diese – als »Integrationsfaktor« und »Gegenmacht« zugleich! – zum festen Bestandteil eines Systems regulierter industrieller Beziehungen wurden, in dem umfangreiche Verbesserungen der Lage der Arbeitnehmer erreicht werden konnten, sowohl auf lohn- und arbeitszeitpolitischem Gebiet, als auch im Bereich der sozialen Sicherung. Der »Sozialstaat« im Rahmen ökonomisch erfolgreicher kapitalistischer Ökonomie schien Wirklichkeit zu werden, freilich ohne daß die Gewerkschaften ihre Forderungen nach »paritätischer Mitbestimmung« (und damit nach einem »Machtgleichgewicht« zwischen Kapital und Lohnarbeit) im Feld der Gesamtwirtschaft hätten durchsetzen können.

Kapitel 12
Die Gewerkschaften in den achtziger Jahren: Keine Zukunft für solidarisches Handeln?

Die ökonomischen und politischen Entwicklungen in der Bundesrepublik seit Mitte der sechziger Jahre wiesen eigentümliche Ungleichzeitigkeiten auf: Während sich 1966/67 bereits erhebliche wirtschaftliche Rezessionserscheinungen und eine Beschäftigungskrise in einer traditionell wichtigen Branche (Bergbau) ergaben, rückte nun die den Gewerkschaften eng verbundene sozialdemokratische Partei in die Regierungsverantwortung auf Bundesebene ein und übernahm von 1969 bis 1982 die Regierungsführung. Damit verband sich zunächst eine Art Reformeuphorie, die auf Verbesserung sozialer Chancen der Bevölkerungsmehrheit, Ausbau des Systems sozialer Sicherung und staatliche Regulierung der Wirtschaftsabläufe gerichtet war, ohne daß dabei die Grundstrukturen kapitalistischer Ökonomie in Frage gestellt wurden. **Eine Reihe sozialpolitischer Forderungen der Gewerkschaften konnte im Zeichen sozialdemokratischer Regierungspolitik zumindest teilweise realisiert werden; andererseits gelang es aber nicht, die gewerkschaftliche Konzeption für die Neuregelung der Betriebsverfassung und der Mitbestimmung auch nur annähernd in die Gesetzgebung einzubringen.**

Bei der **Welle spontaner Streikbewegungen im Jahre 1969**, die unabhängig von den Gewerkschaften zustandekamen, teils auch die Gewerkschaftsführungen verunsicherten, ging es der Hauptsache nach noch um offensive Lohnkämpfe. Die zum Teil wiederum spontanen Streiks des Jahres 1973 waren vielfach bereits defensiver Art, d.h. sie versuchten, das erreichte Lohnniveau und die gegebenen Arbeitsbedingungen und Arbeitsplätze zu verteidigen. **Die wirtschaftlichen Schönwetterzeiten der Bundesrepublik waren vorüber.** Der »Traum immerwährender Prosperität« (Burkart Lutz) blieb kurz.

Die Gewerkschaften in der Bundesrepublik sahen sich nun immer deutlicher mit einer veränderten ökonomisch-politischen Problemlage und Konstellation konfrontiert: Die weltwirtschaftliche Entwicklung ließ alte industrielle Branchen auch in der Bundesrepublik in die Enge geraten und zahlreiche Arbeitsplätze einbüßen. Auf der Kapitalseite vollzogen sich Verlagerungen der Investitionsinteressen und massive Rationalisierungsschübe, denen die technologische Entwicklung zu Hilfe kam. Die Tendenz zur Wegrationalisierung von Arbeitsplätzen verschärfte sich in ihrem Tempo und in ihrem Ausmaß.

Massenarbeitslosigkeit, die noch Anfang der siebziger Jahre vielfach für ein historisch endgültig erledigtes Problem gehalten worden war, breitete sich auch in der Bundesrepublik wieder aus. Im Jahre 1982 überstieg die Zahl der ausgewiesenen Arbeitslosen in Westdeutschland erstmals die Arbeitslosenzahl des Jahres 1950, also der Zeit vor dem »Wirtschaftswunder«. **Da die Krise im Beschäftigungssystem vorwiegend strukturelle und dauerhafte Ursachen hat, ist eine Wiederherstellung von Vollbeschäftigung ohne tiefgehende Eingriffe in das System der Verteilung von Arbeit und Arbeitszeit nicht zu erwarten.**

In der Zeit der Wachstumsökonomie, also den fünfziger und sechziger Jahren, war die Anhebung des Einkommensniveaus und der sozialen Sicherung der Arbeitnehmer im einzelnen zwar auch immer Ergebnis gewerkschaftlicher Aktivitäten; aufs ganze hin gesehen, konnte die Kapitalseite solche Zugeständnisse an die Interessen der Lohnarbeit in dieser Phase aber relativ leicht verkraften. Die Verengung des ökonomischen Spielraums, die Verschärfung der Konkurrenz auf dem Weltmarkt und – von der Unternehmerschaft her betrachtet – das Risiko einer Gewöhnung der Massen an den Sozialstaat führten aber schon ab Mitte der siebziger Jahre zu einem veränderten Verhalten der führenden Gruppen des westdeutschen Kapitals, die nunmehr darauf aus waren, die sozialen und politischen Kräfteverhältnisse entschieden zu korrigieren und die Position der Gewerkschaften, wie überhaupt die Möglichkeiten der Interessenvertretung der abhängig Beschäftigten, insbesondere ihre Streikfähigkeit, zu schwächen.

Daß die Unternehmerschaft zunehmend das Kampfmittel der Aussperrung einsetzte, ist nur ein Zeichen für diesen »Klimawandel«; **generell ging es der Kapitalseite darum, den Kapitalismus zu »normalisieren«, also sozialstaatliche Errungenschaften abzubauen, wirtschaftliche Risiken auf die Arbeitnehmerseite abzuladen, die Konfliktfähigkeit der Arbeitnehmer zu reduzieren**. In diese Strategie fügen sich Tendenzen zur **»Flexibilisierung« der Arbeitsverhältnisse** und zur Individualisierung des Arbeitsvertrages ein.

Als der DGB 1981 ein **neues Grundsatzprogramm** beschloß, ließ dessen Präambel die Absicht erkennen, den Anspruch auf Sozialstaatlichkeit noch einmal gegen solche Bestrebungen der Unternehmerschaft und ihrer politischen Parteigänger festzuschreiben (Dokument 32).

Auch ideologisch bereitete sich der Angriff auf den Sozialstaat und auf die

Dokument 32
Aus dem Grundsatzprogramm des DGB von 1981

Seit Beginn der Industrialisierung werden die sozialen und gesellschaftlichen Auseinandersetzungen durch den Interessengegensatz zwischen Kapital und Arbeit geprägt. Den Interessen der Unternehmer an maximalen Gewinnen stehen die Interessen der Arbeitnehmer an sicheren Arbeitsplätzen, menschenwürdigen Arbeits- und Lebensbedingungen und ausreichenden Einkommen gegenüber.
Die Arbeitnehmer schlossen sich gegen den Widerstand des Obrigkeitsstaates zu Gewerkschaften zusammen. Sie wollten verhindern, daß die kapitalistische Wirtschaftsordnung den Arbeitnehmern die gesellschaftliche Gleichberechtigung verwehrt, sie der Willkür der Arbeitgeber unterwirft, ihre Arbeitskraft dem Marktgesetz ausliefert, ihre Gesundheit und soziale Sicherheit dem Gewinnstreben unterordnet und soziale Mißstände und Krisen verursacht. Es war von Anbeginn das Ziel der Gewerkschaften, der Würde des arbeitenden Menschen Achtung zu verschaffen, seinen gerechten Anteil am Ertrag der Arbeit durchzusetzen, ihn zu schützen und sozial zu sichern und eine Gesellschaftsordnung zu erkämpfen, die allen die freie Entfaltung ihrer Persönlichkeit ermöglicht.
Der unermüdliche Kampf der Gewerkschaften um die politische und soziale Gleichberechtigung der Arbeitnehmer hatten den Erfolg, daß wichtige Teile der gewerkschaftlichen Forderungen als Grundrechte der Bürger heute in den demokratischen Verfassungen gewährleistet und von der öffentlichen Meinung anerkannt werden. Es bleibt weiterhin Aufgabe der Gewerkschaften, am Ausbau des sozialen Rechtsstaates und an der demokratischen Gestaltung der Gesellschaft mitzuwirken und den Kampf um die Gleichberechtigung der Arbeitnehmer fortzusetzen.
Damit sind die Gewerkschaften entscheidender Integrationsfaktor der Demokratie und unentbehrliche Kraft für eine demokratische Fortentwicklung von Wirtschaft und Gesellschaft.
Freie und unabhängige Gewerkschaften sind eine Voraussetzung jeder demokratischen Gesellschaft. Die Gewerkschaften haben sich ihre Existenz, ihre Aktionsspielräume und ihre Rechte selbst erkämpft. Jeder Angriff auf ihre Autonomie und ihre Handlungsfreiheit ist zugleich ein

Angriff auf die Grundlagen der Demokratie. Die Gewerkschaften verteidigen mit der Demokratie auch ihre eigene Lebensgrundlage.
Die Gewerkschaften bekennen sich zur parlamentarischen Demokratie und zum Mehrparteiensystem. Sie bekräftigen ihre Entschlossenheit zur weltanschaulichen, religiösen und politischen Toleranz. Sie setzen sich jedoch gegen alle totalitären und reaktionären Bestrebungen mit Entschiedenheit zur Wehr und bekämpfen alle Versuche, die im Grundgesetz verankerten Grundrechte einzuschränken oder aufzuheben. Dabei stützen sie sich auch auf das Widerstandsrecht der Verfassung.
Das Grundgesetz der Bundesrepublik Deutschland hat mit seinen Grundrechten, mit der Verpflichtung aller staatlichen Gewalt, die Würde des Menschen zu achten und zu schützen, und mit dem Gebot von Demokratie und Sozialstaatlichkeit die Grundlage und den Rahmen für eine freiheitliche, soziale und demokratische Gesellschaftsordnung gegeben.
Das Grundgesetz gewährleistet jedem das Recht auf freie Entfaltung seiner Persönlichkeit. Voraussetzung für die Verwirklichung dieses Rechts ist die Befreiung des Menschen von vermeidbaren wirtschaftlichen Abhängigkeiten und ungerechtfertigten gesellschaftlichen Zwängen. Die Freiheit des einzelnen findet jedoch ihre Grenzen in den Rechten der anderen. Freiheit und Selbstbestimmung schließen das Recht auf Arbeit und Bildung ein. Alle Menschen, Frauen wie Männer, müssen unabhängig von ihrer sozialen Herkunft gleiche Chancen haben, entsprechend ihren Fähigkeiten und Neigungen Beruf, Arbeitsplatz und Ausbildungsstätte frei zu wählen.
Das Grundgesetz trifft keine Entscheidung für eine bestimmte Wirtschaftsordnung. Das Sozialstaatsgebot fordert aber eine an den Interessen der Arbeitnehmer orientierte Wirtschafts- und Gesellschaftsordnung. Eigentum verpflichtet. Sein Gebrauch muß dem Wohl der Allgemeinheit dienen. Grund und Boden, Naturschätze und Produktionsmittel können zum Zwecke der Vergesellschaftung in Gemeineigentum oder in andere Formen der Gemeinwirtschaft überführt werden.
Das Grundgesetz fordert einen sozialen Rechtsstaat. Daraus folgt ein Anspruch aller Arbeitnehmer auf soziale Sicherheit und auf Schutz vor den Wechselfällen des Lebens. Der soziale Rechtsstaat beinhaltet den ständigen Auftrag, nicht die Vorrechte weniger zu schützen und die bestehenden Machtverhältnisse zu bewahren, sondern durch soziale und gesellschaftliche Reformen die Voraussetzungen für die Entfaltung der Grundrechte aller Menschen zu schaffen.

Die Verwirklichung und Sicherung der Grundrechte erfordert die Solidarität aller Arbeitnehmer. Solidarität ist die Grundlage der Gewerkschaftsbewegung. Die Arbeitnehmer können die Freiheits- und Gleichheitsrechte nur bewahren und zur vollen Wirksamkeit bringen, wenn sie sich zusammenschließen. Starke Gewerkschaften sind eine Voraussetzung für die Wahrung und Durchsetzung der wirtschaftlichen, sozialen und gesellschaftlichen Interessen der Arbeitnehmer gegenüber der Macht und dem Einfluß, die die Verfügungsgewalt über Produktionsmittel und Arbeitsplätze verleiht.

kollektive Interessenvertretung der Arbeitnehmer vor. Es mehrten sich die Warnungen vor dem angeblichen »Gewerkschaftsstaat«, die Hinweise darauf, daß ein »Anspruchsdenken« der Bevölkerungsmassen den wirtschaftlichen Erfolg der Bundesrepublik gefährde.

Als 1982 auf der Ebene der Bonner Regierungspolitik **die Wende** vollzogen und dann durch das Ergebnis der Bundestagswahlen 1983 bestätigt wurde, lag die unmittelbare Ursache dafür im Partnerwechsel der FDP. Es darf aber nicht übersehen werden, daß die sozialliberale Regierungskoalition schon vorher zum Teil handlungsunfähig geworden war, was nicht zuletzt auf ihre inneren Widersprüche in Sachen Sozial- und Arbeitspolitik zurückzuführen ist. Eine politische Linie, die Arbeitnehmerinteressen auch in Zeiten wirtschaftlicher Krisen zur Geltung kommen läßt, war allein auf der Basis von Parlamentstätigkeit und Koalitionskompromissen nicht durchzuhalten. Für die Gewerkschaften bedeutete das Abdrängen der SPD aus der Regierungspolitik zweifellos den Verlust bisheriger Einflußmöglichkeiten (die freilich zugleich auch Rücksichtnahmen auf gewerkschaftsfremde Interessen mit sich gebracht hatten) im staatlich-administrativen Bereich; eindeutiger als bisher war und ist gewerkschaftliche Politik nun auf ihre originären Mittel angewiesen.

Die geschilderte Entwicklung stellt an die gewerkschaftliche Organisation und Konzeption neue, härtere Anforderungen. Hinzu kommen sozialstrukturelle und ideologische »Anfechtungen« der traditionellen Gewerkschaftspolitik:

Die Krise auf dem Arbeitsmarkt führt zu verschärfter Konkurrenz innerhalb der Arbeitnehmerschaft; es besteht die Gefahr, daß Rivalitäten zwischen Beschäftigten und Arbeitslosen, zwischen einheimischen und ausländischen, zwischen älteren und jungen, zwischen männlichen und weiblichen

Arbeitskräften die kollektive Vertretungsmacht der Lohnarbeit schwächen oder zur Erosion bringen.
Die technologische Entwicklung und unternehmenswirtschaftliche Interessen lassen veränderte Arbeitsformen sich ausbreiten: Die Vollzeitarbeit im Betrieb wird zunehmend durch **Teilzeitarbeit** oder **»Arbeit auf Abruf«** abgelöst. Damit sind aber auch die Bedingungen gewerkschaftlicher Organisierung im Wandel begriffen.
Das Modell des »Industrialismus« wird von Teilen vor allem der nachwachsenden Generation in Zweifel gezogen oder verneint; dabei geht es nicht nur um die Kritik an der Umweltzerstörung, sondern es spielen Enttäuschungen darüber mit, daß der industriegesellschaftliche Sozialstaat »seine Versprechungen« nicht einhalten konnte, und es kommt auch zu Fluchtbewegungen in die scheinbare Idylle vorindustrieller Lebensweisen. Mitunter ergeben sich hier Berührungspunkte neokonservativer und »alternativer« Kritik an den Gewerkschaften, die als »bürokratisiert« hingestellt werden – den einen gelten sie dabei als »wachstumshemmend«, den anderen als »wachstumsfixiert«. Zu einer solchen ideologischen Verwirrung hat sicher beigetragen, daß die Gewerkschaften selbst über lange Zeit hin der Illusion vom »neutralen«, über den Klassenkonflikten stehenden Staat kaum widersprochen und die Frage nach den klassenpolitischen Inhalten der jeweiligen Entwicklung von Technik und Wirtschaftswachstum vernachlässigt haben.
Neue soziale Bewegungen, wie die **Ökologiebewegung**, die **Frauenbewegung**, die **neue Friedensbewegung** haben ihre eigenen Entstehungsgründe und ihre eigenen gesellschaftlichen Funktionen. Aber sie deuten doch auch auf schwerwiegende Versäumnisse bisheriger gewerkschaftlicher Politik hin, genauso wie die neuen Formen alternativ-ökonomischer Versuche, die ja in ihren Motiven nicht so weit entfernt sind von jenen Genossenschaftsbewegungen, die einst in engem Kontakt mit den Gewerkschaften entstanden. Der »Geschichtsverlust« der deutschen Gewerkschaften, teils durch den vom Faschismus erzwungenen Traditionsbruch, teils auch durch eine fragwürdige eigene »Entideologisierung« in Wirtschaftswunderzeiten herbeigeführt, hat sich höchst nachteilig ausgewirkt.
Aber die »Normalisierung« des westdeutschen Kapitalismus läßt auch die Gewerkschaften nicht dort stehenbleiben, wo sie sich in Zeiten der Prosperität angesiedelt hatten. Sie stellt vielmehr die authentischen Ausgangspositionen gewerkschaftlicher Organisation wieder her.
Daß die Gewerkschaften unangefochtener Partner eines »korporatisti-

schen« Systems, Teil des »Staatsapparates«, geworden seien (wie es Sozialwissenschaftler vor der »Wende« im Unternehmerverhalten und in der Regierungspolitik gern schrieben), ist durch die gesellschaftliche Entwicklung hierzulande längst dementiert.
Daß die Gewerkschaften nun dabei seien, sich »von einer umfassenden, auf die Emanzipation einer Klasse gerichteten Solidargemeinschaft in partikulare Interessengruppen zu transformieren«, in ihrem gesellschaftlichen Stellenwert etwa dem ADAC vergleichbar (wie Sozialwissenschaftler schreiben), ist eine Mutmaßung über die Zukunft gewerkschaftlicher Organisation, die einige gesellschaftliche Grundbedingungen aus dem Blick verloren hat:
Die Interessen des Kapitals und die Interessen der Lohnarbeit sind immer nur teilweise und zeitweise zu harmonisieren; dieser Interessenkonflikt bringt, wenn er nicht diktaturstaatlich unterdrückt wird, die gewerkschaftliche, auf Überwindung interner Konkurrenzen in der Lohnarbeit drängende Bewegung notwendig hervor.
Gewiß können Gewerkschaftsorganisationen den historischen Entwurf der Arbeiterbewegung, der auf Solidarität und Gleichheit zielt, vergessen und sich in Interessengruppen privilegierter Arbeitsplatzbesitzer verwandeln. Aber das wäre nicht das Ende der Gewerkschaftsbewegung; dieses würde vielmehr neue Organisationen hervorbringen.
Im übrigen gibt es kein »Naturgesetz« sozialer Organisationen, das eine solidarisch beginnende Bewegung zwangsläufig zur Besitzverteidigungsgruppe im »bürokratischen Gehäuse« werden ließe. Menschen machen ihre eigene Geschichte, das heißt hier: Die Mitglieder der Gewerkschaften in der Bundesrepublik entscheiden darüber, was aus ihren Organisationen wird. Menschen sind lernfähig.
Die Arbeitskämpfe des Jahres 1984, deren gewerkschaftliche Zielsetzung auf die **35-Stunden-Woche** gerichtet war, um der politischen Ökonomie des Kapitals eine politische Ökonomie der Arbeit entgegenzustellen, weisen auf zwei wichtige Erfahrungen hin:
Erstens: Unter den heute gegebenen ökonomischen Bedingungen ist der Konflikt um soziale Forderungen (hier: Arbeitszeitverkürzung) zugleich ein Kampf um kontroverse Grundmuster zukünftiger gesellschaftlicher Entwicklung. Die Kapitalseite hat daran keinen Zweifel gelassen.
Zweitens: Die Gewerkschaften in der Bundesrepublik befinden sich, was ihre Basis angeht, nicht auf einem so schwachen Boden, daß sie um ihren Bestand fürchten müßten, wenn sie Ziele setzen, die nicht ausschließlich im

unmittelbaren und momentanen Interesse der Beschäftigten liegen – und wenn sie dabei auch Niederlagen einstecken müssen. Trotz aller Vorbehalte und Schwierigkeiten kann die gewerkschaftliche Solidaraktion auf Tragfähigkeit rechnen. Sie kann es in Zukunft, so mutmaßen wir, um so eher, je deutlicher sie sagt, daß die lebendige Arbeitskraft ihre eigene Rationalität hat – eine andere als die des Kapitals. Es geht um die Entscheidung einer »großen Streitfrage«:

Die Arbeiterbewegung »kämpft nicht für neue Privilegien und Vorrechte, sondern für die Abschaffung der Klassenherrschaft und der Klassen selbst, für gleiche Rechte und gleiche Pflichten aller ohne Unterschied des Geschlechts und der Abstammung.« So hieß es zu den Zeiten, als die deutschen Gewerkschaften entstanden. Nichts anderes kann die Zielsetzung der Gewerkschaftsbewegung heute sein.

Anhang

Mitgliederentwicklung der deutschen Gewerkschaften zwischen 1891 und 1984*

Jahr	Freie Gewerkschaften	Christliche Gewerkschaften	Gesamtverband d. Gewerkvereine Hirsch-Duncker	Jahr	DGB
1891	277.659		65.588		
1892	237.094		57.797		
1893	223.530		61.153		
1894	246.494		67.059		
1895	259.175		67.236		
1896	329.230		71.767		
1897	412.359		79.553	1950	5.449.990
1898	493.742		82.905	1951	5.980.298
1899	580.473		86.777	1952	6.047.387
1900	680.427	78.444	91.661	1953	6.051.221
1901	677.510	84.497	95.077	1954	6.103.343
1902	733.206	79.238	101.329	1955	6.104.872
1903	887.698	91.440	110.025	1956	6.124.547
1904	1.052.108	107.556	111.889	1957	6.244.386
1905	1.344.803	188.106	117.097	1958	6.331.735
1906	1.689.709	247.116	118.508	1959	6.273.741
1907	1.865.506	274.323	108.889	1960	6.378.820
1908	1.831.731	264.519	105.633	1961	6.382.396
1909	1.832.667	270.751	108.028	1962	6.430.428
1910	2.017.298	295.129	122.571	1963	6.430.978
1911	2.339.785	340.957	107.743	1964	6.485.471
1912	2.553.162	344.687	109.225	1965	6.574.491
1913	2.573.718	342.785	106.618	1966	6.537.160
1914	2.075.759	282.744	77.749	1967	6.407.733
1915	1.159.497	176.137	61.086	1968	6.375.972
1916	966.705	174.300	57.766	1969	6.482.390
1917	1.106.657	243.865	79.113	1970	6.712.547
1918	1.664.991	404.682	113.792	1971	6.868.662
1919	5.479.073	858.283	189.831	1972	6.985.548
1920	7.890.102	1.076.792	225.998	1973	7.167.523
1921	7.567.978	986.343	224.597	1974	7.405.760
1922	7.821.558	1.049.406	230.612	1975	7.364.912
1923	5.808.612	937.920	216.497	1976	7.400.021
1924	4.023.867	612.952	147.280	1977	7.470.967
1925	4.182.445	587.678	157.571	1978	7.751.523
1926	3.932.935	531.558	163.451	1979	7.832.870

Jahr	Freie Gewerkschaften	Christliche Gewerkschaften	Gesamtverband d. Gewerkvereine Hirsch-Duncker	Jahr	DGB
1927	4.415.689	605.784	167.638	1980	7.882.527
1928	4.866.926	647.364	168.726	1981	7.957.512
1929	4.948.267	673.127	–	1982	7.849.003
1930	4.716.569	658.707	163.302	1983	7.745.913
1931	4.134.902	577.512	149.804	1984	7.660.346

* Aufgeführt sind hier für den Zeitraum 1891 bis 1931 die Zahlen für die Freien Gewerkschaften, die Christlichen Gewerkschaften und die Hirsch-Dunckerschen Gewerkvereine; für den Zeitraum ab 1950 die Zahlen für die DGB-Gewerkschaften.

Die Zahl der gewerkschaftlich organisierten Arbeitnehmer der Bundesrepublik Deutschland zum Jahresende 1984 im Vergleich zu 1983 – differenziert nach den vier großen Dachverbänden sowie nach Personengruppen

Gewerkschaft		Mitglieder Ende 1984[1]	Veränderungen gegenüber Vorjahr absolut	Veränderungen gegenüber Vorjahr in %	Mitglieder Ende 1983[1]
Deutscher Gewerkschaftsbund (DGB)		7.660.346	– 85.567	– 1,11	7.745.913
Deutscher Beamtenbund (DBB)		794.619	– 6.798	– 0,85	801.417
Deutsche Angestellten-Gewerkschaft (DAG)		497.724	+ 378	+ 0,08	497.346
Christlicher Gewerkschaftsbund Deutschlands (CGB)		306.329	+ 6.558	+ 2,19	299.771
insgesamt		9.259.018	– 85.429	– 0,91	9.344.447
davon Frauen	absolut	2.135.690	+ 8.894	+ 0,42	2.126.796
	in %	23,07	+ 0,31	–	22,76
Männer	absolut	7.123.328	– 94.323	– 1,31	7.217.651
	in %	76,93	– 0,31	–	77,24
Beamte	absolut	1.623.237	– 12.859	– 0,79	1.636.096
	in %	17,53	+ 0,02	–	17,51
Angestellte	absolut	2.352.540	– 7.200	– 0,31	2.359.740
	in %	25,41	+ 0,16	–	25,25
Arbeiter	absolut	5.283.241	– 65.370	– 1,22	5.348.611
	in %	57,06	– 0,18	–	57,24

Quellen: DGB; DBB; DAG; CGB.

[1] Die Angaben von DGB, DAG und CGB beziehen sich jeweils auf den 31. Dezember, die Angaben des DBB auf den 30. September der genannten Jahre.

Zeittafel

1848	Revolutionäre Bewegung im deutschen Bürgertum gegen die Feudalsysteme – erste Ansätze der sozialen Organisation von Arbeitern. Erscheinen des »Kommunistischen Manifests«.
1849	Scheitern der Revolution – erneute Herrschaft der Obrigkeitsstaaten; in den folgenden Jahren Unterdrückung aller Arbeitervereine. In den deutschen Fabriken wird 14 bis 17 Stunden am Tag gearbeitet.
1863	Gründung des Allgemeinen Deutschen Arbeitervereins unter F. Lassalle: erste Form sozialdemokratischer politischer Organisation in Deutschland.
1866	Durchsetzung der politischen und ökonomischen Vorherrschaft Preußens in Deutschland, nach dem Sieg über Österreich. Herausbildung gewerkschaftlicher Berufsverbände. Die Genfer Konferenz der Internationalen Arbeiter-Association (1. Internationale) fordert den Achtstunden-Tag.
1867	Gründung des Norddeutschen Bundes (unter Führung Preußens) – erste Stufe der ökonomisch-politischen Einheit Deutschlands.
1868	»Allgemeiner Deutscher Arbeiterkongreß« der Lassalleaner in Berlin. Gründung der Hirsch-Dunckerschen (liberalen) Gewerkvereine.
1869	Aufhebung der strengen Koalitionsverbote im Bereich des Norddeutschen Bundes – Erweiterung des Handlungsraums für gewerkschaftliche Ansätze. Gründung der sozialdemokratischen Partei (»Eisenacher«).
1870–71	Krieg und Sieg Deutschlands gegen Frankreich – Gründung des Deutschen Reiches als Obrigkeitsstaat unter Dominanz Preußens. Pariser Kommune.
1875	Einigung der Lassalleaner und Eisenacher: Sozialdemokratie als parteipolitische Vertretung der sozialistischen Arbeiterbewegung. Herausbildung selbständiger christlicher Arbeitervereine in Distanz zur Sozialdemokratie – langfristige Trennung von sozialistischer und christlicher Arbeiterbewegung in Deutschland.
1878	Sozialistengesetz – Unterdrückung der Organisationstätigkeit und Agitation der Sozialdemokratie; restriktive Auswirkungen auch auf gewerkschaftliche und andere Arbeitervereinigungen.
1883–89	Einführung staatlicher Sozialversicherungswerke.
1889	Streikwellen in den Industriezentren. Die 2. Internationale erklärt den 1. Mai zum internationalen Kampftag für den Achtstunden-Tag.
1890	Fall des Sozialistengesetzes.

1891 Erfurter Programm der Sozialdemokratie; diese wird zur Massenpartei der Arbeiterschaft in Deutschland.

1892 Organisatorische Zentralisierung der (sozialdemokratisch orientierten) Freien Gewerkschaften (Generalkommission) auf dem Kongreß von Halberstadt.

1899 Erster Kongreß der christlichen Gewerkschaften.

1905 Massenstreiks der Bergarbeiter.

1912 Wähleranteil der Sozialdemokratie bei den Reichstagswahlen erstmals über 35%. Sozialdemokratische Partei und Freie Gewerkschaften Deutschlands zahlenmäßig stärkste Organisationen der internationalen Arbeiterbewegung, im Deutschen Reich jedoch ohne Einfluß auf die Staatsmacht.

1914 Ausbruch des 1. Weltkriegs. Sozialdemokratie und Freie Gewerkschaften schließen »Burgfrieden« mit Staat und Unternehmern. Hinwendung zum Konzept des »Kriegssozialismus«.

1916 Gesetz über den »Vaterländischen Hilfsdienst«; erste staatliche Anerkennung der Gewerkschaften als »Kriegspartner«. Wachsende Opposition gegen die Burgfriedenspolitik in der Arbeiterschaft.

1917 Gründung der (kriegsgegnerischen) »Unabhängigen Sozialdemokratie« (USPD). Streikbewegungen in der Arbeiterschaft.

1918 Massenstreiks gegen den Krieg. Parlamentarisierung »von oben«; revolutionäre Bewegung von unten. Zusammenbruch des Obrigkeitsstaates, Kriegsende, Rätebewegung; Deutschland wird Republik. Politische Führungsrolle bei der Sozialdemokratie. »Zentral-Arbeitsgemeinschaft« zwischen Gewerkschaften und Unternehmern. Achtstundentag und 48-Stunden-Woche für alle. Gründung der KPD.

1919 Parlamentarische Verfassung löst Rätebewegung ab. Ebert wird Reichspräsident. Der Allgemeine Deutsche Gewerkschaftsbund (ADGB) tritt an die Stelle der »Generalkommission« (Kongreß in Nürnberg). Massenbewegungen für Sozialisierung und demokratische Betriebsverfassung.

1920 Betriebsrätegesetz als Konzession an Rätetendenzen. Putschversuch von rechts (Kapp) – erfolglos durch Generalstreik. Forderungen aus der Arbeiterschaft und den Gewerkschaften nach »Arbeiterregierung« ohne Ergebnis. Aufstände von links. Vereinigung der Mehrheit der USPD mit der KPD; diese wird damit zur Massenpartei.

1923 Reichsregierung geht gegen linke Länderregierungen in Sachsen und Thüringen vor. Höhepunkt und Ende der Inflation. Ausscheiden der SPD aus der Reichsregierung. Scheitern des Hitler-Putsches in München. »Bürgerliche« Stabilisierung der Weimarer Republik.

1925 Der Rechtskonservative v. Hindenburg wird Reichspräsident.

1927 Einführung der Arbeitslosenversicherung.

1928 Die SPD beteiligt sich an einer Großen Koalition. ADGB-Programm: »Wirtschaftsdemokratie«.

1929 Beginn einer tiefgreifenden wirtschaftlichen Krise.

1930 Sturz der Koalitionsregierung – Ende der Beteiligung der SPD an Weimarer Reichsregierungen. Übergang zu Präsidialkabinetten ohne parlamentarische Legitimation. Bei der Reichstagswahl spektakulärer Erfolg der NSDAP. Ausbreitung der Massenarbeitslosigkeit.

1932 Bei der Reichstagswahl im Juli: NSDAP stärkste Partei. Gewinne der KPD auf Kosten der SPD. Staatsstreich der rechtskonservativen Reichsregierung gegen die (SPD-geführte) Landesregierung in Preußen. 7,5 Millionen Arbeitslose. Erheblicher Rückgang der Zahl der Gewerkschaftsmitglieder.

1933 Hitler wird Reichskanzler. Übergang zum faschistischen Staat. Unterdrückung aller politischen Parteien außer der NSDAP; Ausschaltung der Gewerkschaften. Terror gegen jede Fortführung der Arbeiterbewegung. Einrichtung der »Deutschen Arbeitsfront«. Ende der Koalitionsfreiheit in Deutschland.

1934 »Gesetz zur Ordnung der nationalen Arbeit« (Führer-Gefolgschaftsordnung im Betrieb).

1939 Beginn des 2. Weltkriegs.

1945 Militärische Niederlage des deutschen Faschismus, Kapitulation. In den vier Besatzungszonen Deutschlands Wiedergründung von SPD und KPD und Neugründung der CDU/CSU; letztere nimmt in sich Traditionen der christlichen Arbeiterbewegung auf. Neugründung der Gewerkschaften als Einheitsverbände.

1946 In der Sowjetischen Besatzungszone: SPD und KPD werden zur SED zusammengefaßt. In den westlichen Besatzungszonen: Polarisierung zwischen SPD und KPD. Einbeziehung der Arbeiterbewegung in den Kalten Krieg.

1948 Währungsreform in den westlichen Besatzungszonen Deutschlands – Befestigung der überkommenen wirtschaftlichen Strukturen.

1949 Gründung der Bundesrepublik. Grundgesetz-Festlegung auf parlamentarische Demokratie und Sozialstaatlichkeit. Koalitionsfreiheit. Die erste Regierung der Bundesrepublik unter Führung der CDU/CSU. Die SPD geht in die Opposition. Gesellschaftsreformerisches Programm des DGB (Gründungskongreß in München).

1951 Mitbestimmung in der Montanindustrie gesetzlich gesichert.

1952 Betriebsverfassungsgesetz gegen die Forderungen des DGB beschlossen. Beginn einer langanhaltenden wirtschaftlichen Konjunktur (»Wirtschaftswunder«).

1955 Personalvertretungsgesetz für den öffentlichen Dienst.

1956 Verbot der KPD durch das Bundesverfassungsgericht; dieses trifft eine für die Massen bedeutungslos gewordene Partei.

1959 Godesberger Programm der SPD – die Sozialdemokratie begreift sich als »Volkspartei«.

1963 Neues Grundsatzprogramm des DGB – Reduzierung der gesellschaftspolitischen Reformhoffnungen.

1966 Eintritt der SPD in eine Regierung der Großen Koalition. Erste wirtschaftliche Rezessionserscheinungen.

1969 Große Welle spontaner Streiks mit ökonomischer Zielsetzung. Sozialliberale Regierungskoalition unter Führung der SPD.

1972 Neufassung des Betriebsverfassungsgesetzes.

1973–74 Erneute spontane Streiks. Ende der ökonomischen »Schönwetterperiode« der Bundesrepublik. Neufassung des Personalvertretungsgesetzes.

1976 Neues Mitbestimmungsgesetz.

1978 Hohes Ausmaß von Arbeitskämpfen.

1981 Ende der Hoffnungen auf Wiederherstellung der Vollbeschäftigung. Neues Grundsatzprogramm des DGB.

1982 Bündniswechsel der FDP. CDU/CSU führende Regierungspartei. SPD in Oppositionsrolle.

1983 Bundestagswahl bestätigt neue Regierungskoalition in Bonn.

1984 Weiter ansteigende Arbeitslosigkeit; Arbeitskämpfe u.a. um den Einstieg in die 35-Stunden-Woche.

Literatur

Abendroth, Wolfgang, Die deutschen Gewerkschaften. Weg demokratischer Integration, Heidelberg 1954 (Nachdr. Berlin 1972)

Abendroth, Wolfgang, Einführung in die Geschichte der Arbeiterbewegung, Heilbronn 1985

Adler, Georg, Die Geschichte der ersten sozialpolitischen Arbeiterbewegung in Deutschland, Breslau 1885 (Nachdr. Frankfurt 1966)

Albrecht, Willy, Fachverein – Berufsgewerkschaft – Zentralverband. Organisationsprobleme der deutschen Gewerkschaften 1870–1890, Bonn 1982

Anders, Karl, Stein für Stein – Die Leute von Bau-Steine-Erden und ihre Gewerkschaften, Hannover 1969

Anderson, Evelyn, Hammer und Amboß. Zur Geschichte der deutschen Arbeiterbewegung, Nürnberg 1948 (Nachdr. Frankfurt 1981)

Beier, Gerhard, Geschichte und Gewerkschaft. Politisch-historische Beiträge zur Geschichte sozialer Bewegungen, Köln 1981

Beier, Gerhard, Die illegale Reichsleitung der Gewerkschaften 1933–1945, Köln 1981

Beier, Gerhard, Das Lehrstück vom 1. und 2. Mai 1933, Frankfurt/Köln 1975

Beier, Gerhard, Willi Richter – Ein Leben für die soziale Neuordnung, Köln 1978

Beier, Gerhard, Schulter an Schulter, Schritt für Schritt. Lebensläufe deutscher Gewerkschafter, Köln 1983

Bergmann, Joachim/Otto Jacobi/Walther Müller-Jentsch, Gewerkschaften in der Bundesrepublik, 2 Bde., 2. Aufl., Frankfurt 1976–77

Blanke, Thomas u.a. (Hrsg.), Kollektives Arbeitsrecht, Bd. I und II, Hamburg 1975

Borsdorf, Ulrich, Hans Böckler. Arbeit und Leben eines Gewerkschafters von 1875 bis 1945, Köln 1982

Borsdorf, Ulrich/Hans Otto Hemmer/Gerhard Leminsky/Heinz Markmann (Hrsg.), Gewerkschaftliche Politik: Reform aus Solidarität. Zum 60. Geburtstag von Heinz O. Vetter, Düsseldorf 1977

Borsdorf, Ulrich/Hans Otto Hemmer/Martin Martiny (Hrsg.), Grundlagen der Einheitsgewerkschaft. Historische Dokumente und Materialien, Köln/Frankfurt 1977

Brandt, Gerhard/Otto Jacobi/Walther Müller-Jentsch, Anpassung an die Krise – Gewerkschaften in den 70er Jahren, Frankfurt 1982

Braun, Adolf/Hermann Müller, Die Gewerkschaften, ihre Entwicklungen und ihre Kämpfe, Berlin 1921

Braunthal, Gerard, Der Allgemeine Deutsche Gewerkschaftsbund. Zur Politik der Arbeiterbewegung in der Weimarer Republik, Köln 1981

Breit, Ernst (Hrsg.), Aufstieg des Nationalsozialismus, Untergang der Republik, Zerschlagung der Gewerkschaften, Köln 1984

Brüggemeier, Franz-Josef, Leben vor Ort. Ruhrbergleute und Ruhrbergbau 1889–1919, München 1983

Buschak, Willy, Von Menschen, die wie Menschen leben wollen. Die Geschichte der Gewerkschaft NGG und ihrer Vorläufer, Köln 1985

Cassau, Theodor, Die Gewerkschaftsbewegung. Ihre Soziologie und ihr Kampf, Halberstadt 1925

Deppe, Frank/Georg Fülberth/Jürgen Harrer (Hrsg.), Geschichte der deutschen Gewerkschaftsbewegung, Köln 1981

Deppe, Frank/Wittich Rossmann, Wirtschaftskrise, Faschismus, Gewerkschaften. Dokumente zur Gewerkschaftspolitik 1929–1933, Köln 1983

Dokumente und Materialien zur Geschichte der deutschen Arbeiterbewegung, hrsg. vom Institut für Marxismus-Leninismus beim ZK der SED, Berlin (DDR) 1966–75

Engelhardt, Ulrich, »Nur vereint sind wir stark«. Die Anfänge der deutschen Gewerkschaftsbewegung 1862/63 bis 1869/70, 2 Bde., Stuttgart 1977

Esters, Helmut/Hans Pelger, Gewerkschafter im Widerstand, Hannover 1967; Bonn 1983

Furtwängler, Franz-Josef, ÖTV – Die Geschichte einer Gewerkschaft. Stuttgart 1955

Geschichte der deutschen Arbeiterbewegung, hrsg. vom Institut für Marxismus-Leninismus beim ZK der SED, 8 Bde., Berlin (DDR) 1966

Grebing, Helga, Geschichte der deutschen Arbeiterbewegung, München 1980

Heer, Hannes, Burgfrieden oder Klassenkampf. Zur Politik der sozialdemokratischen Gewerkschaften 1930–1933, Neuwied/Berlin 1971

Heer-Kleinert, Lore, Die Gewerkschaftspolitik der KPD in der Weimarer Republik, Frankfurt/New York 1983

Hentschel, Volker, Geschichte der deutschen Sozialpolitik 1880–1980. Soziale Sicherung und kollektives Arbeitsrecht, Frankfurt 1983

Heupel, Eberhard, Reformismus und Krise. Zur Theorie und Praxis von SPD, ADGB und AfA-Bund in der Weltwirtschaftskrise 1929–1932/33, Frankfurt/New York 1981

Hirsch-Weber, Wolfgang, Gewerkschaften in der Politik. Von der Massenstreikdebatte zum Kampf um das Mitbestimmungsrecht, Köln/Opladen 1959

Klein, Jürgen, Bürgerliche Demokraten oder: christliche, sozialdemokratische und kommunistische Gewerkschaften Hand in Hand gegen die Arbeiter, Hamburg 1974

Klönne, Arno, Die deutsche Arbeiterbewegung. Geschichte, Ziele, Wirkungen, Düsseldorf/Köln 1980

Kocka, Jürgen, Lohnarbeit und Klassenbildung. Arbeiter und Arbeiterbewegung in Deutschland 1800–1875, Berlin/Bonn 1983

Kuczynski, Jürgen, Die Geschichte der Lage der Arbeiter unter dem Kapitalismus. Teil I: Die Geschichte der Lage der Arbeiter in Deutschland von 1789 bis zur Gegenwart, 21 Bde., Berlin (DDR) 1962–71

Kuczynski, Jürgen, Geschichte des Alltags des deutschen Volkes, Bde. 3–5, Berlin 1981/82

Langewiesche, Dieter/Klaus Schönhoven (Hrsg.), Arbeiter in Deutschland. Studien zur Lebensweise der Arbeiterschaft im Zeitalter der Industrialisierung, Paderborn 1981

Leminsky, Gerhard/Bernd Otto, Politik und Programmatik des Deutschen Gewerkschaftsbundes, Köln 1984

Losseff-Tillmanns, Gisela, Frauenemanzipation und Gewerkschaften, Wuppertal 1978

Lucas, Erhard, Arbeiterradikalismus. Zwei Formen von Radikalismus in der deutschen Arbeiterbewegung, Frankfurt 1976

Mason, Timothy W., Sozialpolitik im Dritten Reich. Arbeiterklasse und Volksgemeinschaft, Opladen 1977
Mattheier, Klaus, J. »Die Gelben«. Nationale Arbeiter zwischen Wirtschaftsfrieden und Streik, Düsseldorf 1973
Matthias, Erich (Hrsg.), Einheitsgewerkschaft und Parteipolitik. Zum 75. Jahrestag des Mannheimer Abkommens zwischen der Sozialdemokratischen Partei Deutschlands und den Freien Gewerkschaften von 1906, Düsseldorf 1982
Matthias, Erich/Klaus Schönhoven (Hrsg.), Solidarität und Menschenwürde. Etappen der deutschen Gewerkschaftsgeschichte, Bonn 1984
Mehring, Franz, Geschichte der deutschen Sozialdemokratie, 4 Bde., Stuttgart 1897/98
Mommsen, Hans (Hrsg.), Arbeiterbewegung und industrieller Wandel. Studien zu gewerkschaftlichen Organisationsproblemen im Reich und an der Ruhr, Wuppertal 1980
Mommsen, Hans/Ulrich Borsdorf (Hrsg.), Glück auf, Kameraden! Die Bergarbeiter und ihre Organisationen in Deutschland, Köln 1979
Mommsen, Wolfgang J./Gerhard Husung (Hrsg.), Auf dem Weg zur Massengewerkschaft. Die Entwicklung der Gewerkschaften in Deutschland und Großbritannien 1880–1914, Stuttgart 1984
Mooser, Josef, Arbeiterleben in Deutschland 1900–1970, Frankfurt 1984
Naphtali, Fritz, Wirtschaftsdemokratie, Berlin 1928 (Nachdr. Frankfurt 1966)
Negt, Oskar, Lebendige Arbeit, enteignete Zeit, Frankfurt 1984
Nestriepke, Siegfried, Die Gewerkschaftsbewegung, 3 Bde., 2. Aufl., Stuttgart 1922–23
Oertzen, Peter von, Betriebsräte in der Novemberrevolution, Berlin 1976
Opel, Fritz, Der Deutsche Metallarbeiterverband während des Ersten Weltkrieges und der Revolution, Köln 1980
Opel, Fritz/Dieter Schneider, Fünfundsiebzig Jahre Industriegewerkschaft 1891 bis 1966. Vom deutschen Metallarbeiter-Verband zur Industriegewerkschaft Metall, Frankfurt 1966
Pirker, Theo, Die blinde Macht. Die Gewerkschaftsbewegung in Westdeutschland, 1945–1955, 2 Bde., München 1960; Berlin 1979
Preller, Ludwig, Sozialpolitik in der Weimarer Republik, Stuttgart 1949 (Nachdr. Kronberg 1978)
Quark, Max, Die erste deutsche Arbeiterbewegung. Geschichte der Arbeiterverbrüderung 1848/49, Leipzig 1924
Reindl, Jacob, Die deutsche Gewerkschaftsbewegung, Altenburg 1922
Ritter, Gerhard A., Die Arbeiterbewegung im Wilhelminischen Reich. Die Sozialdemokratische Partei und die Freien Gewerkschaften 1890–1900, Berlin 1963
Ritter, Gerhard A., Staat, Arbeiterschaft und Arbeiterbewegung in Deutschland. Vom Vormärz bis zum Ende der Weimarer Republik, Berlin/Bonn 1982
Rosenberg, Arthur, Entstehung und Geschichte der deutschen Republik, Frankfurt/M. 1955
Sachse, Carla, u.a., Angst, Belohnung, Zucht und Ordnung: Herrschaftsmechanismen im Nationalsozialismus, Opladen 1982
Schmidt, Eberhard, Die verhinderte Neuordnung. Zur Auseinandersetzung um die

Demokratisierung der Wirtschaft in den westlichen Besatzungszonen und in der Bundesrepublik Deutschland, Frankfurt 1981
Schmidt, Ute/Tilman Fichter, Der erzwungene Kapitalismus. Klassenkämpfe in den Westzonen 1945–1948, Berlin 1971
Schneider, Dieter (Hrsg.), Zur Theorie und Praxis des Streiks, Frankfurt 1971
Schneider, Michael, Das Arbeitsbeschaffungsprogramm des ADGB. Zur gewerkschaftlichen Politik in der Endphase der Weimarer Republik, Bonn-Bad Godesberg 1975
Schneider, Michael, Aussperrung. Ihre Geschichte und Funktion vom Kaiserreich bis heute, Frankfurt 1980
Schneider, Michael, Die Christlichen Gewerkschaften 1894–1933, Bonn 1982
Schneider, Michael, Streit um Arbeitszeit. Geschichte des Kampfes um Arbeitszeitverkürzung in Deutschland, Köln 1984
Schönhoven, Klaus, Expansion und Konzentration. Studien zur Entwicklung der Freien Gewerkschaften im Wilhelminischen Deutschland 1890 bis 1914, Stuttgart 1980
Schröder, Wolfgang, Klassenkämpfe und Gewerkschaftseinheit. Die Herausbildung und Konstituierung der gesamtnationalen deutschen Gewerkschaftsbewegung und der Generalkommission der Gewerkschaften Deutschlands, Berlin (DDR) 1965
Schumann, Hans-Gerd, Nationalsozialismus und Gewerkschaftsbewegung. Die Vernichtung der deutschen Gewerkschaften und der Aufbau der Deutschen Arbeitsfront, Hannover/Frankfurt 1958
Stollberg, Gunnar, Die Rationalisierungsdebatte 1908–1933, Freie Gewerkschaften zwischen Mitwirkung und Gegenwehr, Frankfurt/New York 1981
Tenfelde, Klaus, Sozialgeschichte der Bergarbeiterschaft an der Ruhr im 19. Jahrhundert, Bonn-Bad Godesberg 1977
Todt, Elisabeth/Hans Radandt, Zur Frühgeschichte der deutschen Gewerkschaftsbewegung 1800–1849, Berlin (DDR) 1950
Umbreit, Paul, 25 Jahre deutscher Gewerkschaftsbewegung, Berlin 1915
Vetter, Heinz Oskar (Hrsg.), Aus der Geschichte lernen – die Zukunft gestalten. Dreißig Jahre DGB. Protokoll der wissenschaftlichen Konferenz zur Geschichte der Gewerkschaften vom 12. und 13. Oktober 1979 in München, Köln 1980
Vetter, Heinz Oskar (Hrsg.), Vom Sozialistengesetz zur Mitbestimmung. Zum 100. Geburtstag von Hans Böckler, Köln 1975
Vogel, Angela, Der deutsche Anarchosyndikalismus, Berlin 1977
Volkmann, Heinrich/Jürgen Bergmann (Hrsg.), Sozialer Protest. Studien zur traditionellen Resistenz und kollektiven Gewalt in Deutschland vom Vormärz bis zur Reichsgründung, Opladen 1984
Winkler, Heinrich August, Von der Revolution zur Stabilisierung, Arbeiter und Arbeiterbewegung in der Weimarer Republik 1918–1924, Bonn 1984
Zwing, Karl, Geschichte der deutschen freien Gewerkschaften, Jena 1928
Zwing, Karl, Soziologie der Gewerkschaftsbewegung, 1. Teil: Gewerkschaften und Wirtschaft, Jena 1925

Verzeichnis der Dokumente

Namensregister

Sachregister